U0124220

**2015—2021**

# 产业科技创新发展报告

冯雪娇◎主编

科学技术文献出版社
SCIENTIFIC AND TECHNICAL DOCUMENTATION PRESS

·北京·

图书在版编目（CIP）数据

2015—2021产业科技创新发展报告 / 冯雪娇主编. —北京：科学技术文献出版社，2022.8
ISBN 978-7-5189-9317-8

Ⅰ.①2… Ⅱ.①冯… Ⅲ.①产业—技术革新—发展—研究报告—中国—2015-2021 Ⅳ.①F124.3

中国版本图书馆 CIP 数据核字（2022）第 114467 号

## 2015—2021产业科技创新发展报告

| | |
|---|---|
| 策划编辑：梅 玲 | 责任编辑：李 晴　责任校对：王瑞瑞　责任出版：张志平 |

出　版　者　科学技术文献出版社
地　　　址　北京市复兴路15号　邮编 100038
编　务　部　（010）58882938，58882087（传真）
发　行　部　（010）58882868，58882870（传真）
邮　购　部　（010）58882873
官 方 网 址　www.stdp.com.cn
发　行　者　科学技术文献出版社发行　全国各地新华书店经销
印　刷　者　北京虎彩文化传播有限公司
版　　　次　2022 年 8 月第 1 版　2022 年 8 月第 1 次印刷
开　　　本　787×1092　1/16
字　　　数　382千
印　　　张　24.25
书　　　号　ISBN 978-7-5189-9317-8
定　　　价　148.00元

# 前　言

党的十八大以来，习近平总书记就加强中国特色新型智库建设多次做出重要论述。中共中央办公厅、国务院办公厅印发《关于加强中国特色新型智库建设的意见》，为建设中国特色新型智库指明方向。江西省先后印发《关于加强江西特色新型智库建设的意见》《关于加快推进江西新型智库建设的实施方案》，重点支持江西省社会科学院、江西省科学院等 17 家单位先行开展新型智库建设试点。经过 3 年试点建设，2021 年 8 月，江西省科学院被评为首批省级重点高端智库，并荣登榜首。

当前，随着劳动力、资本、土地等要素驱动的边际效应的逐渐减小，世界各国抢抓发展机遇，重视创新驱动，深入参与新一轮技术革命和产业变革。《中华人民共和国国民经济和社会发展第十四个五年规划和 2035 年远景目标纲要》中提出，要"推进产业基础高级化、产业链现代化""加快发展现代产业体系"。而江西正处在爬坡过坎、转型升级的关键阶段，传统产业转型升级、新兴产业培育发展对于提高经济质量效益和核心竞争力、实现高质量跨越式发展意义重大。《江西省国民经济和社会发展第十四个五年规划和 2035 年远景目标纲要》及江西省第十五次党代会提出，要"促进产业链供应链现代化高级化"。

作为江西省首批重点高端智库，江西省科学院聚焦产业科技与发展战略，立足有色金属、电子信息、新能源、新材料等江西省支柱和优势产业，结合江西省产业发展需求，开展政策研究、产业规划、产业前景分析、技术预测，研制了一批发展急需、理论前瞻、操作可行的智库研究成果，多份成果获得省领导肯定性批示和有关部门的采纳应用。为推动产业科技发展研究成果应用转化，江西省科学院从众多优秀成果中精选数篇，整理成《2015—2021 产业科技创新发展报告》，供有关单位和广大专家学者参考和交流，进一步促进了产业科技领域的融合创新发展。该报

告既有对江西省优势产业如何打造成发展高地的良策，又有对新兴技术如何推动传统产业转型升级的真言；既有紧跟时事、对疫情所带来新挑战的回应，又有直面挑战、对长期存在难题的解答。该报告较直观地展示了江西省科学院紧跟党中央和江西省委决策部署，担负起时代赋予的责任与使命，在产业科技与发展领域提供独立和客观的研究与分析。

今后，江西省科学院将进一步落实新型智库建设要求，发挥省级重点高端智库的作用，围绕"四个面向"，以前瞻务实的研究成果资政建言，立足学术前沿推动理论创新，破解产业发展瓶颈服务经济社会发展。让我们一起奔向美好未来！

2022 年 4 月

# 目　录

# 拥抱 5G 时代打造 "物联江西" "智联江西" 策略研究

邹慧　刘少金　叶楠　李诚诚

**摘要：** "新基建" 加速启动，5G、人工智能、物联网、智联网（AIoT）等新兴产业将迎来重大发展机遇。依托新一代宽带无线移动通信网国家科技重大专项（简称 "03 专项"）产业承接，江西省移动物联网产业取得先发优势，但还缺乏行业引领能力，面临着核心和关联产业基础薄弱、技术创新突破和试点示范推广不够、设备和网络安全形势严峻等突出问题。为提升江西省移动物联网发展水平，以万物互联推动万事智联，加快打造 "物联江西" "智联江西"，建议加强智联江西顶层设计，提升云计算和边缘计算能力，加快培育 AIoT 核心产业生态，全力推动产业创新重心建设，积极筹建智联江西产业发展联盟，拓展 "5G+AIoT" 应用场景，合力共筑物联网安全新生态，助力全省高质量跨越式发展。

习近平总书记指出，要积极发展新一代信息技术产业和数字经济，推动互联网、物联网、大数据、卫星导航、人工智能同实体经济深度融合。2020 年 5 月，江西省委书记刘奇在鹰潭市专题调研 "03 专项" 推进工作时强调，要抢抓疫情防控推动数字经济发展的战略机遇，积极发挥先发优势、强化创新引领、加大推广运用，不断提升移动物联产业发展水平，加快推进 "物联江西" 向 "智联江西" 转变，为全省高质量跨越式发展提供强大动力。

## 一、物联世界创造智慧经济，开启智能新时代

### （一）5G 打通万物互联走向万物智联的通道

随着 5G、边缘计算等技术的发展，基于泛在的、深度的连接形成"数据驱动的智能"成为可能。物联网（IoT）正在从"连接"走向"智能"，人工智能（AI）正在从"云端"走向"边缘"，5G 和 AI 发展加速了"物联网"到"智能物联网（AIoT）"，世界正进入一个万物感知、万物互联、万物智联的数字化智能新时代。

AIoT 是 IoT 和 AI 在实际应用中的落地融合。IoT 解决底层连接和数据传输问题，AIoT 关注物联网的应用形态，强调应用服务，强调后端处理能力，是 IoT 的发展方向。AI 和 IoT 相辅相成，IoT 为 AI 提供深度学习所需的大量训练数据，AI 通过大数据分析，形成智能化的应用场景和应用模式，服务实体经济，助力万物数据化、万物互联化。

5G 是连接 AI 与 IoT 的桥梁。5G 将 AI 和 IoT 连接起来，提供一个泛在的高宽带、高可靠、低时延高速通道。通过 5G 将 IoT 提升到人工智能的层面，体现 IoT 的价值；同时，5G 帮助 AI 与 IoT 结合，产生落地效应，开拓了 AIoT 更广阔的应用领域。

5G+AIoT 赋能智慧新时代。5G 与 AIoT、MEC（移动边缘计算）、IOC（智能运营管理平台）的融合发展，串联起"端—边—枢"分级智能场景，赋能城市一体智慧。5G+AIoT 开启万物智联，从需求场景出发，辐射所有末端感知节点（摄像头、智能灯杆、环境监测设备等），助力全域数据采集，满足感知设备对网络能力的更高要求，建立互联互通、实时共享的城市"神经末梢"。

### （二）5G+AIoT 发展态势与产业瞭望

"新基建"的加速启动，大力刺激了中国经济，5G、人工智能、物联网等新兴产业将迎来重大发展机遇。在 5G 的带动下，融合人工智能的 AIoT、工业互联设备和物联网平台市场有望加速被引爆。

连接量高速增长，产业规模稳步提升。《2020 年中国智能物联网（AIoT）白皮书》中指出，2018 年中国物联网连接量达到 28.4 亿个，2019 年超过 45 亿个，随着

5G 商用的加速推广和低功耗广域物联网的超覆盖，预计 2025 年将接近 200 亿个。受益于城市端 AIoT 业务规模化落地及边缘计算的初步普及，2019 年中国 AIoT 市场规模突破 3000 亿元大关，直指 4000 亿元量级。

感知智能推广迅速，认知智能发展有限。目前，AIoT 设备端推广速度加快，以智能摄像头、智能家居设备为代表的初级智能连接快速渗透。边缘网络发展迅速，但仍处于较初级阶段。工业物联网智能网关 2019 年出货量超 1200 万个，比 2018 年增长了一倍，但智能计算仍处于较初级阶段，渗透率很低。

基础设施不断完善，应用场景探索加快。AIoT 的发展将经历由单品智能到互联智能、主动智能阶段。当前，从物联网的角度看，AIoT 正处于联网设备数量快速增长、云端平台不断构建和完善的"基础设施建设"阶段；从人工智能的角度看，AIoT 正处于发展要素不断完善、赋能作用逐步显现的"应用场景探索"阶段。未来，随着 5G 和物联网基础设施的逐步完善，AIoT 将具备由单品智能向互联智能过渡的条件。人工智能软件算法的完善和硬件算力的提升，以及其在物联网领域的持续渗透，场景化的互联智能将成为现实。主动智能则依赖于人工智能技术由"弱人工智能"向"强人工智能"的发展。

## （三）物联、智联城市建设面临的主要挑战

AIoT 相对拓展了 IoT 原有的产业链，开拓了 AI 在应用层面更多的可能性，为工业机器人、无人驾驶、智能家居、智慧物流、智慧交通及智慧城市等新兴产业提供了重要的技术支撑，但 5G+AIoT 助推物联、智联城市的建设仍面临着诸多挑战。①应用场景分散。智联城市每个细分领域市场技术创新不断，应用场景众多，且城市各系统的独立建设形成了众多信息孤岛，这造成在推进场景落地时，一体化服务模式难以形成合力。②整体落地困难。由于不同地区的发展程度和智慧化需求不尽相同、5G+AIoT 技术模式有待验证、投资压力需要分散等原因，整体落地困难。③商业模式不清晰。从 5G 核心网络、基站等的建设看，单个 5G 基站成本为 60 万元，还需要配套设备和软硬件设施，仅靠单一企业或政府承担压力较大，如何创新投融资模式是当前面临的重要挑战。④安全形势严峻。物联网产品碎片化，各 AI 公司生态之间缺乏协同，平台之间互不兼容，要把框架里的安全算法部署到数量众

多的物联网设备上，问题重重。且物联网中的传感网建设要求射频识别（RFID）标签预先被嵌入与人息息相关的物品中，容易侵犯个人隐私。

## 二、5G 时代"物联江西""智联江西"发展成效及存在的瓶颈

### （一）5G 时代"物联江西""智联江西"发展成效

近年来，以数字化、网络化和智能化为特点的科技革命和产业变革蓬勃兴起。作为新一代移动通信技术的 5G，三大典型应用场景定义了万物互联的时代。江西省委、省政府牢牢把握 5G 时代的历史机遇和重要窗口期，全力推动"03 专项"成果转移转化试点示范基地建设。当前，全省在 5G、移动物联网、VR 等新兴产业领域取得先发优势，正加快促进产业转型升级，推动新旧动能接续转换。

夯基础，一张覆盖全省的通信网络逐步建成。目前，江西在全国率先实现全省 NB-IoT（窄带物联网）和 eMTC（增强机器类通信）两张网络全覆盖，为移动物联网发展建设好"低速"和"中速"路网。国家 5G 应用试点在南昌和鹰潭全面展开，中国电信江西公司建成 6100 个 5G 站点，由此，江西成为全国范围内首个实现所有设区市主城区 5G 网络连续覆盖的省份，5G 应用提速。

促发展，移动物联网产业呈现蓬勃增长态势。全省移动物联网产业发展全国领先，生态体系基本成型。围绕龙头企业，形成了由电子元器件（摄像头、触摸屏等）、集成电路芯片、无线模组、智能终端、大数据应用等组成的超过 300 家企业的物联网应用产业链。中国信通院物联网研究中心、北京航空航天大学研究院、华为物联网云计算创新中心先后落户江西，弥补了人才和技术短板，先后建成"03 专项"公共应用服务平台、江西移动物联云平台、江西省物联网应用产业孵化平台等多个公共服务、创新应用和交流合作平台，有力支撑了物联网应用和产业发展。2019 年，全省移动物联网产业继续保持高速发展，主营业务收入突破 800 亿元，2020 年有望超 1000 亿元。

强布局，以 5G 为抓手加速推进智联江西建设。依托"03 专项"试点示范基地建设，物联江西、智联江西加速推进。智能终端方面，2019 年全省移动物联网终端用户数突破 1036 万个，其中鹰潭连接数已达到 110 余万个，实现了"物超人"。全

省移动智能终端产业已形成较完整的产业链，本地配套率超 90%，2018 年完成营业收入 850 亿元，预计 2020 年整机产能将突破 2 亿部。大数据统筹管理上，江西省、市、县（区）三级相继成立了大数据中心、大数据发展管理局，从全局高度统筹谋划全省包括物联网在内的大数据管理和产业发展。物联网应用示范推广上，NB-IoT 窄带技术和产品已应用于全省智慧水务、智慧消防、智能制造、智慧医疗、智慧警务、智慧融媒等领域，智慧旅游、智慧电力、智慧社区、智慧环保、智慧农业、智慧景区、智慧教育、智慧工厂等正有序推进中。智联城市建设方面，近年来进展迅速，全省已有 10 余个市（县、区）被列入国家智慧城市试点。鹰潭着力打造以移动物联网产业园为核心，贵溪经开区、余江工业园区为两翼的"一核两翼"产业格局，加快推进智联小镇建设。

### （二）5G 时代打造"物联江西""智联江西"存在的瓶颈

当前，借力 5G 商用启动，"物联江西""智联江西"建设提质增效，但离全面感知、万物互联的目标还有一定的差距，存在一些亟待解决的瓶颈问题。

#### 1. 产业基础依然薄弱，专业人才供给不足

一是产业基础薄弱，龙头企业带动不足。全省物联网产业规模偏小，当前仅鹰潭聚集 250 余家相关企业，其他地市相对较少，尚未形成全省规模化集聚发展态势。据《互联网周刊》和 eNet 研究院发布的"2019 中国物联网企业 100 强"，江西无一家本土企业上榜，本土龙头企业匮乏，将影响产业链上下游整合能力，难以发挥产业联动效应。二是高层次创新人才匮乏瓶颈亟待解决。全省物联网企业绝大部分属于小微企业，经营效益不高，提供的就业岗位和机会不丰沛，待遇较低，人才支持政策吸引力不足，面临人才招不来、留不住的困境，对人才的渴望越来越强烈。

#### 2. 试点示范推广不够，关联产业发展较慢

一是应用试点示范不够，智能终端推广有限。在工业和信息化部公示的"2019—2020 年度物联网关键技术与平台创新类、集成创新与融合应用类示范项目"中，共计 130 个项目上榜，江西仅有飞达电气设备有限公司、飞尚科技有限公司项目列入集成创新与融合应用类别，相比山东 10 家、安徽 5 家，数量明显偏少。另

外，鹰潭积极探索，形成了智慧路灯、智慧水表、智慧停车、智慧环保、智慧消防等一批可复制、可推广的城市级示范应用和产品，虽部分产品列入省协议供货目录产品，但还未制定具体推广计划和措施，在全省范围推广的成效不显著，其他实用性强的物联网应用产品还有待进一步深入挖掘。二是政策扶持不够，关联产业发展较慢。智能物联网（AIoT）核心是 5G、大数据、人工智能等关键技术和产品支撑，而江西省 5G 试点和商用正逐步开展，人工智能产业刚起步，大数据挖掘和分析还在不断深入，存在明显短板效应，亟须加大政策扶持力度，推动 AIoT 关联产业集群发展壮大。

**3. 技术创新有待突破，安全形势不容乐观**

一是核心关键技术仍需突破。物联网设备终端"机芯"和"通讯模组"的核心技术属于非自主可控，江西省部分电子元器件（中高端传感器）高度依赖进口，自主研发能力不足。全省科技成果转移转化体系还有待完善，产学研用深度融合亟须加强，核心关键技术成果在赣转化应用不多。二是标准与规范化不足，设备安全形势严峻。物联网碎片化的产品市场在一定程度上带动了物联网产业的较快发展，但终端种类繁多，规模庞大，功能、性能、安全需求千差万别，致使行业标准缺乏，行业市场规范化不足。由于物联网终端低成本、低功耗、计算资源有限等特点，传统的安全机制难以直接适用于物联网终端。而省内物联网企业及建设单位又普遍缺乏安全设计理念，给智联城市建设带来了不可估量的安全风险。

## 三、5G 时代加快打造"物联江西""智联江西"的建议

### （一）形成全方位的政策保障合力

打造促进产业发展的互通、体系性政策平台。建议加快"智联江西"的顶层设计，推动数据资源开放共享。将江西省原本分散在物联网、5G、人工智能、大数据等各产业、各行业、各部门的孤立式政策，基于大数据、人工智能技术，分类设置各类政策的套餐和清单，形成"组合拳"，以一站式政策服务模式，构建起无缝连接的包括人才、知识产权、研发费用、专项、财税、投资、政策采购和产业政策在内的全生态体系性政策平台，营造起一个服务企业的良好政策环境。

## （二）提升云计算和边缘计算能力

一是提升万物互联场景下的云计算能力。云计算是 IoT 生态系统进行复杂历史数据处理的重要组成部分。建议以华为（江西）物联网云计算服务平台为基础，大力提升全省云端智能计算和数据处理能力，推动形成设备间信息共享、数据交互的崭新生态，满足 AIoT 决策的灵活需求。

二是加快培育雾计算、边缘计算平台。雾计算和边缘计算是平台使能技术，可以整合系统设备和数据，为物联网等垂直行业应用提供系统级支持。对于江西省关键行业（高端设备制造业、电力、国防、智慧城市等），云计算、雾计算平台不能完全依靠大公司，建议培育和发展自我掌控的系统级平台，引导鼓励中小企业自建边缘计算平台。

三是全面提升江西省物联网终端的智能化水平。建议紧密结合江西省智能家居、智慧城市、消费电子产品、智能网联汽车、VR/AR、工业互联网等领域 AIoT 应用场景的创新需求，加快 AIoT 领域嵌入式新产品和算法的研发创新，全面提升人工智能端侧的计算推理能力。

## （三）加快培育 AIoT 核心产业生态

一是重点打造国内知名的智能传感谷。智能传感器是物联网产业发展的"脉门"。建议借鉴中国（郑州）智能传感谷规划，支持江西省物联网产业协会联合具有比较竞争优势的南昌、鹰潭等市积极谋划"智能传感谷"。在赣江新区谋划建设传感器小镇，构建"一谷多点"的产业空间布局，打造智能传感器材料、智能传感器系统、智能传感器终端"三个产业集群"，发展环境传感器、智能终端传感器等特色产业链，集聚创新人才，吸引社会资金，形成良好的传感器产业生态。

二是加强 5G+AIoT 设备和智能终端研发与制造。建议评价江西在 AIoT 领域研发实力和现状，挖掘核心关键技术突破潜力，加强中高端智能手机、可穿戴智能、智能视听、智慧市政、智慧消防等 5G+AIoT 设备研发。加快国产芯片的评估，大力推广国产技术、产品和应用，如对产品中核心部件国产化率超过一定比重的享受减税、免税政策。

三是加快推进省级数据资源产业化进程。基于城市资源链接路径，建议从已有的江西省政府信息资源，到城市 IoT 资源，再到融合城市数据资源逐级整合。以大数据智能化为引领，充分挖掘全省数字资源价值，推动资源产业化，通过运营管理，实现各个专业运营服务生态接入，提供 To C、To B、To G 运营服务。

四是合力构建 AIoT 协同创新生态体系。建议推动省内人工智能、物联网、大数据领域高校、科研院所、运营商及企业联合组建涵盖 AIoT 领域芯片、算法、技术、数据分析、辅助决策等产业链上下游的技术创新战略联盟。以"03 专项"科转平台的柔性模式和校企联合构建创新人才引培机制，探索 AIoT 产业合作发展新模式、新机制，基于统一的物联网平台，开展关键基础技术联合研发、专利运营、标准制定、知识产权保护等工作，合力构筑 AIoT 协同创新生态体系。

五是积极培育江西省行业领域物联网平台。在未来所有规模化的物联网应用场景里，作为底层软件基础设施的物联网平台，将支撑整个系统高效、可靠落地。建议立足《江西省移动物联网平台建设与管理暂行办法》（赣工信新推字〔2019〕369号），参照《江西省人民政府办公厅关于印发加快独角兽、瞪羚企业发展十二条措施的通知》（赣府厅字〔2019〕15号），研究制定江西省行业细分领域的通用型、垂直领域物联网平台建设激励措施，深入实施平台型企业分类培育行动。加大扶持力度，积极引导江西省各行业龙头制造企业向物联网平台企业转型，培育壮大江西省物联网平台型企业，支撑行业物联网应用场景落地运行，推动全行业细分产业转型升级。

## （四）全力推动产业创新中心建设

加快建设融合大数据、人工智能、物联网等技术的省级产业创新中心。政府要营造市场发展环境、增强经济发展信心、引导企业进行技术改造投入，为此建议依托北京航空航天大学鹰潭研究院、中国信通院鹰潭物联网研究中心等谋划建立江西智联网产业创新中心，依托该院建设智能物联网产业技术创新平台，为企业提供免费服务。创新中心需配置较强的计算能力，采购丰富的工业行业工具软件、大数据分析软件和人工智能决策软件等，收集各类大数据包括政府主动开放的数据，引进和培养专业技术服务人员，向中小企业免费开放使用软件、硬件和数据。同时基于创新中心，打通产学研用合作转化链条，借鉴德国弗劳恩霍夫协会的运行模式，通过"合同科研"或创新券的方式完成企业提出的项目需求。客户享有产业创新中心的研发科技积累和高水平的科研队伍服务，通过创新中心各部门协同合作，获得定制化的科研成果及解决方案。

### （五）筹建智联江西产业发展联盟

积极筹建智联江西产业发展联盟。产业联盟有利于加快整合省内不同应用场景的技术需求，形成跨场景的标准，有效提升产业规模。建议借鉴重庆市中国西部物联网联盟运营经验，以中国信通院鹰潭物联网研究中心、北航江西研究院、华为物联网云计算创新中心等为核心，组建智联江西产业联盟。将江西现有小而散的物联网企业组织起来，并吸收和发挥智联网应用端的企业在联盟中的市场引导作用，制定不同行业领域内互联互通的物模型，通过全省统一的物联网开放平台，实现行业终端建模、终端和应用解耦及不同应用和业务平台通过一致的物模型标准进行数据联通，进而打通产业链上下游，培育和壮大产业集群。建议省级财政的物联网研发和产业发展经费的部署听取产业联盟的意见，以财政经费为抓手，重点突破江西智联网产业链发展的瓶颈。

基于图谱靶向引进创新人才与团队。建议充分引导江西省产业联盟发挥政府与企业、企业与社会之间的桥梁纽带作用，基于物联网产业链长制工作基础，围绕重点领域和关键环节编制《全球物联网、智联网创新人才及团队图谱》，建立产业高层次人才与创新团队招引名录，基于图谱靶向引进创新人才及团队。

### （六）拓展"5G+AIoT"应用场景

积极拓展"5G+AIoT"应用领域，扩大市场规模，助推江西省物联网产业链加快成熟。"5G+AIoT"的应用场景包括智能家居、智慧城市、智能产业、智能制造等。

智能家居领域。5G+边缘计算能够更好地支撑家居场景应用，如出入口人脸/指纹识别、智能门禁/监控系统、智能音箱、智能插座、智能穿戴、智慧照明、智能电视及智能家庭机器人等，把握这些智能家居的控制中心，可实现整个家居及安全环境的控制。

智慧城市领域。加快智慧杆塔、智慧水务、智慧燃气、智慧交通、智慧教育、智慧消防、智慧医疗、智慧社区、智慧健康养老等应用示范和推广。未来以智慧杆塔为重要依托的视频监控、车路协同、环境感知、应急呼叫、信息发布等智慧城市领域感知设施将迎来大规模部署，助力城市管理效能和水平提升。

智能产业领域。大力发展智能产业，如智能传感器、智能联网汽车、智能服务机器人、智能无人机、医疗影像辅助诊断系统、视频图像身份识别系统等。

智能制造领域。产业的智能化更是工厂需求。针对江西的产业优势，建议优先选择洪都航空、赣南脐橙等特色优势产业作为重点和突破口，加快推动传统产业和智联网技术融合，探索实施依托智联网的工农业数据创新，选择 1～2 个产业开展移动数字化试点建设。

## （七）合力共筑物联网安全新生态

未来 AIoT 的发展，仍然需要标准化推动，企业间合作提升兼容性，需要威胁情报共享，从而增强安全保障能力。

一是从源头—安全终端入手，推动制定兼具灵活性和延续性的规范标准。建议制定《江西省物联网产品安全导则》，引导全省企业加强终端产品出厂前的安全检测。加强全省跨行业技术标准合作，建立基于物联网全生命周期的用户隐私安全防御体系，为物联网设备研发、芯片生产、软件设计、产品应用等多个环节制定安全技术标准。鼓励不断提升和完善异常行为监测、防火墙等 AIoT 相关安全标准和人工智能技术标准建立，抓好 IoT 设备和 AI 系统安全防护，保障智联江西各类信息和数据安全。

二是从行业—产业联盟入手，建立健全实时威胁情报共享机制。鼓励和支持行业采取更严格的安全防范技术（区块链），持续开展物联网安全应用试点示范工作，包括产品的安全防护、生产线装备防护等。重视管理工作，将管理与技术发展并重，提升安全管理能力。建议组建江西物联网安全产业发展联盟，推动网络信息安全企业、政府部门、运营商互相形成大数据协同，获得实时威胁情报、风险通报及解决方案，在大数据系统上，明确接入权限与过程审计，多措并举加快提升江西省物联网络安全防御水平。

**课题组成员:**

邹　慧　　江西省科学院科技战略研究所所长、研究员

刘少金　　江西省科学院科技战略研究所博士

叶　楠　　江西省科学院科技战略研究所副研究员

李诚诚　　江西省科学院科技战略研究所博士

# 5G 时代下加快江西信息产业融合发展的政策建议

邹慧　肖正强　刘少金

**摘要：** 进入 5G 商用元年，5G 与大数据、云计算、物联网、工业互联网等新一代信息技术融合发展的步伐不断加快，江西信息产业呈现融合发展的态势，但也面临融合深度和广度有待提升、两化融合水平有待提高、融合产业生态链亟待优化、产业发展基础有待加强等突出问题。为进一步推动信息产业深入发展，建议江西把握 5G 融合发展的产业化方向，培育 5G 消费互联网新动能，推动"5G+工业互联网"创新应用，构建 AR/VR、车联网 5G 应用生态，夯实"5G+"信息产业融合发展基础。

党的十九大报告提出，要建设网络强国、数字中国、智慧社会，推动互联网、大数据、人工智能和实体经济深入融合。2019 年，江西省委书记刘奇在南昌专题调研江西省 5G 试点应用情况时指出要汇聚资源要素，大力推进全省 5G 试点应用、产业发展，让 5G 成为传统产业转型升级的点金之手，新经济新动能的奋飞之翼，推动新旧动能加快转换，为全省高质量跨越式发展提供强大的支撑引领。

## 一、5G 时代下国内外信息产业融合发展现状及江西面临的机遇

国际电信联盟（ITU）定义了 5G 三大应用场景：增强型移动宽带（eMBB）、海量机器类通信（mMTC）及低时延高可靠通信（uRLLC）。eMBB 场景主要提升以"人"为中心的娱乐、社交等个人消费业务的通信体验，适用于高速率、大带宽的移动宽

带业务。mMTC 和 uRLLC 则主要面向物物连接的应用场景，其中 eMTC 主要满足海量物联的通信需求，面向以传感和数据采集为目标的应用场景；uRLLC 则基于其低时延和高可靠的特点，主要面向垂直行业的特殊应用需求。

### （一）全球 5G 与信息产业融合发展现状

5G 是连接数字技术和实体经济的桥梁，真正推开了数字经济高速发展的大门。当前，5G 正处于技术标准形成和产业化培育的关键时期，全球各国在国家数字化战略中均把 5G 作为优先发展领域，强化产业布局，塑造竞争新优势。2019 年全球已经有 20 多个国家的 50 多家运营商推出 5G 商用服务。5G 的最大价值是用新一代宽带连接技术加上新的业务能力，包括物联网技术、人工智能技术、云计算、区块链、边缘计算等一系列相关技术跟 5G 结合，将整个互联网行业带入下一个黄金 10 年。IHS Markit 预计，到 2035 年，5G 将会使全球经济产出增加 4.6%，对应着 12.3 万亿美元的市场规模。而中国 GDP 因 5G 的使用大概会增加 1 万亿美元，新增就业机会约 1000 万人。

5G 为经济社会各行各业数字化智能化转型提供了技术前提和基础平台。5G 的商用正好处于消费互联网深化和工业互联网起步时期。5G 在 VR/AR、超高清视频、车联网、无人机及智能制造、电力、医疗、智慧城市等领域有着广阔的应用前景。从长远来看，5G 的市场是以产业应用为主，但 5G 商用阶段开始还是以面向消费者的宽带视频与数据应用为主。在技术创新方面，网络切片和移动边缘计算成为 5G 突出的新技术。5G 提出要从单一的云发展到中心云和边缘云，边缘云可以在低时延下快速处理数据，适用于工业互联网、车联网、远程医疗、VR/AR 等。这种两级云成本是单一云成本的 39%，未来 50% 的数据都会在边缘云处理。5G 与人工智能（AI）将对物联网赋能产业起到关键作用。5G 是连接 AI 与 IoT 的桥梁，使得 AI 与 IoT 融为一体。AI 与物联网（IoT）结合构成智能物联网（AIoT），IoT 为 AI 提供海量数据；AI 将连接后产生的海量数据经分析、决策转换为价值，反过来指导 IoT 的正确应用和效率提升。"5G+ 云"将会催生出更多新形态业务，Cloud X 有望成为 5G 时代的爆点业务。

## （二）国内 5G 与信息产业融合发展现状

2019 年 6 月，我国发放 5G 商用牌照，正式进入 5G 商用元年。5G 的商用可以实现 5G 技术与业务产品的融合，推动行业整体创新发展。华为发布的《5G 十大应用场景白皮书》共识别出 5G 十大最具潜力的应用场景：云 VR/AR、车联网、智能制造、智慧能源、无线医疗、无线家庭娱乐、联网无人机、社交网络、个人 AI 助手、智慧城市。据中国社科院最新测算，我国第一、第二产业中部分行业数字化处于较低水平，生产型数字经济发展仍有广阔空间。从移动应用使用类别看，游戏、视频、社交、生活、购物等成为渗透率最高的数字生活领域；从城市分类看，四五线城市在游戏、视频、音乐、社交等领域实现反超，一二线城市在生活、购物、新闻等领域更有优势。AIoT 的应用领域包括智能家居、智慧城市、智能产业。目前对于智能家居，AIoT 基本还处于单机智能阶段；对于智能产业，AIoT 已经进入互联智能阶段。

在消费型互联网逐步普及之后，工业互联网成为下一个极具发展潜力的新蓝海。大量物联网设备和工业设备将伴随 5G 及产业互联网的到来，成为新的联网终端。GSMA 报告显示，2017—2025 年，工业物联网设备连接数将增长 100.75 亿个，消费物联网连接数将增长 60.49 亿个，授权低功耗广域网（LPWA）连接数将增长 18.28 亿个。国家将发展工业互联网作为推进两化深度融合的工作重点。阿里、京东、腾讯等企业加快打造产业互联网平台，以数字技术赋能全行业。但是，多数企业感到工业互联网看不清、摸不着、叫不响、热得慢。百度、阿里、腾讯、华为等都希望在传统产业改造上发挥力量，但是有劲使不上。一些有实力、有技术力量、有资金的传统企业做了一些信息化改造的探索，但大多数中小企业还在观望。

## （三）5G 时代下江西信息产业融合发展面临的机遇

首先，5G 时代下通信行业和垂直行业的跨界融合将成为产业发展的主旋律。5G 是新经济时代的关键使能技术和基础设施，5G 与云计算、大数据、物联网、人工智能等技术深度融合，将支撑传统产业研发设计、生产制造、管理服务等生产流程的全面深刻变革，助力传统产业结构优化、提质增效。通过产业间的关联效应和波及效应，将放大 5G 对经济社会发展的贡献，带动全球经济各行业、各领域实现高质量发展。其次，5G 产业将辐射带动我国信息产业快速发展，推动经济转型升级。依托技术领先、产业先发和市场庞大等优势，我国 5G 产业的快速发展将带动我国通信设备产业、智能中终端产业、信息服务行业取得突破性发展。5G 和大数据、人工智能等新一代 IT 技术结合，涌现出无人驾驶、工业机器人、远程医疗、远程教育、智慧城市、智能制造、智慧农业等多种新业态新产品新模式，促进我国经济结构调整和经济高质量发展。另外，5G 与信息技术融合将为江西电子信息产业发展增添新动能。"03 专项"成果转移转化试点示范推动了江西 5G 产业快速发展。目前，全国 5G 应用还处于萌芽阶段，暂时领先的企业并无绝对优势，江西与其他省份处于同一起跑线。江西电子信息产业实力雄厚，基础较强，与 5G 融合发展，将为江西相关应用试点和产业带来重大发展机遇。

## 二、江西 5G 与信息产业融合发展现状及存在的问题

### （一）江西 5G 与信息产业融合发展现状

江西具有发展 5G 技术的良好基础。2018 年，全省电子信息产业实现主营业务收入 2600 亿元，产业规模全国排名第 11 位，居中部地区第 2 位。移动物联网产业全国领先，汇聚了"03 专项"公共应用服务平台、江西移动物联云平台、江西省物联网应用产业孵化平台等多个公共服务、创新应用和交流合作平台，拥有超过 300 家相关企业，覆盖了传感器、NB-IoT 模组及芯片设计、制造和测试等环节。中国（南昌）VR 产业基地规模效应明显，全省多地 VR 产业呈现加速发展态势。江西大数据、云计算产业和应用基础较好，可与 5G 融合发展。为促进全省 5G 产业高质量发展，2019 年江西省人民政府先后制定了《江西省 5G 发展规划（2019—2023 年）》《江西省加快推进 5G 发展的若干措施》。为加快推进 5G 商用和物联江西建设，江西正在加强 5G 技术对 VR/AR 产业、物联产业等江西优质产业的支撑力度，深化 5G 与物联网、VR/AR、工业互联网、大数据、人工智能、区块链等新技术和各垂直领域的融合，打造"物联江西、智创未来"品牌。

同时，江西企业两化融合发展水平总体上处于单项覆盖到集成提升的过渡阶段。大中型企业两化融合引领带动作用显著，石化、机械、食品、交通设备制造等行业两化融合加速发展。各地区两化融合发展水平均有不同程度的提升，新余、九江、南昌、景德镇、萍乡等地区两化融合发展相对较快。自2016年"万千百十"工程实施以来，3年累计应用了智能装备13 794台（套），建设了1006个"数字化车间"及"智能工厂"，初步形成了具有良好生态的智能制造产业集群。江西省政府与华为公司、浪潮集团、航天科工集团等签订战略合作协议，在云计算、大数据、智慧城市建设等方面开展合作，共同推进两化深度融合。

### （二）江西5G与信息产业融合发展存在的问题

近年来，江西信息产业呈现快速发展的态势，进入5G商用元年，5G与大数据、云计算、物联网、工业互联网等新一代信息技术融合发展步伐不断加快，并逐渐产生显著的经济效应和社会影响，但也面临四大瓶颈问题。

**1. 融合深度和广度有待提升**

首先，江西5G与信息产业融合应用较为缺乏。相较于拥有"5G智慧工厂"和"5G视频融合应用"示范城市的南宁，拥有"5G无人机""5G智能电网""5G智慧校园"示范城市的深圳，江西5G融合试点基本集中于民生和社会治理领域。其次，江西主导的5G+物联网、5G+VR、5G+工业互联网等与传统行业的融合仍是难点，实体经济转型升级压力较大。虽然智慧路灯、智慧水表、智慧停车、智慧环保、智慧消防等一批可复制、可推广的城市级示范应用和成熟的物联网产品，已纳入了政府协议供货目录，但是还未制定具体的推广计划和措施，在全省范围内推广成效还不显著。

**2. 融合产业生态链亟待优化**

江西5G、物联网、工业互联网、车联网等产业发展经历了从无到有的过程，正处于发展的初级阶段，融合产业生态链亟待优化，具体体现为：一是产业集聚规模不大，龙头企业偏少，大多数企业还处于孵化期，缺乏龙头企业带动效应，整合上下游企业能力不足，规模化应用程度不够，产业联动效应不强。二是产业链结构相对单一，南昌VR产业发展较早，具有一定的基础，但是芯片、传感器、系统、软件、平台等环节依然制约着产业的进一步发展壮大。鹰潭市物联网产业全省领先，但主要聚焦 NB-IoT 通信模组生产，核心芯片、基础元器件、传感器、智能终端产品、软件开发、系统集成和数据挖掘分析等产业链不完整、产业化水平不高。

### 3. 两化融合水平有待提高

江西两化融合评估系统数据显示，江西近 3 年两化融合平均得分为 42.3，落后于全国平均水平的 50.86 分。其中，处于起步建设阶段、单项覆盖阶段、集成提升阶段、创新突破阶段的企业分别占比为 31.7%、49.3%、15.5% 和 3.5%。江西推进两化融合过程中遇到的难点在于：一是中小企业信息技术应用率偏低；二是企业自主开展两化融合的内在需求亟待激发；三是不少企业虽然在传统行业中是领头羊，但是在信息技术方面储备不足，凭借自身力量难以消化掉买来的技术；四是工业互联网目前缺乏通用的平台和工业 APP，数字化转型不是简单有钱就能买来的，关键是没有能用到所有行业的通用软件和设备。五是企业不仅缺少既懂新技术又懂传统产业的两栖人才，更缺优质的第三方服务帮助企业改进技术。六是工业互联网的基础建设及相关技术还不太完善。物联网热潮已经有两三年了，起起落落也流行了很多产品，但到现在尚未形成高潮。

### 4. 产业发展基础有待加强

当前江西发展 5G 还面临着一些亟待解决的产业基础问题，主要表现为：一是江西缺乏具有国际、国内前沿技术水平和国家创新技术战略层面的 5G 核心技术和关键技术，缺乏专门针对 5G 和（移动）物联网方面的高水平研究机构与高端人才。二是江西省的大计算中心、大物联网平台、大人工智能平台等关键基础信息设施还不够完备，服务中小企业的工业云服务平台不多。三是江西软件与信息服务业收入在信息产业中占比不高，"重硬偏软"的结构化弊端严重阻碍了江西电子信息产业的赶超发展。四是 5G 面临更加突出的安全问题，尤其是 AIoT 发展面临着很多的挑战，包括算力、算法、平台兼容性、安全性 4 个方面的问题。

## 三、加快江西 5G 与信息产业融合发展的建议

### （一）把握 5G 融合发展的产业化方向

5G+VR/AR 产业化项目方面，重点把握具有 5G 联网功能的 VR/AR 头盔与眼镜类显示终端；具有 5G+VR/AR 功能的智能屏；基于 5G+VR/AR 的数字创意产业，如 VR/AR 的节目创作与生产；基于 5G+VR/AR 的服装鞋帽与家居的设计和体验软件及应用；5G+VR/AR 在文化旅游和医疗及教育等领域的应用。5G+AIoT 产业化项目方面，重点把握 5G+AIoT 的智能家居入口产品（具有 AI 与 IoT 结合功能的 5G 智能手机、智能音箱、智能电视、智能门禁、家用智能机器人等）；5G+AIoT 自动导航物流小车（AGV）、仓储机器人、巡检机器人；5G+AIoT 机器视觉的生产线上质检用工业摄像头及应用；5G+AIoT 的工业软件与应用（包括协同设计软件、数字孪生软件、3D 打印软件等）；5G+AIoT 的医疗影像分析软件与应用；5G+AIoT 的全景现场直播软件与应用；5G+AIoT 在智慧农业和环保及防灾救灾中的应用；基于 5G+AIoT 从物联江西到智联江西的智慧城市应用。

### （二）培育 5G 消费互联网新动能

消费型（生活类）数字经济已经成为中国数字经济的活跃力量。在相关企业布局中，大致分为 3 个阵营：高通和华为都在以 5G 为核心的标准之争上赤膊拼杀；OV 和三星试图利用制造优势建立一套新规则；小米学习苹果，将技术整合的最大势能和体验创新，用消费者买得起的价格，探索着"亲民"物联网的边缘形态。小米 IoT 平台已连接 IoT 设备 1.96 亿台，目前有一个上千人的技术团队通过 5G 与 ABC（AI、BigData、Cloud）三大技术对物联网的赋能。华为围绕着 HiAI、两大开放平台和三层结构化产品的战略，为行业打造一个丰富多彩的智能家居生态系统。华为 5G 三层结构化产品是：1+8+N，其中"1"代表智能手机，"8 大行星"是指大屏、音箱、眼镜、手表、车机、耳机、平板、PC 等，而"N 个卫星"则代表围绕在 8 大行星之外的智能硬件设备。江西要依托电子元器件、智能终端、软件等优势产业，快速布局 5G 器件产业、5G 软件服务业等 5G 基础产业，大力研发适用于可穿戴设备、智能家居、智慧旅游、智慧城市等应用的 5G 智能终端产品。

### （三）推动"5G+ 工业互联网"创新应用

产业数字化是工业互联网的基础，数据驱动是抓手。埃森哲预计，到2030年，工业物联网能够为全球经济带来 14.2 万亿美元的经济增长。要满足工业互联网的要求，除了要有基本的技术支撑条件，还需要满足企业应用的高安全性、超可靠、低时延、大连接、个性化及信息技术（IT）与工业技术（OT）兼容的要求，需要开发对工业互联网优化的信息和通信技术（ICT）。IT 技术在消费互联网中大量应用，但是工业上的 IT 技术与消费互联网中的 IT 技术不同，其包括传感器、可编程逻辑控制器、监控和数据获取系统、制造执行系统、企业资源规划等。工业上的 OT 技术，包括材料、机器、方法、测量、维护、管理、建模等。工业互联网需要 IT 和 OT 技术的融合，需要信息技术行业和垂直行业的紧密合作，否则工业互联网就是两张皮。江西丰富的应用场景有利于 5G 与各垂直行业融合，孵化各类特色应用，推动传统产业转型升级。此外，智能制造是 5G 重点的应用方向，江西在电子信息与新型光电、航空、生物医药及大健康、光伏、有色金属等制造业产业方面基础较强，与 5G 结合可推动智能制造在江西落地。

### （四）构建 VR/AR、车联网 5G 应用生态

根据 5G 低时延、高带宽、广连接的特点，未来 VR/AR、车联网两大类场景将在 5G 时代成为主流。5G 解决了 VR/AR 延时的痛点，VR/AR 将走向成熟。而 VR/AR 带来的革命性体验，也将是 5G 价值的最好体现，有可能是 5G 的第一个杀手级应用。IDC 认为 VR/AR 将会成为下一代最具增长潜力的计算平台，整个投资正在保持高速增长，全球市场空间非常大。政府要提供像华为 HUAWEI AR/VR Engine 之类的软硬一体的通用 VR/AR 引擎，帮助中小企业开发 VR/AR 应用。未来 5G 将在智慧物流、自动驾驶方面具有广泛的应用前景。通过 5G 的车联网，实现了车到车、车到云、车到红绿灯、车到停车场的互联，可以真正支撑智能交通。通过 5G 的高网速和低延时可以解决自动驾驶的运算问题，支撑无人驾驶产业发展。将来利用 5G 带来的汽车电子、车联网及汽车的服务产值每年将达 1.5 万亿美元，这个规模比现有的汽车行业还要大。政府要利用好江西 VR/AR、汽车产业的良好基础，要

做好 VR/AR、智慧交通及自动驾驶方面的顶层规划设计，为企业发展提供所需的软硬件环境。

## （五）夯实"5G+"信息产业融合发展基础

### 1. 培养引进 5G 应用复合型人才

掌握核心技术的 5G 企业和技术团队高度集聚在一线城市，江西 5G 产业方面人才不多，无论在总量上还是在结构上都与行业发展需求存在差距。特别是中小企业受资金和技术水平制约，一方面难以吸引适用的技术人才；另一方面也难以靠自身力量在企业内部培养高水平专业人才。要积极推广"03 专项"科创平台的人才柔性引进模式，在一定程度上解决企业对 5G 技术人才的需求。要积极引导江西物联网行业协会等相关协会及产业联盟，加强与一线城市的协会、联盟及龙头企业进行会晤沟通与交流合作。高等院校要加快完善 5G 与信息技术等交叉学科的建设，着力培养多学科交叉的复合型人才。引导和鼓励企业与高校、科研院所深入联合开展订单式 5G 融合技术人才和行业应用创新型人才。深入推进企业在职人员加强 5G 与信息技术融合知识普及和应用技能培训，提升在职人员开发融合应用的能力。

### 2. 加强 5G 互联网平台建设

工业互联网平台建设需要平台即服务（PaaS）层，实现各种各样的管理，收集各种工业的大数据，包括数据挖掘的软件及人工智能的软件。作为工业互联网平台，只有 PaaS 层是不够的，还需要有软件即服务（SaaS）层，需要传统的工控软件。但公共软件并不能直接搬用到工业互联网，需要跟互联网、大数据、云计算、人工智能结合，需要进行改变。人工智能需要算力、算法与数据支撑，算力和算法一般来讲可以买，但是各种的软件还得自己做，同时生产线的数据肯定要用企业自身的数据。在生产线数据及物联网部署到位的情况下，企业通过引进工业大脑、企业大脑，可以优化生产流程，提升质量和效率。苏州协鑫光伏切片利用 AI 使得良品率提升 1%，每年增加上亿元的利润。江西要培育一批企业级平台、行业级平台及综合性服务平台。针对江西中小企业的发展需求，支持建设一批高质量的工业云服务平台，推进制造资源、服务资源的开放共享。面向智能制造关键环节应用需求，重点扶持发展一批应用效果好、技术创新强、市场认可度高的工业软件，推动先进适用工业软件在重点行业的应用普及。

### 3. 注重 5G 软件的开发应用

为了更好地让 5G 服务于各大行业，推动垂直行业落地应用，必须特别注重 5G 相关软件的开发应用。例如，AIoT 本身是一条很长的产业链，其中，包括硬件 / 终端（占比 25%）、通信服务（占比 10%）、平台服务（占比 10%）、软件开发 / 系统集成 / 增值服务（55%）。软件开发和系统集成业务占比较高，达 55%。AIoT 相对拓展了 IoT 原有的产业链，同时 AIoT 在产业链上更强调 AI 芯片和 AI 能力开发平台，因而软件开发和系统集成业务占比进一步提高。江西要瞄准工业物联网上的软件集成和服务，而不是简单的物联网的硬件。要以江西金庐软件园、用友南昌产业园和赣州市章贡区软件产业孵化园等园区为立足点，注重芯片、服务器、操作系统、数据库、系统集成和数据挖掘分析及工业平台的开发。鼓励软件企业聚焦 5G 需求，面向 5G 不同垂直行业的应用场景，研发适应该领域的定制化软件产品，打造 5G 特色软件产业。

### 4. 打造 5G 环境下的安全保障体系

相比于 3G/4G 网络，5G 应用场景中将接入大量物联网设备和第三方企业应用，5G 面临更加突出的安全问题。信息安全问题囊括了从个人的隐私泄露到企业的数据安全隐患，涉及基础设施企业，如电网、高铁、航空等，还可能从经济问题升级为生命安全问题。5G 需要对产业应用的安全怀有敬畏之心，不论 5G 作为企业外网还是内网，即便是 5G 专网，其安全防护都要特别重视。从技术上讲，除了防火墙、入侵检测、过滤外，还要增加主动的安全防御。要支持骨干企业研发适应云计算环境下的安全技术和产品，组织开展应用示范，增强安全技术支撑和服务能力。安全问题不仅要从技术上解决，还要从机制、管理上去解决。企业的工业互联网安全，不能靠企业一家自身解决，还需要取得工控系统集成商或原厂、网络信息安全企业、政府部门的大数据协同，获得实时威胁情报和风险通报及解决方案，利用外部力量帮助企业提升工业互联网的安全防御，探索形成政府、行业、企业、社会协同共治的新格局。

**课题组成员：**

邹　慧　江西省科学院科技战略研究所所长、研究员

肖正强　江西省科学院科技战略研究所副研究员

刘少金　江西省科学院科技战略研究所博士

# 江西如何推进新时代信息技术建设

邹慧　肖正强　刘少金　王小红　朱盛文

**摘要：** 数字经济正成为驱动我国经济发展的重要力量。江西省委省政府发展信息技术产业的决心很大，认识比较到位，希望通过发展信息技术产业实现江西经济腾飞，而且提出了要利用"03专项"科技成果转化作为江西发展信息产业的抓手。目前，江西省新一代信息技术发展水平还略显薄弱，在数字产业化方面，产业链还很窄；其次，在产业数字化方面就更差一些，整体新一代信息技术建设不足。本报告以江西省新一代信息技术建设和发展为研究重点，分析总结出江西省新一代信息技术发展的基础、存在问题和限制因素，结合政府部门和专家座谈，提出江西省发展新一代信息技术的对策建议，为创新引领发展的江西省提供坚实的支撑。

## 一、国内外新一代信息技术的发展现状

新一代信息技术，是指以大数据、智能化、物联网、移动互联网、云计算为代表的新兴技术。我们现在进入一个"大智物移云"——大数据、智能化、物联网、移动互联网、云计算的时代。大数据、智能化、物联网、移动互联网、云计算都是新一代信息技术发展中同一个路径上不同的关联技术。新一代信息技术产业分成3个层次：第1个层次是电子核心基础产业，包括软件、集成电路产业及新型平板产业；第2个层次是现代信息网络产业，包括下一代移动通信产业、物联网和三网融合带动的相关产业；第3个层次是现代信息服务产业，强调应用，包括一些基于网络的应用，如云计算、软件的服务等。

### （一）全球新一代信息技术的发展现状

全球新一代信息技术市场增长迅速。2016 年全球物联网市场规模为 7370 亿美元，预计 2026 年将扩大到 1.55 万亿美元；2016 年全球云计算市场增速为 25%；2016 年全球大数据市场年均增速为 32%，都大大高于近年全球 GDP3% 的增速。

全球电子信息产业格局面临新的调整。发达国家依然占据电子信息产业价值的制高点，积极以信息技术为手段推动再工业化进程，争取未来全球高端产业发展主导权。美国的《先进制造业伙伴计划》、德国的《工业 4.0》、日本的 2014 年度版《制造业白皮书》、英国的《英国制造 2050》等，都努力促使国际资本调整布局，吸引高端制造业向发达国家"回流"。跨国信息技术企业加快在工业互联网、人工智能、智能制造等新兴领域的布局，力图打造发展新优势。

从总的应用来说，互联网可以分为消费互联网、产业互联网和政务互联网。产业互联网不仅应用于制造业，也应用于矿业、运输业、能源业、通信业、医药卫生业、建筑业等多个行业。各国政府高度重视、积极推动大数据的应用，创造需求，加快了大数据产业化和市场化进程。其中，美国最具代表性，大数据的政府、民间应用广泛，产业化进程快，政府在公共政策、舆情监控、犯罪预测、反恐等领域开始依据大数据分析辅助决策，实现了对人口流动、交通拥堵、传染病蔓延等情况的实时分析。随着云计算、物联网大数据、移动互联网的出现，互联网开始面向生产服务，进入了"互联网+"。5G 是进入产业互联网的时代，给新的企业崛起提供了巨大的机遇。

物联网是产业互联网的核心技术，推动实现信息—物理系统融合。麦肯锡公司曾在 2013 年将物联网列为未来 20 年的 12 项颠覆性技术之一，预计到 2025 年全球物联网的年度经济影响将达到 6.2 万亿美元。2016 年，美国发布了《2016—2045 年新兴科技趋势报告》，未来 30 年排在首位的正是物联网。物联网开始进入企业为主体的应用时代。现在大企业纷纷进入物联网领域，谷歌以 32 亿美元收购了一家烟雾传感器企业，高调进入物联网领域。现在华为、中兴、中国电科、联想、神州数码及三大电信运营商等将智慧城市作为集团的主要战略方向，把物联网作为业务增长点，把产业互联网作为主攻方向。百度、阿里巴巴、腾讯等互联网巨头也积极参与智慧城市建设，关注物联网的应用。

### （二）我国新一代信息技术的发展现状

2017 年我国规模以上电子信息产业整体规模达 18.5 万亿元，手机、计算机和彩电产量稳居全球第一，在通信设备、互联网等领域涌现了一批具有全球竞争力的龙头企业。2018 年 1—6 月，规模以上电子信息制造业增加值同比增长 12.4%，快于全部规模以上工业增速 5.7 个百分点。产业规模在快速扩大的同时，创新能力继续提升，结构优化成效显著。

2017 年 12 月 8 日，在中央政治局集中学习会上，习近平总书记发出了"实施国家大数据战略加快建设数字中国"的号召，这将进一步促进中国的大数据创新与产业及应用发展。移动互联网、云计算、物联网等一批新兴领域正处于技术起始发展阶段，我国应加快抓住全球信息技术和产业新一轮分化和重组的重大机遇，全力打造核心技术产业生态，进一步推动前沿技术突破，实现产业链、价值链和创新链等各环节协调发展，推动我国数字经济发展迈向新台阶。当前，数字经济正成为驱动我国经济发展的重要力量。统计数据显示，2017 年我国数字经济总量达到 27.2 万亿元，占 GDP 的比重达到 32.9%。随着数据的大量积累及分析手段的提升，金融、医疗、制造业、物流、交通等领域也将开始借助大数据的力量实现转型升级。此外，汽车、教育、养老保健、旅游等行业也将会在大数据的促进下，产生出新的商业模式。

"两化"融合是建设现代化经济体系的有力抓手。发展实体经济，重点在制造业、难点也在制造业。推动互联网、大数据、人工智能与实体经济深度融合，关键是要深化新一代信息技术与制造业的融合发展。产业互联网的目标是生产出智能产品，提供智能服务，增强市场竞争力。但是，我国企业互联网化水平还不是很高。2016 年中国"两化"融合服务联盟发布《中国企业互联网化转型发展报告》，按照用户参与、组织创新、企业互联和产业协同 4 个纬度得到在 2016 年我国互联网企业化的水平只有 32.7 分，与 2015 年相比提升了 2.3 分。从数字化、集成互联和智能协同 3 个方面计算，2016 年我国"两化"融合的发展水平为 50.7 分，满分 100 分，2012—2016 年年均增长 3%。这说明我国企业的互联网化还有很大的发展空间。数字经济里面，一个是数字产业化，另一个是产业数字化。两者在 2017 年中国数字经济 GDP 中分别占 1/3 和 2/3。但数字产业化是产业数字化的基础，会带动产业数字化的发展。

## 二、江西省新一代信息技术的发展现状

江西省委省政府发展信息技术产业的决心很大，认识比较到位，希望通过发展信息技术产业实现江西经济腾飞，而且提出了要利用"03 专项"科技成果转化作为江西发展信息产业的抓手。刘奇书记希望通过"物联江西"来带领江西发展。江西省财政在信息技术科技投入增长很快，占的比重也不低。

2017 年，江西省电子信息制造业实现主营业务收入 3400 亿元，全省产业规模居全国第 10 位、中部地区第 1 位，移动通信终端、数字视听、半导体照明等三大主导产业的发展齐头并进。2016 年 1 月 8 日，习近平总书记亲自给荣获国家技术发明奖一等奖的江西省"硅衬底高光效 GaN 基蓝色发光二极管"项目颁奖。鹰潭作为江西省移动物联网先行示范区，积累了重要经验，实现了 NB-IoT 网络建设、公共服务平台建设、示范应用建设在国内"三个领跑"，实现了传统产业转型升级成效、物联网产业集聚效应、鹰潭样板效应"三个凸显"，为江西省全面推进移动物联网发展奠定了较好的基础。但是，江西全省软件与信息服务业收入仅 180.6 亿元，不足 1/10。未来随着电子信息产业生态化，以及制造业平台化、服务化趋势的进一步深化，"重硬偏软"的结构化弊端将严重阻碍江西省电子信息产业的赶超发展。

### （一）江西省数字产业化的现状

江西省大数据、人工智能等新一代信息技术方面的人才不多，龙头企业不多。上饶市围绕数字医疗、数字呼叫、数字营销、数字金融、数字文化进行了产业布局，重点打造上饶市中科院云计算中心大数据研究院、中电海康智慧城市研究院、华东数字医学工程研究院、腾讯互联网＋觅影研究联合实验室等 4 个新型研发平台，为上饶市大数据产业提供技术支撑。贵州省发展大数据主要偏重应用，贵州省成功发展大数据产业的原因，除了天气和能源外，还在于贵州省领导坚定的决心和持续的政策。江西省在大数据人才方面不比贵州差。另外，数字产业方面很重要

的一点是信息服务业。实际上，像 BAT（阿里、百度、腾讯）全都从事信息服务业，他们基本上是没有硬件的。江西省在信息服务业上着力不多，软件业比例很低。信息服务业是轻资产的，不需要什么重要的装备，有应用需求就可以。通过在上饶市的调研可看出一种趋势：上饶市引进华为云、腾讯云作为基础设施层，上饶本地的信息技术企业在做平台支付。例如，上饶市巨网公司做网络广告，广告也不是它的，是别的公司要求做的广告，它实际上做中间商，但现在它一年做到了几十亿的产值；上饶市贪玩公司实际上自己一点游戏也不开发，最底层的平台是腾讯的，通过把别人的游戏包装一下，现在年产值可能要发展到上百亿元。信息服务业市场很大，关键是要抓什么扶持民营企业、中小企业的发展。总之，在数字产业化方面，江西目前还很窄；在南昌有光电子、元器件，有手机终端，整个面还不够宽。

## （二）江西省产业数字化的现状

江西省企业"两化"融合发展水平总体上处于单项覆盖到集成提升的过渡阶段。大中型企业"两化"融合引领带动作用显著，石化、机械、食品、交通设备制造行业等行业"两化"融合加速发展。新余、九江、南昌、景德镇、萍乡等地区"两化"融合发展相对较快。通过实施"两化"深度融合示范工程，培育了198家示范企业和11个示范园区。江西省政府与华为公司、浪潮集团、航天科工集团等签订战略合作协议，在云计算、大数据、智慧城市建设等方面开展合作，共同推进两化深度融合。2018年，在科技部、工业和信息化部的支持下，江西省成为新一代宽带无线移动通信网国家科技重大专项成果转移转化试点示范基地。

江西省产业数字化方面更差一些。江西省已经在旅游、公安、水利、交通等领域开展了大数据方面的应用。全省旅游大数据中心在上饶建成并正式运营，全省旅游产业运行监测平台在对4A以上景区视频监测和假日期间旅游调度上已发挥较好作用。江西省公安厅运用云计算技术，已建成警务云和阿里云平台，相关业务系统和基础平台已经顺利迁移上云，建成公安数据中心。江西省消防物联网工作也在省"03专项"小组的统一部署下有序开展。但是江西省缺少信息技术领域的龙头企业，很多产品都是外省的。产业数字化是数字经济的主体。产业数字化本身也是产业，其软件服务也是产业，具有很大的发展空间。江西省有光伏产业、有色金属、稀土、航空航天产业，传统产业还有食品产业、纺织产业等。传统产业的改造一方面可以提升传统产业，提升生产效益，实现数字化转型；另一方面也为信息技术提供了市场。阿里云用 ET 大脑帮助江苏苏鑫光伏企业找出了光伏产业切片的关键因素，提升了成品率 1%，一年增加 1000 万元利润。这种企业信息化改造是双赢的，靠人去探索关键因素很难，而通过大数据分析可得以做到。

### （三）南昌市新一代信息技术的发展现状

2017 年，作为全市增长速度最快的产业，南昌市电子信息产业实现规模以上主营业务收入 882.3 亿元，同比增长 30.8%，2018 年，力争全市电子信息产业突破千亿元规模。南昌市打响了全国首个城市级 VR 产业基地建设的"第一枪"。重点推进了"四大中心"和"四大平台"核心生态项目建设，积极推进 VR 产业推广应用工作。南昌市高新区通过设立产业引导资金，与金融、投资机构合作设立产业发展基金、代建厂房等方式，帮助企业解决生产经营过程中的资金问题，为企业和项目提供"拎包进驻"的服务，快速引进了一大批行业龙头企业，实现"重资本运营"。

软件和信息技术服务业快速发展。2018 年 1—6 月软件服务业规模以上企业共有 87 家，实现营业收入 23.24 亿元，同比增长 16.33%。南昌市软件产业集群共有 20 家骨干软件和信息服务外包企业登陆资本市场。互联网和相关服务业规模以上企业共有 26 家，实现营业收入 2.23 亿元，同比增长 35.12%。思创公司在感知航道的物联网示范应用领域成为行业领先者，金格成为软件业内知名的电子签章信息安全产品。

### （四）上饶市新一代信息技术的发展现状

作为江西省数字经济示范区、江西省唯一的省级大数据产业基地、江西省大数据科创城，上饶市有发展数字经济的坚定决心和长远眼光，围绕数字经济创新产业链，重点培育大数据存储、计算、管理、运营、安全等核心业态，加快引进数字医疗、数字金融、数字文化、数字营销、数字呼叫等应用业态，推动大数据产业实现稳步发展。上饶市围绕大数据建立了比较完整的技术服务体系。云计算是分层次的。华为云、腾讯云作为基础设施层，巨网公司、贪玩公司作为平台层，上饶市在应用软件层相较而言弱一点。中科院大数据研究院定位数据信息层，滴滴呼叫中心也属于这一块。上饶市在云计算上都有布局，比较全面。上饶市政府针对每个应用业态都建立了一套政策体系，每个业态都有一套政策体系去支持它。上饶大数据产业生态链基本形成。以华为云数据中心为核心的大数据基础平台基本建成，江西省旅游大数据中心已建成投用，全省116家4A级以上景区数据全部接入；江西省政务外网数据灾备中心、江西省公安数据灾备中心已确定落户上饶市，其他有关省直单位的数据灾备中心正在积极推进。

上饶市根据数字经济自身发展的规律，在政策设计、要素配给、政策服务方式等方面，积累了一些服务数字经济产业的经验和模式。上饶市集中资金支持大数据研究院、华东医疗研究院发展。大数据研究院是事业单位，却无事业编制，通过每年固定的资金支持，让研究人员安心搞科研。但是，上饶市政府对这种新型研究机构有成果转化要求。成果转化的时候，政府所占股份比较低，大部分分给科研人员，以激发科研人员的积极性。上饶市政府通过"代建厂房"的方式引进华为云，在3年内免租金，营造上饶大数据产业的生态环境。中科创新对接上饶产业需求，引进创新团队，提供资金服务。

## 三、江西新一代信息技术产业发展存在的问题及建议

### （一）省级数据共享开放、挖掘数据及回报政府

大家都提到大数据的开放问题，但是政府向社会开放数据存在一定风险。省级数据开放固然有条块分割，利益冲突的因素，但出于数据安全和隐私保护的原因，省级职能部门第一不敢开放、第二不会开放、第三不愿开放数据。贵州省虽然颁布了数据开放共享相关条例，但要彻底贯彻落实仍需不断努力。上饶市希望省政府全部开放数据的同时，也要根据本市掌握的数据，重点选取旅游、水利、食品案例、智慧交通、药品方面的数据开放。开放这些敏感度较低的数据，摸索出一套安全的

数据防护体系，以点带面，不断提升大数据的覆盖面和应用水平。

政府数据拿出来都是生数据，不是熟数据。很多政府说要开放数据，但即便政府数据基本开放，能用政府开放数据的单位企业少之又少。因为他们根本就不会挖掘。数据是需要挖掘的，是要有水平的、有技术的。政府一方面要开放挖掘工具；另一方面要扶持和引导一些拥有技术优势的互联网信息服务企业对政府大数据进行深度开发。否则，政府开放数据也没有用。作为回报，大数据公司从政府部门拿了数据后要通过数据挖掘，为政府决策提供支撑。这样才有利于政府部门增加开放数据的动力。

### （二）如何发展数字产业化

江西省现在以物联网为抓手发展数字产业。不能说一个地方原来一定要有非常好的技术基础才能发展数字产业，贵州大数据产业发展就很成功。对于江西来讲，人才缺乏是客观的，财政支持也不如发达省份，这是现实，一时也不可能改变，但也不比贵州差。发展信息技术产业的关键是要看江西省认准什么，主抓什么。江西省提出了物联江西的口号。物联网是个很大的市场，但江西省关注的焦点不能仅仅是做传感器及其应用。传感器的种类很多，应用很广，但是碎片化。传感器产业不易做大。据全球互联网报告分析：终端传感器占产值的25%，通信占产值的10%，互联网平台占产值的10%，软件集成及服务占产值的55%。江西省要搞物联江西，重点还要放在物联网的软件集成和服务上。另外，江西省互联网的应用大多集中在城市管理上，如交通、环保、维稳等，这块是政府买单的。但互联网更多的还是在产业应用。全世界最大的互联网，是工业互联网，到2020年全世界工业互联网达1600亿美元。前不久，美国发布了一个报告：2016—2045年，未来30年20项最有创新进步的竞争性技术，其中第一项是物联网。物联网对产业的应用要带来19 000亿美元的效益。江西省把物联网抓住，这个方向是对的，但是不能仅限于一般的形式，还要瞄准工业互联网上的软件集成和服务，而不是简单的互联网的硬件。另外，物联网只是产业数字化中的一项技术，江西省在微电子装备、激光电子、计算机方面比较弱。江西省还可以大力发展集成电路、光电子计算机、云计算、大数据等。

软件是新一代信息技术产业的灵魂，目前全国已有 4 万多家软件企业，2017 年软件业务收入为 5.5 万亿元。江西省目前还没有更多地关注工业互联网。云计算有 4 个层次，上饶市云计算的应用开发层还比较弱，可以引进和培育一些这样的公司来把上饶云计算这个层次补充完整。广电总局出台了通知，所有游戏产业都算作意识形态的视频产业一样需进行审查。这是一个商机、是一个大产业，江西省可以开发游戏审查软件。为了提高服务质量，呼叫中心未来还是要往智能化方向发展。

### （三）如何开展产业数字化

江西省交通厅重点打造"一个中心、三大平台"、省旅发委准备打造"一部手机玩转江西"全域旅游平台、省消防总队搭建灭火和应急救援指挥平台、省水利厅对水利前端采集及业务应用进行物联网改造。江西省各个政府部门都在做应用，但是应用面还不够，应用的深度还不够。

以地方特色为依托，推动传统企业转型升级。为推动大数据高端企业、先进技术与竞争性强的传统企业，如制药、食品、光伏企业合作对接，可以引入阿里巴巴、腾讯、华为、用友等多家国内知名企业积极参加到为江西省本地重点企业升级改造中，在数据挖掘分析、企业信息化、智能制造、工业大数据应用等多个领域为江西省企业转型升级提供基础路径选择和技术支撑。

江西省是农业大省，在农业信息化方面，要帮助农民把东西卖出去。贵州铜仁政府部门和企业共同打造的"碧江农业大数据应用平台"结合了政府部门的数据资源与企业新型的商业模式，实现了在农业方面的数据管理共享，带动了贵州铜仁地区的农产品、特色民族产品走出贵州，为这些产品的产销提供了外出途径。与全国发达省市相比，江西省网上采购额不高，并且买多卖少。阿里电商过去要农民买城里的东西，现在却是怎么把农民的东西卖出去。江西省在农业信息化方面大有可为。

### （四）如何为中小企业提供优质服务

要为中小企业提供优质的服务。中小企业是江西信息技术发展的生力军。很多信息技术开发需要超算能力，需要大规模的计算，中小企业没有能力去超算平台，政府要帮着建。另外，一些有钱的企业建立后也不一定会用。因此，帮助中小企业发展是件十分重要的工作。建议江西省集中财政成立一家公司，这个公司建成后，面向所有中小企业提供云计算的平台。平台能提供比较好的计算能力，有各种各样的软件工具，并且有专门的技术人员辅导来运用的企业，帮着企业学会怎么去用。这个平台是普惠性的。政府不参与运营，政府通过购买服务的形式考核其为中小企业、初创企业服务的水平。公司做得好，我就买你的服务，如果做不好，我们就换一家单位。这是一个很快提升中小企业创新能力的手段。江西省还要大力打造一些基础设施，包括一些测试仪器，同时调动高校共享仪器的积极性。北京市科委通过创新券鼓励国家实验室开放仪器设备。北京市科委给相关中小企业发放创新券，并且半价回收高校、研究所提供服务收到的创新券。北京市科委规定创新券换来的钱可以随便使用，不受审计纪检限制，极大地调动了高校、科研院所共享仪器的积极性。

### （五）如何提升政府服务质量

当前，新信息技术产业正处于一个快速发展的阶段，市场需求旺盛，时间就是产能，时间就是市场，时间就是效益。江西省本身处于长三角经济圈，现在杭州在发展大杭州湾，江西省区位优势很强。目前这两个地方正在发展产业转移，江西有很好的承接基础。从总体上看，江西省信息技术产业层次还偏低，目前缺少本地龙头企业，产业链还不够完善，创新能力还偏弱，应用范围还偏窄。因此，我们要加大招商引资的力度，提升招商引资的效率。招商引资的关键在于提高服务信息技术产业的服务范围和水平。大数据企业落户更多关注的是线上服务、数据服务、落地服务水平。目前，江西省大数据产业政策供给有待细化，建议将一些审批信息技术企业资质的权限下放给各设区市，提高政府部门办事效率。积极引导市场培育一批大数据产业咨询研究、知识产权保护、投融资服务、产权交易、人才服务等专业服务机构，为产业发展提供多方位、多层次、多角度的专业服务支持。

大家都提到江西省缺信息产业人才，实际上，信息产业人才，全球都缺。特别是人工智能人才、大数据人才，永远都缺。江西省首先要眼睛向内，先挖掘江西自身的人才，调动科研人员的积极性。上饶市正在积极落实省政府与阿里巴巴合作协议，拟在上饶筹建阿里云大数据学院，打造江西省大数据人才培养基地。前 3 年在相应高校学习专业基础课，最后一年到阿里大数据学院，阿里派工程师指导。

要加大对信息技术企业的资金支持力度，完善针对新一代信息技术产业的税收政策。研究设立新一代信息技术区域协同发展促进资金，或从现有相关产业发展资金中划拨出一定的比例资金，着力支持基于区域间产业协作发展的公共技术和公共服务平台建设。省级财政、市级财政共同配套打造像上饶市中科院云计算中心大数据研究院这样具有产业端的研发平台，围绕新型研发机构的后续产业应用进行产业招商。鼓励金融机构加大对新一代信息技术产业企业的信贷支持，建立一套适合信息技术产业发展的信贷管理模式和贷款评审制度。完善税收政策体系，拓展税收优惠空间。应尽快制定有关信息技术产业发展的税收政策，推动新一代信息技术长足发展。

**课题组成员：**

邹　慧　江西省科学院科技战略研究所所长、研究员

肖正强　江西省科学院科技战略研究所副研究员

刘少金　江西省科学院科技战略研究所博士

王小红　江西省科学院科技战略研究所副所长、研究员

朱盛文　江西省科学院办公室主任、副研究员

# 区块链技术助推江西产业升级发展

王小红　邹慧　朱盛文

**摘要：** 区块链技术被认为是继蒸汽机、电力、互联网之后的颠覆性创新，具有广泛的应用领域前景。如果说蒸汽机和电力解放了生产力，互联网改变了信息传递的方式，那么区块链作为构造信任的机器，将可能改变价值传递方式。根据工业和信息化部发布的《中国区块链技术和应用发展白皮书（2016）》，区块链的应用已延伸到医疗健康、教育、慈善公益、社会管理等多个领域，对于全球经济和相关监管将带来深远的影响。江西省区块链行业应用仍处在起步阶段，存在技术发展仍不成熟、专业人才紧缺、相关制度尚未健全、缺乏有效的产业主体合作机制等问题，本项目组邀请清华大学何平教授领衔，建议尝试建立区块链金融类产业的生态圈，催生产业裂变，产生外溢效益，加快布局，将极大地推动江西省重点产业的升级，实现产业在新时代的跨越式升级发展。

## 一、区块链技术的科学性

区块链技术作为分布式数据存储、点对点传输、共识机制、加密算法等多种技术的集成应用，近年来已成为联合国、国际货币基金组织等国际组织及许多国家政府研究讨论的热点，各产业也纷纷加大投入力度。目前，金融行业、智能制造、物联网、数字资产交易、供应链管理、生物医疗等多个领域已经开始应用区块链技术。区块链技术的广泛应用，将为大数据、云计算、移动互联网等新一代信息技术的发展带来新的机遇，从而引发新一轮的技术创新和产业变革。积极探索区块链技术与江西省优势产业结合的可能性，将推动江西省产业优化升级，深化江西省经济体制改革。

区块链是计算机技术的新型应用模式,通过分布式数据存储技术,区块链各节点共享计算资源、软件或信息内容,加密算法保证了信息在各节点之间传递的安全性,特定的共识机制保证了各节点信息的一致性。区块链中由于每笔交易都单独加密,并被其他各方验证,任何试图篡改、删除交易信息的行为都会被其他各方察觉,然后被其他各个节点修正,从而增强安全性与互信减少欺诈。在任何涉及两个或以上对手参与的交易中,通过区块链各参与机构可以实现信息的共享和交叉验证,增加多方交易中的透明度,缩短结算窗口,提高结算效率。

区块链的"信任共识"机制极大地突破了原有的中心化的信用机制,交易双方无须借助第三方信用中介便可开展经济活动,拓展了各类产业运营的对象、范围和模式,推动产品和服务的创新。区块链技术还具有以下特征:

（一）开放共享

任何人都可以参与到区块链网络,每一台设备都能作为一个节点,每个节点都允许获得一份完整的数据库拷贝,任何人都可以通过公开接口查询区块链数据和开发相关应用。节点间基于一套共识机制,通过竞争计算共同维护整个区块链。任一节点失效,其余节点仍能正常工作。

（二）去中心化

区块链由众多节点共同组成一个端到端的网络,不存在中心化的设备和管理机构,每个节点都具有平等的权利和义务。节点之间数据交换通过数字签名技术进行验证,无须互相信任,无须任何人为干涉,只要按照系统既定的规则进行,节点之间不能也无法欺骗其他节点。

（三）交易透明

区块链的运行规则是公开透明的,所有的数据信息也是公开的,因此,每一笔交易都对所有节点可见。由于节点与节点之间进行数据交换是基于既定规则无须相互信任,因此,节点之间无须公开身份,每个参与的节点都是匿名的。

## （四）不可篡改

单个甚至多个节点对数据库的修改无法影响其他节点的数据库，除非能控制整个网络中大部分节点同时修改，而这几乎不可能发生。区块链中的每一笔交易都通过密码学方法与相邻两个区块串联，因此，可以追溯到任何一笔交易的前世今生。

## 二、国内外区块链技术应用现状

区块链技术的推广应用得到了全球越来越多国家的认可。2018 年 1 月 22 日英国技术发展部门（Innovate UK）相关人士表示，英国将投资 1900 万英镑用于支持区块链等新兴科技领域的新产品或服务。2018 年 2 月 14 日美国众议院召开第二次区块链听证会，"拥抱技术"与"不要封杀"成为共识。韩国央行鼓励区块链技术，韩国唯一的证券交易所 Korea Exchange（KRX）也宣布开发基于区块链技术的交易平台。澳大利亚在多领域积极探索区块链技术，澳洲邮政将区块链技术应用于身份识别。迪拜建立全球区块链委员会，并成立含 Cisco、区块链初创公司、迪拜政府等 30 多名成员的联盟。

中国也在积极探索基于区块链的行业应用。2016 年区块链作为一项重点前沿技术首次被列入国务院印发的《"十三五"国家信息化规划》中。2018 年 6 月，工业和信息化部印发《工业互联网发展行动计划（2018—2020 年）》，鼓励推进边缘计算、深度学习、区块链等新兴前沿技术在工业互联网的应用研究。2018 年 5 月 28 日，习近平总书记在两院院士大会上的讲话中指出，"以人工智能、量子信息、移动通信、物联网、区块链为代表的新一代信息技术加速突破应用"。各地纷纷推出鼓励政策，区块链项目竞相上马。截至 2018 年 5 月底，北京、上海、广东、河北（雄安）、江苏、山东、贵州、甘肃、海南等 24 个省市或地区发布了区块链政策及指导意见，多个省份将区块链列入本省"十三五"战略发展规划，开展对区块链产业链布局。随着区块链技术在应用层面的不断拓展，各地纷纷推出区块链鼓励政策，越来越多的区块链技术企业选择到落户政策优惠的地区发展。

据七麦数据报告显示，在我国全部区块链创业项目中，金融类占比最高，达到 42.72%，企业服务类占比达 39.18%，这两类项目占比共计高达 81.44%。在金融领域内，区块链技术在加密代币、支付清算、供应链金融、证券、保险等细分领域得到落地应用（图 1）。

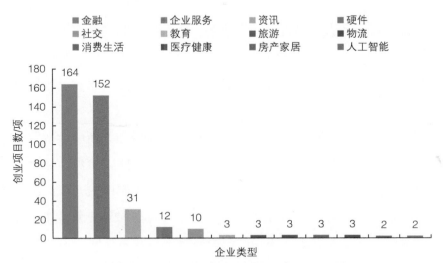

图 1　中国区块链企业类型（截至 2018 年 3 月 30 日）

数据来源：七麦研究院《2018 中国区块链 App 项目热点分析报告》。

## 三、江西区块链技术应用现状

江西区块链应用目前处于起步阶段，政府从多个领域进行了引导、探索，积极拥抱区块链技术。2016 年 11 月，深圳瀚德金融控股有限公司、中金甲子（北京）投资基金管理有限公司、高景资本集团、赣州银行签署战略合作协议，共同助力赣州打造区块链城市。2017 年 3 月 15 日，全国监控运营管理中心落户赣州，全国首单区块链票链业务在赣州银行成功上线，该业务上线运行 1 个月规模即达 3402.14 万元，帮助 30 家中小微企业解决了融资难题。随着区块链的应用范围和影响持续扩大，2017 年 5 月，赣州市人民政府、国家互联网应急中心、新华网联合成立合规区块链指引编委会，全面研究当前区块链技术发展和应用中存在的问题，探索区块链技术如何服务监管，形成中国第一个合规区块链的规则和指引——《合规区块链指引》，进一步推进行业健康发展。

2017 年 6 月 30 日，由江西省政府金融办、赣江新区管委会共同主办，赣江新区管委会、大成基金管理有限公司、博能控股股份有限公司三方共同在南昌展演中心签订《赣江新区区块链产业战略合作协议》。根据战略合作协议，三方将在以下方面开展全方位合作：一是整合资源，共同发起设立区块链产业发展委员会；二是以中国中小银行联盟和直销银行联盟为战略合作平台，共同发起设立区块链产业高峰论坛；三是共同发起设立区块链产业发展基金，重点支持区块链产业园建设与运营、区块链金融和区块链产业优势企业股权投资等；四是共同建设区块链产业园，形成区块链产业聚集效应。

2017 年 7 月，江西省赣州区块链金融产业沙盒园暨地方新型金融监管沙盒在北京正式启动，这是我国第一个由政府部门主导的区块链监管沙盒，标志着赣州在建成中国南方科技金融创新中心的发展方向上又迈出了实质性的一步。赣州区块链金融产业沙盒园是工业和信息化部互联网金融重点实验室的第一个落地项目，集信息科技、地方金融、沙盒监管于一体，已邀请多家国内知名互联网科技型企业和上市公司入园，将通过提供良好的监管机制和政策环境，探索新的监管边界，创新发展区块链技术及其相关产业。

## 四、区块链技术在江西产业应用面临的挑战

### （一）技术发展仍不成熟，专业人才紧缺

目前区块链尚处于初步发展阶段，企业和相关机构对区块链应用的认知不足，缺乏加入区块链系统的动力。很多技术都不够全面和成熟，在使用的便利度上还需要长足发展，在安全性上也还存在很多隐患，难以起到大面积推广的作用。而区块链技术涉及计算机、密码学、虚拟货币及人工智能等多种前沿学科的理论研究与技术开发，高昂的研发费用令众多企业与研发机构望而却步。江西目前还相对缺乏尖端的技术人才和充分的资本投入解决区块链技术的一些核心问题，会限制区块链的推广使用。

### （二）相关制度尚未健全

推动区块链在江西相关产业发展的议题还处于讨论阶段，相关的政策制度尚未

完善。在法律层面，目前区块链技术研究和应用仍游走于法律空白地位，之前有关互联网监管的法律法规也不能适应区块链技术带动发展的新业态，针对区块链的法律监管严重滞后，不能有效引导和监管区块链技术产业的发展壮大。例如，区块链技术利用共识机制、时间邮戳等新型互联网技术协助货币运行与金融交易，但由于没有法律约束其交易行为，交易双方一旦有人违约也很难追究其违约责任。

### （三）缺乏有效的产业主体合作机制

从技术研发到不同行业应用层面，区块链技术产业中包含了众多不同类型的主体。主体类型的多样化，在客观上增加了区块链技术合作领域的复杂性和协调难度，需要产业市场参与者、技术企业、监管部门等主体通力合作，加强沟通协调，建立有效、持续、深入的合作机制。通过行业协会等平台，可积极推动国内产业链上下游主体的联动与合作，实现技术应用中的自主可控。同时，高效合作模式的搭建，有望进一步解决技术发展初期存在的网络外部性、互联互通等问题，以尽快寻找到可行商业模式，实现技术的市场应用价值。

## 五、区块链推动江西产业发展的必要性和紧迫性

区块链技术为各类金融活动中的资金流转、资产交易、信息存储、身份管理等流程提供了全新的思路。通过尝试建立区块链金融类产业的生态圈，催生产业裂变，产生外溢效益，可以推动江西省经济发展，实现弯道超车。

江西省区块链行业应用仍处在起步阶段，各方面的建设还需实际落地。尽管很多企业已经在关注和开展区块链的行业应用，但由于产品研发和平台建设需要一定的时间，成熟的产品和平台相对较少，行业应用水平相对较低。如果能加快布局，培育人才，将极大地推动江西省重点产业的升级发展，实现产业在新时代的跨越式升级发展。

### （一）推动金融产业变革发展

发展区块链金融，可以塑造江西省区块链领域品牌，占领区块链领域应用新高

地。区块链在金融行业的应用可以推动科技金融和普惠金融的融合发展，在监管可控、便利安全的情况下，让江西人民充分享受高效安全的金融服务。

区块链金融的应用前景主要在资金链、交易链、权益链、管理链4个方面。

一是资金链。基于区块链技术，可以建立资金链，用于支付清算体系，实现每笔资金流向的可追溯。例如，在跨国支付方面，利用区块链技术可以在全球银行间建立分布式账本，支付命令不可篡改，将跨国支付和同业对账可做到实时同步，既解决了跨国支付效率相对低下和费用相对高昂的问题，也解决了跨国同业之间对账不同步的问题。

二是交易链。基于区块链技术的交易链，在金融领域也有坚实的应用基础。以金融资产为标的的金融交易，涉及多方流转，既涉及具体交易时间，也要确保交易方不能随意篡改交易要素，同时对历史交易进行追溯，区块链技术可以很好地解决这一问题。

三是权益链。基于区块链的数字签名和时间戳技术，可以对应现实社会中的权益证明，建立权益链。考虑到权益需要得到社会广泛认可，并受到国家强制力保证，权益链的构建应该是中心化的，这样可以避免去中心化区块链技术形成的多条权益链引发的外部不相容问题。银行可以利用区块链技术，将其嵌入金融业务流程，实现业务和对账同步运行，减少篡改、伪造等操作风险，构建去中心化的权益链体系。

四是管理链。通过区块链技术，构建金融产业的新型管理链。管理与区块链技术及建在其之上的智能合约一样，均基于程序和规则的设定与监督。通过区块链技术构建交易数据、交易记录、信用文件的管理链，来简化实时对账、数据共享流程，可以实现金融领域审计、监督等管理智能，大大提升了金融管理的效率。

（二）推动生物医药产业纵深布局

区块链技术对生物医疗产业布局的影响主要体现在溯源监管方面。生物医药产业的研发和原材料生产体系往往是独立建设，与生产、流通及线上交易等系统脱节，很难有效地推行或者实施，总体的可信机制难以保证，如何防伪、不可篡改及多主体有效管理等成为关键问题。区块链技术将基础数据通过物联网模块进行采集，然后采用分布式台账、共识机制实现数据在数据区块的直接写入，将数据区块记录到区块链中实现溯源。推动产业从行为监管转向技术监管，让多方同时实现信息的对等互动，对监管数据进行实时搜集、分析与监控，为生物医药健康规范发展开辟成长空间。

以江西省发展中医药特色的大健康产业为例，在产业布局中，中药溯源体系的建立非常重要，中药追溯体系采集记录中药原材料收集、产品生产、流通、使用等所有环节信息，强化全过程质量安全管理与风险控制的有效措施，基于区块链技术的通用中药材溯源 ID，可以产生溯源二维码，能够减少中药材流通过程中的信息传输错误并有效确保中药材信息的完整性和安全性，解决了传统溯源体系存在的高成本、低效率、数据存储不安全等问题。基于区块链技术的监管体系，能够打通整个中医药发展的产业链，使得整个产业链信息更加透明化。

## （三）推动智能制造产业升级

江西省的智能制造企业亟待通过自主创新能力和核心竞争力来推动设备制造业的快速发展，但是其管理流程的阻断、信息沟通的限制及传统弊病导致其运营中存在很多问题，严重影响企业的整体实力和核心竞争力。运营能力作为核心竞争力中的重要组成部分，如何实现企业的智能化运营对提升其核心竞争力具有重要作用。

而区块链技术作为目前前景广阔的新技术，受到了各行业的广泛关注，将其应用到智能制造企业的产业链条及企业内部运营中是大势所趋。在制造企业的智能化运营改造中，容易产生相应的信息对称、交互信任、流程回溯等一系列问题。区块链可以使江西省制造企业智能化运营嵌入智能合约，从而自动执行价值交换、实现权属转让，使大数据、人工智能不断促进制造企业运营水平的提升，在企业的智能化运营改造中发挥作用。

智能制造企业通过采用区块链技术，建立高度信息化的运营管理流程和共享电子信息平台，做到权责清晰、灵活高效，围绕统一协议管理的模式是当下大数据情境下普遍使用的管理方式，不仅能够追溯责任，还可以记录关键信息，如日期、数量、涉及部门和负责人等，保证多个项目同步有序运行。区块链技术的应用，将会促进江西省制造企业的智能化改造，提升其整体运营能力。

### （四）协同其他产业共同发展

区块链技术作为具有开放共享、去中心化、交易透明、不可篡改的技术，在各产业领域中都得到了很好应用，从行业来看，金融领域是我国区块链技术应用最为活跃的领域，在数字货币、跨境支付、资产管理、供应链金融等方面已经形成了一批能够开展实际业务的新产品，市场应用正逐步展开，在医疗服务、智能制造等领域在不断开展新尝试，在其他领域也得到了一定的推动与发展。

一是在传统农业领域。伴随现代化农业的深入发展，农产品生产地和消费地之间的距离较远，农产品在生产销售过程中可能产生的各种费用将无法估计，同时对农产品生产过程中所需要应用的各种化肥、农药数量、程度也无法估计。由此使得消费者对农产品的认可和信誉程度降低，不利于现代农业的长远化发展。区块链和农产品质量安全的挂钩发展使得农产品数据信息一旦被记录将不会被更改，通过先进技术解决了各种因素对农产品安全生产的影响。

二是物联网领域。物联网将网络身份赋予实际物体。现在，手机和电脑已经可以通过网络进行互联；而在未来，汽车、房屋、电器也都可能会加入网络中，它们将能够被远程操控。例如，当出现电力紧张或者电流过高时，通过使用区块链技术中的智能合约，可以自动实现网络中电器节电模式的启动或者不同电器的交替使用。区块链可以解决阻碍物联网发展的成本和诚信问题。对于物联网公司来说，开发专用的智能设备会花费巨额成本，区块链技术可以取代云和服务器的集群，使物联网能够将基础设施的建设外包给成本较低区域的企业；同时，通过智能合约的调用，网络上产生的交易或者事物处理信息可以根据用户之间提前约定好并写入区块链网络的内容自动执行，而无须在事件发生后担心反悔、抵赖和篡改信息等情况的出现，从而解决了不同用户和智能设备之间的信任问题。

三是政府公共管理方面。区块链的本质是一个透明、可追溯、不易篡改的分布式账本数据库，其在设计上普遍采用了较为成熟的密码学算法，以保证其安全防护性能。对于各政府部门来说，安全保障是一切技术手段、执行政务和各项工作正常运转的基础条件之一，通信安全、数据安全、信息安全，包括密码安全，都是其中的典型代表。以美国国防部为例，利用区块链技术的防篡改特性与其使用的数字加密技术，为指挥部门与一线工作人员之间的信息交互构建更为安全、可靠的平台，确保人员之间通信信息的准确性。在政府公共管理中，通过全网节点的共同参与维护、共同记录存储数据的方式，可以有效应对传统数据库由于完全中心化管理带来的安全风险。同时，在数据的完整性保护和可靠性提升方面，区块链技术的出现可以为新时代、信息化社会环境下的可靠数据传输和存储带来新的、更好的解决方案。

## 六、区块链在江西产业发展的可行性分析

### （一）加快推进区块链技术各行业应用标准是根本前提

新技术的出现，必然带来产业格局的巨大变革，标准制定也不可避免。目前，区块链技术标准化领域仍属空白，国内外尚未形成通用标准。工业和信息化部发布的《中国区块链技术和应用发展白皮书（2016）》中提出及早推动开展区块链标准化工作的必要性，并确立了我国区块链标准化路线图。江西省可以紧跟步伐，结合各领域实际情况，加快推进区域内标准化体系，及时研究制定区块链各行业应用标准。成为技术的先行者和标准制定者，无疑会为推动江西产业跨越式发展打下重要基础。

### （二）建立有效的产业主体合作机制是核心支柱

工业和信息化部发布的《2018年中国区块链产业发展白皮书》中指出，区块链技术应用落地的主战场是实体经济产业领域，区块链技术产业中包含了众多不同类型的主体，需要市场参与者、技术企业、监管部门等主体通力合作，加强沟通协调，建立有效、持续、深入的合作机制。可通过行业协会等平台，积极推动国内产业链上下游主体的联动与合作，实现技术应用中的自主可控，确保信息安全。在明确了区块链技术在江西省优势产业的战略定位后，政府可以不断积极推动区块链在其他产业的布局，引导产业有序发展。加大在区块链的核心技术及相关垂直应用领域的研发力度和财政投入，不断开拓应用领域，推动更多优势产业发展，全力构建技术资源共享、应用交流频繁的江西省区块链产业生态圈。

（三）降低资金成本，解决企业融资难的需求巨大

江西省要结合自身的特点，扬长避短，寻找合适的领域，先行重点发展。供应链金融、征信和保险等领域在江西省有着较好的区块链技术应用前景；发展区块链供应链金融可以缓解中小企业融资难的问题，而区块链征信能够推动江西省的市场信用体系发展，为大量原本无法融资的中小企业提供了融资机会，极大地提高票据的流转效率和灵活性，降低中小企业的资金成本。

（四）打破信息孤岛，解决社会信任问题前景广阔

在征信领域，随着大数据时代来临，传统征信业中信用信息不对称、数据采集渠道受限、数据隐私保护不力的问题愈加严峻。区块链在信息共享领域有巨大的市场需求和发展前景，江西省政府可协调各参与主体共同搭建应用平台，如搭建区块链征信系统，为整个金融体系提供信用基础。区块链技术通过上层的对等直联、安全通信和匿名保护，加速打破"信息孤岛"的行业坚冰，加快各行业信用数据的汇聚沉淀，加强用户数据的隐私保护，以低成本建立共识信任。区块链技术可以帮助多家征信机构实现数据资源不泄露的前提下数据多源交叉验证与共享；将信用数据作为区块链中的数字资产，有效遏制数据共享交易中的造假问题，保障了信用数据的真实性；可以使信用评估、定价、交易与合约执行的全过程自动化运行与管理，从而降低人工与柜台等实体运营成本，并能大幅提高银行信用业务处理规模。

**课题组成员：**

王小红　江西省科学院科技战略研究所副所长、研究员

邹　慧　江西省科学院科技战略研究所所长、研究员

朱盛文　江西省科学院办公室主任、副研究员

# 抢抓"智联江西"建设机遇，加快打造智能传感器产业生态新高地

刘少金　冯雪娇　邹慧

**摘要：** 自中美贸易摩擦以来，"芯片"断供和"实体清单"出台，迫使众多行业、企业遭受"卡脖子"窘境。智能传感器作为物联网、VR等新一代信息技术产业感知层的重要功能器件和基础核心元器件，是决定智能物联网时代发展的关键，也是物联网产业发展的"脉门"。为稳定经济增长，推进产业基础高级化、产业链现代化，本报告重点研究了江西省智能传感器产业发展现状及存在的短板，从顶层设计、创新链部署、协同创新机制构建等角度，提出加快完善江西省智能传感器产业生态、发展壮大产业集群、打造中国（南昌）智能传感谷的对策建议。

当前，万物互联＋边缘智能助力信息互联颠覆式创新。智能传感器作为物联网、VR、工业互联网等新一代信息技术产业感知层的重要功能器件和基础核心元器件，是决定智能物联网时代产业发展的关键。习近平总书记在企业家座谈会上强调要"提升产业链供应链现代化水平，大力推动科技创新，加快关键核心技术攻关，打造未来发展新优势"。党和国家高度重视智能传感器等电子元器件产业的发展。2021年1月，工业和信息化部印发了《基础电子元器件产业发展行动计划（2021—2023年）》，提出要做强传感类元器件产业，夯实信息技术产业基础。面对百年未有之大变局和产业大升级、行业大融合的态势，加快电子元器件及配套材料和设备仪器等基础电子产业发展，对推进信息技术产业基础高级化、产业链现代化，乃至实现国民经济高质量发展具有重要意义。

近年来，江西省委省政府顺应新一轮信息技术和科技革命发展浪潮，加快推进"物联江西""智联江西"建设。依托"03 专项"产业承接，江西省移动物联网产业取得先发优势，智能传感器形成一定的产业规模和应用基础，但离全面感知、万物互联、万事智联的目标还有一定的差距。面对重要战略机遇期，抢抓物联网发展"脉门"，加快推进江西省智能传感器产业高质量发展，构建具有国内外影响力和知名度的产业生态，打造全国智能传感器产业先进示范基地，将为江西省推进"物联江西"向"智联江西"转变和加快建设"智联江西"提供有力支撑。

## 一、智能传感器已成为支撑万物互联、万事智联的重要基础

作为数字时代的感知层，智能传感器是集成传感芯片、通信芯片、微处理器、软件算法等于一体的系统级产品，紧密衔接互联网、大数据、人工智能与实体经济，已成为支撑万物互联、万事智联的重要基础产业。伴随着工业互联网、大数据、物联网、人工智能、VR/AR 等新一代信息技术的快速发展，市场应用正呈现爆发式增长态势，产业发展处于重要战略机遇期。

### （一）全球智能传感器行业发展呈现快速增长态势

**1. 亚太地区将成为 2020—2025 年全球智能传感器消费市场份额增长最快的地区**

近年来，受益于汽车电子、消费电子、医疗电子、光通信、工业控制、仪器仪表等市场的高速成长，智能传感器行业发展呈现爆发式增长态势。据全球第二大市场研究咨询公司 Markets & Markets 估计，2020 年全球智能传感器消费市场规模有望接近 366 亿美元。未来几年，随着智能制造、物联网、车联网等相关行业的发展，全球对智能传感器产品的需求将快速增长，预计 2025 年，市场规模将达到 876 亿美元，年均复合增长率为 19.0%。2020 年，美洲地区（Americas）仍占据着全球最大的智能传感器市场份额，由于拥有众多大型智能传感器制造工厂，美国依然是美洲地区最大的生产和消费国家。在消费类电子产品、汽车和医疗保健等下游产业的带动下，亚太地区（APAC）将成为 2020—2025 年全球智能传感器市场份额增长最快的地区，包括中国、印度、日本、韩国和其他亚太国家（图 1）。

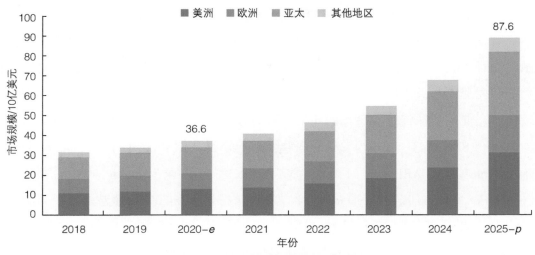

图1 全球智能传感器市场规模

注：e 为测算值；p 为预测值。

资料来源：Markets & Markets（2020 年 3 月）。

据中国信通院统计，2016—2019 年全球智能传感器的四大应用领域市场规模以消费类电子产品领域最大，占据总量 2/3 以上，其次为汽车电子领域。表 1 列出了全球各类智能传感器消费市场的对比情况。

表 1 全球各类智能传感器市场对比

| 智能传感器产品类型 | 细分类型 | 2017 年市场 /10 亿美元 | 2022 年预估市场 /10 亿美元 | 年复合增长率 /% | 发展评价 |
| --- | --- | --- | --- | --- | --- |
| 压力传感器 | MEMS 压力传感器 | 1.6 | 1.93 | 3.8 | ☆ |
| 惯性传感器 | 高端惯性传感器 | 3.1 | 3.9 | 5 | ☆☆ |
| 磁传感器 | 磁传感器 | 1.75 | 2.5 | 7 | ☆☆ |
| 声学传感器 | MEMS 麦克风 | 1.11 | 1.9 | 11 | ☆☆☆ |
| 光学传感器 | CMOS 图像传感器 | 13.9 | 21.78 | 9.4 | ☆☆☆ |
| 气体传感器 | 气体传感器 | 0.76 | 1 | 5.7 | ☆☆ |

注：☆☆☆发展前景极好，☆☆发展前景很好，☆发展前景乐观。

资料来源：《智能传感器型谱体系与发展战略白皮书》。

### 2. 美国、日本、德国占据全球传感器市场七成份额

智能传感器是未来 10 年甚至 20 年传感器产业的主流形态。世界主要工业强国纷纷对智能传感器谋篇布局，欧洲、美国、日本等拥有良好的技术基础，产业链上下游配套成熟，几乎垄断了"高、精、尖"的智能传感器市场，中国企业竞争力较弱。当前，全球传感器市场的主要厂商有通用电气（GE）、爱默生（Emerson）、西门子（Siemens）、博世（Bosch）、意法半导体（STMicroelectronics）、霍尼韦尔（Honeywell）、ABB、横河电机（Yokogawa）、欧姆龙（Omron）、施耐德电气（Schneider）、E+H（Endress+Hauser）等，中国传感器市场 70% 份额被外资企业把控。从 2018 年的全球传感器行业市场份额调查数据中可知，美国、日本、德国占据全球传感器市场七成份额，而我国仅占到 10%（图 2）。由此可见，我国的市场份额与一些发达国家相比还有很大的差距。

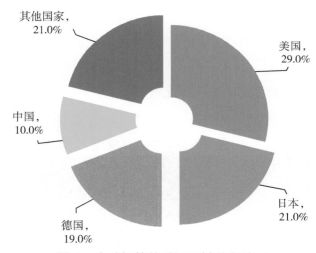

图 2　全球智能传感器区域分布情况

资料来源：互联网（2018 年数据）。

## （二）中国成为全球智能传感器市场发展最快的地区

中国是全球最大的消费电子产品生产、出口和消费国。近年来，中国消费电子类产品，如智能手机、平板电脑、智能穿戴等产量保持稳定增长，带动加速传感器、陀螺仪、硅麦克风等智能传感器行业需求的快速增长，中国已经成为全球智能

传感器消费市场发展最快的地区。据测算，2019年，我国智能传感器市场规模达到137亿美元，本土化率将从2015年的13%提升到27%。

### 1. 我国大力推动智能传感器技术和产业的发展

我国大力支持智能传感器技术及产业的发展，不断完善相关产业政策。据中商产业研究院统计，我国物联网规模从2009年的1700亿元增加至2019年的17 732亿元，年复合增长率为26.42%。得益于国内应用需求的快速发展，我国已形成涵盖芯片设计、制造、封装测试、软件与算法、应用等环节的初步智能传感器产业链。智能传感器是实现"中国制造2025"的"利器"，为保障产业的快速崛起，突破智能传感器领域的"卡脖子"技术，自2006年起，国家相继出台了一系列政策，不断加大对智能传感器产业发展的支持，加强关键共性技术攻关，积极推动创新成果商品化、产业化（表2）。

表2　我国智能传感器产业的相关政策

| 年份 | 政策 | 关键词 |
|---|---|---|
| 2021 | 《基础电子元器件产业发展行动计划（2021—2023年）》 | 新型MEMS传感器和智能传感器 |
| 2021 | 《工业互联网创新发展行动计划（2021—2023年）》（工信部信管〔2020〕197号） | 智能传感器 |
| 2020 | 《新时期促进集成电路产业和软件产业高质量发展的若干政策》（国发〔2020〕8号） | 集成电路企业和软件企业 |
| 2019 | 《产业结构调整指导目录（2019年本）》 | 智能传感器、可加密传感器、核级监测仪表和传感器 |
| 2019 | 《关于促进制造业产品和服务质量提升的实施意见》（工信部科〔2019〕188号） | 智能传感器 |
| 2017 | 《智能传感器产业三年行动指南（2017—2019年）》（工信部电子〔2017〕288号） | 智能传感器、智能传感器应用示范、智能传感器创新中心 |
| 2016 | 《"十三五"国家科技创新规划》 | 新型传感器、MEMS传感器、工业传感器核心器件、智能仪器仪表、传感器集成应用 |
| 2015 | 《〈中国制造2025〉重点领域技术路线图（2015年版）》 | 新型工业传感器 |

续表

| 年份 | 政策 | 关键词 |
|------|------|--------|
| 2013 | 《加快推进传感器及智能化仪器仪表产业发展行动计划》 | 传感器及智能化仪器仪表 |
| 2006 | 《国家中长期科学和技术发展规划纲要（2006—2020年）》 | 传感器网络及智能信息处理、新型传感器及先进条码自动识别、射频标签 |

**2. 我国智能传感器产业主要聚集在沿海经济发达地区**

当前，随着工业互联网、智能制造、人工智能等战略的实施，各级政府加速推进智慧城市建设、智能制造、智慧医疗发展，将为智能传感器市场及企业带来重大发展机遇，向创新化、智能化、规模化方向快速迈进。2019年，全国智能传感器企业主要集聚于华东地区，企业数量最多，约占全国的56.86%。此外，中南、华北等地区也有大量优秀企业聚集，分别占23.09%和8.36%，如图3所示。在华北地区，高校和科研院所林立，科技研发活动频繁，主要从事新型智能传感器的开发，填补国内某些领域的空白，如北京已建立微米/纳米国家重点实验室。

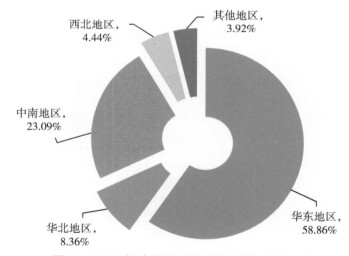

图3 2019年中国智能传感器企业资源分布

资料来源：《2020年赛迪顾问传感器十大园区白皮书》。

以上海、无锡、南京为代表的华东地区，拥有国内最大规模的传感器产业集群，形成了包括热敏、磁敏、图像、称重、光电、温度、气敏等较为完备的传感器生产体系及产业配套，是硬件传感器、软件开发及系统集成企业的主要聚集地和应用推广地，是 MEMS 产业研发设计和制造中心。以深圳、广州等城市为主的珠三角地区，构建了由众多外资企业组成的以热敏、磁敏、超声波、称重为主的传感器产业体系。以郑州、武汉、太原为核心的中部地区，通过产学研紧密结合的模式，在 PTC/NTC 热敏电阻、感应式数字液位传感器和气体传感器等行业细分领域发展态势较好。

随着全球智能传感器及下游应用行业的快速发展，全国多地在智能传感器领域加快产业布局，谋划建设智能传感器产业基地，力争打造中国智能传感器产业新高地（表 3）。

表 3　全国各地智能传感器产业发展政策

| 年份 | 地区 | 政策 | 主要内容 |
|---|---|---|---|
| 2019 | 上海嘉定 | 《关于嘉定区进一步鼓励智能传感器产业发展的有关意见》 | 通过政策引导，鼓励资金、人才等资源投向智能传感器相关企业，进一步促进产业聚集发展，建设嘉定北部智能传感器及智能硬件核心综合产业集聚区 |
| 2019 | 河南郑州 | 《中国（郑州）智能传感谷规划》 | 提出以郑州高新区为核心，谋划智能传感器产业小镇，打造智能传感器材料、智能传感器系统、智能传感器终端"三个产业集群"，发展环境传感器、智能终端传感器、汽车传感器"三个特色产业链"，推动郑州市智能传感器产业规模化、特色化、差异化、高端化发展 |
| 2019 | 陕西宝鸡 | 《渭滨区传感器产业发展规划（2020—2025年）》 | 提出在力敏、光敏、磁敏、气敏、惯性等方面具有领先技术和核心科技的新型传感器企业，全面培育"设计＋制造＋封装＋测试＋整机产品＋应用集成"的智能传感器产业链，力争到 2025 年建成国家传感器产业示范基地 |
| 2019 | 重庆北碚 | 《北碚区传感器产业发展规划（2020—2025年）》 | 围绕北碚区，作为传感器产业发展的主战场，与新能源汽车、物联网、汽车电子、仪器仪表、新材料等重点产业联动，打造西南高端智能传感器产业园 |
| 2019 | 河南新乡 | 《新乡市传感器产业培育建设方案》 | 建成 MEMS 芯片及传感器研发制造基地和专用集成电路芯片检测检验平台，营造良好的传感器产业生态，推进传感器与传统产业融合、创新发展，推动传感器关联产业同步、集聚发展，努力把传感器产业培育成地标性产业 |

续表

| 年份 | 地区 | 政策 | 主要内容 |
|---|---|---|---|
| 2019 | 浙江嘉善 | 《关于加快智能传感器产业发展的若干政策意见》 | 合作设立总规模100亿元的智能传感器基金,加快16.5 km²智能传感器产业园区规划建设,优先保障智能传感器企业用地等 |
| 2019 | 河南 | 《河南省加快推进智能传感器产业发展行动计划》 | 经过3~5年的努力,河南省智能传感器产业发展水平跨入全国先进行列,构建较完善的智能传感器产业体系,提升在重点领域的应用水平 |
| 2018 | 河南洛阳 | 《洛阳市加快推进智能传感器产业发展行动计划(2018—2020年)》 | 力争到2020年年底,智能传感器产品和技术服务对全市重点产业领域企业的覆盖率超过50%,主营业务收入达到2亿元,全产业链主营业务收入达到13亿元,将洛阳打造成在智能传感器产业领域具有一定竞争力和影响力的制造基地 |
| 2017 | 重庆 | 《重庆市加快传感器产业发展专项行动计划(2017—2020年)》 | 到2020年,重庆传感器产业整体达到长三角、珠三角、京津地区等我国传感器主要产业基地的同等水平,成为西部地区传感器技术创新和产业发展高地。初步形成"材料+设计+制造+封装+测试+系统集成"的传感器产业链,营造良好的传感器产业生态,推动以传感器为核心的物联网产业体系建设 |
| 2015 | 浙江杭州 | 《杭州国际传感谷建设规划(2015—2020)》 | 着力建设传感谷,通过"一谷三区"建设促进传感器产业快速集聚,主动承接全市智慧城市建设和工业智能化改造大趋势 |

### (三)智能传感器技术发展趋势及产业链全景图谱

**1. 智能化、微型化、仿生化是未来传感器的发展趋势**

全球智能传感技术创新进展加快,智能化、微型化、仿生化是未来传感器的发展趋势。MEMS(Micro-Electro-Mechanical System)、CMOS(Complementary Metal Oxide Semiconductor)是智能传感器制造的两种主要技术,预计CMOS技术将成为最大份额占有者,将从2013年的4.74亿美元上升到2020年的41.2亿美元,约占总市场份额的40%。光谱学技术是智能传感器增长最快的新技术,2013—2020年的年增长率高达38%左右。基于新材料、新原理、新工艺、新应用的产品不断涌现,部分产品已大量应用,如指纹传感器、心率传感器、虹膜传感器等。

未来在物联网、大数据、智能制造、工业互联网等行业迅速发展的背景下，智能传感器行业市场需求将继续保持快速增长态势，需求空间巨大，将有更多的城市和企业参与到智能传感器行业的发展中，市场竞争将更加激烈。政府和企业只有把握住方向提前布局，才能在智能传感器产业的发展中占据一席之地，并在智能传感器中占据"制高点"。

**2. 智能传感器产业链全景分析**

（1）智能传感器型谱体系

智能传感器型谱体系总体架构参考《传感器通用术语》（GB 7665—2005）中分类原则，并结合智能传感器应用特点进行构建，总体系框架如图4所示。第一层级包括物理量智能传感器、化学量智能传感器、生物量智能传感器三大类。第二层级继续以"被测量量"为依据划分出三大类传感器中典型的智能传感器产品。在第三层级，按照"工作原理＋应用领域"的分类标准具体展开，限于篇幅，暂不详述。

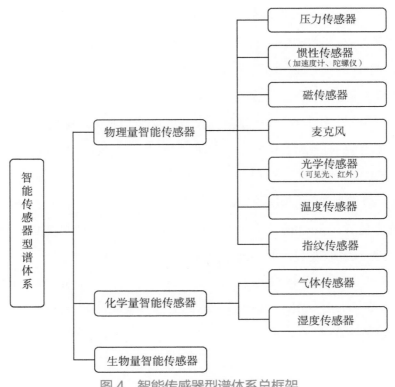

图4 智能传感器型谱体系总框架

（2）智能传感器产业链全景图

根据中国信通院和高端芯片联盟联合发布的智能传感器产业地图，产业链分研发、设计、制造、封装、测试、软件、芯片及解决方案、系统／应用等8个环节。根据已有数据和资料绘制全球智能传感器产业图谱，将各环节重点企业分类展示，如图5所示。

## 二、江西智能传感器产业发展现状及存在的短板

### （一）江西智能传感器产业发展现状

#### 1. 加快推进"物联江西"向"智联江西"转变

2017年9月13日，科技部、工业和信息化部与江西省人民政府签署了"共同推进新一代宽带无线移动通信网国家科技重大专项成果转移转化试点示范框架协议"（03专项），推动5G、窄带物联网与各行业、各领域深入结合，积极构建基于万物互联的全新业态。2020年12月1日，科技部、工业和信息化部与江西省人民政府进行了"03专项"试点示范框架协议续签。依托"03专项"产业承接，江西省移动物联网产业取得了先发优势。

智能传感器作为物联网、VR等新一代信息技术产业感知层支链的关键元器件，历来受到省委省政府的高度重视。自2017年以来，陆续出台《江西省移动物联网发展规划（2017—2020年）》《加快建设物联江西的实施意见》《京九（江西）电子信息产业带发展规划》《江西省5G发展规划（2019—2023年）》《江西省"2+6+N"产业高质量跨越式发展行动计划（2019—2023年左右）》《加快推进5G发展的若干措施》《江西省虚拟现实产业发展规划（2019—2023年）》《进一步加快虚拟现实产业发展若干政策的措施》《江西省数字经济发展三年行动计划（2020—2022年）》等系列政策文件，明确提出加强智能传感器关键技术研发和产品制造，积极发挥先发优势，不断提升移动物联网发展水平，加快推进"物联江西"向"智联江西"转变，为全省高质量跨越式发展提供强大动力。

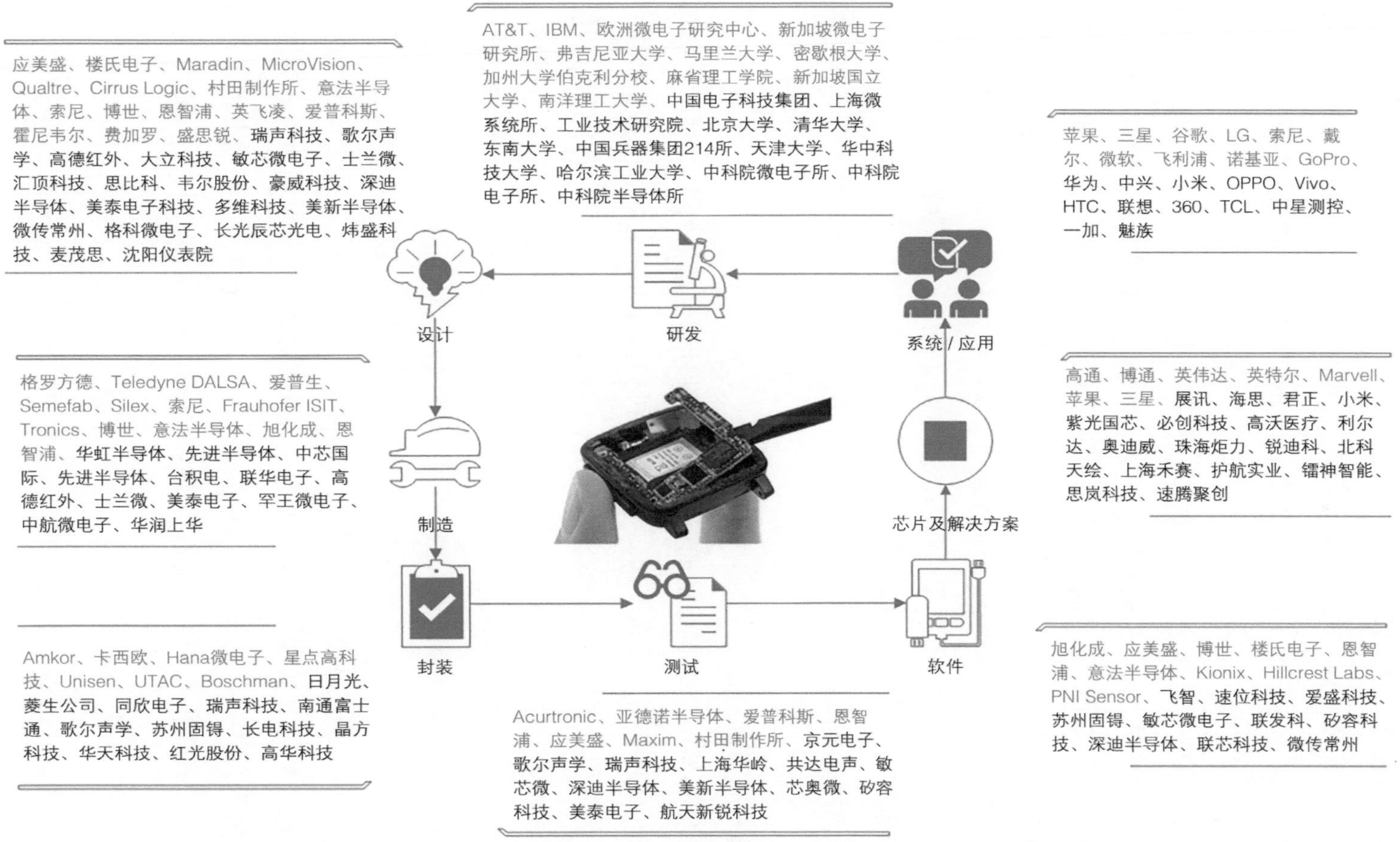

应美盛、楼氏电子、Maradin、MicroVision、Qualtre、Cirrus Logic、村田制作所、意法半导体、索尼、博世、恩智浦、英飞凌、爱普科斯、霍尼韦尔、费加罗、盛思锐、瑞声科技、歌尔声学、高德红外、大立科技、敏芯微电子、士兰微、汇顶科技、思比科、韦尔股份、豪威科技、深迪半导体、美泰电子科技、多维科技、美新半导体、微传常州、格科微电子、长光辰芯光电、炜盛科技、麦茂思、沈阳仪表院
AT&T、IBM、欧洲微电子研究中心、新加坡微电子研究所、弗吉尼亚大学、马里兰大学、密歇根大学、加州大学伯克利分校、麻省理工学院、新加坡国立大学、南洋理工大学、中国电子科技集团、上海微系统所、工业技术研究院、北京大学、清华大学、东南大学、中国兵器集团214所、天津大学、华中科技大学、哈尔滨工业大学、中科院微电子所、中科院电子所、中科院半导体所
苹果、三星、谷歌、LG、索尼、戴尔、微软、飞利浦、诺基亚、GoPro、华为、中兴、小米、OPPO、Vivo、HTC、联想、360、TCL、中星测控、一加、魅族
设计
研发
系统 / 应用
格罗方德、Teledyne DALSA、爱普生、Semefab、Silex、索尼、Frauhofer ISIT、Tronics、博世、意法半导体、旭化成、恩智浦、华虹半导体、先进半导体、中芯国际、先进半导体、台积电、联华电子、高德红外、士兰微、美泰电子、罕王微电子、中航微电子、华润上华
制造
芯片及解决方案
高通、博通、英伟达、英特尔、Marvell、苹果、三星、展讯、海思、君正、小米、紫光国芯、必创科技、高沃医疗、利尔达、奥迪威、珠海炬力、锐迪科、北科天绘、上海禾赛、护航实业、镭神智能、思岚科技、速腾聚创
封装
测试
软件
Amkor、卡西欧、Hana微电子、星点高科技、Unisen、UTAC、Boschman、日月光、菱生公司、同欣电子、瑞声科技、南通富士通、歌尔声学、苏州固锝、长电科技、晶方科技、华天科技、红光股份、高华科技
Acurtronic、亚德诺半导体、爱普科斯、恩智浦、应美盛、Maxim、村田制作所、京元电子、歌尔声学、瑞声科技、上海华岭、共达电声、敏芯微、深迪半导体、美新半导体、芯奥微、矽容科技、美泰电子、航天新锐科技
旭化成、应美盛、博世、楼氏电子、恩智浦、意法半导体、Kionix、Hillcrest Labs、PNI Sensor、飞智、速位科技、爱盛科技、苏州固锝、敏芯微电子、联发科、矽容科技、深迪半导体、联芯科技、微传常州


图5　智能传感器产业链全景（蓝色字体为国外机构 / 公司，黑色字体为中国机构 / 公司）

### 2. 产业规模和应用基础加快形成

当前，围绕"物联江西"建设，江西省智能传感器产业发展已形成一定的规模和应用基础。①芯片及其制造设备领域。依托南昌中微半导体设备有限公司，江西省具备面向国内外半导体芯片前端制造、先进封装、发光二极管生产、MEMS 制造及其他微观制程的生产线提供设备的能力，并在氮化镓基电子器件、MEMS 器件方面具备一定的技术储备。②传感器模组领域。依托联创电子、菱光科技、欧菲精密、欧菲生物、中科飞龙、驰宇光电、联益光学、比亚迪电子等重点企业，江西省智能传感器涵盖光学影像器件、生物识别模组、电场传感器、激光陀螺仪等众多产品类别。③应用场景方面。2019 年，全省移动物联网产业主营业务收入突破 800 亿元，截至 2020 年 9 月主营业务及相关收入已达 1058 亿元。④智能装备与部件方面，已广泛应用于军工、电力装备领域，并在工厂自动化方面有一定的基础，特别是民机部件装配领域正在逐步形成规模，各类行业专用机器人、无人机正在逐步占领市场。

### 3. 产业链布局不断完善

江西智能传感器产业链布局呈现重应用、轻设计和制造的特点（图 6）。近年来，在研究与开发环节引进了众多国内知名研究机构，如天津大学（南昌）微技术研究院、中科院苏州纳米所南昌研究院、北京航空航天大学（江西）研究院、智能生物传感器研究院、中山大学（南昌）研究院等，强化共性关键技术研究。在设计、制造、封装、测试和软件等环节较为薄弱，仅有 1～2 家企业。得益于以智能终端为代表的电子信息产业前端制造的完整，芯片及解决方案环节拥有光学影像、生物识别、电场传感、激光陀螺仪等多种传感器模组生产企业，其产品在国内外市场占据一定份额。在系统/应用环节，江西传统产业航空、汽车、电力及先发优势产业、5G、移动物联网、VR/AR 等拥有众多企业布局，如飞尚科技、洪都航空工业集团、江西电网、江铃汽车股份、科骏实业、渥泰环保科技、普华鹰眼、华勤电子、三川智慧科技等。伴随着江西省数字产业和产业数字化的发力，未来增长需求强劲。

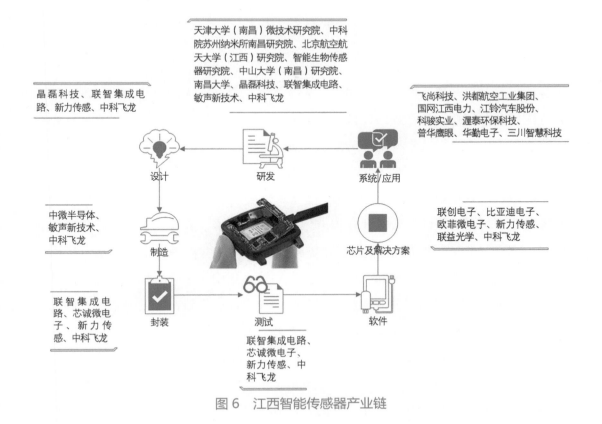

天津大学（南昌）微技术研究院、中科院苏州纳米所南昌研究院、北京航空航天大学（江西）研究院、智能生物传感器研究院、中山大学（南昌）研究院、南昌大学、晶磊科技、联智集成电路、敏声新技术、中科飞龙

晶磊科技、联智集成电路、新力传感、中科飞龙

飞尚科技、洪都航空工业集团、国网江西电力、江铃汽车股份、科骏实业、渥泰环保科技、普华鹰眼、华勤电子、三川智慧科技

设计　　研发　　系统/应用

中微半导体、敏声新技术、中科飞龙

联创电子、比亚迪电子、欧菲微电子、新力传感、联益光学、中科飞龙

制造　　芯片及解决方案

联智集成电路、芯诚微电子、新力传感、中科飞龙

封装　　测试　　软件

联智集成电路、芯诚微电子、新力传感、中科飞龙

图 6　江西智能传感器产业链

### 4. 全省产业发展势头强劲

全省智能传感器产业在需求端和政策端的强力推动下，未来将呈现高速增长的态势。①市场需求端。《江西省数字经济发展三年行动计划（2020—2022 年）》提出，2020—2022 年，全省移动物联网终端用户数将从 1036 万个增长到 2300 万个，此外，还有年产 2 亿多台（部）的智能终端及不断增长的智能装备与部件产量，不断增长的应用需求将有力带动全省智能传感器产业快速发展。②产业政策端。全省涉及智能传感器的内容囊括在物联网、电子信息产业带、5G、虚拟现实等多个政策文件中，鉴于国内多地积极谋划建设智能传感器产业园或产业基地，可以预见在"物联江西""智联江西"的统筹谋划下，智能传感器将迎来重大政策倾斜。《江西省数字经济发展三年行动计划（2020—2022 年）》提出："支持南昌围绕物联网传感器、终端研发制造、软件开发等领域培育移动物联网产业集聚区，打造移动物联网产业主体区。"

### （二）江西智能传感器产业发展存在的短板

当前，江西省移动物联网产业具备先发优势，但还缺乏行业引领能力，关键在于智能传感器这一核心增长极作用没有充分体现。经过深入调研和分析发现，江西省智能传感器产业发展在顶层设计、产业布局、科技创新、发展环境等方面还存在一些瓶颈问题，亟待进一步完善。

**1. 顶层设计和统筹谋划不足**

首选，从顶层设计来看，由于缺乏全省统一的支持和管理政策，行业归口管理和统计监测机制不全，导致行业各细分领域都发展缓慢。其次，关于智能传感器政策多分布在物联网、智能制造、5G 和虚拟现实等领域文件中，支持分散，集中度不高，连续性不够，缺乏全局、前瞻性、专项计划集中扶持、持续性支持，政策支持力度不足。同时智能传感器产业链环节技术要求高，导致市场壁垒过多，还需进一步完善公共服务配套和标准体系。

**2. 产业布局不尽合理**

江西智能传感器产业资源相对比较分散，产业集中度不高。从产业链布局看，在研发和系统 / 应用等环节具有一定优势，但在设计、制造、封装、测试、软件、芯片及解决方案等环节问题比较突出。从产品看，以 CMOS 光学传感和生物识别模组加工制造为主，结构较为单一，差异化程度不高，不利于市场化竞争。总体上产业处于价值链中低端，创新能力薄弱、产品利润较低、质量和效益不高。

**3. 自主创新能力不强**

目前，江西省智能传感器产业的设计、可靠性、封装、工艺装备及核心制造技术滞后于国内外，行业共性技术研究缺位，前沿技术和设备开发凤毛麟角。从近 20 年技术专利来看，全省传感器领域专利数量处于中等偏下水平，仅 1000 件不到，相比华东地区（江苏 13 750 件、浙江 6787 件、山东 5678 件、上海 5737 件、安徽 4451 件、福建 2179 件）和中部地区（安徽 4451 件、湖北 3482 件、河南 3039 件、湖南 1961 件、山西 1009 件），差距逐渐拉大。从企业自身发展来看，很多企业习惯从国外引进技术，不愿投入时间和精力研发自己的产品，长期从事价值链末端的组装、加工和制造，产品结构单一，且价值利润不高，一旦市场出现动荡，资金链断裂，企业没有内生创新动力很难在逆境中生存下来。

**4. 发展环境有待优化**

江西智能传感器研发和生产多集中在光学、生物传感器领域的龙头企业，如欧菲光电、联创电子、比亚迪电子等，服务于江西乃至国内的智能终端市场。近年来，受智能终端逐渐饱和、市场行情动荡等因素，以欧菲为代表的龙头企业加大研发力度，考虑科研、人力资源优势，将在合肥投资新建 3D 光学深度传感器、高像素光学镜头项目和研发中心，意味着围绕芯片级光学加工及制造、压电触控反馈技术开发、UWB SIP 模组研发、传感开发等前沿技术方向开展的研发创新活动将从南昌转向合肥——综合性国家科学中心。从侧面反思，江西智能传感器发展所需的政策、人才、产业链配套等缺位，产业发展大环境还有待进一步优化。

## 三、进一步促进江西省智能传感器产业高质量发展的对策建议

### （一）加强顶层设计，全面统筹谋划推动产业发展

一是明确战略定位，做好顶层设计。把智能传感器产业化作为实施数字经济"一号工程"的核心，并提升到顶层战略高度来认识，分层次、分阶段地持续培育和支持。根据《关于实施产业链链长制的工作方案》（赣府厅字〔2020〕33号）文件精神，按照产业链和创新链进行整体部署，推动江西智能传感器整体水平跨入中部先进行列，力争打造智能传感器先进示范基地。建议将智能传感器专项列入江西省"十四五"科技创新发展规划，研究制定《江西智能传感器产业发展规划（2021—2025）》，全面梳理产业发展基础、目标、思路及主要任务等。注重与国家智能传感器科技重大专项、重大工程的衔接，加强各部门间的沟通协调，统筹谋划推动江西省智能传感器产业加快发展。经过 5～10 年的时间，力争江西智能传感器产业能够达到或赶超国内发展水平，更好地服务于以数据识别、处理和使用为核心的江西数字经济各行业细分领域。

建议深入贯彻落实国务院关于《新时期促进集成电路产业和软件产业高质量发展的若干政策》、工业和信息化部《基础电子元器件产业发展行动计划（2021—

2023 年）》等文件精神，出台江西省《加快智能传感器产业发展的若干政策意见》。以产业基地为支撑，以优惠政策为导向，集聚、培育一批省内外优秀企业。同时，加快产业投融资平台的建设，充分发挥省市、园区产业平台公司的市场化运行机制优势，发挥"政府""市场"两只手的协同作用，以做强智能传感器产业、夯实信息技术产业基础为目标，以关键核心技术为主攻方向，支持重点行业市场应用，建立健全产业链配套体系，推动江西省智能传感器产业实现高质量发展。

二是建设智能传感谷，打造良性互动的产业生态。建议学习借鉴安徽引进京东方和完善家电制造业产业链的案例经验，参照杭州临安青山湖微纳智造小镇、中国（郑州）智能传感谷等，统筹谋划建设以赣江新区为核心、南昌高新区和鹰潭高新区为两翼（"一核两翼"）的"中国（南昌）智能传感谷"。重点围绕研发设计、生产制造、系统及应用等产业链关键环节进行布局，积极引进国内外行业优势企业、标志性项目，支持本土骨干企业快速做大做强，打造以研发中试、检测检验等公共服务平台为支撑，研发设计引领产业高端集聚发展，产业链上下游合理分工、良性互动的产业生态，突破技术及产业壁垒。赣江新区重点围绕先进装备制造、机器人及智能制造、新能源汽车等领域重点发展压力传感器、光电传感器、射频传感器、运动控制传感器、车辆监测传感器等，初步实现产业集聚，打造智能传感器产业基地。南昌市高新区和鹰潭市高新区充分发挥国家自主创新示范区优势，重点发展生物识别、超声波、重力感应、光学传感、硅麦克风、红外传感、陀螺仪、触摸、温度、惯性等智能传感器产品及仪表、专用集成电路等，打造 MEMS 传感器及芯片研发制造基地。

### （二）强化科技支撑，重点围绕产业链部署创新链

发挥国家体制机制优势，依托全省高校、科研院所和龙头企业，重点围绕智能传感器原材料、设计、加工制造、封装测试、集成应用等产业链环节部署创新链，重点支持基础共性技术和关键核心技术的研发和创新，以产业基础再造"强链"。推动智能传感器新材料、新机理、新技术科研成果转化，提升核心技术专利和高新技术产品的产出能力。

一是增强材料和设备供给能力。全力引进和培育上游关键材料、专用设备等生

产企业。积极引导和鼓励全省科研机构参与国家重点研发计划"智能传感器"重点专项，加快推进江西省敏感材料等重点研发专项部署实施，增强敏感材料机制、新型工艺研究能力，加快推进新型敏感材料、复合功能材料研发及产业化，提升全省智能传感器产品性能。

二是培育全过程设计能力。充分利用省内高校、科研院所资源，有效激励新型传感器原创性设计和发明，打造集传感器总体结构设计、敏感元件设计、加工工艺设计、外围电路设计等内容的全过程设计体系。鼓励全省应用龙头企业加强与省内外智能传感器产品设计商的交流与合作，不断提升产品一体化、智能化水平，加快构建形成从设计到应用的全产业链协同创新体系。

三是突破加工制造工艺。全力引进和培育代工制造和专用设备企业。引导省内传统机电类传感器生产企业采用互联网技术提升加工制造工艺，逐步实现传感器制造转型升级。以硅微加工工艺为主导，加快主流 MEMS 工艺技术攻关，重点突破光刻、刻蚀核心工艺。

四是构建封装测试体系。依托全省电子信息产业基础，全力引进封装测试龙头企业长电科技、华天科技、通富微电、晶方科技等在江西建立生产制造基地，以此带动全省封测环节技术创新和产业发展。鼓励省内龙头企业通过收购、并购等方式引进国内外专业封装测试厂商技术和设备，提升本地传感器封装技术水平，打造覆盖晶圆级封装、芯片级封装和系统级封装的多层次封装测试体系。

五是推进系统集成与应用。着力攻关智能传感器配套软件算法，推动传感器由分立器件向数字化、网络化、系统集成与功能复合及应用创新方向发展。抢抓"智联江西"建设机遇期，以智能传感器下游应用需求为导向，推动多传感器集成与多功能集成发展，构建智能传感器系统。鼓励龙头企业加快多功能传感器模组的研发与应用，支持企业加大图像、生物识别等多样化传感器系统集成。

（三）打造创新平台，充分发挥协同创新机制优势

一是筹建江西省智能传感器技术创新中心。建议以天津大学南昌微技术研究院、中科院苏州纳米所南昌研究院、智能生物传感器研究院、中山大学南昌研究院等为核心，联合重点企业、下游应用厂商等组建江西智能传感器产业技术创新战略

联盟，以联盟为支撑，加快建设智能传感器省级技术创新中心。积极开展传感器敏感材料、器件设计、制造工艺、封装工艺、软件算法和系统集成的联合攻关，形成一批具有知识产权和核心竞争力的关键技术成果，提升智能传感器产品市场竞争力。在省级智能传感器技术创新中心的基础上，积极争创国家级智能传感器技术创新中心。

二是积极推动国家级大院大所创新平台落户江西。依托"国家级大院大所产业技术进江西活动"，积极推动有研科技集团有限公司"智能传感功能材料国家重点实验室"、上海嘉定"国家智能传感器创新中心"、中科院上海微系统与信息技术研究所"传感技术联合国家重点实验室"和"浙江大学生物传感器技术国家专业实验室"等国家级创新平台落户江西。承接国家、江西省智能传感领域的重大课题研发和重大专项，形成一批自主核心技术和专利，推动更多新兴智能传感技术和产品在江西本土产业化。同时依托江西平台，吸引一批国内外高层次人才，助力江西智能传感器产业加快发展。

三是建设智能传感器公共服务平台。以赣江新区为核心，加快建设 MEMS 研发中试平台、智能传感器检测检验平台，南昌市高新区建设专用集成电路芯片检测检验平台，为全省及中部地区智能传感器企业提供研发设计、中试和检测检验服务。重点围绕中高端传感器开展产品性能、软件算法、网络系统、规模化生产等共性技术的研发和产业化，并结合应用企业进行传感器产品、解决方案的推广和示范应用。

（四）推进应用示范，以市场需求带动产业大发展

强化以应用促发展思维。抢抓全省"智联江西"建设机遇期，以示范应用工程为牵引，全面提升国产化、本土化水平，带动智能传感器的市场需求，推动智能传感器产业各环节协同发展。建议重点支持自主研发产品在全省及国家重大工程中示范应用，政府投资建设的示范类应用项目坚持服务本地化，在五大重点领域开展应用示范工程，加强产用对接，以下游应用龙头企业牵引上游智能传感器发展，注重省市联动，逐步实现由线到面推广。面向全省，辐射国内外，力争打造中部地区智能传感器产业先进示范基地，形成具有明显产业化特色的国内智能传感器产业集群，为全省高质量跨越式发展提供坚实支撑。

①智能制造领域。推进超声波、加速度计、陀螺仪、红外、光、温度等工业领域智能传感器应用，推广数控机床传感器应用规模，依托大型装备制造企业大力推进传感器在大型、中型及高精度数控机床中的应用示范，提高智能制造水平。

②智慧城市领域。以城市地下综合管廊、智慧城市公共信息平台等重大项目为牵引，面向基础设施综合管理能力提升，开展智能传感器及仪器仪表在交通、电力、物流、水务、消防、社区、生态环境智能监测等智慧城市领域的应用示范。

③智能终端领域。加快提升消费电子智能传感器产品及一体化解决方案供给能力，推进生物识别、重力感应、光学传感、硅麦克风、红外传感、三轴陀螺仪、触摸、温度、惯性等智能传感器产品在消费电子领域实现规模应用。

④汽车电子领域。提高车用传感器总体设计水平、技术水平和产品可靠性，重点推动加速度计、陀螺仪、图像传感器、气压计、磁力传感器、位置传感器、超声波传感器、雷达传感器等在新能源及智能网联汽车轮胎、安全气囊、底盘系统、发动机、车辆定位系统等领域的应用，探索智能汽车多传感器融合解决方案。

⑤智慧农业领域。重点开发用于农业种植、畜禽和水产养殖、农机作业及其生产环境等信息感知与采集的集成式传感器，结合水肥一体化、智能机械化生产农业物联网系统开展应用示范，实现农业科学化管理、精准化作业、智能化生产。

**课题组成员：**

刘少金　江西省科学院科技战略研究所博士

冯雪娇　江西省科学院科技战略研究所副所长、副研究员

邹　慧　江西省科学院科技战略研究所所长、研究员

说明：此成果已发表在《科技中国》2021年第9期。

# 加快完善产业生态体系，
# 助力江西千亿 VR 梦

刘少金　邹慧

**摘要：** 新冠肺炎疫情下，众多行业、企业遭受冲击，而虚拟现实（VR）等新一代信息技术在支撑服务疫情防控、加快企业复工复产、强化服务保障、提高抗疫效率中发挥了积极作用。但疫情的蔓延也反映出虚拟现实技术及产品供给不足、抗疫应用不高等问题。本报告重点研究了江西省 VR 产业生态体系发展现状及存在的瓶颈，提出加快完善产业生态体系、发展壮大 VR 产业集群、打造中国 VR 产创高地的对策建议。

虚拟现实（VR）技术及产业的发展是整个产业生态体系共同作用的结果，培育和发展 VR 产业就是促进其所处生态体系的完善与协调。2018 年 12 月，工业和信息化部出台《关于加快推进虚拟现实产业发展的指导意见》，从顶层设计上完善了 VR 产业生态体系建设。2020 年年初，我国暴发了新冠肺炎疫情，全民进入抗疫状态。工业和信息化部积极部署运用新一代信息技术和产品支撑服务疫情防控和复工复产工作。虚拟现实、增强现实技术被应用于疫情防控、医疗救助、远程办公、线上教育等众多行业和领域，在强化服务保障、提高抗疫效率上发挥了积极作用。

江西省委省政府近年来将 VR 产业作为发展新经济培育新动能的一个重要战略路径，出台政策全方位推动 VR 产业发展，打造"江西高地"。当前，VR 技术和产品在江西省医疗、文化娱乐、旅游、教育、工业制造等领域中的应用还在不断深入。面对疫情，抢抓机遇，加快完善 VR 产业生态体系，发展壮大产业集群，打造中国 VR 产创高地，将为江西省在加强疫情防控的同时助力经济高质量发展。

## 一、全球 VR 产业生态体系现状

虚拟现实从概念生成、技术产品实现再到初步产业化的今天，历时 80 余年，其发展历程可以分为萌芽期（1970 年之前）、形成期（1970—2015 年）、成长期（2015年至今）[①]。早期虚拟现实主要应用于国防军事、航空航天、装备制造和城市管理等重要行业。随着技术的普及，其产品及应用也加快融入文化娱乐、电子商务、教育培训和医疗健康等大众消费领域。据 IDC 预测，2018 年全球 VR 终端出货量超过1200 万台，2020 年出货量接近 4000 万台。随着虚拟现实产业生态的不断完善，硬件、软件、服务融合的盈利商业模式的不断成熟，未来发展潜力巨大。

### （一）全球 VR 产业发展现状

2018 年，虚拟现实产业关键技术不断突破，消费级、行业级、虚拟现实产品级应用更加丰富和深入，市场规模持续扩大[②]。整体规模方面，据 Greenlight Insight 预测，2018 年全球市场规模超过 700 亿元，同比增长 126%。其中，虚拟现实整体市场超过 600 亿元，内容市场约 200 亿元，增强现实整体市场超过 100 亿元，增强现实内容市场接近 80 亿元[③]。从产业结构看，终端器件领域市场份额占据首位，内容应用市场快速增长，其中工业、医疗、教育等行业应用市场规模将由 2018 年的 8%升至 2020 年的 19%[④]。

#### 1. 全球 VR 产业链现状

VR 的产业链上游有传感器及其软件、微投影器件、视频处理芯片，中游为捕捉和反馈设备，如显示屏、摄像头、九轴传感器、体感设备、语言识别和定位器；而下游则是面向用户和开发者的虚拟场景系统，包括硬件设备和主机、系统 / 平台和应用 / 内容（医疗、教育、社交、商业、工程、视频、服务和游戏等）。VR 产业链上中下游重点企业总结，如表 1 至表 3 所示。

---

① 赛迪智库 . 虚拟现实产业地图，2018.

② 赛迪智库 . 2019 年中国虚拟现实产业发展形势展望，2018.

③ 具体参见：https://greenlightinsights.com/.

④ 中国信息通信研究院，华为技术有限公司，京东方科技集团股份有限公司 . 虚拟（增强）现实白皮书，2018.

表 1　VR 产业链上游重点企业

| 产业链 | 国外 | 国内 |
| --- | --- | --- |
| 传感器芯片 | Kinect、ST Micrielectronics、Qualcomm、PS、Vii、Primesense、Softkinetic Systems SA | 中颖电子、明皜传感、深迪半导体、耐威科技、美泰电子、水木智芯 |
| 传感器软件 | Robert Bosch、FaceShift、Metaio、Surreal Vision | — |
| 视频处理芯片 | NVIDIA、Samsung、LG、AMD、ARM、Oculus、Qualcomm、Intel | 炬芯科技、华为、中星微电子、瑞芯微电子、全志科技、偶米科技、中颖电子、上海盈方电子、联发科 |
| 微投影器件 | Texas Instruments、Apple、3M、Micron Technology | — |

表 2　VR 产业链中游重点企业

| 产业链 | 国外 | 国内 |
| --- | --- | --- |
| 显示屏 | Samsung、LG、JDI、Crystal、Sharp | 京东方、天马、维信诺、华星光电、欧菲光、比亚迪电子 |
| 摄像头 | Nokia、360fly、Gopro、Wearality、Nikon、Sony、Zeiss、Canon | 暴风魔眼、歌尔、Largan、欧菲光、联创光电、长江伟力、水晶光电、利达光电 |
| 体感设备 | Pico、Oculus、Sony、Samsung、Microsoft Kinect、Intel | 歌尔声学、华捷艾米、凌感、柔石科技、七鑫易维、蚁视科技、虚现科技、青研科技、诺亦腾 |
| 九轴传感器 | Texas Instruments、Leap Motion、Invensense、Bosch Sensortec、ST Microelectronics | — |
| 语言识别 | IBM | 科大讯飞、云知声、百度 |
| 定位器 | Flex、Jelbi、HonHal、Pegatron | HTC、Foxconn、Pegatron、诺亦腾 |

表3 VR产业链下游重点企业

| 产业链 | 国外 | 国内 |
|---|---|---|
| 硬件 | Oculus、Avegant、HP、Hewlett—Packard、Sony、Fove、Sulon、Samsung、Google | 联想、HTC、腾讯、歌尔、映墨科技、3Glasses、Hypereal、大朋、小派、蚁视科技、华为、暴风科技、小米、VIRGlass、映墨科技 |
| 主机 | Kickstarter、Magic Leap、Oculus、Microsoft、Epson | 联想、HTC、小鸟看看、京东方、爱奇艺、小米、微鲸、暴风科技、偶米科技、乐相科技、凌感科技、大朋 |
| 系统/平台 | Microsoft、Google/Samsung、Oculus | 华为、微鲸、联想、小派、创维新世界、游视、雷蛇、Vivo、腾讯、小米 |
| 应用 | IBM、Hyundai、Audi、Valeo、Walmarket、MindMaze、Discovr、Altspace VR、MakeVR、IG Port | 中国商飞、东软、江联中共、曼恒数字、微视酷、科骏、中视典、亚泰盛世、中央电视台、花椒直播、阿里巴巴、京东、贝壳找房 |
| 内容 | Sony、Nokia、Samsung、Lytro、GoPro、Disney Amazon、YouTube、Jaunt、NextVR、insiteVR、IrisVR | 完美幻境、诺亦腾、黑蚂蚁、黑晶科技、悦城传媒、兰亭数字、百度、新浪、优酷、搜狐、腾讯、追光动画、热波科技、米粒影业、创幻科技、天舍文化、天晴数码、触控科技、映墨科技 |

### 2. 全球 VR 技术研究分析

专利信息是反映相关领域科学技术发展水平最新动态的情报资源。通过 incoPat 科技创新情报平台对全球近 20 年 VR 相关专利进行检索和分析，合并同族专利[①]。

一是全球 VR 技术专利申请量逐年攀升。专利的申请数量趋势可以从宏观角度反映该领域的发展状况和热度变化。从全球年度申请量（2000—2018 年）可以看出，VR 专利申请量在前 10 年（2000—2007 年）波动不大，稳定在每年 700 ~ 970 件，处于缓慢发展期。从 2008 年开始，申请量跃升至 1000 件以上，并从 2013 年开始跃升至 2000 余件，增长幅度最大出现在 2015—2016 年，从 3500 余件暴增至 8800

---

① 专利检索式：（TIABC=（"虚拟现实" OR "增强现实" OR "Virtual Reality" OR "VR" OR "体感游戏" OR "虚拟环境" OR "虚拟交互" OR "虚拟世界" OR "体感交互技术" OR "头戴显示器" OR "混合现实" OR "虚拟现实头盔" OR "虚拟场景" OR "现实系统" OR "头盔显示器" OR "视频眼镜" OR "头显"）） AND （AD=[19990101 to 20181231]）.

余件，年增长率达到 147%，技术的爆发带来了产品市场的繁荣。因此，2016 年普遍被认为是 VR 的元年。此后，热度不减，2017 年创历史新高，突破 10 000 件。随着 5G 的大规模商用，未来专利还将迎来新一轮的增长（图 1）。

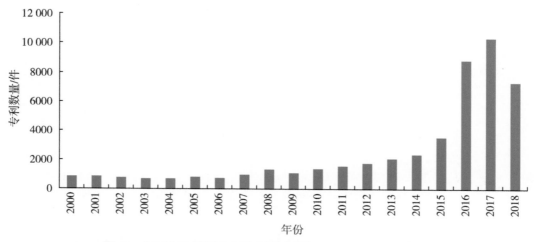

图 1　全球 VR 领域专利年度申请量（2000—2018 年）
注：由于 2018 年和 2019 年专利存在 3 ～ 18 个月的审查期，数据统计存在滞后。

二是中、美、日、韩为全球 VR 研发的主要国家。VR 专利的国家分布不仅体现了不同国家在 VR 领域的研发实力。对于企业的专利布局来说，更是市场的风向标，VR 专利越是集中聚集的地区，越能体现出企业对市场的重视。在全球 VR 专利的分布国家中，以中国居多，突破 20 000 件，达到 20 722 件。其次是美国、日本、韩国，分别为 6700 件、4591 件、4079 件。而德国、英国、俄罗斯、加拿大、澳大利亚、印度、西班牙、巴西等国家也有 VR 专利的申请，数量在 100 ～ 800 件。可见，全球 VR 研发的主要国家为亚洲经济较发达地区，尤其是中国、日本和韩国。而欧美国家 VR 专利的密集程度显然低于亚洲国家，除美国外，其他国家对 VR 的重视程度略显不足。

三是世界各国聚焦数据识别与处理、光学元件和设备。从全球 VR 专利的技术角度进行归类，可以更直观地了解 VR 产业技术的整体布局，明确技术方向的专利分布。通过分析对象覆盖的技术类别，了解各技术分支的创新热度，为该产业的下一步发展提供布局上的借鉴。对排名前 10 位的国家和地区专利的 IPC 分类进行梳理发现，VR 领域专利的 IPC 分类主要固定在 G06（G06F、G06T、G06Q、G06K，数据识别、记录和处理）、G02B（光学元件、系统或仪器）、G09（G09B、G09G，教育或演示用具、对用静态方法显示可变信息的指示装置进行控制的装置或电路传输数据的装置等）、H04（H04N、H04L，图像通信、数字信息传输）、A63F（纸牌、赌博游戏、室内游戏、视频游戏等）。中国申请最多的专利集中在 G06（G06F、G06T，数据识别、记录和处理）和 G02B（光学元件、系统或仪器），而美国的技术优势则在 G06F（电数字数据处理）和 G06T（一般图像数据处理或产生）。类似地，韩国、日本和世界知识产权组织的专利分布也都集中处于 G06F、G06T、G02B 3 个小类。可见，目前全球各国正在加大数据识别、处理和光学元件、系统或仪器等基础领域的研发投入，加强核心关键技术攻关，力求占据相关技术的制高点（图 2）。

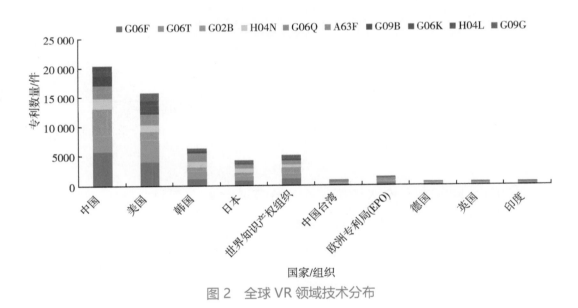

图 2 全球 VR 领域技术分布

　　四是中国企业在全球 VR 专利申请上占据重要地位。专利的地域分析可以清晰了解国家层面的技术分布，而对申请人分析则可以更加细致地了解 VR 技术的分布及关注度。纵览全球专利的高产申请人，可以看出，IBM、三星、LG、ETRI、腾讯、微软、高通、谷歌、英特尔和 Facebook 等电子信息行业著名企业依然是 VR 领域的技术大户（图 3）。这与它们近年来看好 VR 的发展前景，逐步重视相关技术研发紧密相关。中国公司有 9 家公司上榜，分别是歌尔科技、腾讯、京东方、乐视致新、北京小鸟看看、乐视控股、深圳虚拟现实科技、深圳多哚和国家电网有限公司，展现出雄厚的技术功底。可见，中国企业在 VR 技术研发方面与世界主流厂商齐头并进。

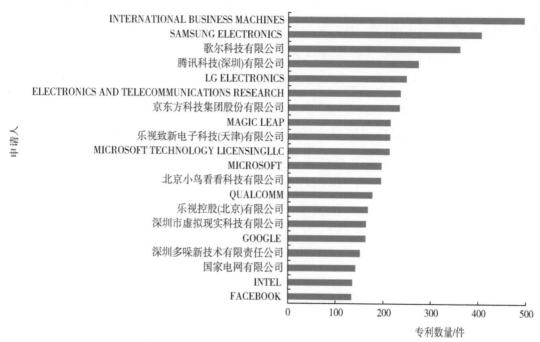

图 3　全球 VR 领域申请人排名（TOP 20）

2020 年，随着全球 5G 大规模商用，将在云端渲染、消除时延眩晕等方面显著提升虚拟现实体验，提高硬件性能，促进应用的效率提升。目前，行业大型企业纷纷加快布局 5G+VR 业务，力求占据技术的制高点，为大规模商用做准备。

### （二）我国 VR 产业发展现状

我国高度重视虚拟现实产业的发展。虚拟现实已被列入《"十三五"国家信息化规划》"互联网 +"等多项国家重大文件中，工业和信息化部、国家发展改革委、科技部、文化和旅游部、商务部出台政策有力地推动了 VR 产业的发展。据统计，国内从政策方面积极推进产业布局的省（市）近 20 个，主要分布在环渤海、长三角、赣粤皖和中西部地区，其中产业集聚发展规模较大的有北京、上海、广东三地。

2018 年，我国虚拟现实产业生态初步形成，在硬件、软件、内容制作与分发、应用与服务等环节逐步完善。在硬件领域，据 IDC 数据，2018 年中国虚拟现实设备出货量为 120 万台，其中 VR 头显出货量为 116.8 万台，AR 头显出货量为 3.2 万台。2019 年第一季度，我国 VR/AR 头显设备出货量接近 27.5 万台，同比增长 15.1%。据赛迪顾问统计，预计到 2021 年，我国 VR/AR 市场规模将达到 544.5 亿元。在软件领域，国内企业和高校纷纷搭建开源平台和资源共享平台，开放软件开发工具包，促进了生态形成。在内容制作与分发领域，制作、集成、分发、增值、安全等服务分工日益明确，内容生态已逐渐建立。在应用领域，我国虚拟现实技术广泛应用于娱乐、制造、教育、医疗、交通、商贸等领域，加快了线上和线下融合[①]。

### （三）全球发达地区 VR 生态体系分析

VR 生态体系由 4 个层次构成，分别是核心产业层、核心技术层、产业环境层和辅助运营层，彼此之间互相依赖和作用，如图 4 所示。

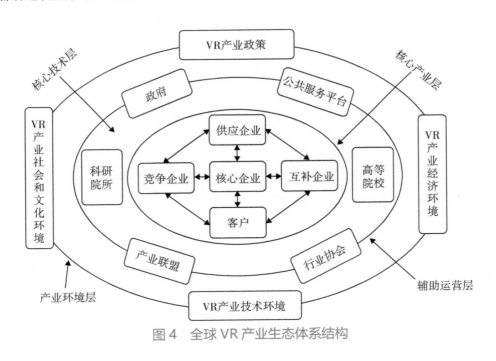

图 4　全球 VR 产业生态体系结构

核心产业层是 VR 产业生态体系的核心部分，它在生态体系中既是生产者，又

---

① 中国电子信息产业发展研究院 – 赛迪智库 . 2019 年中国虚拟现实产业发展形势展望，2018.

是消费者和分解者。企业包括核心企业、供应企业、竞争企业和互补企业。高等院校和科研院所是 VR 核心技术的供应者，处于生态体系的又一重要位置。它们的职责是为企业和客户提供源源不断的技术支撑，促进产业的繁荣兴旺。在 VR 生态体系中，高等院校和科研院所的创新能力是系统创新能力的重要体现，而企业的创新能力则是重要补充。政府、公共服务平台、产业联盟和行业协会是 VR 产业的辅助运营层，是产业管理和监督者，也是产业发展的受益者。VR 产业环境层是指影响产业发展的一切宏观环境，包含产业政策、经济环境、社会和文化环境、技术环境。

### 1. 洛杉矶：美国顶级 VR 产业生态之城

洛杉矶拥有诸多世界知名的高校和丰厚的人力资源。作为美国第二大城市，也是美国重要的工商业、国际贸易、科教、娱乐和体育中心之一，洛杉矶拥有诸多世界知名的高校，如加州理工学院、加州大学洛杉矶分校、南加州大学、佩珀代因大学等，发达的教育和科研体系为 VR 人才资源及核心技术研究和成果转化提供了支撑。

洛杉矶还拥有世界顶尖 VR 产业链企业集群，包括 Warner Bros（华纳兄弟娱乐公司，虚拟现实影视体验）、Oculus VR（世界三大 VR 硬件厂商之一，全球最大的 VR 内容分发平台）、NextVR（VR 直播平台"独角兽"）、VRC（全球领先的 VR 内容创作企业）、Jaunt VR（全球集硬件、软件、工具、应用开发及内容生产于一体的 VR 影视内容制作商）、WeVR（世界上最大的虚拟现实媒体平台）、Emblematic Group（感动圣丹斯电影节的 VR 新闻公司）、Visionary VR（VR 内容与制作软件供应商）、Reload Studios（为沉浸式虚拟现实平台制作游戏与内容的游戏独立工作室）等。

在 VR 体验方面，全球首家 IMAX VR 体验中心已于 2017 年在洛杉矶开业，让人们体会到多样化逼真的虚拟世界，同时也资助创建了至少 25 个互动 VR 内容体验，以扩大 VR 的影响力。在应用和内容方面，作为世界旅游和影视胜地，如 Immerex、Pixvana、YouVisit、Virtual Reality Los Angeles 等众多企业积极推动 VR+ 旅游、VR+ 影视行业的发展。洛杉矶 VR 产业由拥有优秀研究室与人才的行业巨头驱动，产业生态体系完善且成熟。

### 2. 东京都：日本 VR 全产业链之城

日本的 VR/AR 产业发展主要聚集在东京都一带。作为日本 GDP 世界产值第一的都市，东京都拥有众多世界著名高校，如东京大学、一桥大学、东京工业大学、早稻田大学、东京理科大学等，丰富的教育资源带来了丰厚的人口和技术资源红利。

东京都同时集聚了 VR 全产业链企业，以大型企业居多，包含 VR 硬件、软件、内容和其他服务等。硬件行业的主要参与者有富士通、NEC、JDI、AOI、宜丽客、本田、光荣特库摩、阿尔卑斯电气等。软件行业有软银、GrapeCity、InstaVR、博报堂等。内容主要为游戏和影视方面，包括东京 VR 主题公园、YUKES、thee moment、南滨 TSUNAGU KAN、B.LEAGUE、万代南梦宫娱乐、爱贝克思、日本环球影城和 JSPROTS 等。其他服务行业则包括内容企划、咨询和贸易等公司，如 AOIPro、A440、OMNIBUS JAPAN、CREEK & RIVER、ASK 等。VR 应用主要为娱乐行业，未来还会在医疗、旅游、零售和制造等多领域和场景中应用。完善的产业链结构和人口、技术资源有力地推动了东京都 VR 产业生态体系的完善。

### 3. 北京：拥有虚拟现实全产业链集群

依托全国科技创新中心优势，北京在虚拟现实领域具有较强的技术积累。2016年，石景山区在北京市委市政府的大力支持下，率先在北京建设中关村虚拟现实产业园，并以园区为载体、以品牌为导向，通过精准市场宣传、绿色通道服务等方式，培养和吸引了一批行业核心人才和优秀企业，包括虚拟现实产业领军人才王立军教授、周志颖博士和创业领军人物枭龙防务史晓刚的团队，培育出暴风魔镜韦婵娟、疯景科技黄业桃、视博云科技韩坚、易华录赵新勇等一批行业标杆人才和教授级高工，创新研发动力显著增强。

当前，中关村虚拟现实产业园已集聚 VR/AR/MR 企业 100 余家，业务涉及硬件研发、内容制作、软件开发、平台建设、行业应用等领域，涵盖行业全产业链，初步形成集聚效应。代表企业包括幻世新科、耐德佳、疯景科技、易华录、触幻科技、枭龙防务、爱奇艺、视博云科技、IDEALENS、打扮家科技、暴风魔镜、易视互动、达瓦学院等。目前，VR 产业园现已形成"一主多辅"的空间布局，区内有市级以上孵化器和众创空间 21 家，全区各类创业服务机构近 30 家，初步形成"国家级＋市级＋创新型孵化器"相结合的孵化服务体系，园区创新创业体系日臻完善，产业成长全周期生态链进一步巩固，生态体系逐渐成熟和完善。

### 4. 深圳：着力打造大湾区 VR 产业生态展示平台

深圳创业创新氛围浓厚，投融资发达，行业协会积极作用，促进了初创企业的快速成长。政府、企业、高校、协会等多主体设立投资引导基金、发展基金等投融资机构，并建立了多所虚拟现实创业孵化基地、产业园和产业基地，包括大湾区虚拟现实产业生态展示平台、智客空间等，在促进企业快速成长中发挥了积极作用。

据深圳市虚拟现实产业联合会调查分析，2018 年深圳的虚拟现实企业已经超过500 家。深圳在 VR/AR 硬件领域有着得天独厚的优势：完善的供应链、众多的方案商和大量的制造工厂、广泛的销售渠道，涌现出了 3Glasses、华为、青橙视界等硬件知名企业。在内容制作和应用方面，虽然现在还略显单薄，但深圳在动漫、游戏、新媒体、影视制作、创意设计和工业设计等领域，也处于全国领先地位，这将为深圳 VR 内容产业发展奠定良好的基础。

在科技创新和成果转移转化方面，深圳加强政产学研用深度合作，充分发挥企业创新主体作用，以龙头企业引领技术创新。行业协会积极举办深圳国际虚拟现实与数字娱乐展览会、虚拟现实/增强现实/混合现实生态圈高峰论坛等多项展会、论坛，并联合企业、高校举办创新创业大赛，对外发布多项产业报告，促进行业的快速普及与发展。

### 5. 青岛：着力推进"虚拟现实产业之都"建设

VR 产业是青岛崂山区高端新兴产业从无到有、从有到优、从优到强的代表之一。2016 年，青岛市首先提出打造"中国虚拟现实产业之都"的战略构想，整合优势资源，强化政策创新，积极引进集聚虚拟现实领域高端科研机构、人才团队、产业项目，促进虚拟现实产业发展。

目前，国家虚拟现实高新技术产业化基地、虚拟现实/增强现实技术及应用国家工程实验室、虚拟现实技术与系统国家重点实验室青岛分室、中国海洋大学、山东大学及北航青岛研究院等国内 70% 的 VR 顶尖科研机构、国字号实验室、国家创新平台，也有北京大学、北京师范大学、北京理工大学、山东大学等领衔的国内顶尖 VR 科研团队扎根这里，更有歌尔、海信、海尔、黑晶、鹰图、海克斯康、金东等近 50 家国内外知名企业汇聚。

青岛已聚集虚拟现实硬件生产、内容制作、分发平台、行业应用等领域的企业，以歌尔集团为龙头，注重技术突破与行业应用融合发展。依托青岛本地高校，充分对接高校和研究机构，推进产学研合作，聚焦崂山区，整合优势资源，集聚发展青岛虚拟现实产业。

### 6. 全球对比分析

全球发达地区的 VR 生态体系对比分析如表 4 所示。

表 4　全球发达地区的 VR 生态体系对比

| 城市 | 核心产业层 | 核心技术层 | 辅助运营层 | 产业环境层 |
|------|-----------|-----------|-----------|-----------|
| 洛杉矶 | 产业链各环节均有世界知名企业分布，侧重硬件制造、内容和应用领域 | 高校众多，拥有优秀研究室和人才的行业巨头研发实力雄厚，技术积累丰富 | 政府制定产业政策，设立虚拟现实产业园；行业协会促进政企沟通；金融业与科技服务业发达 | 产业发展较早，发展环境优越，创新创业频繁，已建立世界领先优势 |
| 东京都 | 产业链各环节知名企业众多，侧重硬件制造、内容和应用领域 | 高校和研究机构众多，顶尖研究人才和团队聚集，企业研发实力强 | 成立了VRM Consortium、The Virtual Reality Society of Japan 等众多行业组织 | 丰富的娱乐应用为产业发展营造了良好的氛围，需求旺盛，产业发展潜力大 |
| 北京 | 产业链各环节均有企业分布，在硬件、软件、内容与应用领域均衡发展 | 全国科技创新中心，国内顶尖高校和科研机构众多，顶尖研究人员和团队聚集 | 拥有虚拟现实产业联盟、中关村虚拟现实产业协会、中关村视界裸眼立体信息产业联盟 | 产业发展在国内较早，人才创新创业氛围浓厚，配套设施优越，已建立国内领先优势 |
| 深圳 | 产业链各环节均有企业分布，侧重在硬件制造和移动应用领域 | 国内顶尖高校和中科院设立分支机构，国内创新创业人才大量涌入 | 成立了深圳市虚拟现实行业协会、增强现实技术应用协会、深圳市虚拟现实产业联合会，推动了产业纵深发展 | 改革开放高地、国家自主创新示范区、粤港澳大湾区等区位和资源优势集于一身，行业协会推动较好，发展优势和潜力巨大 |
| 青岛 | 以歌尔为龙头，海信、黑晶、鹰图等50余家企业形成完整产业链，侧重硬件与融合应用 | 拥有国内70%的顶尖科研机构，集聚国内著名高校的顶尖 VR 科研团队 | 成立了虚拟现实与可视化产业协同创新中心、科技展示中心、山东虚拟现实产业联盟 | 在技术创新、企业集聚、人才引进、政府采购等方面产业环境优越 |

## 二、江西 VR 产业生态体系现状

### （一）江西 VR 产业发展现状

江西 VR 产业的发展得益于省委、省政府高瞻远瞩，起步早、规划早，宣传力度大，发展态势较好。2018 年首届世界 VR 产业大会的成功举办，打响了"江西 VR 品牌"的第一枪，奠定了江西作为世界 VR 产业发展的交流平台。目前产业发展呈现出以下几个新亮点。

一是 VR 产业规模持续扩大。2016 年江西省 VR 产业销售收入仅 1.9 亿元，近年来江西省引进了微软、华为、联想、小派科技、青橙视界等世界级优秀虚拟现实企业，培育了一批配套设备、元器件和软件，以及行业应用解决方案开发能力的企业。2018 年，全省 VR 产业主营业务收入为 42 亿元，2019 年前三季度，达到 70 亿元，2019 年全年达到 100 亿元，招商引资达 300 亿元；预计 2023 年，年产值将突破 1000 亿元。

二是 VR 产业基础设施不断完善。拥有 VR 创新、体验、展示、云四大中心和资本、教育、标准、交易四大平台的中国（南昌）虚拟现实 VR 产业基地已初步建成。目前，交易平台已累计完成交易额 1.3 亿元，累计入驻会员 5000 余家。检测和评测中心在业内率先荣获检验检测机构资质认定。

三是技术创新活动日益频繁。全国首家 VR 行业的省级创新中心——江西省虚拟现实创新中心组建完成。目前，已与国内外数十家企业达成意向，取得积极成果。

四是创新人才引育步伐加快。与北航软件学院创始院长孙伟教授团队在南昌共同筹建江西首个 VR 人才培训学院。省内多所高校、职业院校均已开设 VR 相关专业，大力培养虚拟现实高端和基础技术人才。柔性引进了"人机交互"专家翟振明教授、"混合现实"专家王涌天教授、"智能装备"专家程德斌教授等。南昌市还率先成立首个院士工作站，旨在围绕亟须解决的重大关键技术难题，带领创新团队与企业研发人员开展联合攻关，依托重大项目培育创新团队。

## （二）江西 VR 产业生态体系要素分析

对江西 VR 生态体系要素分析按照核心产业层、核心技术层、辅助运营层及产业环境层等 4 个层次分别展开。

### 1. 核心产业层

江西 VR 核心产业层集合了核心元器件、软件、优质内容和应用及重点配套产品。据工商登记信息显示，截至 2020 年 2 月 20 日，江西拥有虚拟现实相关企业 245 家，分布于全省 11 个设区市。其中批发和零售行业有 84 家，信息传输、软件和信息技术服务业 45 家，租赁和商务服务业 43 家，文化、体育和娱乐业 21 家，科学研究和技术服务业 18 家，建筑业 8 家，制造业 6 家，教育 7 家，金融 3 家等。相比于广东 2891 家、浙江 626 家、山东 496 家、安徽 602 家、湖南 532 家、湖北 407 家，企业总体数量偏少，发展受限。

VR 产业链上游。江西 VR 上游产业较为欠缺。由于技术要求高，目前江西企业涉及上游产品较少。

VR 产业链中游。江西 VR 企业在中游产业显示屏、摄像头、体感设备、语言识别和定位器环节具有一定的基础。显示屏生产有欧菲光、联星显示、比亚迪电子等，摄像头生产供应商有欧菲光、比亚迪电子、联创电子等重点企业。体感设备供应商有珉轩智能科技、小核桃科技等。语言识别供应商有朝阳聚声泰科技等，定位器供应商有世弘高科技等。

VR 产业链下游。江西 VR 下游产业链在硬件设备和主机方面有一定的基础，但系统 / 线上平台还需进一步加强，应用 / 内容领域则发展较快。

江西本土生产 VR 硬件设备企业较多。主要有开欧客、情景科技、联想新视界（江西）、青橙视界、欧菲显示、研顺飞科技、依偎科技（南昌）、小派虚拟现实、联创宏声、联创电子、莲花丝路科技等。VR 一体机在江西的生产企业不多，以开欧客、联想新视界（江西）、青橙视界、江西虚拟现实实业、华城科技、星宇时空网络、速倍云等为主。

江西 VR 操作系统主要以 Windows、Android 为主。平台相对系统技术要求不高，线上平台以大型企业开发的应用商店和平台为主，自身产品的应用商店和平台为辅。江西 VR 重点企业产品以大型企业开发的应用商店为主，仅小派使用自主研发的 Pimax 平台，兼容 Steam VR 和 Oculus 平台。因此，当前江西的 VR 平台多为线下分发平台，以体验店、主题公园等向消费者推广和普及 VR 内容，如南昌 VR 主题乐园、上饶市虚拟与现实馆、丰城市幻视 VR 体验馆、宜春市幻视 VR 体验馆、萍乡市超世界 VR 互动馆等。

在 VR 应用领域，江西探索较多，体系较成熟。墨泥软件致力于汽车驾驶模拟系统，科骏实业、江西虚拟现实实业、江西虚拟现实智能产业开发了 K12 VR 教育应用系统，联想新视界、青橙视界和洪都航空工业集团研发了工业制造应用解决方案，菱形信息技术致力于仿真模拟汽车与军事训练系统，拉里科技开发了 VR 酒店系统，双眸科技有限公司研发了全景开发广告营销产品等。

在内容制作领域，江西也在发展壮大。双眸科技致力于三维数字动画、720 度全景影像制作，泰豪创意科技集团深度制作的 VR 游戏、VR 移动博物馆、VR 动画片、VR 政务等屡获好评。江西中直新经济、凌空科技和江西色达文化致力于 VR 创意影片的制作。南昌虚拟现实影业是全球唯一一家提供多种头载式 VR 摄影机技术方案的公司，与 Intel、Epic、Nvidia、Samsung 等多家企业建立了战略合作关系（图 5）。

此外，在检验检测方面，南昌虚拟现实检测技术有限公司已通过专家认定，成为全国首家在虚拟现实领域获得资质认定证书的检测机构。

### 2. 核心技术层

通过 incoPat 科技创新情报平台进行专利检索和分析，合并同族专利[①]，检索后发现 2000—2019 年江西 VR 领域专利仅有 162 件。

一是江西 VR 领域专利申请不多。VR 领域专利中国地区排名如图 6 所示。发达省份广东、江苏、浙江、山东，直辖市北京、上海表现较好，其中又以广东申请量最多，突破 6000 件，比排名第 2 位的北京高出 1.75 倍。而江西在全国以 162 件排名中等偏下，在中部六省中处于弱势，排在华东地区的最后 1 位。

---

① 专利检索式为：（TIABC=（"虚拟现实" OR "增强现实" OR "Virtual Reality" OR "VR" OR "体感游戏" OR "虚拟环境" OR "虚拟交互" OR "虚拟世界" OR "体感交互技术" OR "头戴显示器" OR "混合现实" OR "虚拟现实头盔" OR "虚拟场景" OR "现实系统" OR "头盔显示器" OR "视频眼镜" OR "头显"））AND（AP-ADD=（江西省））AND（AD=[2000101 to 20191231]）.

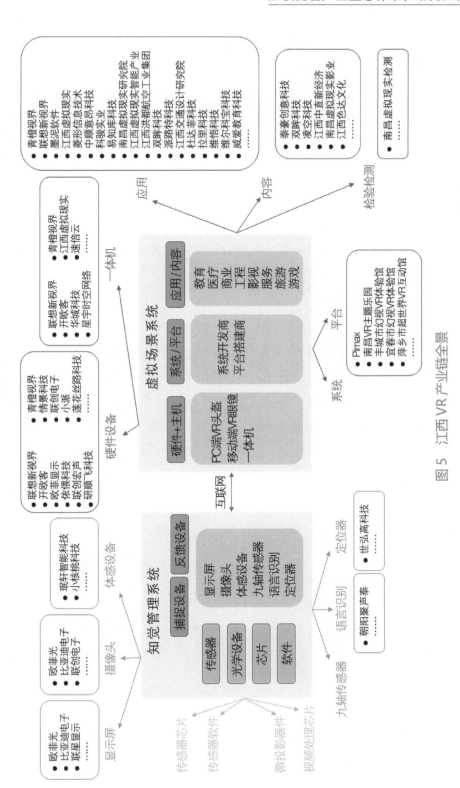

图 5  江西 VR 产业链全景

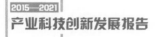

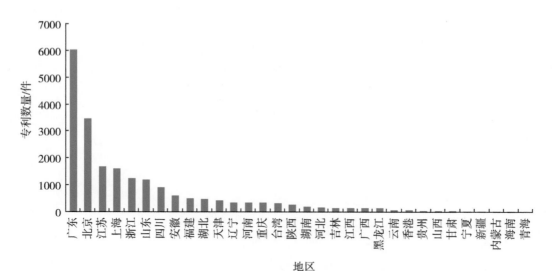

图6　VR领域专利中国省份排名

二是自2015年后江西VR专利申请加快。江西VR领域专利申请2000—2018年趋势如图7所示，2005年之前，江西没有一篇VR相关专利。2006—2015年的10年时间，江西总共申请了12件专利。进入VR元年（2016年），专利申请量直线上升，达到50件，此后一直维持在50件左右。

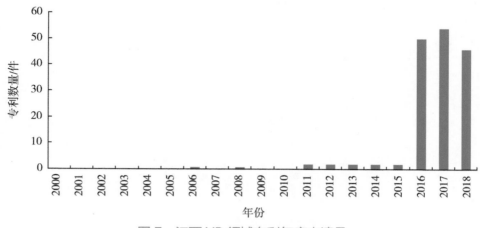

图7　江西VR领域专利年度申请量

三是VR产业聚焦光学显示和数据处理，注重教育领域应用开发。江西VR领域专利的技术构成如图8所示，G02B和G06F是专利申请的主要IPC分类号。

G02B 是关于光学元件、系统或仪器的，而 G06F 是有关电数字数据处理的，表明江西 VR 领域专利主要与 VR 光学元件、传感器或硬件制造相关。G09B 是关于教育或演示用具的，这表明江西 VR 领域的教育应用开发较积极。

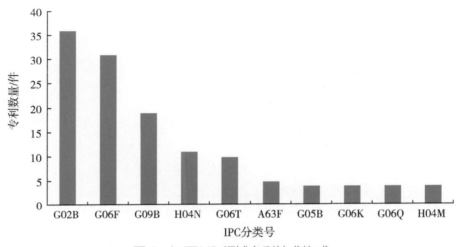

图 8　江西 VR 领域专利技术构成

四是 VR 专利创新不够，高校和科研院所支撑不足。江西 VR 领域专利申请人如图 9 所示，专利申请最多的是个人，其中廖建康（28 件）、唐光华（6 件）申请最多，但专利绝大多数为 VR 眼镜的外观设计专利，技术含量不高。高校以华东交通大学和南昌航空大学专利较多，企业以中国直升机设计研究所、南昌墨泥软件有限公司、莲花丝路科技有限公司、江西虚拟现实实业有限公司、江西情景科技有限公司和江西开欧客科技有限公司表现较好。综合来看，江西 VR 领域专利总体数量较少，且以实用新型和外观设计专利为主，发明专利偏少，技术含量不高。另外，高校、科研院所的研发活动不如企业活跃，产业技术储备和深度不足，没有形成一定的全国技术优势。

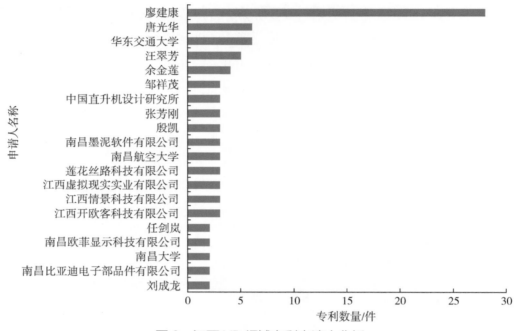

图 9 江西 VR 领域专利申请人分析

### 3. 辅助运营层

对江西省虚拟现实产业生态要素的辅助运营层现状进行分析，主要从公共服务平台、产业联盟、行业协会等方面展开。一是 VR 公共服务平台已初步建成。中国（南昌）虚拟现实 VR 产业基地已初步建成，正逐渐投入使用。未来，将为产业发展提供标准制定、产品检测、创新创业孵化、成果展示、技术成果转移转化、技术应用与推广、金融资本、产品交易、人才培训等公共服务。二是江西虚拟现实产业联盟正在积极筹划中。联盟将由南昌虚拟现实研究院股份有限公司牵头，并联合多家重点企业、科研机构和高等院校。江西省虚拟现实产业校企协同联盟已于 2017 年正式成立。三是江西省级层面还没有虚拟现实相关的行业协会。在江西省中小企业协会下设二级中心虚拟现实（VR）产业发展推进中心。市级层面，南昌市 VR/AR 企业科协联盟已于 2018 年成立，旨在推动南昌市 VR/AR 产业发展。

### 4. 产业环境层

VR 产业环境得益于政府的大力引导，正日益完善。在 VR 产业政策上，江西省委省政府先后发布《关于加快发展新经济培育新动能的意见》《关于加快推进人工智能和智能制造发展的若干措施》《加快推进虚拟现实产业发展的若干措施》《江西省虚拟现实产业发展规划（2019—2023 年）》《进一步加快虚拟现实产业发展的若干政策措施》等文件全力推动 VR 产业的发展。南昌市政府早在 2016 年就出台了《关于加快 VR/AR 产业发展的若干政策（试行）》，随后又颁布了《关于加快 VR/AR 产业发展的若干政策（修订版）》和实施细则，以及《南昌市虚拟现实产业发展规划（2019—2023 年）》，助推南昌虚拟现实产业快速健康发展。

经济方面。江西省 2019 年实现生产总值 2.48 万亿元，增速位居中部省份第一（8.0%），发展势头较好。全省电子信息产业发展实力雄厚，2019 年电子信息制造业主营业务收入超 4000 亿元。电子信息产业累积的技术、人才和供应链资源将为 VR 产业发展奠定坚实的基础。

社会文化方面。江西发展 VR 产业起步较早，宣传力度大，已形成很好的社会和文化氛围。自 2016 年以来，VR 的概念和产品陆续进入南昌市民的日常生活中。2019 年世界 VR 产业大会吸引了来自全球 30 多个国家和地区的 2000 多家企业、7000 多名嘉宾参会，超过 6 万 m² 的 VR/AR 产品和应用及通信电子展会共接待人数超过 20 万人次，再次点燃了人们探索 VR 科技的激情。

创新环境方面。江西省委省政府积极营造创新环境，鼓励 VR 技术和产品创新。在支持国家重大专项承担、科技企业孵化器构建和创新平台创建方面给予了一系列的政策奖励和资金补助。积极筹划建设 2～3 个 VR 产业相关的国家技术创新中心，形成多区域、多技术融合，构建高效协同的产学研创新体系。积极引进具有较强创新能力和全球影响力的企业，培育和引进 100 名以上掌握关键技术、带动交叉学科发展的 VR 领域高端研发人才、应用创新人才等，吸引 50 个以上国内外高水平创业团队，集聚 VR 高端人才，致力于核心关键技术创新。

## 三、江西 VR 产业生态体系存在的问题

结合江西 VR 产业发展现状和生态要素分析，发现江西 VR 产业生态体系存在种群发展不均、创新平台和能力不突出、生态环境有待优化等主要问题。

（一）生态体系种群发展不均

产业生态体系的长期稳定依赖于系统种群发展的动态平衡，作为系统内部相互作用影响的种群，一个种群的发展壮大必定是建立在其他种群同步壮大的基础上才得以实现。而江西 VR 产业生态体系在成熟和完善过程中，面临着内部生态种群发展不均衡的问题，存在短板效应。

一是 VR 产业链上中游企业较少，技术创新不足。在产业链上游，江西从事相关技术和产品研发的极度缺乏，暴露了 VR 核心关键技术创新和积累不足的问题。在产业链中游，显示屏和摄像头具有一定的优势，拥有欧菲光、比亚迪、联创电子、联星显示等少数重点企业，但基本呈现垄断局面，内部缺乏良性竞争，不利于行业的发展。

二是 VR 产业链下游布局较多，竞争优势不大。VR 产业链下游布局较为合理，投身 VR 硬件设计、制造和生产的厂商较多，有联想新视界、青橙视界、开欧客、情景科技、小派、联创宏声、依偎科技等十几家，行业龙头企业涌现，但作为未来发展趋势的 VR 一体机的供应较少，仅有联想新视界、青橙视界、开欧客、虚拟现实实业、华城、速倍云等零星几家。在应用方面，众多企业在驾驶模拟、教育、军事训练、智能识别、广告营销等场景均有涉及，主要为教育应用和汽车驾驶模拟，同质化现象比较普遍。

三是企业不多不强阻碍产业规模发展。江西 VR 企业数量和质量有待进一步提高。截至 2 月 20 日，江西 VR 相关企业仅有 245 家，相比周边省份广东 2891 家、浙江 626 家、安徽 602 家、湖南 532 家、湖北 407 家，企业总体数量偏少且规模小，行业龙头企业比较缺乏。大多数企业成立于 2015 年之后，技术积累不多，市场化产品较少，限制了企业的进一步发展壮大。且较多企业为 VR 线下平台公司，如体验馆和主题乐园等，规模小而数量多，质量良莠不齐，影响 VR 体验。总体上，江西 VR 产业缺少掌握关键核心技术的技术型、平台型龙头企业和总部型企业，影响产业配套体系的构建，产业集聚程度不高，不利于协同发展。

## （二）创新平台和能力不突出

VR 产业整体发展的核心动力依靠企业、高校和科研机构的强大科技创新实力提供。但从技术层分析发现，江西 VR 的核心科技创新主要依靠企业支撑，而企业自主研发的成果突破不大，影响较小，因此，创新能力和创新平台不强将严重制约 VR 产业的高质量发展。

一是高校和科研院所技术支撑不足。目前 VR 技术研发多在企业内部，没有形成科技成果转化服务链条。近年来，省内高校积极响应政府发展 VR 产业的决策部署，加快技术创新、加强 VR 专业人才培养，南昌大学、华东交通大学等相继成立了裸眼立体技术与虚拟现实研究中心、虚拟现实＋云计算技术联合实验室、虚拟现实与交互技术研究院，南昌虚拟现实产业基地初步建成了虚拟现实创新中心。由于这些机构还处于成立初期，高层次人才匮乏和创新平台的不完善导致创新活动并不活跃，创新能力受到较大影响，技术支撑和成果转移转化有限。从江西整体专利信息来看，虽从事 VR 的企业创新较多，但大多数技术含量不高，整体技术水平在全国处于中等偏下，核心技术不多，技术优势不突出。

二是 VR 内容供给生态尚未形成。当前，VR 内容开发服务平台有待完善，数量和质量亟须提升。一方面，VR 内容大多数来自历史文化、自然风光、卡通动漫等，数量不多，推广宣传面较窄，观众消费欲望不强；另一方面，江西超高清视频产业总体还处于发展初期，受限于 5G 网路覆盖和 VR 设备性能，内容开发质量不高。总体来看，面向消费者的 VR 内容开发平台缺乏变现渠道，内容制作方动力不足，投入意愿不强，尚未形成良好的 VR 内容供给生态和正向循环。

## （三）产业生态环境有待优化

VR 产业生态环境还有待进一步优化和完善。随着发展深度和广度的增加，江西 VR 产业还需重点解决以下几个问题：一是在细分行业"VR＋"应用开发过程中，存在典型的信息不对称情况。一方面，实体行业和消费用户存在对虚拟现实不熟悉的情况，难以清晰、明确定义所需功能，另外虚拟现实解决方案提供商也不清楚了解其他行业应用的需求所在；另一方面，品牌虚拟现实硬件、系统、内容之间的兼容性差，软件开发工具、数据接口等标准尚未建立。二是虚拟世界里面的虚拟物品所有权、犯罪行为等尚没有法律上的界定。虚拟现实带来的沉浸式体验可能会对用户的精神、心理状态带来影响，改变用户在脱离虚拟世界后的行为，可能会增加暴力倾向，存在一定的伦理风险。

## 四、加快完善江西VR产业生态体系的对策建议

### （一）加强规划指导，深化全产业链布局

一是健全扶持政策，完善产业链布局。制定和完善VR产业的扶持政策及实施细则。优化、创新产业扶持政策，整合科技、土地、资金、人才等要素资源，加大对VR产业的扶持力度。充分发挥市场在资源配置中的决定性作用，减少行政干预，简化企业审批程序，为企业的发展减负，为产业发展创造更加宽松的政策环境。大力支持VR及相关服务企业申报高新技术企业和技术先进型服务企业的税收优惠资格认定，重点向江西省薄弱环节倾斜。研究制定芯片、传感器及软件、线上平台、线下体验、行业分类应用及内容制作等细分领域差异化的扶持政策，以政策引导和激励资金、项目、人才、技术等资源的流动和汇聚，促进产业链环节协同发展，打造集硬件、软件、应用和内容等于一体的全省VR产业研发制造集聚带。

二是引导资源整合，发挥集群效应。整合VR产业资源，强化资源的优化利用。整合利用科研院所及龙头企业VR技术实验室、工程中心、技术中心、孵化器、加速器等的科研基础设施和服务资源，支持企业、高等院校和科研机构向VR企业开放自有科研设施。支持产业基地、孵化器根据自身发展定位，自建或与高校、科研院所、电信运营商等联合共建专业和特色服务平台，为在孵企业的技术研究、产品开发、市场运营等方面提供专业服务。加快培育共享制造平台，积极推动VR产品设计、制造平台建设，鼓励平台创新应用，推动平台演进升级。依托产业集群发展共享制造，探索建设共享工厂，支持发展公共技术中心，积极推动服务能力共享。

### （二）加快企业培育，壮大创新企业集群

一是立足存量，培育根植型企业。基于VR产业全产业链布局，制定《VR企

业培育计划》。针对产业链关键环节培育领军型、骨干型、平台型，以及"专精特新"和"科技小巨人"企业，建立不同层次的企业库，构建覆盖企业初创、成长、发展等不同阶段的政策体系，在资金、人才、重大项目、平台建设等方面给予重点扶持。着力引进 HTC、百度等优势 VR/AR 企业创新加速器，放宽经营管理、投资限制，鼓励拓展 VR 应用领域，重点针对远程医疗、教育培训、远程办公、虚拟制造、虚拟市场与购物、VR/AR 广告、文化娱乐等疫情时期需求旺盛的应用，为高成长性企业提供服务。鼓励有条件的行业龙头企业开展面向省外和海外的收购、并购和拓展市场，加快培育上市企业、科创板企业，助力独角兽、瞪羚企业成长。

二是招大引强，补短板强长板。招大引强，补齐缺失的产业链关键环节。绘制《江西 VR 产业链重点领域招引清单》，建立 VR 行业重点企业重点项目数据库，制定《江西 VR 企业招引计划》，围绕芯片、传感器、硬件设计制造、平台构建、内容制作、行业解决方案等领域，有针对性地引进一批行业龙头、骨干企业和重大项目，完善企业招引管理服务体系，巩固自身产业优势环节，助力缺失环节的完善和成长。

### （三）构建研发平台，增强创新发展支撑

一是培育科技研发平台，聚焦产业技术开发。大力实施 VR 领域科技研发平台培育工程，初步形成从市级、省级到国家级研发平台的培育梯队，并建立激励性的考核机制，强化平台主体责任，优化内部管理，促进项目、人才、资金等创新资源向平台倾斜，增强研发平台的创新内生动力。重点依托全省高校、科研院所、新型研发机构、电信运营商和龙头企业等创新主体，加大资金和项目引导力度，联合组建一批虚拟现实工程技术研究中心、重点实验室，开展跨行业、跨领域、跨区域的产学研用协同创新，解决产业发展中的技术瓶颈，提升核心竞争力。

二是创建区域云平台，助力 VR 内容创新。加快构建 VR 内容的云平台，鼓励 VR 行业的个人作者、团队、工作室、企业等内容制作及提供商建立内容协同合作渠道，向用户提供全方位的高质量 VR 数字内容服务，包括资源上传、管理、分享、评价等基础功能。与华为等合作建设开放式 VR 素材资源云平台，提供 3D 模型数据、用户行为数据加工与整合、数据存储与管理、数据更新与汇集、数据应用与服务，实现各行业应用的 3D 素材、用户行为数据的共享、分发与集成管理。素

材创建者、素材使用者、素材管理者基于素材资源平台构成闭环，同时基于云计算、区块链等技术创新商业模式，促进平台生态健康发展。

三是创新人才引育体系，强化后备力量支撑。充分利用江西省国家自主创新示范区建设的政策机遇，面向 VR 产业实施高层次人才引进与培育计划，针对 VR 领域内的顶尖人才、企业高层次人才、技能人才施行差异化的一次性奖励，对创新基地和培养单位，给予一定奖励。联合知名人力资源公司、人才评价机构合作建立国内外 VR 人才的资源库，以产业园区、孵化基地、留学人员创业园、大学科技园、博士后科研流动站等为载体，引进国内外核心竞争力突出的新生科技人才和创新团队。继续加大在居留、住房、医疗、托老、配偶工作、子女入学、政府荣誉表彰等方面的支持力度，引进 VR 高层次人才。强化校企合作，构建校企育人的"双重主体"，学徒学生"双重角色"的校企合作人才培养机制。

（四）优化生态环境，促进产业健康发展

一是强化应用示范推广，加快产业融合发展。强化应用示范，促进 VR 与实体经济融合发展。深入挖掘和开发 VR 在疫情时期的应用场景，如远程医疗、虚拟制造、远程会议、虚拟课堂、虚拟市场、VR 文娱等。在典型社会宣传（先进事迹、文化遗产、交通安全、广告营销等）和爱国教育、红色旅游及党建等江西独特优势资源更多地融入 VR 的元素和设备，使推广效果更加鲜活靓丽。加强 VR 产品的示范推广，以发展较成熟的 VR 看房、培训、旅游、文创应用进行推广，提高 VR 内容深度和广度，增强场景交互功能，形成示范效应。加强行业应用部门、企业与消费者的信息沟通，建立需求对接机制，探索建立软硬件研发、设备生产、内容植入、宣传营销等合作共赢模式，开展跨行业、跨区域协同，深化"VR+"行业应用的探索融合，加快产业融合发展。

二是优化公共服务体系，营造良好发展氛围。积极发挥国家级、省级孵化器和众创空间的资源优势，优化资本、市场、人才等资源整合，优化虚拟现实企业的孵化培育体系，提升创新能力，加快小微企业培育。鼓励咨询、知识产权、法律、技术标准、专业会展等中介服务机构与孵化器合作，或向孵化载体集聚，建立包含创业政策、创业项目、投资需求、创业导师等信息的创业服务公共信息平台。借鉴北京、深圳经验，大力支持省市级行业组织和产业联盟建设，促进行业间信息互通与业务合作，积极承办或协办具有国际影响力的 VR 产品和应用展览会、VR 高峰论坛等多项展会、论坛，并联合企业、高校举办内容开发者大赛等创新创业活动，促进行业的快速普及与发展。鼓励省市各级 VR 产业协会、行业协会等利用各自优势，宣传和动员相关企业共同投入，推动各类公共服务平台的建设。

三是加强知识产权创造与服务，助推技术和产品创新。鼓励全省国家和省级知识产权试点示范园区，开展实施 VR 领域高价值专利培育中心计划，提升知识产权创造能力和水平。加强 VR 领域知识产权价值评估、担保、保险、第三方支付等专业服务机构的引进与培养，充分发挥中国（南昌）知识产权保护中心的作用，开展集快速审查、快速确权、快速维权于一体的产业知识产权快速协同保护工作。设立江西省 VR 产业知识产权运营基金，建成依托知识产权的生态运营模式，为成长型的小微企业提供知识产权布局及质押融资服务。

四是建立健全标准体系，促进产业健康发展。依托全国首家虚拟现实检测机构（南昌），建立健全 VR 技术、产品和系统评价指标体系，完善 VR 设备标准体系，包括 VR 设备之间、设备和应用之间及人体健康适用性等标准。加快出台行业级虚拟现实软硬件标准，以及工业互联网设备、产品之间标识解析、数据交换、安全通信等标准，保障行业应用高效和安全。建立健全各类 VR 应用及内容的审核监管机制，严格防范虚拟现实技术在发展中引发的一些法律问题和伦理风险，并尽快出台相关制度约束与法律法规，保障虚拟现实产业持续健康发展。

**课题组成员：**

刘少金　江西省科学院科技战略研究所博士

邹　慧　江西省科学院科技战略研究所所长、研究员

说明：此成果已发表在《科技中国》2020 年第 8 期。

# 打造南昌"光谷"建设"千亿LED产业基地"的对策研究

王怿超

**摘要：** 江西省提出将南昌打造成全国的LED"光谷"，把江西建设成为全国领先、具有国际核心竞争力的LED全产业链研发、制造和应用基地，到2020年全省LED产业总量超过1000亿元，目前江西省LED产业依然面临着关键技术瓶颈、产业自主创新能力不足等问题。本报告系统梳理了国内外LED产业发展现状，重点分析南昌LED产业发展优势及存在的问题，结合国内产业发达城市的成功经验，立足江西省省情，从发展规划、技术攻关项目、管理体制、资金、人才等方面提出有效推动江西省打造南昌"光谷"、建设"千亿LED产业基地"的对策建议，供领导和相关部门决策参考。

## 一、全球LED产业的发展现状

### （一）LED产业的发展历程

发光二极管（Light Emitting Diode，LED）是目前全球最受瞩目的新一代光源，具有高效节能、寿命长、体积小和绿色环保等优势，对节能减排等起着举足轻重的作用[1]。它利用固体半导体芯片作为发光材料，当两端加上正向电压，半导体中的载流子发生复合，放出过剩的能量而引起光子发射产生可见光。全球LED产业的发展主要经历了4个阶段（图1）[2]。图2为2010—2017年全球LDE行业市场规模趋势。

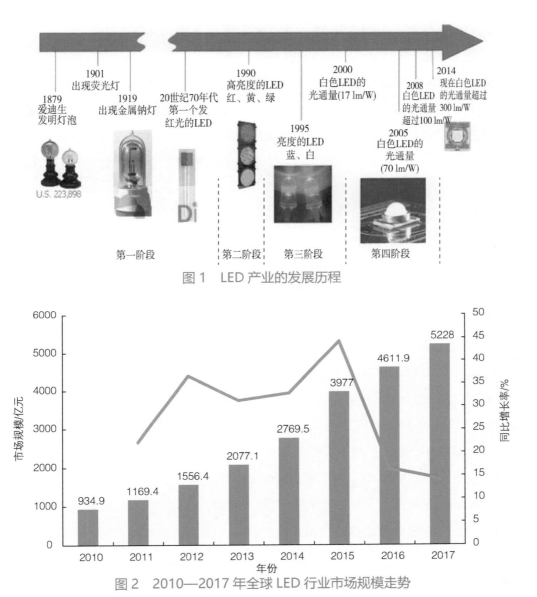

图 1　LED 产业的发展历程

图 2　2010—2017 年全球 LED 行业市场规模走势

## 1. 第一阶段

早在 1907 年，人类就发现了半导体 PN 结构通电发光的现象。然而直到 20 世纪 60 年代，美国通用电气公司（GE）的尼克·何伦亚克博士采用气相外延生长的磷砷化镓研制成功了第一批发光二极管。此时 LED 发光效率非常低，但成本非常高，主要应用于高端电子设备的信号指示灯。到 20 世纪 70 年代末期，LED 已经出

现了红、橙、黄、绿、翠绿等颜色，但依然没有蓝光和白光的 LED。

### 2. 第二阶段

20 世纪 80 年代早期到中期对砷化镓磷化铝的使用诞生了第一代高亮度的 LED。90 年代由美国惠普公司（HP）和日本东芝公司（TOSHIBA）采用金属有机化学沉积法（MOCVD）技术研制的 InGaAlP 四元系 LED 器件，由于发光效率高、颜色范围宽而受到广泛重视，发展迅速。其应用领域包括汽车尾灯、户外大型显示屏及交通信号灯等。

### 3. 第三阶段

1993 年，日本日亚化学（NICHIA）的中村修二采用双束流 MOCVD 技术，成功研制了以蓝宝石为衬底的超高亮度蓝色的 LED 器件，不久又相继推出了绿色与蓝色的 LED。LED 的应用领域逐渐拓展到背光源、室内全彩显示屏、广告牌、室内外装饰照明等领域。

### 4. 第四阶段

1996 年，日亚化学推出了以蓝色 LED 芯片上覆盖 VAG 为主体的荧光粉支撑的白色发光二极管。稍后不久，美国科锐（CREE）也成功开发出采用 SiC 做衬底的 InGaN/SiC 结构的蓝绿光 LED 器件。21 世纪初，LED 已经可以发出任何可见光谱颜色的光。2003 年，CREE 制造了一款达 65 lm/W 的白光 LED 器件，这是当时市场上最亮的白光 LED。2009 年，我国南昌大学和晶能光电（江西）有限公司宣布突破了 GaN-On-Si 的技术难点，并于全球率先量产硅衬底 LED 芯片，形成蓝宝石、碳化硅、硅衬底 LED 照明技术路线三足鼎立的局面。2014 年，CREE 再一次震撼了 LED 照明行业，单一白光大功率 LED 器件光效突破了 300 lm/W。LED 应用正向更宽广的领域拓展，逐步进入户外照明、景观照明、室内照明、专业照明、大尺寸背光源等领域。

## （二）全球 LED 产业链的现状

### 1. 产业链各环节技术发展的情况

LED 产业链主要包括上游衬底、外延片的生产与芯片制造，中游 LED 芯片的封装，下游各类照明、显示屏和背光源等产品的生产和应用[3]。

（1）上游

1）衬底技术

衬底材料是 LED 产业技术发展的基石，其技术路线必然会影响整个产业的技术路线。目前，LED 照明主要有 3 条技术路线，分别是以日本日亚化学为代表的蓝宝石衬底 LED 技术路线、以美国科锐（CREE）为代表的碳化硅（SiC）衬底 LED 技术路线，以及我国晶能光电（江西）有限公司（简称"晶能光电"）和南昌大学为代表的硅衬底 LED 技术路线[4]。

蓝宝石衬底。从目前衬底材料的使用来看，全球主要的 LED 供应商包括日亚化学、欧司朗光电（OSRAM）、飞利浦（LUMILEDS）等都在采用蓝宝石衬底，其全球市场占有率超过 96%。蓝宝石材料光学性能优异、机械性能和化学性能稳定、强度高、硬度大、耐冲刷，主要应用在中小功率器件上。但是，蓝宝石材料过高的硬度也增加了刻蚀的难度和成本。目前，蓝宝石衬底生产能力过剩，低端市场竞争比较激烈。

碳化硅衬底。碳化硅衬底材料性能良好，主要应用于高端 LED 产品，主要由科锐 CREE 公司采用，形成了其一家独大的局面，市场占有率约为 5%。碳化硅衬底制作的器件的导电和导热性能都非常好，具有功率大、能耗低、发光效率高等显著优势，可以满足大功率 LED 需求。采用碳化硅衬底的主要挑战在于成本和技术门槛较高和专利技术不足，面临行业垄断者的专利威胁。

硅衬底。从目前的应用来看，硅基衬底占市场比例不到 1%，工业化的规模生产也还面临着较多问题，主要是晶能光电采用。与蓝宝石相比，单晶硅除了成本较低外，在性能上也存在一些优势：热导率高、导电性好，更适合大功率 LED 器件制备等。随着技术的发展，硅衬底 LED 在大功率照明领域将有很广泛的应用前景。晶能光电开发的硅衬底大功率 LED 发光效率也已经超过 160 lm/W，在同类产品中可与欧美日国际大公司水平相媲美，成功打破了欧美日等企业对高端大功率 LED 的垄断。硅衬底比蓝宝石更加适合于大尺寸外延，因此，在降低成本方面已在向大尺寸硅衬底转移。

2）外延片的生产与芯片制造

外延片和芯片制作环节是专利竞争最激烈、资金投入最大、技术和设备要求最高、利润空间高的环节。生产高亮度 LED 外延片的主流技术是金属有机化学气相沉积法（MOCVD）。MOCVD 设备为外延片生长的关键工艺设备，占外延片生产成本的 45% 左右。德国艾思强公司（AIXTRON）和美国维易科精密仪器有限公司（VEECO）两家公司生产了全球 90% 以上的主流 MOCVD 设备。

外延片下游的芯片制造是资金和技术密集型行业，投资强度大、收效慢。随着 LED 光效的提高，LED 芯片一方面越做越小，在一定大小的外延片上可切割的芯片数量越来越多，从而降低单颗芯片的成本；另一方面单颗芯片功率越做越大，将从现在的 3 W 向 5 W、10 W 发展，降低了应用系统的成本。

（2）中游

目前，芯片级封装、LED 灯丝封装、集成化封装是封装工艺的发展趋势。封装是白光 LED 制备的关键环节，良好的工艺精度控制及好的材料、设备是白光 LED 器件一致性的保证。采用透明导电膜、表面粗化技术、DBR 反射器技术来提升 LED 灯珠的光效正装封装仍然是技术主流，同时倒装结构的 COB/COF 技术也是封装厂家关注的重点。耐高温、抗紫外及低吸水率的材料，如热固型材料 EMC、热塑性 PCT 及类陶瓷塑料等将会被广泛应用。

（3）下游

1）应用领域细分情况

根据产品的功能和特点，LED 应用产品主要包括 LED 显示产品、LED 照明产品和 LED 背光产品等。光源效能提升促进 LED 产业由背光时代迈向照明时代，由液晶屏背光源、户外大屏幕、光通信光源、交通信号灯、舞台灯、汽车尾灯等，逐渐进入路灯、室内照明、汽车前灯等应用领域（图 3）。

目前 LED 的应用主要集中在四大领域：作为背光源和电源指示灯应用在家电、计算机、手机、电子产品、汽车、飞机空调等诸多产品中；交通信号灯市场；电子显示屏市场，如银行、车站、机场、体育场馆、商场、医院及各类公司的显示屏；照明市场，主要包括景观照明、路灯照明、隧道照明、工矿照明、车灯照明和普通的室内照明等。此外，可见光通信、医疗照明、植物照明、特种照明这些新兴应用前景看好。

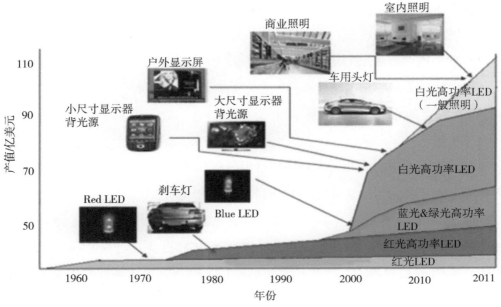

图 3　LED 应用发展趋势

2）应用领域新方向

可见光通信、不可见光 LED、农业照明等新的应用领域具有广阔的市场前景，也是 LED 企业在激烈的市场竞争条件下走差异化路线的新选择[5]。

可见光通信。基于可见光通信技术下开发的 LED 灯泡将成长为具有照明、通信、跨界应用等多重意义及用途的智能照明设备。目前，可见光通信已成为发达国家在国际通信研究领域的必争之地，我国 863 计划于 2011 年部署可见光通信技术研究后，经过几年的科技攻关，已在调制带宽拓展、实时传输速率、融合网络架构等方面取得了一批重要研究成果。

不可见光 LED。近年来，不可见光 LED 应用逐渐受到 LED 厂商的关注。作为一项新兴技术，紫外线 LED 还需要更多的论证和实验才能确保这项技术可作为医用治疗手段。未来红外线 LED 在手持式应用装置方面的应用，包含资讯安全与健康管理等，获利空间可期。

农业照明。农业照明作为 LED 照明的一个重要细分领域，其未来市场空间不容小觑。智能化照明与光环节精准调控是现代设施农业科技发展的必然趋势，一

些国际巨头纷纷加大了对 LED 植物工厂的创新投入，我国的 LED 植物照明业也以 20% 的市场增长率快速成长。

**2. 产业链技术层面上的格局分布**

目前，从产业链的技术角度来看，全球 LED 产业主要分为欧美和日本等厂商、韩国、中国台湾等企业和我国大陆企业三大阵营。

（1）美国、日本和欧洲

位于产业链上游的芯片制作及晶圆材料的制作由于技术难度较高，该领域的技术为美国、欧洲及日本的企业所垄断。目前，国际 MOCVD 市场仍被美国和德国的公司完全垄断。日本拥有从上游到下游完整的产业链，垄断着高端蓝、绿光 LED 市场，在衬底、外延片与原材料环节规模和技术上具有明显的竞争优势。美国在 SiC 衬底生长 GaN 外延片和芯片、紫外光外延片和芯片、白光功率型 LED 方面处于国际领先地位。

（2）韩国

韩国是全球最大的背光源及高亮度红黄光 LED 外延芯片生产基地之一。近年来，韩国 LED 产业发展得益于国内手机内需市场带动，主要以中端应用市场为主，凭借大企业战略和完整的产业链建设，成为 LED 产业的后起之秀。

（3）中国台湾

我国台湾 LED 产业已经建立了完整的产业链，具备向高端市场进军的能力，其芯片及封装业务在世界范围内具有较大影响力。台湾也是全球最大的背光源 LED 及高亮度红黄光 LED 外延芯片生产基地之一。

（4）中国大陆

国内 LED 产业发展较晚，水平参差不齐，在上游外延和芯片专利占比非常小，大部分技术专利集中在产业链中下游的封装和应用领域。LED 外延芯片主要应用于景观及装饰照明、小尺寸背光源、显示屏等领域，近两年开始逐步向中大尺寸背光源和白光照明等领域发展，但是有竞争力的企业较少，特别是大功率 LED 器件方面。但随着拥有自主知识产权的硅衬底技术的成功，加上国内人力成本相对发达国家较为低廉，且政府出台较多 LED 产业优惠政策，近年来国外大型 LED 厂商纷纷来中国投资设厂，国际封装产业逐渐向国内转移，使得中国 LED 产业在世界格局占有一席之地。

### （三）全球 LED 产业领域的专利现状

#### 1. 全球 LED 专利地图分析

专利是能够反映科学技术发展水平最新动态的情报文献，是世界上最大的技术信息源[6]。本研究主要通过中国科学院专利在线分析系统及 incoPat 4.0 科技创新情报平台进行数据处理，包括数据合并、数据标引和初步数据分析，对于未能自动标引的数据，进行手动的人工标引工作。在本研究中已将相关同族专利排除，只统计专利申请的基础专利。

（1）主要国家或地区 LED 专利数量分布

图 4 统计了全球申请人所在国家（地区）LED 专利申请量的情况。选取专利申请量大于 2000 件的前 8 位（1960—2016 年），进行降序排列，并计算出各国专利申请量占总申请量的比例。

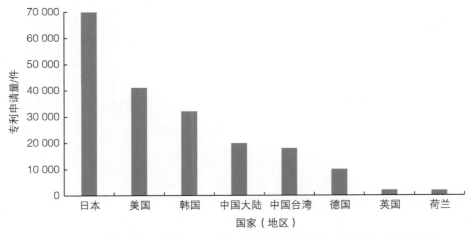

图 4　申请人所在国家（地区）LED 专利申请量情况（1960—2016 年）

可以看出，日本、美国、韩国、中国大陆、中国台湾、德国、英国和荷兰位列前八。其中，日本（占全球比例约为 35.3%）、美国（21.1%）、韩国（16.5%）位居前三，这些国家垄断了全球 LED 领域的核心技术和专利。日本、美国和韩国在衬底材料、GaN 基外延层、芯片结构与制造等多个技术领域都拥有核心专利，且大多数核心专利都通过 PCT 条约或巴黎公约在其他国家申请，形成了严密而系统的专利网络。中国大陆（10.15%）和中国台湾（9.03%）排名均很靠前，表明我国在 LED 领域具有雄厚的发展实力。欧洲企业如德国、英国和荷兰等在 LED 照明方面优势明显。

（2）LED 领域专利年度申请趋势分析

图 5 统计了全球 LED 领域专利年度申请量。从 1995—2016 年这 20 多年的 LED 专利申请发展趋势来看，1995 年之前，全球 LED 领域每年的专利申请量不超过 3000 件。2001 年以后，每年的专利申请量都保持了较高的增长速度，这是因为该阶段白光 LED 的发光效能已经与传统钨丝灯接近，白光 LED 已经开始产业化进程。尤其 2003 年以后，每年的专利申请量达上万件。

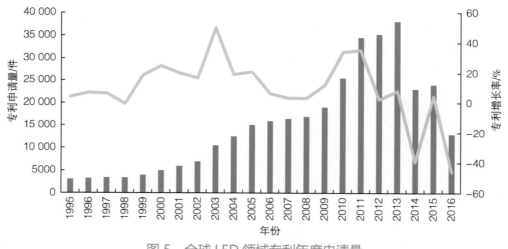

图 5　全球 LED 领域专利年度申请量

2005—2008 年，专利申请量增长速度明显减小，进入了稳态增加的阶段。2009—2013 年，进入了高速增长期，申请量也是突飞猛进的增长，2010 年以后，每年的申请量超过 20 000 件，2013 年达到峰值。随着 LED 应用于各个领域，其应用领域不断扩大，相应的各种技术性研发不断开展，技术成果逐渐成熟，促进了 LED 产业整体的发展，因此，专利申请数量也呈飞跃式增长。2013 年以后，LED 领域专利的年度申请量有所下降，可能与白光 LED 的技术逐渐成熟有关。此外，近年来受经济大环境的影响，LED 产业发展的增速有所放缓，也会影响 LED 领域专利的年度申请量。2016年专利申请量明显下滑，主要是因为检索到的文献只有公开的专利文献才能统计到，而专利公开在大多数国家需要一年半的时间。

（3）LED主要申请国家（地区）申请量的年度发展趋势

图6显示了LED主要申请国家（地区）的专利申请量随年度变化的情况（1994—2016年）。

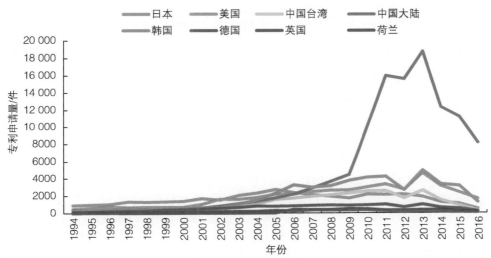

图6　全球LED主要申请国家（地区）申请量的年度发展趋势（1994—2016年）

2000年前，主要国家（地区）的LED专利申请数量随年度的变化增长缓慢，全球LED白光照明技术一直处于比较缓慢的前期研发阶段，该时段可以定义为专利技术的萌芽阶段。2000—2006年，LED照明技术开始进入一个快速增长时期，定义为专利的发展阶段。此后，由于新技术突破瓶颈，技术研发获得了一定的成果，相关技术得到了广泛应用，在2007年以后进入稳态发展阶段，各国每年的专利申请量几乎维持在一定水平，增长速度明显下降，到2013年达到峰值，随后出现下滑的趋势。

从世界LED产业发展格局来看，形成了以美国、亚洲和欧洲三大区域为主导的三足鼎立的产业格局，并呈现出以日、美、韩、欧洲为产业龙头，中国大陆和中国台湾紧随其后的梯度分布。日本是较早介入LED技术研发的国家，该国拥有从上游的蓝宝石衬底、GaN基外延片，到中游的芯片制造的核心专利。自2002年以后，美国逐渐打破了日本在LED技术领域上的垄断地位，在专利申请量上一度接近日本。作为欧盟技术领先的代表国家，德国、英国和荷兰在LED技术领域的专利申请量一直保持一种比较平稳的态势。韩国、中国大陆和中国台湾从2002年开始，LED专利申请保持了比较高的增长态势。

从专利申请的国家或地区来看，日本、美国、韩国等LED技术强国主要以发明专利为主，掌握多个领域的核心技术。且这些国家大多会通过PCT条约或巴黎公约在多个国家和地区申请专利，形成了强大的专利网络。中国大陆大多数LED企业并未掌握核心技术，发明专利申请数量较少，在上游外延片和芯片专利占比非常小，大多数是以实用新型和外观设计为主，属于技术含量不高的应用技术，主要集中在LED产业链的下游封装和应用部分。

### 2. 全球LED专利整体格局情况

目前，全球LED产业格局成美国、亚洲、欧洲三足鼎立之势，科锐（CREE）、欧司朗（OSRAM）、飞利浦（PHILIPS LUMILEDS）、日亚化学（NICHIA）和丰田合成（TOYODAGOSEI）等五大厂商，掌握了全球LED市场，垄断了蓝光和白光LED的核心技术和专利。这些厂商为了维持竞争优势，保持自身市场份额而申请的专利，几乎覆盖了原材料、设备、封装、应用在内的整个LED产业链。五大企业之间主要通过交互授权避免专利纠纷（图7）[7]，其他企业主要通过专利授权获得专

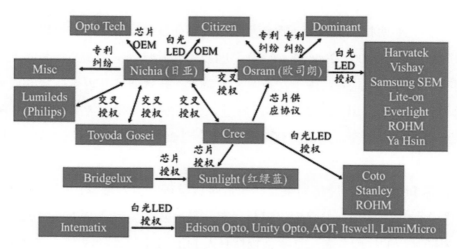

图7　欧美日等企业专利授权和交叉授权示意

利许可,而对于 LED 产业链的新兴企业,这些国际巨头仍采取专利诉讼打压策略以维护其市场利益。目前,虽然国内 LED 专利核心慢慢增多,但国内企业仍需不断学习创新,开发出自己的核心技术,规避已有的专利技术,同时形成自身独特的技术路线,才能在全球 LED 格局中占据重要地位。

### (四)全球 LED 市场发展的情况

#### 1. 市场现状

图 8 归纳了 2009—2016 年全球 LED 照明市场规模的变化情况。从图中可以看出,全球 LED 照明市场规模逐年递增,8 年间平均增长率接近 50%。2013 年以前,全球 LED 照明呈现爆发式增长趋势,年均增长率接近 82%;2013 年以后,照明市场规模的年均增长率出现一定幅度的下滑,LED 照明市场规模增长有所放缓。2016年,全球 LED 照明市场规模约为 346 亿美元,与 2015 年的市场规模相比,增加了47 亿美元。

图 8　2009—2016 年全球 LED 照明市场规模

图 9 归纳了 2009—2016 年全球 LED 照明市场渗透率的变化情况。全球 LED 照明市场渗透率呈现逐年增长的变化趋势,年均增幅接近 56%。与照明市场规模的变化趋势相近,2009—2012 年,全球 LED 照明市场渗透率的年均增幅一直维持在一

个较高的水平，平均值接近 188%，在 2011 年照明市场渗透率的年均增幅达到峰值 214%；2012 年以后，LED 照明市场渗透率增长明显放缓。2016 年全球 LED 照明市场渗透率约为 31%，平均增长幅度只有 15%，远低于 8 年的年均增幅（50%）。从 2014 年开始，全球 LED 产业逐渐由成长期向成熟期迈进。产业规模进一步扩大，在景观照明、道路照明、商业照明等领域得以推广使用，加速向家用照明渗透。

图 9　2009—2016 年全球 LED 照明市场渗透率

### 2. 市场前景

随着 LED 市场竞争的日趋激烈，LED 厂商将逐渐加速转向汽车照明、智慧照明、植物照明、医疗照明等新兴市场发展[8]。

（1）汽车照明

近两年新能源汽车、自动驾驶、智能汽车等热点及趋势强烈吸引着车用 LED 厂商投资，车用 LED 成为推动 LED 产业增长的一股强大动力。从应用功率上看，目前车用 LED 照明主要为 1W 以下的小功率器件，1W 以上的大功率器件如雾灯、远近光灯应用较少。

（2）智慧照明

智能制造毫无疑问是未来的发展趋势，照明行业也不例外，智能化生产必将应用到灯具产业发展中去。2016 年全球 LED 智慧照明市场规模约为 23.5 亿美元，

2020 年将达到 134.27 亿美元，是特殊商业照明应用中最具发展潜力的市场。随着技术提升，厂商积极推动，大众接受度提升，市场将大幅成长。

（3）医疗照明

作为一种特殊的照明方式，医疗照明具有一定的特殊要求，与传统医疗照明相比，LED 灯具有定向、低光谱伤害等优点。医疗照明准入门槛高、市场规模偏小，但市场价格昂贵，因此其市场的实际市值大。随着社会对医疗健康、医疗康复、绿色环保和节能的重视，医疗照明领域可以说是半导体照明的最佳切入点之一。

（4）植物照明

从 2013 年起，LED 应用在全球植物照明领域的产值开始呈现高速增长态势，未来几年，随着全球 LED 应用农业照明渗透率的提升，国际巨头的布局和影响，中国市场也将慢慢兴起。在全球气候变迁下，精致作物种植、养殖业、食物存放保鲜等市场需求，都将带动植物照明市场前景看旺。

（5）红外光和紫外光 LED

随着各式各样新兴应用的崛起，使得红外光 LED 应用重新成为 LED 厂商的关注焦点。其中，安防监控为红外线 LED 目前最主流的应用。紫外光 UV LED 市场作为蓝海市场之一，前景不可估量。

## （五）全球主要 LED 厂商

### 1. 科锐（CREE）

科锐（CREE）是全球 LED 领域的著名制造商和行业领先者。科锐的市场优势在于公司利用在氮化镓（GaN）和碳化硅（SiC）等方面独一无二的材料技术，来制造芯片及成套的器件。公司拥有 2670 多项美国专利（2001—2016 年）、3640 多项国际专利（2001—2016 年）和 260 多项中国专利（2006—2016 年）。CREE 在中国围绕上海和深圳两个工程中心提供应用支持。

### 2. 欧司朗（OSRAM）

欧司朗（OSRAM）作为全球第二大光电半导体制造商，其全球布局涵盖了 19个国家的 53 个生产基地，其客户遍布全球近 150 个国家与地区，其照明产品达5000 多个品种。凭借着创新照明技术和持续创新战略是欧司朗成功的关键。每年欧司朗都将营业额的 5% 投资用于研究照明领域的新技术。

### 3. 日亚化学（NICHIA）

日亚化学（NICHIA）自 1993 年开发出世界第一颗蓝色 LED 以来，相继实现了黄色和白色 LED 的商品化，大幅扩大了 LED 的应用领域。近年来，日亚化学凭借在蓝光及白光 LED 专利技术方面的霸主地位，掀起了疯狂的专利战浪潮，成为 LED 业界最积极的诉讼发起者。

## （六）LED 产业强国的扶持政策

LED 照明进入发展关键期，日本、美国、欧盟国家、韩国等均提出了 LED 照明产品替代进程，出台相关政策推动本国 LED 产业的发展[9]。

### 1. 日本

（1）实施"21 世纪光计划"

早在 1998 年 3 月，日本就制定了"21 世纪光计划"，由日本经济产业省为新能源和工业技术发展组织（NEDO）提供 60 亿日元资助，由 NEDO 和日本金属研究开发中心（JRCM）负责执行。

（2）制定《照明用白色 LED 测光方法通则》

2004 年，日本照明学会（JIES）、日本照明委员会（JCIE）、日本照明器具工业会（JIL）及日本电球工业会（JEL）制定了共同标准——《照明用白色 LED 测光方法通则》，是目前唯一针对照明用白光 LED 所制定的测量标准。

（3）出台《促进税法》

2005 年 12 月，日本出台了改善与提高能源使用的《促进税法》，明确规定 2006—2007 年企业或机构使用 LED 照明装置取代白炽照明装置，可获得投资额 130% 超额折旧，或者是投资额 7% 的税率减免，以此提高企业使用 LED 照明的积极性，扩大 LED 照明需求。

（4）实施"Eco-Point"制度

2009 年 5 月，日本政府开始实施节能家电补助方案"Eco-Point"制度，实施期限为 2010 年年底。该制度自实施以来，带来了相关产品销售的显著增长，有效扮演起持续提振日本消费、支撑经济复苏的角色。

（5）重新制定《电气用品安全法》

2010 年 5 月，日本重新制定了《电气用品安全法》，明确规定了电子发光体（LED、OLED 照明器具）的电源、电压、固定频率等。在日本政府的大规模支持下，LED 行业得到迅速发展，LED 照明产品的渗透率以指数级的速度增长。

（6）"首相战略"

2013 年日本政府将碳化硅（SiC）纳入"首相战略"，认为未来 50% 的节能要通过它来实现，创造清洁能源的新时代。

### 2. 美国

（1）启动"NGLI"计划

2002 年美国政府启动了"国家半导体照明研究计划"即"下一代照明计划（NGLI）"。该计划由美国能源部制定，国防高级研究计划局和光电工业发展协会（OIDA）联合执行，以帮助扶持美国在 LED 照明领域站稳全球 LED 产业的领导角色。

（2）实施"SSL"计划

2002 年，美国能源部在 NGLI 计划的大框架下，制定了促进 LED 产业发展的核心政策——固态照明研发计划（SSL 计划）。重点支持 LED 照明的研究与开发，为保持美国在该领域的全球领先地位提供了机遇，同时为美国提供了高技术附加值的就业机会及较高的经济增长率。

（3）制定《LED 产品的新标准》

目前，美国能源部与美国电气制造协会（NEMA）、下一代照明行业联盟及其他企业和研究机构一起开发必要的度量、法规和标准，并已发布多个关于 LED 产品的新标准。

### 3. 欧盟

（1）实施"彩虹计划"

欧盟于 2000 年 7 月实施了"彩虹计划"，以推广白光 LED 的应用。该计划由欧盟设立的执行研究总署（ECCR）负责组织，主要内容是发展氮化镓设备和相关的制造业基础设施，推动高亮度户外照明和高密度光碟存储两个重要的市场增长。

（2）启动"EPIC"

在"彩虹计划"基础上，于 2004 年 7 月又启动了"欧洲光电产业联盟"（EPIC），

旨在推动欧洲光电产业的发展。EPIC 将对影响欧洲光电产业发展的先进光电子技术开发蓝图进行研究和提倡，起到一个领路人的角色。

（3）启动"OLLA"项目

2004 年 10 月，欧盟正式启动了"用于信息通信技术与照明设备的高亮度有机发光二极管"项目（OLLA），该项目的经费大约为 2000 万欧元，由欧盟第六框架计划（FP6）中的信息社会计划（IST）提供。

**4. 韩国**

（1）制定"氮化镓半导体开发计划"

韩国在 2000 年制定了"氮化镓半导体开发计划"，成立了光产业振兴会（KAPID）负责计划的组织与实施，2000—2008 年政府投入 4.72 亿美元，企业投入 7.36 亿美元，目标是成为亚洲最大的光电生产国。

（2）制定"15/30"目标

韩国政府于 2006 年制定了普及 LED 照明的"15/30（2015 年之前达到 30% 的普及率）"目标，开始全面导入 LED 照明，率先将交通信号灯、户外显示器及广告牌等更换成了 LED 产品。韩国政府节能环保计划 2012 年前在芯片开发领域投资 1 万亿韩元以上，以确保韩国拥有全球领先技术。

## 二、中国 LED 产业的发展现状

### （一）国内 LED 产业的发展历程

图 10 归纳了我国半导体照明产业的发展历程。我国政府在 2003 年 6 月正式启动了"国家半导体照明工程"。2006 年 10 月，我国科技部启动"十一五"半导体照明工程 863 计划，对半导体照明产业给予更大的支持。财政部和国家发展改革委于 2007 年 12 月联合下发《高效照明产品推广财政补贴资金管理暂行办法》对 LED 产业的发展进行扶持。

2009 年年初，科技部推出"十城万盏"半导体照明应用示范城市方案，该计划涵盖 21 个国内发达城市。2012 年 6 月，国务院印发《"十二五"节能环保产业发展规划》，确定了节能产业重点领域，其中包括高效照明产品。2013 年 1 月，为了

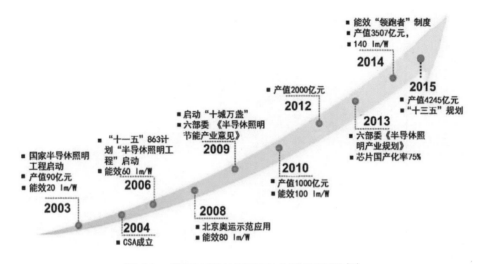

图 10　我国半导体照明产业发展历程[10]

引导半导体照明产业健康有序发展，国家发展改革委、科技部、工业和信息化部、财政部等六部委联合编制了《半导体照明节能产业规划》。在"国家半导体照明工程"等政策的推动下，形成了上海、大连、南昌、厦门、深圳、扬州和石家庄 7 个国家半导体照明工程产业化基地。近年来，随着我国技术创新能力的提升和国家相关政策的大力扶持，我国 LED 产业关键技术与国际水平差距进一步缩小，已经成为全球 LED 最大的生产、出口和应用大国。

### （二）国内 LED 产业链现状分析

经过 30 多年的发展，我国 LED 产业已经形成了从上游外延片和芯片制备、中游器件封装及下游应用产品等较完整的产业链。图 11 总结了 2007—2016 年近 10 年来我国国内 LED 产业链的各环节产业规模。

可以看出，从 2007—2016 年，我国国内 LED 产业链上中下游领域的产业规模均逐年提升，其中外延芯片领域和应用领域的产业规模年平均增长率均超过 36%，中游封装领域的产业规模年均增长幅度约为 18%。2013—2016 年，上游外延芯片领域和下游应用领域的产值规模年均增长率分别为 25% 和 30%，均低于 2011 年前的年均增长率（43% 和 49%）。我国 LED 产业现在还处于较低端的水平，国内大多数厂商从下游封装起步，逐步进入上游外延片生产。技术要求较高的上游芯片和外延

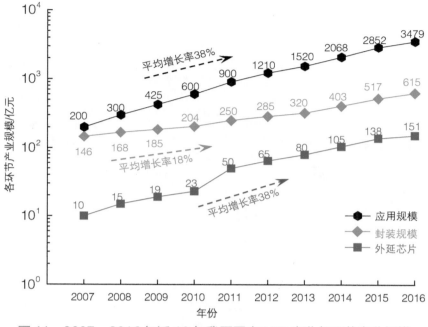

图 11　2007—2016 年近 10 年我国国内 LED 产业各环节产业规模

片的产业规模相对较小，行业集中度较高；而应用领域的产业规模占据主导地位，但形成规模效应的企业较少，产业集中度较低，竞争相对比较激烈。以 2016 年为例，我国半导体照明产业规模达到 5216 亿元，上游芯片和外延片的规模仅占到 191 亿元，中游封装规模为 748 亿元，下游应用规模则达到 4286 亿元。

**1. 产业链各环节的发展现状**

（1）上游

2016 年我国 LED 芯片和外延片产值约 191 亿元，较 2015 年增长了约 26%。国内外延片在市场占有率上有稳步提升，2016 年国内外延片市场上国产率达到 75%。由于 MOCVD 设备的技术壁垒和资本要求较高，国内 MOCVD 企业数量较少，拥有 100 台以上 MOVCD 设备的企业的占比仅为 5%。国家将大功率 LED 外延片、芯片作为"绿色照明工程""半导体照明工程"，以及 863 计划等重点资助工程和鼓励发展的项目。随着国产 LED 芯片技术的不断提高，芯片产品的性能得到较大提升，在显示屏、照明、背光等诸多领域得以应用并逐渐获得市场认可。

（2）中游

我国 LED 封装行业当前发展已较为成熟，形成了完整的 LED 封装产业链。相对于 LED 外延和芯片产业，国内的 LED 封装产业更具竞争力和规模，技术水平也最接近国际先进水平。在区域分布上，珠三角地区是中国大陆 LED 封装企业最集中、封装产业规模最大的地区，企业数量超过了全国的 2/3。2016 年，国内 LED 封装环节总体发展平稳，产值达到 748 亿元，较 2015 年增加 21% 以上。

（3）下游

2016 年，我国 LED 应用领域的产业规模达到 4286 亿元，虽然受到价格不断降低的影响，但仍然是产业链中增长最快的环节，整体增长率超过 23%[11]。

1）照明应用

图 12 总结了 2010—2016 年我国 LED 通用照明应用产值。

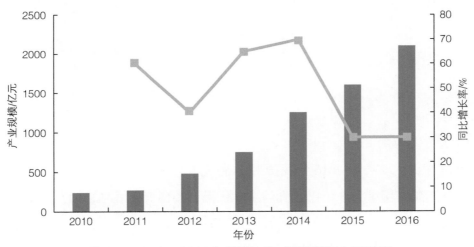

图 12  2010—2016 年我国 LED 通用照明应用产值

可以看出，2010 年我国 LED 通用照明市场产值约 190 亿元，市场渗透率仅为 0.64%，而 2016 年通用照明市场产值已达到约 2040 亿元，市场渗透率达到 42%。随着国内 2016 年淘汰白炽灯计划的推进、照明产品价格的下降及消费者认知度的提高，未来 3 ～ 5 年 LED 照明市场值值和通用照明产品渗透率将会快速提升。

2）显示屏应用

图 13 总结了 2010—2016 年我国 LED 显示屏应用产值。2016 年我国 LED 显示屏应用市场产值已增加到 548 亿元，2014—2016 年近 3 年的发展增速均保持在 30% 左右。未来小间距 LED 显示屏将逐步从户外扩展至室内，很可能全面替代现有电视、笔记本电脑、平板电脑的 LCD 拼接屏等。

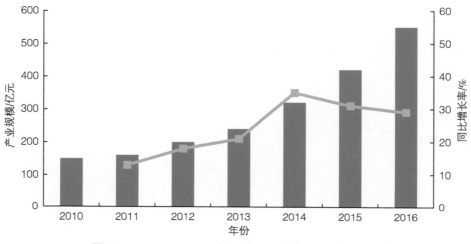

图 13　2010—2016 年我国 LED 显示屏应用产值

3）背光源应用

图 14 总结了 2010—2016 年我国 LED 背光源应用产值。可以看出，2010 年我国 LED 背光源应用市场产值已达到约 160 亿元，2016 年我国 LED 背光源应用市场产值则高达 520 亿元，此期间年复合增长率超过 20%。目前，LED 在以手机、平板电脑、笔记本电脑等为主的中小尺寸背光源市场和以液晶电视为主的大尺寸背光源市场渗透率均已达 100%。

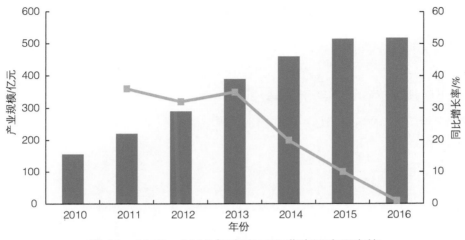

图 14　2010—2016 年我国 LED 背光源应用产值

### 2. 产业链各环节发展的特点 [12]

（1）上游：行业集中度提高

目前，我国 LED 产业链上游外延片与芯片专利主要被日本和欧美企业垄断，国内企业并不具备技术优势，能满足市场需要且规模化生产的企业较少，封装所需芯片尤其是高档芯片主要依靠进口。LED 芯片行业逐渐回归理性，不少芯片厂商削减 LED 芯片投入力度，消化库存。规模小的企业经营不善被淘汰，少数沉淀较好的企业成为大企业并购对象，产业集中度在不断提升。

（2）中游：向细分市场渗透

LED 产业链中游封装环节，国内在封装材料、工艺技术与装备、系统集成技术及应用发展迅速。得益于国内人力成本相对低廉，且政府出台较多 LED 产业优惠政策，国际封装产业逐渐向国内转移。由于中游封装对企业提出的资金和技术要求相对较低，国内从事这个环节的企业数量较多。相对而言，国内 LED 封装技术比较成熟，产业化能力强，封装品种齐全。

（3）下游：竞争格局变化

近年来，我国 LED 照明关键技术与国际水平差距不断缩小。在追求高光效的同时，LED 照明由替代应用向按需照明和超越照明迈进，超越照明及创新应用成果显著。资源继续向大中型实力企业集中，表现为明显的两极分化，特别是下游应用

企业竞争异常激烈，品牌及企业功底变得愈发重要。

### （三）国内 LED 领域的专利现状

#### 1. LED 领域专利年度申请趋势分析

图 15 统计了 1995—2016 年国内 LED 领域的专利申请量。

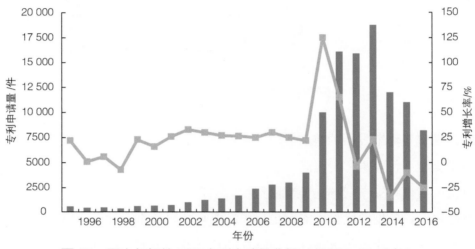

图 15　国内各年份 LED 专利申请量分析（1995—2016 年）

2000 年以后，"国家半导体照明工程"在科技部和其他相关部门的共同推动下启动，每年的专利申请量都保持了较高的增长速度，2013 年国内公开的专利数达到了峰值，突破 18 800 件。这是因为该阶段白光 LED 的发光效能已经与传统钨丝灯接近，白光 LED 已经开始了产业化进程。此外，2000 年以后政府相应照明计划的出台也加速了我国 LED 产业的发展，专利申请数量在 2000 年以后增长速度加快。

#### 2. 国内外 LED 企业在华 LED 专利申请分析

（1）在华 LED 专利申请国别分析

图 16 分析了 1995—2016 年国内和国外申请人各年度在华 LED 专利申请量的变化趋势。1995 年，国内申请人在华 LED 领域的专利申请量只有 209 件，国内 LED 专利申请尚处于起步阶段。2003 年以后，LED 专利每年的申请量均超过 1000 件；

2010 年，国内申请人在华 LED 专利申请量突破 10 000 件大关，2012 年申请量达到峰值。

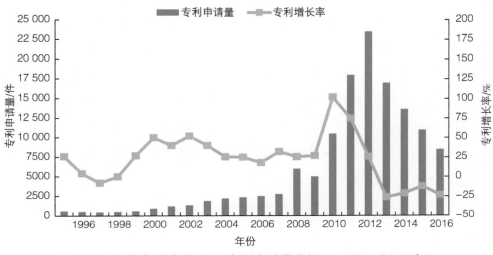

图 16　国内各年度在华 LED 专利申请量分析（1995—2016 年）

1995 年，国外申请人在华 LED 领域的专利申请量仅有 80 件，数量比较少。2000 年开始起步并快速发展，2005 年突破 1000 件大关；2011 年，国外申请人在华 LED 专利申请量达到峰值，突破了 2000 件大关（图 17）。

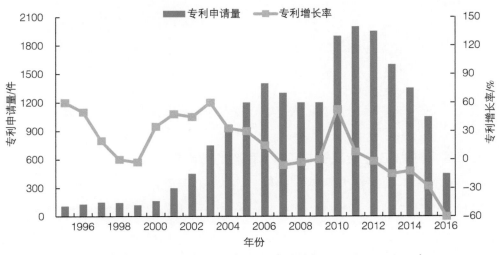

图 17　国外各年度在华 LED 专利申请量分析（1995—2016 年）

（2）在华 LED 专利申请类型分析

图 18 统计了国内和国外申请人在华 LED 专利申请类型（发明、实用新型和外观设计）的比重，以及国内和国外申请人在华 LED 专利申请类型的比重。从国内申请人在华 LED 专利申请类型图可以看出，在检索的 128 104 件专利中，实用新型所占比例超过五成，而发明专利的比重不到四成。LED 产业作为近年来发展和壮大起来的新兴产业，理论上发明专利所占比重应该比实用新型所占的比重多一些。发明专利的比重偏低，说明国内对 LED 技术的基础性研究偏少。国外申请人在华 LED 专利申请量虽然比较少（只占总申请量的 11.81%），但是申请的专利绝大部分为发明专利，接近国外申请人在华 LED 专利总申请量的 90%；而实用新型专利和外观设计专利仅占 3.58% 和 4.56%。我国作为 LED 行业的后来者，虽然拥有庞大的企业数量，但上游的衬底芯片企业占比少，缺少核心技术专利，发明专利申请数量也少，容易陷入专利雷区。

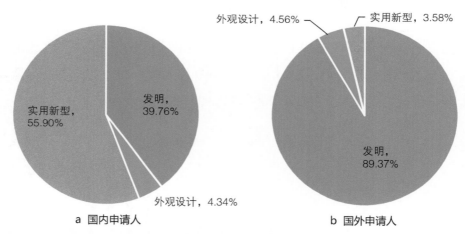

图 18　国内申请人和国外申请人在华 LED 专利申请类型图（1995—2016 年）

### 3. 我国大陆 LED 企业发展专利技术面临的障碍 [13]

（1）核心专利掌握在国外巨头手中，国内企业因后发劣势难以跟进

LED 照明技术的核心专利基本都被几大国际巨头控制，这些公司利用各自的核心专利，占据专利制高点，在全球范围内布置严密的专利网。国内无法形成专利网布局，境外又缺乏专利保护，直接造成知识产权成为国内 LED 产业发展的软肋，使

我国企业随时面临被国外权利人起诉的险境。

（2）国内权利人在专利申请数量和技术水平等方面存在严重缺陷

国内在外延和芯片领域差距巨大，拥有自主知识产权的和新发明专利并不多，也没有形成产业化。LED 产业链的下游部分，我国在技术含量高的技术分支如显示器、背光照明、汽车照明等方面发明申请量偏低。国内欠缺原创型技术，大多数专利申请技术的路线都在外国技术的范畴内。

（3）技术研发和应用因历史局限，仍有所脱节

高校和科研院所由于体制原因一直以来都以科研为主，科研投入由国家拨款，导致其市场敏感度差，技术转化不如企业占优势。随着国内一些大型企业、高校和科研院所研发水平的提高，我国也逐步在核心技术领域方面赶超国际先进技术，显示出国内在 LED 领域的进步和发展。

## （四）LED 市场情况

### 1. 国内市场

虽然我国在 LED 外延片、芯片生产技术上距国际先进水平还有一定的差距，但是国内庞大的应用需求，给国内 LED 中下游厂商带来了巨大的发展机会。目前，国际照明巨头在国内 LED 照明市场才刚刚起步，市场占有率不超过 10%，但是由于原有的品牌和渠道优势，这些国际照明企业在国内高端 LED 照明市场依然占有较大比重。各国际照明大厂已经着手布局我国国内 LED 照明市场，将触角延伸到终端市场。而国内企业主要是以替代市场为主，产品同质化现象十分严重。

### 2. 海外市场

海外市场是我国 LED 企业未来重要的利润增长点。[14]

（1）欧洲市场

近年来，欧盟 LED 照明产品进口呈增长趋势。欧洲市场历来是我国照明企业出口的主要市场之一。欧洲的照明标准较高，对照明效果和氛围要求较高，进军欧盟市场的产品需经过诸如 CE-LVD、CE-EMC、CE-ROHS 等认证。

（2）美国市场

美国市场对我国企业而言是最大的海外市场之一。美国进口 LED 产品的国家

中，我国的占比达到 70.5%。目前代工成为国内 LED 企业对美出口的主要模式，自主品牌较少，以中小企业为主，出口订单小而散。

（3）俄罗斯市场

我国企业对俄罗斯出口的照明类产品排名位居前三的主要是天花板灯、投射灯和面板灯，三类产品的出口总额合计约占 70%。近年来，我国对俄出口 LED 产品的种类和规模呈现快速增长的趋势。

（4）日本市场

日本是我国 LED 照明产品传统的重要出口市场。我国对日本 LED 照明出口的品牌和企业结构呈现出口集中度高、订单大、标准化程度较高的特征。但近两年来日本市场对我国 LED 照明产品出口的重要性不断下降，一方面是由于市场增长缓慢；另一方面归因于日本市场主要被日本公司所占据。

（5）东盟市场

从东盟照明市场来看，东盟经济增长速度快、基础建设投资大、低关税等政策等都极具吸引力。近年来，东南亚市场 LED 照明市场规模和渗透率均稳步提升。越南、马来西亚、新加坡是我国 LED 照明产品在东盟市场的前三大出口国。

（6）中东市场

我国对中东市场出口的 LED 主要产品有照明灯具、显示屏、灯饰等。中东市场基础建设投资强烈，国际合作及本国的发展计划中均涉及基础设施建设，世界级的活动及重大赛事对 LED 的发展也具有强大的推动力，未来中东市场将呈现更高增速。

（7）非洲市场

非洲基础照明与市政照明市场潜力巨大，而且非洲处于照明应用低端，对产品性能要求不高，低价、长寿、具备基本照明功能的产品就可满足市场需求。国内 LED 照明行业企业走出去抢占非洲市场的成功率相对较高。

（8）"一带一路"新兴市场

我国 LED 产品出口随着"一带一路"新兴市场增速加快。"一带一路"沿线大多是新兴经济体和发展中国家，基础建设对照明需要巨大。预计至 2020 年，我国 LED 照明产品出口"一带一路"约为 530 亿美元，占全国的份额超过 50%。在海外市场需求旺盛、"一带一路"等宏观政策影响下,国内厂商在市场需求旺盛且生产成本较低的新兴市场投资设厂,更利于抢占当地市场。

### (五)产业链的各环节龙头企业

目前,我国 LED 企业 3.5 万多家,其中规模以上企业有 8200 多家。从企业数量和产值来看大致呈金字塔状分布,上游 LED 外延生长与芯片制造环节技术门槛高,设备投资强度大,具有规模生产能力的企业数量相对较少;中游 LED 封装环节劳动密集的特点更为突出,行业集中度较低,竞争激烈;下游 LED 应用遍布照明在内的多个领域,参与企业数量最多。

#### 1. 上游

表 1 总结了 2016 年我国十大 LED 芯片厂商。

表 1　2016 年我国十大 LED 芯片厂商

| 排名 | 1 | 2 | 3 | 4 | 5 | 6 | 7 | 8 | 9 | 10 |
|------|---|---|---|---|---|---|---|---|---|----|
| 公司名称 | 三安光电 | 华灿光电 | 德豪润达 | 乾照光电 | 聚灿光电 | 南通同方 | 合肥蓝光 | 圆融光电 | 湘能华磊 | 澳洋顺昌 |

2016 年国内 LED 芯片的价格趋稳回升,市场需求状况良好,LED 芯片领域龙头企业如三安光电、华灿光电、德豪润达等继续扩张市场占有率,行业集中度不断提高,另外 MOCVD 补贴的收窄更加剧了这一态势。

#### 2. 中游

表 2 总结了 2016 年我国十大 LED 封装厂商。2015 年后,封装企业市场竞争进一步加剧,企业净利润增长速度不断下降,企业开始着力于 LED 封装技术的研发与市场的开拓。在中游环节,以木林森、鸿利光电为首的 LED 封装公司,业绩也出现分化。

表 2　2016 年我国十大 LED 封装厂商

| 排名 | 1 | 2 | 3 | 4 | 5 | 6 | 7 | 8 | 9 | 10 |
|------|---|---|---|---|---|---|---|---|---|----|
| 公司名称 | 木林森 | 鸿利光电 | 天电光电 | 瑞丰光电 | 兆驰节能 | 国星光电 | 晶科电子 | 长方照明 | 源磊科技 | 厦门信达 |

### 3. 下游

国外知名企业如通用电气、欧司朗、飞利浦依然在 LED 照明设计专利、生产技术、产品品质上领先，但阳光照明、佛山照明等龙头企业依靠国内政府补贴、招标等政策扶持，以及劳动力成本、销售渠道等优势，与国际品牌共同分享市场份额。表 3 总结了 2016 年我国十大 LED 照明产品出口厂商。

表 3　2016 年我国十大 LED 照明产品出口厂商

| 排名 | 1 | 2 | 3 | 4 | 5 | 6 | 7 | 8 | 9 | 10 |
|---|---|---|---|---|---|---|---|---|---|---|
| 公司名称 | 阳光照明 | 得邦照明 | 立达信 | 通士达 | 元晖光电 | 生迪光电 | 海莱照明 | 美科电器 | 裕富照明 | 佛山照明 |

### （六）国内出台的 LED 产业政策及举措

为推动 LED 产业快速发展，我国接连出台若干重要的扶持政策。

#### 1. 启动我国"半导体照明工程"，建立国家级产业基地

2003 年 3 月，我国"十五"科技攻关计划"半导体照明产业化技术开发"重大项目正式立项，标志着国家半导体照明工程已进入实质性推进阶段。同年 6 月，我国成立了国家半导体照明工程协调小组，并正式启动"半导体照明工程"。2004 年，协调领导小组与中国照明电器协会联合主办了"中国国际半导体照明论坛"，并先后批准建立了上海、厦门、大连、南昌、深圳、扬州和石家庄 7 个半导体照明产业基地，推动了我国 LED 产业的快速发展。

#### 2. 实施财政补贴政策，组织开展 LED 照明示范工程

2008 年，财政部、国家发展改革委联合发布了《高效照明产品推广财政补贴资金管理暂行办法》，规定高效照明产品以供货价格 30% ～ 50% 的补贴标准进行间接补贴。同年，科技部"十城万盏"LED 路灯示范计划正式实施，以加快 LED 产品的示范推广。在我国政府不断投入大量的资金补贴 LED 企业等政策扶持和刺激下，我国 LED 产业发展突飞猛进，产能急剧扩张。

### 3. 专门出台产业发展的指导性文件

2005 年，国家制定了半导体照明产业发展计划及 2006 年技术发展路线图。2009 年，国家发展改革委、科技部会同多部委联合制定了《半导体照明节能产业发展意见》。2010 年 9 月，国务院审议并通过了《国务院关于加快培育和发展战略性新兴产业的决定》，将节能环保等七大产业列为重点培育、加快推进的战略性新兴产业。中国 LED 行业管理相关的法律法规主要包括《电子信息产品污染控制管理办法》《电子信息产业统计工作管理办法》《中华人民共和国节约能源法》《中华人民共和国产品质量法》等。2013 年 2 月，国家发展改革委、科技部、工业和信息化部等联合发布《半导体照明产业节能规划》，提出将促进 LED 照明节能产业年均增长 30% 左右等。

### 4. 出台促进 LED 产业发展的其他配套政策

在产业发展方面，2007 年国家计委、科技部发布的《当前国家优先发展的高技术产业化重点领域指南》中指出，功率型 LED 是光电器件，是国家优先支持的重点产业。2009 年出台的《电子信息产业调整和振兴规划》已明确提出要确保包括半导体照明在内的电子元器件产业的稳定增长。为加快推进半导体照明技术进步和产业发展，依据《国家中长期科学和技术发展规划纲要（2006—2020 年）》《国务院关于加快培育和发展战略性新兴产业的决定》《国家"十二五"科学和技术发展规划》等相关要求，制定《半导体照明科技发展"十二五"专项规划》。在推广应用方面，2001 年出台的《节约用电管理办法》和《城市道路照明设施管理规定》，以及 2004 年出台的《建设部、国家发展改革委员会关于加强城市照明管理促进节约用电工作的意见》中都明确提出要大力推广节能技术。在产品出口方面，将半导体照明产业的相关产品列入 2007 年新修订的《高新技术产品出口目录》。

## 三、深圳、上海、厦门和南昌四地 LED 产业对比

### （一）国内 LED 产业分布格局

以地域分布来看，我国 LED 产业已经形成了珠江三角洲、长江三角洲、闽三角、北方地区四大区域[15]。珠三角产业主要集中在深圳、中山、佛山等地；福建的

产业主要集中在厦门，厦门已经拥有数十家从事 LED 芯片制造、封装及应用产品研发和生产的企业；江西南昌从上游外延材料、中游芯片制造到下游器件封装都实现了规模化生产；而北方及中西部基地产业特色不大明显，且其相关企业占有率比较低。

### 1. 珠三角地区

珠三角地区是我国规模最大 LED 显示屏和 LED 照明生产基地，也是我国大陆 LED 封装企业最集中、封装产业规模最大的地区，封装产量约占世界的 50%。广东作为全国 LED 照明产业最为集中的区域，除了拥有深圳和东莞两个国家级的半导体照明产业化基地外，还拥有佛山南海、江门等多个 LED 产业化基地。

深圳作为全国规模最大的 LED 产业集群，发展至今已经形成完善的产业链，产业集聚优势明显。从 2009 年起，深圳就在政策、财政、科技投资等领域对 LED 产业进行扶持。深圳半导体照明相关企业近 2300 家，占据了广东"半壁江山"及全国该产业的 1/3。深圳是我国对外的 LED 行业技术前沿，技术集中度最高，许多 LED 照明企业在深圳设立了研发中心。近年来，深圳大力实施"人才强市"战略，汇聚了各方面的专业人才，特别是高技术研发人才比较密集。"资本雄厚的上市公司云集"是深圳 LED 产业的一大特色。深圳发达的海陆空铁交通网络，也为其物流产业的发展创造了良好条件。

### 2. 长三角地区

以上海为中心的长三角地区是我国第二大 LED 照明生产基地。上海是国内最早的 4 个国家半导体照明产业化基地之一，具有坚实的技术和产业基础。目前，上海 LED 产业已经构成了以张江高科技园区为核心，辐射嘉定、松江、杨浦等区域的绿色照明产业群，基本形成了以高端技术、高端应用、高端服务为主导的产业格局。在外延片研发、芯片制造、大功率封装等核心技术环节，代表企业有美国通用电气、上海蓝宝光电、上海北大蓝光等企业。上海是在下游应用领域的技术和规模上具有很强优势，汇聚了飞利浦、通用电气等国际照明巨头，以及雷士、欧普、亚明等国内知名照明企业。同济大学、复旦大学、上海光机所、上海技术物理研究所等都是国内重要的光电科研机构和创新的重要参与者，为 LED 产业提供了技术、人才和科研成果。

### 3. 闽赣地区

（1）福建省

2007 年 4 月，福建在全国率先出台《福建省促进 LED 和太阳能光伏产业发展的实施意见（2007—2010 年）》。作为国内重要的照明产业基地，福建在国家政策、区位优势、专业人才等诸多独到优势的支持下，现已形成以厦门为中心，辐射漳州、泉州、福州等地区的海峡西岸 LED 产业集群。

厦门为全国七大 LED 产业基地、首批 4 个半导体照明工程产业化基地，国内 LED 外延片、芯片最大的生产基地，出口规模占全国"半壁江山"。LED 芯片生产和大功率封装的技术工艺处于国内领先水平，其中外延、芯片产量连续 10 年位居国内第一。目前，三安光电是国内规模最大的全色系外延芯片生产企业，其技术中心是该领域唯一的国家级企业技术中心；乾照光电是国内规模最大的红黄光外延芯片生产企业；华联电子的高亮度 LED 照明封装和光莆的 LED 背光源封装技术、阳光恩耐等企业的 LED 照明灯具设计能力也处于国内领先水平。厦门也是全球高端荧光灯三大制造和出口基地之一，相关企业已将节能灯朝 LED 转型升级。

（2）江西省

近年来，江西在 LED 领域的科研和产业化方面取得了显著成绩，已形成从外延片、芯片、器件及照明应用产品较完整的产业链，在国内 LED 产业中占据重要地位。南昌 LED 产业在全国具有明显的比较优势，LED 产业已成为江西省重点扶持产业之一，具有较大的发展潜力。南昌作为我国半导体照明工程产业化基地和国家"十城万盏"半导体照明应用工程试点城市之一，以硅衬底 LED 技术为核心形成的 30 余家企业的产业集群，覆盖外延片、芯片、封装、应用等全产业链；初步形成了以高新区为核心，以晶能光电和联创光电为龙头，向进贤县等县区和工业园区扩散的产业格局。近年来，南昌在 GaN 基蓝光 LED 外延材料产业化、功率型高亮度 LED 芯片制造、大功率白光 LED 器件封装及半导体照明光源系统集成技术的研究上走在全国前列。2015 年 12 月，江西出台了《关于打造南昌光谷、建设江西 LED 产业基地实施方案》，目标为 2020 年全省 LED 产业总量超过 1000 亿元，占全国的 15%。

## （二）深圳、上海、厦门和南昌四地 LED 产业政策对比

除了国家积极出台相关扶持政策促进 LED 产业发展外，广东省（深圳市）、上海市、福建省（厦门市）和江西省（南昌市）也制定了促进本地区 LED 产业发展的政策，抢占 LED 产业的技术制高点，大力推动 LED 产业健康快速发展[16]。

### 1. 广东（深圳）

（1）组建广东 LED 产业联盟，制定路灯地方标准

2008 年成立广东 LED 产业联盟，整合广东 LED 产业的各方面资源，积极发挥产业整体优势。2009 年 7 月在全国率先发布并实施了《广东省 LED 路灯地方标准》，对广东乃至在更大地区内解决 LED 路灯问题具有深远的指导作用和现实意义。

（2）设立绿色能源产业基金，组织示范推广应用工程

2009 年年底设立了 250 亿元绿色能源产业基金，以"用户 + 企业 + 银行"为金融创新模式，推动绿色照明产业发展。同年，广东省科技厅以东莞、中山等市为单位，开展"千里十万"大功率 LED 路灯产业化示范推广工程。2013 年 3 月，广东省人民政府办公厅印发《关于进一步加大工作力度确保完成推广使用 LED 照明产品工作任务的通知》，明确将 LED 照明产品推广应用列入节能减排考核范围。

（3）编制产业发展规划，发布产业技术路线图

2009 年 9 月发布《广东省 LED 产业发展技术路线图》，明确提出广东 LED 产业的技术升级路线。随后，广东相继出台 LED 产业的配套政策《关于加快发展 LED 产业的若干意见》《广东省 LED 产业发展规划》，这对引导广东 LED 市场有序竞争、优化 LED 产业结构、提升产业自主创新能力具有重要意义。

（4）建立省市联动机制，加强省市 LED 应用推广的配套政策

省和地方政府联合建立了推动 LED 照明产业发展的工作机制，加速科技成果转化和产业化。深圳市相继出台了《深圳市 LED 产业发展规划（2009—2015 年）》《深圳市推广高效节能 LED 照明产品示范工程实施方案》《深圳市 LED 产业公共技术服务平台建设方案》《关于促进半导体照明产业发展的若干措施》等政策文件支持 LED 产业发展。LED 产业也享受到了深圳市科技创新委员会《关于开展企业研究开发资助计划申报工作的通知》中最高达 1000 万元的研究开发资金支持。

### 2. 上海

（1）组建上海 LED 产业联盟和技术研究中心

2005 年，上海组建起半导体照明产业联盟。随后成立了上海半导体照明工程技术研究中心，其中企业遍及半导体照明产业链上、中、下游，这表明了上海半导体照明产业联盟的合作由松散型向战略型转变。

（2）出台上海 LED 产业基地规划

2006 年出台《上海国家半导体照明产业基地规划》，全方位部署上海产业基地建设，同时也对 LED 产业及相关企业的发展起到指导性的作用。

（3）成立 LED 产业专项引导基金和投资基金

2008 年，上海政府出资设立上海浦东半导体照明产业专项引导基金，目的是帮助企业缩小与国外产业化技术水平的差距，解决半导体照明发展中的共性关键技术问题。此外，还吸纳民间资本设立上海半导体照明暨光电产业投资基金。

（4）编制半导体照明专项指南

2010 年出台了"科技创新行动计划"光电子与半导体照明专项指南，以加强上海高附加值半导体照明技术与产品的研发水平。

### 3. 福建（厦门）

（1）出台实施意见及配套政策，明确产业发展定位

2007 年颁布《福建省促进 LED 和太阳能光伏产业发展的实施意见》，2008 年出台《福建省关于联合开展 LED 和太阳能光伏产业实训基地建设工作的意见》等配套政策。2013 年 4 月，福建出台《福建省推广应用 LED 照明产品的若干措施》，明确到 2015 年年底前力争基本实现公共照明领域普遍使用 LED 照明产品。2007 年 12 月，厦门出台《贯彻落实省促进 LED 和太阳能光伏产业发展政策实施意见》，提出要把 LED 产业作为厦门促进经济发展的战略性产业之一。

（2）推进省部联动，加快闽台地区的产业对接

2008 年，信息产业部联合福建省出台了《关于加快海峡西岸经济区信息产业发展的合作协议》，双方提出要共同推动福建省发光二极管、平板显示等优势产业发展，加快海峡西岸半导体照明产业化及应用示范基地的建设。

（3）专门出台LED产业人才政策

2007年，福建出台《关于加快培养江西省LED产业急需人才的通知》，为LED产业相关专业人才培养提供切实保障，并要求"十一五"期间福建高校培养LED产业需要的研发型研究生50人、技术型本科毕业生300人、应用型高职高专毕业生3000人。

### 4. 江西（南昌）

（1）实施"十百千亿工程"

2005年江西把LED产业纳入《江西省六大支柱产业"十一五"专项规划》的"十百千亿工程"的"千亿产业"之一来培育，相继成立了半导体照明工程协调领导小组和咨询专家小组。

（2）出台《关于促进LED产业发展的若干政策措施》

2004年南昌出台了《关于扶持光电产业发展的若干意见》，明确把光电子产业列入南昌"十一五"发展规划中重点扶持的产业，并设立光电子产业化专项资金，用于支持光电子企业技术和产品研发、产业化项目贷款贴息等。

（3）成立LED产业技术创新联盟

2010年1月成立南昌市半导体照明产业技术创新联盟，围绕产业技术创新的关键问题开展技术合作。

（4）出台《关于打造南昌光谷、建设江西LED产业基地的实施方案》

2015年12月，江西省政府印发的《关于南昌光谷、建设江西LED产业基地的实施方案》中提出，到2020年，全省LED产业总量超过1000亿元，把江西建设成为具有国际核心竞争力的LED全产业链研发、制造和应用基地，将南昌打造成全国的LED"光谷"。

（5）出台《关于打造南昌光谷、促进LED产业发展的若干政策》

2016年3月，南昌通过的《关于打造南昌光谷、促进LED产业发展的若干政策》中提出，2016—2020年，南昌市财政每年安排5000万元，用于扶持本市LED企业的重要技术开发，其中4000万元专项用于扶持硅衬底LED技术的优化和应用开发。

（6）出台《南昌市2016—2020年打造"南昌光谷"行动纲要》

2016年9月，南昌出台《南昌市2016—2020年打造"南昌光谷"行动纲要》。

南昌将举全市之力打造"南昌光谷"。截至 2020 年,"南昌光谷"将建设成为国际知名、全国领先的光电产业技术创新和产业发展的高地,实现光电企业和产业快速集聚。

### (三)深圳、上海、厦门和南昌四地 LED 领域的专利现状对比

#### 1. 四地 LED 专利申请量对比分析

深圳是国内唯一 LED 专利申请量超过 1 万件的城市,其中发明专利占总申请量的 27%。上海的 LED 专利申请数量也超过了 5000 件,发明专利占总申请的比例接近 35%。厦门的 LED 专利申请数量达到 3024 件,发明专利的比例约为 29%。与其他三地相比,南昌 LED 专利申请数量相对较少(只有 492 件),发明专利数量约占申请总量的 29%,说明南昌虽然突破了衬底技术的瓶颈,但是更多基础性和扩展性的研发有待进一步加强,由硅衬底引发的技术领域还有很大的提升空间。

#### 2. 四地在 LED 领域的专利年度申请趋势分析

图 19 统计了 1995—2016 年深圳、上海、厦门和南昌四地在 LED 领域的专利申请量随年度变化情况。2002—2009 年,深圳和上海两地每年的 LED 专利申请量进入稳态增长阶段;而厦门和南昌两地的 LED 专利技术尚处于萌芽阶段。2009 年,随着国家和地方相关政策的出台及新技术的突破和产业的广泛应用,深圳、上海和厦门三地的 LED 专利申请量步入快速增长阶段,2011 年达到峰值。南昌 LED 专利申请增长速度偏低,2011 年专利申请量仅有 81 件,仅为深圳申请量的 3.8%。2009 年以前公开的专利也比较少,而 2004 年,南昌被科技部批准为"国家半导体照明工程产业化基地",LED 产业获得新的发展机遇。江西把 LED 产业纳入《江西省六大支柱产业"十一五"专项规划》。2009 年,南昌被科技部正式批准为"十城万盏"半导体照明运用试点城市,成功刺激了南昌 LED 专利的申请。

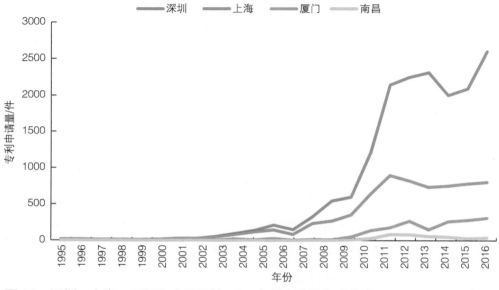

图 19　深圳、上海、厦门和南昌四地 LED 专利申请量年度分布（1995—2016 年)

（四）深圳、上海、厦门和南昌四地 LED 产业发展模式对比

### 1. 四地 LED 产业发展模式的主要内容 [17]

（1）深圳

深圳 LED 产业发展模式特点主要是以产学研体系推动核心技术研发，以大规模示范工程拉动产品市场需求。其产业发展重点关注衬底材料产业化、生产设备国产化、中高端封装产品及应用产品的生产，技术攻关项目则聚焦于大功率外延片和芯片产业化技术、封装新工艺、大功率白光 LED 封装与应用共性关键技术。行业管理体制方面着力于发展公共服务平台、促进研发及成果转化、完善产业集群基地、统筹产业布局。人才战略方面，则采取整合人才资源、鼓励创新、大力引进人才等措施。示范工程方面，深圳选择标志性建筑、城市道路、高速公路、隧道、地铁、典型城区等分批开展照明及装饰示范工程。

（2）上海

上海 LED 产业发展模式的特点主要是通过高端技术研发和品牌培育等途径谋求产业升级。其产业发展重点聚焦于 LED 上游核心技术的突破、具有自主知识产权的 LED 终端应用产品的开发及公共研发和服务平台的构建，技术攻关项目则集中于外延片和芯片生产设备和高性能 LED 核心封装技术的开发。行业管理体制方面着力于形成各类技术配套齐全的产学研体系，并采取政府引导、企业化运作模式建设公共研发和服务平台。人才战略则采取整合当地高校及科研机构人才，积极引聘海外人才的策略。

（3）厦门

厦门 LED 产业发展着力于 LED 产业链完整性及产业升级。产业发展重点关注 LED 外延片与芯片制造、发展先进适用型封装技术和产品、应用产品规模化生产，其技术攻关项目集中在功率型高亮度红黄光、蓝绿光外延片、芯片及先进适用型封装技术等方面。行业管理体制方面主要采取招商引资、财政支持、产业研发中心、海峡两岸合作等策略。人才战略方面重点关注引聘人才和海峡两岸人才合作等，示范工程方面则着力于推动厦门市城市景观工程。

（4）南昌

南昌 LED 产业发展模式特点主要是以市场应用和技术升级扩大产业化规模。重点关注大功率 LED 外延片和芯片产业规模化，提高封装产业档次和产能，大力发展下游应用产业，扩大配套设备生产。其技术攻关项目聚焦于衬底、外延片和芯片生产技术、封装技术、应用技术等。行业管理体制方面，着力于建立 LED 产业发展领导小组，建立行业协会、咨询机构、研发平台等。人才战略方面则重视引进和培养专业 LED 人才。示范工程方面，实施南昌市"十城万盏"半导体照明应用工程。

**2. 产业发展模式的相同点**

（1）市场发展手段趋同

四市均对 LED 产品在示范工程的应用给予了积极的推动，上海的世博会工程、深圳的照明及装饰示范工程、南昌的"十城万盏"工程及厦门的城市景观工程，都已成为当地发展 LED 产业的市场推进剂。通过下游应用产品的市场推广带动中游及上游的规模化发展，在产业"做大"的基础上寻求核心技术突破是四市 LED 产业发展模式的共同点。

（2）技术创新战略趋同

由于四市的 LED 企业大部分集中在产业链中游封装和下游应用领域，各地企

业长期以跟踪模仿为主，自主知识产权技术成为四市 LED 产业发展的瓶颈。所以，LED 技术攻关是产业发展的重要内容，涉及外延片及芯片制造技术、高端应用技术等，实施途径无外乎构建平台、整合资源、成果转化。

（3）组织保障措施趋同

四市积极建设和完善 LED 研发服务平台，目标均在于促进本地和产业区域内从信息到技术再到应用的有效沟通和合作。四市都将政府财政支持作为产业发展引擎，政府在政策、税收、服务、市场等方面给予当地 LED 企业充分的优惠和支持。

（4）人才战略趋同

四地都将人才战略作为 LED 产业发展战略的重要组成部分，重点在于整合和引进高级技术人才和管理人才，而对 LED 领域人才的战略培养规划相对不足。

## 四、南昌 LED 产业发展 SWOT 分析

通过对南昌 LED 产业发展的优势（S）、劣势（W）、机会（O）和挑战（T）进行分析，以便了解南昌 LED 产业发展的整体状况，从而做出相应的对策建议[18-19]。

### （一）优势分析

#### 1. 区域优势

南昌的地理位置优势非常明显，是唯一一个与我国三大经济区（长三角、珠三角、闽东南经济区）相毗邻的省会城市，目前正与武汉、长沙、合肥共建长江中游城市群。南昌紧连闽浙，深延港澳台的独特区位优势，水、陆、空交通十分便利，这给 LED 产业的发展提供了较好的区域条件。随着以南昌为中心的六小时经济圈基础设施和配套建设的完成，连接周边省市的高速公路网络正在加快形成。此外，南昌区域承接能力强，在人力成本、土地价格等方面与珠三角、长三角相比具有明显的优势。

#### 2. 技术优势

南昌 LED 产业拥有以晶能光电等为代表的国内一流水平的技术团队，在 LED 外延材料产业化、功率型高亮度 LED 芯片制造、大功率白光 LED 器件封装及半导

体照明光源系统集成技术的研究上走在全国前列,与深圳、上海、厦门等地的技术同处国内第一梯队。其中,晶能光电依托南昌大学开发的硅衬底蓝光 LED 技术一举打破了日本、美国所垄断的半导体技术格局,形成了国际半导体照明上游技术三足鼎立的局面,为南昌发展 LED 产业在核心技术层面上提供了关键的领先优势。目前,晶能光电已探索出一条以技术引进资本、以资本撬动产业的发展模式,通过产业链上、中、下游垂直布局,已形成硅衬底 LED 产业集群雏形,辐射带动效应明显。作为国家 863 计划成果产业基地、国家"铟镓氮 LED 外延片、芯片产业化"示范工程企业的联创光电则一直致力于外延片材料的生产。南昌大学教育部发光材料与器件工程中心,拥有以国家半导体照明工程专家组成员、国家重点学科带头人江风益教授为首的一支国内一流的科研团队,科研力量极为雄厚。

### 3. 产业链优势

南昌是我国最早从事 LED 研发和生产的区域,其产业基础深厚。其发展初期主要致力于上游产业的外延片及芯片的制造研发环节的突破,进而稳步向中下游封装和市场应用产业推进,这种自上而下的发展模式使得南昌 LED 产业定位于走技术创新的路子,形成了在生产和研发技术由上游产业向下游产业扩散的效应。同时,产业链的完整使得南昌 LED 产业能较好地应对国外的贸易壁垒和金融危机所带来的后续影响。南昌欣磊光电科技有限公司,是我国最大的 LED 液相红光、黄绿光芯片生产企业之一,所建成的国家"863 成果"产业化基地,已实现从芯片外延、封装到应用产品等涵盖上、中、下游产品的完整生产链。此外,南昌还拥有一批熟练的技术队伍和产业工人,为南昌半导体照明与器件产业未来发展奠定扎实的基础。

### 4. 政策优势

(1)国家层面

早在 2004 年国家就正式批复南昌成为国家级半导体照明产业化基地之一,2009 年科技部正式批准南昌为首批 21 个国家"十城万盏"半导体照明应用工程试点城市,通过国家财政补贴方式鼓励、引导南昌大规模地开发和应用 LED 照明技术及产品,以此引导节能环保照明消费理念的更新,提升 LED 照明技术集成创新水平,这对推动南昌成为强竞争力的 LED 产业化基地有着十分重要的意义。

（2）省级层面

2005 年，江西省将 LED 产业纳入《江西省六大支柱产业"十一五"专项规划》的"十百千亿工程"中的"千亿产业"之一来培育，并专门成立了以省委、省政府主要领导为组长的产业化推进、协调小组，为半导体照明产业的发展排忧解难。2015 年，江西省政府出台了《关于打造南昌光谷、建设江西 LED 产业基地的实施方案》，提出到 2020 年，全省 LED 产业主营业务收入在 2015 年的基础上翻两番，总量超过 1000 亿元，力争占全国的比重达到 15%。其中，南昌达到 500 亿元，占全省 LED 产业规模的 50%，硅基 LED 技术全产业链达到 500 亿元。

（3）市级层面

南昌市委市政府相继出台了《南昌市关于扶持光电在产业发展的若干意见》和《南昌市支持 LED 产业的若干政策措施》，高新区制定了《南昌国家半导体照明工程产业化基地发展规划》《南昌国家高新区半导体发光材料及器件产业集群及其中小企业公共服务体系发展规划》，在税收、金融、人才和财政等领域大力扶持南昌 LED 产业的发展。

## （二）劣势分析

### 1. 产业链发展不完善，中下游竞争力不强

南昌在 LED 产业上游外延材料研发和芯片制造方面技术上有较强实力，如晶能光电以南昌大学为技术依托，从事硅衬底 LED 外延材料与芯片生产。但在中、下游环节上竞争实力有所欠缺，特别是应用领域方面如照明光源、特种照明、高端全彩显示等缺乏，相关的企业规模和技术力量偏弱，尚未形成大规模应用产品的产业化生产能力，极大地限制了上游产业的技术向中下游扩散，影响了南昌 LED 产业链均衡发展。此外，中、下游企业绝大部分是劳动密集型企业，高新技术企业所占比重较小，产业层次位于全球 LED 产业链的中低端，尚未能促进硅衬底独创技术在外延和芯片的推广和运用，产业整体附加值较低。

### 2. 技术研发投入不足，科研创新力度不够

南昌虽然从 2004 年起，设立光电子产业化专项资金，用于支持南昌光电子产业发展，但与深圳、上海等发达地区的政府投入相比，支持力度明显偏小。LED 产

品升级换代较快，设计及研发成本急速上升，而市场竞争导致价格下降，企业利润减少，影响企业对新产品的投资研发。南昌大多数 LED 企业由于规模较小，热衷于追求短平快效应，而对于科技投入、技术改造项目重视不够，导致产业发展缺乏竞争力，产业科技创新力度不够。此外，南昌大多数 LED 企业以生产加工为主，技术支撑不够，研发投入较少，研发能力距离国际水平差距大。专利申请以实用新型居多，原创性发明比重不高，核心技术专利受控于美日欧等国家和地区，存在专利风险。

### 3. 资源有效配置不够，产业服务体系不完善

国家和江西省政府虽然出台了相关的政策文件，但尚未落到 LED 产业发展实处，致力于服务南昌 LED 产业发展的社会化服务体系和政府专项机制及建设仍显滞后，主要表现为服务机构少，服务范围窄、服务水平低、服务市场不规范。南昌 LED 产业公共服务平台整合能力弱，资源配置效率低，科技资源与企业之间缺乏有效的互动联系机制，研发、检测等大型设备未能实现共享。缺乏为整个产业特别是中小企业服务的公共技术平台和产业化支撑平台。南昌行业协会组织尚不完善和市场中介机构缺失，使得相关的行业组织标准和信息共享机制难以建成，而企业所需相关服务如品牌建设、上市融资等难以满足。LED 产业服务体系的不完善，严重制约了南昌 LED 产业集群内中小企业的发展。

### 4. 专业技术人才匮乏，培养体系尚未建立

南昌引进 LED 专业技术人才日趋困难，而人才培养需要时间，短期内人才匮乏问题难以解决。南昌 LED 产业创新人才尤其是高端领军人才、熟悉 LED 产业的管理和技术人才匮乏，已成为产业实现高端化、规模化的一大掣肘。与深圳、上海等发达地区相比，南昌对人才的吸引力明显不足，引进高素质人才的难度较大。目前，江西省内建立自己的研发中心和研发团队的 LED 企业寥寥无几，高端技术型研发人才的缺失严重影响了企业对高新技术如衬底、外延片、芯片和新型应用产品的研发，进而制约了企业市场占有率和竞争力的提高。此外，在江西省内高校中，开设 LED 相关专业的很少，而且在多数企业和科研单位中也尚未形成人才培养体系，这都影响了南昌 LED 产业未来的创新力和竞争力。

### 5. 龙头企业尚未形成，企业竞争力明显不足

受南昌工业基础较为薄弱的影响，南昌 LED 产业在产业链各个环节上均缺少

有相当规模和实力的龙头企业。现有大企业的带动性还远远不够，致使南昌 LED 产业的总体竞争力还比较弱。南昌 LED 产业上游外延片、芯片企业整体规模偏小，尚无法满足中下游大规模封装和应用厂商的订货需求。南昌虽然有联创光电、欣磊光电及拥有技术专利产权的晶能光电，但与全球知名厂商和发达地区的龙头企业相比，其技术力量和企业规模还很薄弱，特别是在产业化生产水平上。如何做大硅衬底 LED 产业规模，尽快将技术优势转化为产业优势，是南昌 LED 产业发展亟须解决的问题。积极培育和扶持一批技术含量高、附加值高、创新性强、辐射带动作用突出的龙头企业，也是南昌 LED 产业发展当务之急。

## （三）机遇分析

### 1. 照明突出节能环保，产业市场潜力巨大

在能源紧张和环境问题日益凸显的背景下，LED 产业已成为 21 世纪最具发展潜力的高新技术产业之一。LED 作为光源，具有节能、环保、寿命长三大优势，有着广阔的发展前景。国内城市亮化工程也给 LED 光源的广泛采用带来了广阔的市场，更多投资商看准了这一市场纷纷投资，投资主体呈现多元化格局。南昌 LED 产业的发展正处于这个节能环保的好时期，为未来 LED 产业的发展带来了契机。

### 2. 省市各级政府重视，产业发展环境良好

江西省委省政府高度重视 LED 产业的发展，将 LED 产业纳入了《江西省六大支柱产业"十一五"专项规划》，并把 LED 产业纳入江西省"十百千亿工程"。此外，省政府出台了《关于打造南昌光谷、建设江西 LED 产业基地的实施方案》，大力推进南昌 LED 产业的发展。南昌市除出台相应的政策扶持 LED 产业的发展外，南昌市财政计划 2016—2020 年安排 5000 万元，用于支持本市 LED 企业的重要技术开发。在这样的大背景下，南昌 LED 产业发展有着良好的前景。

### 3. 下游产业门槛较低，适合南昌招商引资

国内市场庞大的应用需求，提供给 LED 产业链中、下游厂商巨大的发展机会。通过对 LED 产业链的分析，可以看出中、下游企业进入门槛较低，这有利于南昌积极招商引资，吸引本地和长三角、珠三角等地大量的资金。此外，LED 产业的中、下游领域具有人力密集的特点，而南昌人力成本具有明显优势，投资南昌的 LED 企

业的运行成本（人力、水电等）相对较低。南昌应抓住沿海地区 LED 产业转移的机遇，吸引更多 LED 企业落户南昌。

### 4.产业国家标准出台，行业规范化程度提高

2010 年全国半导体照明电子行业标准发布及宣贯大会在江门市召开。会上发布了 LED 行业第一批 9 项国家标准，涵盖 LED 材料、芯片、器件及相关检验测试方法等领域。这标志着我国 LED 产业发展开始进入标准化时期。LED 国家标准的不断出台，不仅促进了行业的规范化，引导行业从无序、无标准向有序、有标准的方向迈进，还加快了行业洗牌的速度，直接促进了行业的升级。这对南昌 LED 产业的有序发展提供了规范性的保障，使之能够向形成合理的产业链、达到规模化的产业集聚的方向发展。

## （四）风险分析

### 1.国内 LED 产业蓬勃兴起，市场竞争压力加剧

在国家和地方政府扶持政策刺激下，国内 LED 产业出现井喷式发展，市场竞争日益激烈，LED 产业正在面临大"洗牌"。中国庞大的应用市场，加速了外资企业入驻国内，瓜分国内巨大的市场。而现阶段是国内 LED 产业的成长期，也是全球 LED 龙头企业的布局期，国内企业在竞争中处于劣势。南昌 LED 产业在基础材料、外延材料和芯片等环节具有较强的市场竞争力，但在封装、应用等领域不及深圳、上海及厦门等城市。在 LED 照明工程方面，也落后于沿海发达城市。其他周边城市的一些大型 LED 企业迅速成长，也给南昌的企业发展形成有力的市场竞争。面对这一大环境，南昌 LED 产业应着力于通过内部整合，发挥自身的技术优势，努力扩大所占的市场份额。

### 2.承接优势逐渐削弱，人才流失带来挑战

近年来，江西省劳动力优势正在逐渐消失，部分 LED 企业则有意搬迁至劳动力更为廉价的东南亚和国内其他地区。马来西亚、越南等地及国内其他地区 LED 产业基地的政府提供相对的优惠政策，分流了南昌地区的机会，使得一些原本想在南昌投资的投资商被别国或是国内其他地区的优惠政策吸引走，进一步削弱了南昌地区的竞争优势。人才在南昌 LED 产业发展过程中扮演着不可或缺的角色。现阶段，

南昌对于人才的吸引力明显不足。随着 LED 产业的发展，很多人才流失到了其他地区，这一点无疑给南昌 LED 产业的发展带来了巨大的损失。在南昌 LED 产业发展的过程中，企业外迁、人才流失等问题日趋严重。如何应对发展挑战，将成为南昌 LED 产业能否进一步腾飞的关键所在。

**3. 企业融资面临困境，政府扶持有待增强**

由于 LED 行业投入成本高，产出效益慢，企业资金主要来自银行贷款，但银行融资抵押、质押要求高，造成企业融资比较困难。特别是近年来受全球经济不景气及产品价格下滑的影响，南昌大多数 LED 中小企业的发展非常艰难。外部成本上升推动资金需求增加，在资金面不宽松的情况下，中小企业获得信贷资源受限，融资需求满足度偏低。加上中小企业底子较薄，担保物和有效抵押物不足，资金筹措举步维艰。与国内发达省市所出台的政策相比较，江西省对于 LED 产业的发展支持力度有所欠缺，尤其是在人才、资金、技术研发及产业化推广等方面缺乏具体措施，难以满足 LED 产业快速发展需求。LED 产品仍属于新兴产品，企业在研发、市场开拓时需要大量资金，迫切需要享受税收减免、财政补贴等优惠政策的支持。

## 五、江西打造南昌"光谷"、建设"千亿 LED 产业基地"的对策建议

### （一）完善产业发展规划，推动产业优化升级

建议设立江西省半导体照明工程专家委员会（成员包括省委省政府领导、国内大院名校专家、LED 龙头企业技术骨干等），协助江西省 LED 产业发展推进小组，统筹推动江西省 LED 产业发展，指导半导体照明技术研发路线及相关政策的制定、知识产权战略的实施、相关技术标准的建立等。制定并出台《江西省 LED 产业发展政策》《关于加快发展江西 LED 产业的若干意见》等相关配套政策，完善江西省 LED 产业发展规划。并尽快出台《江西省 LED 产业发展技术路线图》，明确提出符合江西省实际的 LED 产业的技术升级路线，建立包括资金、项目、运作、评估等在内的研发支持计划和产业化专项计划，重点支持以硅衬底 LED 为主的外延片和芯片产业化、大功率硅基 LED 器件封装及应用产品开发等，推进江西省 LED 产业链上

中下游协调发展。

进一步完善省市联动机制（如市级政府出台相关配套政策），加大对LED产业的扶持力度，提升企业的自主创新能力，加速技术成果转化和产业化，促进LED照明产品更广泛应用。此外，政府要加大科技投入，引导支持创新要素向南昌LED企业聚集，培育发展一批技术含量和附加值高的龙头企业，推动产业结构优化升级。

### （二）加快自主创新步伐，提升技术产业化能力

加大对LED硅衬底技术研发的支持力度，建议江西省科技厅、工业和信息化委设立LED技术创新专项，重点支持硅衬底技术的技术创新（重点项目300万～500万元/项，一般项目100万～200万元/项）和产业化推广（对采用硅衬底技术的企业，采取资金补贴等方式予以支持）。尽快将专利技术推广到LED产业链上中下游的各个领域，最终形成拥有自主知识产权的技术创新体系。坚持自主创新与技术产业化并举的发展思路，逐步将技术创新成果转化为实际产品和利润。鼓励和支持省内LED龙头企业和科研院所设立LED科研专项基金，用于研究LED产业关键共性技术，推动科技创新成果与市场需求有机衔接。

依托国家硅基LED工程技术研究中心和固态光源国家地方联合工程技术中心，开展技术攻关，力争在功率型及超亮度LED外延片和芯片制造技术、高性能LED封装技术等关键技术和工艺上有所突破，全面提升江西省LED产业的技术水平。重点支持晶能光电对硅衬底技术的二次创新和技术产业化推广，提升成品的发光效率，实现功率型高亮度硅基LED产量化，真正把技术优势转化为产品优势和竞争优势，扩大硅基LED技术产品的市场占有率，重点支持南昌光谷光电工业研究院围绕硅衬底LED的优势方向孵化有竞争力的企业，培养隐形冠军，建议对每个孵化的硅衬底LED企业给予500万～1000万元的支持。

### （三）积极拓宽融资渠道，加大政府扶持力度

建议逐步建立以市场为导向、企业为主体、政府参与、银行支持的多元化、多层次投资体系。2018年设立LED并购基金，积极参与国际国内LED龙头企业的并购，并鼓励其将生产基地转移到江西。2019年设立LED产业发展基金，以"市场+

企业＋政府＋银行"为金融创新模式，以推进公共技术平台的搭建、企业技术创新、新产品开发应用示范工程、照明示范城市项目为主，通过联动金融资本加大对 LED 产业发展的支持。政府应发挥其对社会的引导作用，利用科技部将南昌列入"十城万盏 LED 路灯示范项目"试点城市等有利条件，以应用示范促进发展，大力支持全省范围内开展 LED 照明节能改造，全省新建公用大中型工程和公共场所推广应用硅基 LED 照明产品。

支持 LED 企业积极争取商业银行、政策性银行如国家开发银行政策性贷款支持等。积极推动晶能光电等龙头企业实现上市融资，政府在税收、规费减免、优惠政策等方面给予重点支持。加大政府性融资担保机构对 LED 企业贷款的担保力度，降低 LED 产业中小企业融资门槛，引导民营资本、风险资本投向南昌 LED 产业。

（四）健全创新服务体系，完善标准体系建设

建议加快对 LED 基础研发平台、标准制定平台和检测平台等公共平台的建设，完善科技中介服务体系，为企业研发提供知识产权分析、检测认证、项目合作、物流等公共服务。继续壮大江西省半导体（LED）产业联盟和南昌高新区光电产业联盟，整合省内 LED 龙头企业、科研单位、高等院校、服务机构等各方面力量，充分发挥政府的引导作用，合力推动江西省 LED 产业发展。通过产业联盟引导全省 LED 企业建立紧密的协作配套关系，实现产业链上中下游企业对接合作，避免无序竞争，实现优势互补。

加大对 LED 产业标准化发展的支持力度，逐步形成具有江西省特色的 LED 产品地方标准体系，加强全省检测平台与全国 CALLPER 检测报告项目的对接。LED 产业联盟应引导省内 LED 企业及相关单位参与 LED 标准化工作，推动晶能光电等龙头企业制定硅基芯片及其应用产品标准，并注意与国际标准接轨，力争进入国家 LED 产业标准体系。

（五）全力打造龙头企业，提高市场竞争能力

在 LED 产业上中下游各领域培育一批技术水平高、创新能力强、发展潜力大的龙头企业，从资金、土地、人才引进等方面给予大力扶持，增强其综合实力和市

场竞争力，充分发挥其对江西省 LED 产业发展的引领作用。建议设立"江西 LED 产业发展专项"，重点支持晶能光电、南昌光谷集团、联创光电、晶和照明、晶锐光电、鸿利光电等龙头企业做强做大，支持力度为每家企业 500 万～ 1000 万元 / 年，连续支持 3 年。

江西省要在加大对龙头企业扶持力度的基础上，通过完善上游产业配套、带动中下游产业发展来平衡和完善南昌 LED 产业链。鼓励和支持晶能光电等省内龙头企业与国际 LED 产业巨头及国内实力型光电企业合作，推动江西 LED 企业上市，通过资本运作和规模扩张计划，促进江西省 LED 龙头企业向国际化、集约化方向发展。争取更多的国际、国家和省级专项资金向江西省 LED 龙头企业倾斜，通过靠大联强、招商重组、合资嫁接等多种形式，增加龙头企业的实力和市场竞争力，实现裂变和跨越式发展。此外，引导江西省 LED 龙头企业实施品牌战略，进行资源整合，充分利用品牌和渠道，提高市场占有率，扩大企业在行业内的影响力。

### （六）深入实施人才战略，创新人才培训机制

政府在吸引 LED 产业专业人才时要有全球视野，创造良好的工作环境、激励机制等，积极吸引国内外高层次人才。政府部门应完善现有的人才引进政策，通过在资金（给予高端领军人才 300 万～ 500 万元 / 年的配套资金支持，连续支持 3 ～ 5 年）、住房、职称评定、子女求学等方面提供相关政策，大力引进一批创新型技术人才和高端管理人才，为 LED 产业发展提供强有力的智力支撑。

以现阶段江西省所具备的科研条件和研究平台为基础，进行战略性的技术人才培养，形成本土培养、本土消化的人才培养体系。政府在大力培育 LED 产业时，也应加大对 LED 技术研发部门及相关职业培训机构的扶持和投入。鼓励和支持在省内高等院校设立 LED 相关专业，开设半导体照明专业和专业技能课程，为江西省培养光电子专业人才。通过依托高校和职业技术学校创办培训、试验基地，大力培养产业发展所需的中级专业技术人才和熟练技术工人。鼓励 LED 企业加大职工培训投入力度（政府部门提供培训资金支持），采用在职培训企业员工、订单培养、中短结合等方式提高员工职业素质。

## 参考文献

[1] 常卫刚.LED 照明技术的应用现状与发展趋势 [J]. 产业与科技论坛，2017（16）：67-68.

[2] 宋松林.国内外 LED 产业发展状况分析［J］.中国照明器，2014（11）：1-5.

[3] 邹宗峰.LED 产业集群中资源优化组织的关键路径：基于产业链创新协同平台视角［J］.科技管理研究，2016，36（19）：190-195.

[4] 夏奇军.LED 半导体照明技术分析及优化电子技术与软件工程［J］.中国照明电器，2020（8）：88-89.

[5] 张浩.LED 发展趋势：扩大商业应用领域［J］.工程建设与设计，2016（10）：70-71.

[6] 张慧明.全球 LED 专利发展状况分析 [J].电视技术，2014，38（S2）：38-40.

[7] 潘小明.全球企业 LED 专利申请分析［J］.电视技术，2013，37（S2）：145-148.

[8] 李文剑.LED 产业下一个十字路口 [J].中国集成电路，2019，28（12）：44-47.

[9] 万勇，冯瑞华，黄健.国内外 LED 照明产业政策［J］.高科技与产业化，2011（7）：35-39.

[10] 温其东.2019 年中国照明行业运行情况报告［J］.中国照明电器，2020（3）：1-11.

[11] 关积珍.2016 中国 LED 显示应用行业年度发展报告［J］.智能建筑电气技术，2017，11（6）：72-76.

[12] 王秋香.LED 照明应用现状及发展前景［J］.科技资讯，2019，17（12）：241-242.

[13] 易扬，李皓.我国 LED 产业专利态势分析与对策研究 [J].中南林业科技大学学报（社会科学报），2013（7）：51-53.

[14] 尤晟.LED 照明行业的市场分析［J］.智库时代，2019（1）：34，36.

[15] 谢文浩，李文玉."一带一路"背景下我国 LED 产业"走出去"的前景与对策［J］.中国照明电器，2016（9）：6-10.

[16] LED 政策发展分析：我国及主要省市 LED 产业政策分析 [J].广东科技，2011（9）：66-71.

[17] 陈翠文.我国主要城市 LED 产业发展模式比较研究：来自上海、深圳、厦门、南昌产业规划的证据［J］.韩山师范学报，2011（32）：48-53.

[18] 邓群钊，刘波.基于 SWOT 战略决策模型的南昌市 LED 产业发展战略研究［J］.华东经济管理，2010（10）：21-24.

[19] 刘耀彬，万力，王敏，等.南昌国家高新区 LED 产业的 SWOT 分析及对策建议［J］.

科技管理研究，2010（7）：65–67.

**作者：**

　　王怿超　江西省科学院科技战略研究所办公室主任、硕士

# 江西省电子信息产业集群发展的对策建议

陈春林　胡紫祎　林浩

**摘要：**打造电子信息产业集群，对促进江西省电子信息产业发展具有极其重要的意义。近年来，电子信息产业逐渐成为促进江西经济发展的关键带动点，并成为京九（江西）产业带发展成长的支柱产业之一。在认真梳理产业现状的基础上，本文归纳出江西省电子信息产业集群存在集群企业处于产业链"低端"、龙头企业骨干作用发挥"弱小"、集群企业关联度"不紧密"、政策层面支持"不系统"等问题。借鉴国内外典型电子信息产业集群发展经验，本文提出了江西省电子信息产业集群培育的对策建议，即在承接产业转移中"扩容"、在构建产业链式中"聚拢"、在完善技术协作中"合力"、在探索协同机制中"抱团"、在出台扶持政策中"助力"、在强化引入培育中"揽才"。

## 一、引言

电子信息产业是近年来增速最快的产业之一，各个国家和地区纷纷将电子信息产业列为战略性支柱产业，并通过资金、政策、资源等方式大力扶持。江西省早在2003年就将电子信息产业列为全省经济发展的六大支柱性产业之一，2017年主营业务收入达3700亿元，产业规模居全国第10位。在京九高铁即将开通的背景下，江西省结合自身优势，把握机遇，培育世界级电子信息产业集群，助推江西实现高质量跨越式发展成为一个值得重点关注的话题。

产业集群理论为政府制定产业集群的扶持政策提供了理论依据。1994年迈克尔·波特[1]在《国家竞争优势》一书中正式提出产业集群概念，他认为产业集群是推动地区经济发展的重要方式和手段；克鲁格曼[2]对产业集群的研究，主要对空间、运输成本因素进行了考虑。

学者们从不同的视角研究产业集群，由此划分的集群类型各有不同。Markusen[3]根据集群结构特征将其划分为轮轴式、政府定位型和马歇尔产业区，以及卫星产业平台。G Tichy[4]根据产业生命周期理论，把产业集群划分为诞生、成长、成熟和衰退4个阶段。罗若愚[5]总结国内产业集群，归纳出由国有企业集聚形成的"衍生型"、浙江"原生型"、中关村高新技术型和广东"嵌入型"4类产业集群。

学者们对国内电子信息产业集群发展建议的研究。徐纪花[6]在学习借鉴国外发展经验的基础上，提出长江三角洲地区该产业集群发展要推动产学研发展、健全融资机制、扶持关键性企业、完善中介服务体系等建议。陆夏萍[7]基于政府政策支持的角度，对苏州市电子信息产业集群建设提出产业要素、市场监管、资源要素和公共服务等4个方面的政策建议。陶丹等[8]结合产学研协同创新运行机制，从动力机制、组织机制、分配机制、调节系统、支撑系统、环境系统提出重庆电子信息产业集群的发展建议。陈建霖[9]以成都电子信息产业为例，提出了完善产业链、加强自主创新、科学产业布局、营造良好政务环境等对策建议。景莉莉等[10]从"一带一路"倡议出发，提出吉林省电子信息产业生态集群化发展要建设电子信息跨界传播机制、建设电子信息产业众筹融资平台、建设东北亚信息高速公路等。此外，部分学者从全球化的视角探究了我国电子信息产业集群的全球价值链升级战略，如胡心泉[11]、陶于祥等[12]的研究。

针对江西省电子信息产业集群发展的研究。万科等[13]对中部6省电子信息产业发展做了对比，认为江西电子信息产业集群综合水平仍较低，尤其是技术溢出和社会效应等方面有待优化。余小仙[14]分析了江西省吉安市的电子信息产业集群，发现存在基础设施建设不全、企业创新能力不足、相关配套企业不够完善等问题。总体上，学者对江西省电子信息产业的研究，聚焦到产业集群的较少。

对已有文献进行梳理，我们发现电子信息产业如何集群发展主要借鉴典型产业集群经验。而典型产业集群发展大多有其特有的区位、人才和资源等优势，对中西部等相对弱势的产业集群发展具有借鉴意义，但作用仍有限。本文通过剖析当前江西省电子信息产业的发展现状，借鉴运用国内外代表性产业集群发展的成功经验，

提出了江西省的集群培育对策建议。

## 二、江西省电子信息产业集群发展现状

### （一）产业集群呈现"一轴、四城、十基地"态势

江西省有 30 多个园区将电子信息产业列为园区首位或主导产业。省内电子信息产业重点产业集群有 9 个，分别是南昌高新区光电及通信产业集群、南昌高新区软件和信息服务业集群、赣州信丰数字视听产业集群、吉安县数字视听产业集群等。省内已建立省级电子信息产业基地 5 家、国家级产业示范基地 2 家。2019 年《京九（江西）电子信息产业带发展规划》中规划了"一轴、四城、十基地"产业带，到 2020 年产业带主营业务收入将达到 5000 亿元。

### （二）产业集群不处在全国四大产业集群内

目前，我国电子信息产业集群主要有环渤海地区产业集群、长三角产业集群、珠三角产业集群，还有以成都、重庆、武汉、长沙、西安为主的中西部产业集群。其中，长三角是我国集成电路主产地，已成为国内集成电路产业链最完整、产业集中度最高和综合技术能力最强的地区；珠三角电子信息产业集群则是在承接台湾电子信息制造业转移的基础上发展而来，现已成为以电脑、电子元器件、通信和视听产品为主的电子产品制造基地；环渤海地区作为国内第三大电子信息产业集群，在通讯、计算机和家用电子电器类方面形成了完善的产业链；中西部地区正在加快集成电路产业布局，安徽、湖北、四川、重庆等地逐步构建了包括 IC 设计、芯片制造、封装测试及材料设备在内的较为完整的产业链。

从空间上看，江西省紧邻中西部、长三角和珠三角电子信息产业集群，但又不属于任何一个集群，有一点"三不管"的意味，地理空间上极不占优势。

### （三）产业规模和国内主要省市仍有差距

相比国内电子信息产业大省，江西省电子信息产业规模仍存在较为明显的差距。2014 年江西省电子信息产业主营业务收入仅占全国的 0.99%，近年来产业规模虽然不断提高，但仍远落后于不少省市。作为全国信息产业最强的省，《广东省培育电子信息等五大世界级先进制造业集群实施方案（2019—2022 年）》提出到 2022 年电子信息集群规模突破 5 万亿元。江苏省仅苏州市 2018 年电子信息产业产值达 10 206 亿元。此外，上海、北京、浙江、四川、福建、湖北等省市电子信息产业规模都远超江西省。

　　江西省电子信息制造业综合发展指数处于全国平均值以下。根据工业和信息化部《中国电子信息制造业综合发展指数研究报告 2018 年（第 2 届）》，2017 年分地区指数最高分为 78.6，均分为 68.6，均分以上省市有 12 个，江西并不在列，具体如图 1 所示。

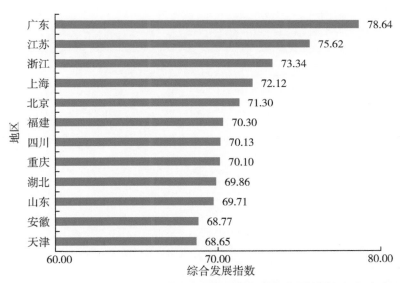

图 1　2017 年分地区电子信息制造业综合发展指数均值以上省市

### （四）重点产品布局与国内主要省市存在差异

　　长三角、珠三角等电子信息发达地区的电子信息产业正在往更高端产业领域拓展。广东发挥产业已有优势，将大力推动电子信息产业领域中 4K 超高清视频、新型显示等升级发展。根据《上海市智能制造行动计划（2019—2021 年）》《智慧江苏建设三年行动计划（2018—2020 年）》，上海和江苏等省市将致力于推进电子信息行业的智能化转型和新模式应用，全力打造电子信息世界级智能制造产业集群。湖北以"北斗及地球空间信息产业国际科技合作基地"和"国家信息光电子创新中心"等为载体，发展北斗和光电子等产业。重庆积极推进智慧交通和车联网发展，四川和天津等省市将致力于智慧家庭、智慧健康产业的发展。江西正加速发展虚拟现实等特色产业。发达地区产业链继续攀爬将会形成新一轮产业转移，这给江西产业承接提供了机遇。

### （五）省内电子信息产业龙头企业数量较少

根据高新技术企业认定工作网，入选 2015—2017 年科技部高新技术企业的江西省电子信息产业企业有 300 多个，分布在全省 11 个地级市。而 2019 年（第 33 届）中国电子信息百强企业榜单，江西仅占 2 家。广东拥有 27 家百强企业，高居全国第 1 位，具体参见图 2。

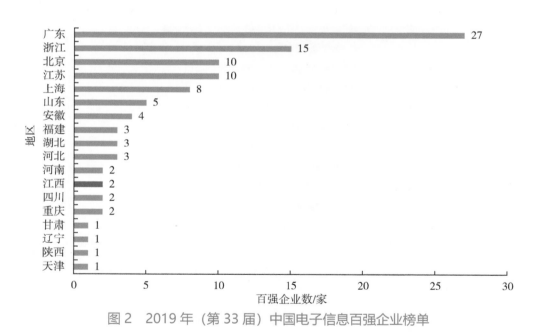

图2　2019 年（第 33 届）中国电子信息百强企业榜单

## 三、江西省电子信息产业集群存在的突出问题及症结

江西省该产业集群逐渐发展壮大，已成为区域经济发展的支柱产业之一，但当前面临的一些问题亟待解决。

## （一）集群企业处于产业链"低端"

江西省电子信息产业的增加值含量较低，除在制造环节（产业链中间环节）占一定优势外，在其他的研发环节（产业链上游）、销售环节（产业链下游）均较薄弱。产业在依靠以土地、人力、资源等为主的初级要素上有优势，在知识产权、销售渠道、产业标准、研发设计、物流等高级要素上处于弱势。省内靠加工组装产品的企业占大多数，高端环节基本被省外企业把控。江西省仍未摆脱"以市场换技术"的老路，对一些高科技产品都不做开发研发。一些规模较大的企业"不愿做"，因习惯于"拿来主义"；而大部分中小企业"不能做"，因资金不足也难以自主研发，没有自己的创新能力。江西省企业如果长期从事低附加值、低利润的产品加工，极可能陷入低端"锁定效应"，企业若长期被锁定在低端环节，产业竞争力就会很弱，一方面自身无法实现产业集群升级；另一方面一旦有成本更低的地区加入竞争，产业就可能转移走。

## （二）龙头企业骨干作用发挥"弱小"

一批有实力的大型企业虽已聚集在产业集群内，但企业的骨干作用发挥尚不明显。尤其是一些龙头企业尚未真正发挥"龙头作用"，这类标杆龙头企业还处于"单打独斗"，产业引领带动作用发挥不明显，聚集发展的集团和爆发效应也没有形成。江西企业更多的是与国外和省外的知名企业合作，对省内相关企业的带动作用稍弱。

## （三）集群企业关联度"不紧密"

江西省电子信息产业企业之间没有形成强有力的产业链条，相互之间的关联度较低。南昌、吉安、赣州和九江地区的不少电子信息企业，都是对沿海省市电子信息产业转移承接而来，省内的产业集群大都存在配套企业与核心企业之间联系不强、产业内资源整合度低等问题。此外，企业上、中、下游的数量不平衡，不同规模企业之间联系不紧密。产业巨头与优势企业之间、本土中小型企业之间联系均不紧密，这严重制约了产业的快速发展。

### （四）政策层面支持"不系统"

一是政策支持力度不够大。政府制定产业政策时，往往关注大型企业多、关注中小企业少，对大型企业的发展和功能发挥重视多，而对中小企业发展的重视不够。而成功的区域产业集群经验反复证明：政府制定信息产业发展政策时，要充分考虑到大型龙头企业与中小企业的共同协调发展。二是政策支持上存在"重硬轻软"。一些政府部门过于强调基础设施建设等"有形"的硬件环境建设，而忽视人才和科技等"无形"的软环境建设。三是政策支持没有系统化。各种支持政策碎片化，没有形成政策体系。一些政府部门制定的政策各有侧重，重点分散而又缺乏有效衔接，政出多门，导致效果相互抵消，削弱了政策的效果。

### （五）人才自主培养能力"缺失"

人才的自主培养能力不足是制约产业集群发展的一个重要问题。原因包括：一是高校电子信息专业数量不足，制约了此类人才培养的数量；二是电子信息类企业重视人才培养的程度偏低。面对激烈的人才市场竞争，一些企业急功近利，不太愿意自己培养，而是习惯于挖人才。如果采取人才引进来实现产业集群发展，必然会带来两个问题：其一，人才适用度偏低，挖来的人才存在水土不服等问题；其二，因人才流动性较大，带来电子信息产业集群的人才供给基础不扎实等问题。

## 四、国内外该产业集群发展典型经验

### （一）国外发展经验

电子信息产业在一些欧美国家发展较早，其成功经验对江西省电子信息产业集群政策的制定有着重要的启示和借鉴作用。欧美国家常用的集群政策大体有以下方面：企业服务、要素集聚、基础设施、信息服务、培训研发及协调网络等，具体参见表1。

表 1　欧美国家常用的电子信息产业集群政策

| 政策视角 | 政策内容 |
|---|---|
| 企业服务 | 为企业提供融资，发展咨询服务，培训人才 |
| 要素集聚 | 鼓励集群内部投资，吸引区外技术、资本和劳动力等经济资源 |
| 基础设施 | 加强物理设施、知识设施、特殊服务和技术中心的建设 |
| 信息服务 | 加强技术、市场、出口和业务等信息的收集、存储、流通和交易 |
| 培训研发 | 支持教育、培训和研发项目 |
| 协调网络 | 支持企业网络及协同作用，培育开放型竞争和文化氛围 |

## （二）国内发展经验

国内不少省份在电子信息产业集群发展过程中形成了一套具有自身特色的经验。

例如，广东省为培育世界级电子信息产业集群，主要在以下五大方面发力：一是构建产业发展新格局，以建设粤港澳大湾区为契机，做强珠江东岸高端电子信息产业带，带动粤东、粤西、粤北协同发展；二是发展核心技术和重点产品，鼓励龙头企业、研发机构和高等院校加快突破核心电子元器件和高端通用芯片等领域的核心关键技术，着重解决"缺芯少核"问题；三是培育具有核心竞争力的企业集群，形成以大企业集团为核心的产业组织形态；四是加快构建创新型公共服务平台，承担产业链关键共性技术研发；五是推动建立完善产业生态。

又如，苏州市政府针对电子信息产业集群化发展，制定了富有地方特色的企业落户政策、财税金融政策、人才政策和创新创业政策等。依据企业注册资本及投资密度给予相应企业落户政策，政府主动承担风险以吸引企业的加入，开展集成电路、软件等方面的专业教育及设立苏州市软件和集成电路等方面的人才培训基地。

## 五、江西省电子信息产业集群发展的对策建议

### （一）在承接产业转移中"扩容"

承接产业转移一定要突出重点领域，科学合理统筹实施。一是找准承接对象。

紧紧瞄准国内外龙头企业，以系列对接活动为平台，搞好产业转移承接。国内可重点承接广东深圳通信电子、东莞电子元器件、浙江嘉善多媒体音响及苏州集成电路等企业。加强与我国电子企业协会的战略合作，尽量促成集群式产业引进承接模式来推动该产业集群的发展。二是充分注重软硬件引进。在承接过程中，要充分重视国内外高尖端生产技术，尤其是先进的流水线引进，达到信息产业技术更新换代，实现整个行业的跨越式发展。三是最大化发挥大型企业外部性作用。四是掌握电子信息产业发展趋势。与美国产业相反，我国电子信息产业呈"倒金字塔"形：产值最大的是第 1 层的应用领域，然后依次是：第 2 层系统公司，第 3 层整机生产厂商，第 4 层芯片研发生产企业，第 5 层材料生产企业。五是构建因地制宜的错位承接格局。南昌市重点承接对象是虚拟现实（VR）产业、光电显示、移动智能终端等；吉安市重点承接对象是半导体照明、触控显示和智能穿戴等电子信息制造业；九江市重点承接对象是集成电路设计与封测等行业领域；赣州市重点承接对象是智能安防、智能交通等物联网应用。同时，要引导上述 4 地在重点发展和承接对象上避免恶性竞争而导致内耗。

## （二）在构建产业链式中"聚拢"

围绕"一轴、四城、十基地"电子信息产业带布局，引导支持九江市、南昌市、吉安市、赣州市四大电子信息产业城结合自身资源禀赋，聚焦重点发展领域，因地制宜推进产业链延伸。一是加强内部合作。发挥江西现有产业基础和优势，稳步推进配套及关联产业企业之间的合作，通过关联大项目带动促进高端电子信息产业链形成，实现规模的迅速扩张。例如，优化南昌光谷及虚拟现实（VR）特色产业链，实现两者有效整合融合发展。二是务必切入延伸到高端价值链。尤其是紧盯物联网应用、云计算等高端领域，延伸医疗电子、信息安全和视听产品的产业链，重视这些链条的终端产品制造及应用环节。三是借鉴吸收先进经验。学习国内外电子信息产业链发展经验，尤其是中关村、硅谷等电子信息产业链发展的经验，吸收运用并推动江西省成为产业链互联互通协同发展先行区。

## （三）在完善技术协作中"合力"

以培育核心技术为主线构建集群创新体系。虽然江西省拥有南昌大学国家硅基发光二极管（LED）工程技术研究中心和江西省半导体照明封装工程技术研究中心等一批技术支撑平台，但集群创新体系生态仍偏弱。构建集群创新生态体系，应防止因创新能力弱和创新要素同化等引起的产品低端锁定现象，以及产品同质化恶性竞争现象。要建立多层次的集群创新体系：一是采取财税政策优惠等措施，激发企业对关键核心技术研发投入的积极性和主动性，争取在产品竞争市场上拥有较多的自主知识产权优势；二是鼓励搞活科技中介服务系统，构建企业信息交流平台，畅通信息资源共享和互助合作；三是加强企业与高校、科研机构之间的协作，尤其是强化政策、组织层面上固定的相互协作关系；四是加快建设科技创新基础平台，依托江西省已有国家级和省级工程技术研究中心、企业技术中心和重点实验室等，重点打造公共研发平台、公共技术平台、公共检测平台、公共科技信息平台等4类平台，分别重点解决或提供关键共性技术、改造提升传统产业的技术、检测服务和信息情报服务；五是积极催生新兴业态，重点以应用信息技术融合来提升传统产业。尤其要在光电显示、功能材料、传感器和智能识别等领域突破关键技术，满足省内重点电子信息产业领域发展的需要。

## （四）在探索协同机制中"抱团"

产业和集群协同创新离不开体制机制的配套。一是完善分配与调节机制。打造科学合理的利益分配机制，驱动各方合作，共同完成协同创新。由于各方存在直接的经济效益回报、潜在的知识产权收益和间接的声誉、政府评价、考核等多样化利益需求形式，着力协作好各方在研发过程中的技术、资本、人力方面的投入及承担的风险，技术成果的产权归属、技术成果的定价等，并在此基础上建立良好的沟通渠道与调节机制，以此保障各方的利益分配权利。二是完善协同创新支撑系统。发达国家成功经验启示我们，集群协同创新的支撑系统，不但包括产业、高校与研究机构三方的密切合作，还要建立高科技市场、设立技术转让机构、组建各种信息技术网络，更要设立科技园区、孵化基地、种子基金、专利公司等。三是加强服务体系建设。在现有法律体系框架下，实践探索知识产权保护、定价、转让等体系建设，加强法律援助与服务，为集群协同创新提供良好的法律环境。

## （五）在出台扶持政策中"助力"

围绕电子信息产业的集群化发展需要，及时出台针对性操作性强、地方特色明显的各类扶持政策。一是出台鼓励落户政策。有针对性地制定落户政策，大力吸引省内重点发展和特色发展产业领域的大型企业，以及那些在国内外拥有自主知识产权且发展潜力大的创新性中小企业落户江西省。尤其是对注册资本和投资密度都较高的企业给予更多政策倾斜。二是完善创新创业政策。鼓励企业自主创新和联合创新，尤其是加大对优势企业、特色技术企业的资助与政策扶持力度。三是落实财税优惠政策。尤其是对列为省属四大电子信息产业城重点发展的企业，给予几年的财税减免政策。四是优化投融资政策。政府牵头组织银行、担保公司、保险公司等主体参加贷款风险补偿。重点助力处在初创期且发展潜力较大的软件和集成电路企业。通过政策扶持引入和培育一批"专、精、特、新"企业，造就一批瞪羚企业和独角兽企业。

## （六）在强化引入培育中"揽才"

重视从引入和培育两个方面同时提升江西省电子信息产业的人才供给。一是加大报纸杂志、宣传广告、短信微信、电视广播等媒介的宣传力度，招揽天下英才汇聚江西，给予落户、住房补助等措施激励。二是产业集群内的企业，尤其是南昌欧菲光电技术有限公司、江西晶能光电有限公司、联创电子科技股份有限公司等龙头企业，要充分利用好行业博览会、产业年会等交流活动，提高所在产业集群的国内外影响力和知名度。三是采取政府资金补贴等方式，支持各大培训机构、国内外著名高校和龙头企业在省内开展专业教育及研讨，尤其是集成电路和软件领域。四是利用好省内现有的国家级平台，引进兼培育重点产业领域的高级管理、高端研发人才及高水平创业团队。

## 参考文献

[1] 迈克尔·波特. 国家竞争优势 [M]. 李明轩，邱如美，译. 北京：中信出版社，2007.

[2] 段学军，虞孝感，陆大道，等. 克鲁格曼的新经济地理研究及其意义 [J]. 地理学报，2010，65（2）：131-138.

[3] 贾盈盈. 产业集群理论综述 [J]. 合作经济与科技，2016（18）：39-41.

[4] 蔡宁，杨闩柱，吴结兵. 企业集群风险的研究：一个基于网络的视角 [J]. 中国工业经济，2003（4）：59-64.

[5] 罗若愚. 我国区域间企业集群的比较及启示 [J]. 南开经济研究，2002（6）：52-55.

[6] 徐纪花. 长三角电子信息产业集群发展研究 [D]. 长春：吉林大学，2016：64.

[7] 陆夏萍. 苏州市电子信息产业集群发展政策支持研究 [D]. 兰州：西北师范大学，2017：59.

[8] 陶丹，胡冬云. 产业集群背景下的产学研协同创新运行机制研究：以重庆电子信息产业为例 [J]. 科技管理研究，2013，33（22）：167-171.

[9] 陈建霖. 成都市电子信息产业优化发展研究 [D]. 成都：电子科技大学，2015：60.

[10] 景莉莉，党杨. "一带一路"背景下电子信息产业生态集群化发展战略探讨：以吉林省为例 [J]. 商业经济研究，2017（4）：200-202.

[11] 胡心泉. 关于全球价值链下的电子信息产业集群升级研究 [J]. 科技创新与应用，2014（8）：259.

[12] 陶于祥，袁野，樊自甫，等. 全球电子信息制造业发展趋势与经验借鉴 [J]. 重庆邮电大学学报（社会科学版），2018，30（1）：89-95.

[13] 万科，杨江，黄新建. 江西电子信息产业集群效应分析：基于中部六省的比较分析 [J]. 企业经济，2015（11）：141-145.

[14] 余小仙. 吉安电子信息产业集群发展研究 [D]. 南昌：南昌大学，2015：72.

**课题组成员：**

陈春林　江西省科学院科技战略研究所副研究员

胡紫祎　江西省科学院科技战略研究所硕士

林　浩　江西省科学院科技战略研究所副研究员

# 数字经济背景下重塑"江西制造"辉煌的策略建议

陈春林　卢翔宇　刘少金　陈耀飞

**摘要：** 2019 年 5 月，习近平总书记在江西省主持召开推动中部地区崛起工作座谈会，将"推动制造业高质量发展"摆在中部六省未来发展 8 项工作要求的首要位置。刘奇书记也多次强调，要大力促进云计算、大数据等前沿技术的跨界融合，加快推动制造业向数字化转型。制造业是实体经济的"硬脊梁"，也是数字经济的"主战场"。近年来，江西省制造业智能化发展虽有成效，但相对国内其他省份而言还有差距。重塑"江西制造"辉煌，除共性的"三贵三难"问题外，还有江西省自身的产业、技术支撑实力弱，内外空间优势不明显，扶持政策力度不强等特性问题。本文提出江西省制造业数字化转型必须坚持三大原则、遵循五个重点和践行十大部署。本文最后还从战略战术层面、企业层面、技术层面、软硬基础设施层面、配套服务层面、对接中部层面提出了重塑"江西制造"辉煌的具体建议。

## 一、数字经济背景下"江西制造"发展概况

### （一）两化融合发展初见成效

江西省产业数字化进程加速。2020 年，建成 14 个省级两化融合示范园区，成功培育 251 个两化融合示范企业，两化深化融合示范项目落地 60 多个，78 家企业通过国家两化融合管理体系评定，居全国第 14 位。通过实施智能制造"万千百十"

工程,"十三五"期间,江西省累计应用智能装备 18 726 台(套),实施"数字化车间"1332 个,培育智能装备企业 186 家,创建省级智能制造基地 12 个。两化融合新模式、新业态不断涌现,江西省两化融合指数增速居全国前列。

### (二)与先进地区相比还有较大差距

江西省数字经济发展处于全国中等偏下水平。2021 年,中国信息通信研究院发布《中国数字经济发展白皮书(2021)》,2020 年中国数字经济规模达到 39.2 万亿元,占 GDP 比重为 38.6%。据《江西省数字经济发展白皮书(2021)》显示,2020 年全省数字经济规模为 8354 亿元,占 GDP 比重为 32.5%。江西省数字经济发展指数居全国第 15 位,数字经济产业指数居全国第 16 位,数字经济融合指数居全国第 15 位,上述 3 个指数均居中部六省的第 5 位,仅优于山西。在数字经济中制造业数字化排位更加靠后。

### (三)与中部省份发展的竞争和合作均不明显

从一定程度而言,江西省与中部省份制造业发展基本处于同一层次,缺乏起到辐射带动作用的"龙头"。中部六省在制造业发展中是各有所长,但没有一个省份能对邻省形成全面"压倒"之势。以江西省最大的制造业细分行业有色金属冶炼和压延加工业为例,2019 年其主营业务收入达到 6309.06 亿元,占中部该产业的 35.28%。其重点产品领域是铜、钨和稀土产业。该产业目前中部地区整体上仍以产业链低端为主,在智能制造升级层面尚没有直接的竞争或者合作。以计算机、通信和其他电子设备制造业为例,2019 年江西省主营业务收入为 3366.67 亿元,占中部六省的 21.23%,聚集了立讯智造等众多企业。但江西省的发展很大程度得力于东部制造业的梯度转移,从江西省该产业的产业链现状来说,技术含量和区域辐射带动性并不强。

## 二、重塑"江西制造"辉煌的主要挑战

### （一）共性的"三贵三难"难度加码

智能化技术改造过程中将承受人、财、物等多方面综合成本压力，"三贵三难"（即基础设施投入贵、技术人才聘用贵、维护保养费用贵；生产方式转型难、联网协同工作难、指挥调度管理难）困境直接导致部分企业技术改造积极性不高。江西省附加值较低的制造型企业大量存在，工业生产性资本长期处于短缺状态，用于智能化改造升级的资金明显不足，"三贵三难"难题难度加码。不少制造业企业不敢、不想、不会数字化：因为实施数字化转型时投入大、见效慢而"不敢"；部分企业管理者缺乏战略眼光，依赖传统模式和路径而"不想"；中小企业既缺乏数字化转型的技术能力，又缺乏数字化转型的人才而"不会"。

### （二）产业支撑基础实力总体偏弱

从全国的发展格局来看，江西省制造业不大、不强。总体规模、结构水平、制造效率、创新能力、信息化程度等方面与广东省、江苏省等一线发达省份还有较大差距。2019 年，江西省制造业高质量发展指数居全国第 13 位，工业增加值总量居全国第 14 位。江西省传统制造产业占工业比重近 70%，但这些产业大都已停止了快速增长。大部分制造业企业处于工业 2.0 及以下，大量企业还处于流水线生产方式，企业与互联网融合不深不广，融合形式单一。以机器人及智能装备制造为核心的大型产业基地尚未建立，智能装备制造产业主营业务收入占全省规模以上装备制造业的比重不到 10%。全国智能制造产业园有 537 个，江西省仅有 6 个。

### （三）内外空间发展优势不明显

制造业集群化发展相对较弱，江西省未能纳入全国智能制造和数字化发展重要产业集聚区。全省智能装备制造业发展总体布局不均衡，南昌"一极独大"，集聚了全省智能装备制造企业数的 40%，智能装备制造业主营业务收入的 75% 以上。江西省制造业区域空间分布分散，行业的区域基尼系数均低于 0.55。

## （四）技术服务支撑力度不足

2020 年，江西省综合科技创新水平指数全国排名居第 16 位，全社会研发经费支出占地区生产总值的比例、每万名人口发明专利拥有量显著低于全国平均水平。江西省一些实验室、技术平台实际上更多地承担技术检测等简单技术服务功能，核心应用性技术相对薄弱。智能制造发展主要侧重于技术追踪和技术引进，对引进技术的消化吸收力度不够。技术服务体系发展滞后，智能制造服务业市场没完全打开。工业和信息化部和中国智能制造系统解决方案供应商联盟公布的 105 家智能制造系统解决方案供应商中，没有一家江西省企业入选（图 1）。缺乏满足"中国制造2025""工业 4.0"核心工程要求的人才生态圈，省内缺乏 985 重点高校，对外省人才吸引动力不足。

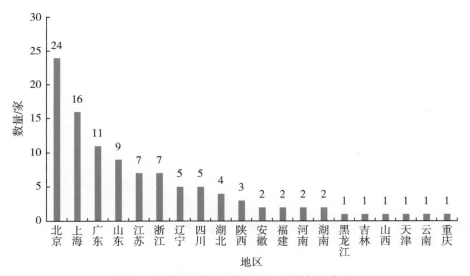

图 1　智能制造系统解决方案供应商分布

注：根据工业和信息化部公布数据整理。

## （五）数据孤岛和试点示范仍是短板

江西省大数据产业仍处于起步阶段，且重心在政务数据。全省整体上数据资源规划、管理协调机构分散，大数据行业组织发展不充分，数据开放共享流通管理不明确。大部分传统制造业的自动化系统技术参数缺乏统一标准，网络之间、设备之间存在严重的异质异构问题，制造业数据标准不统一，不具备应用落地普适性。目前国家级智能制造试点项目有816个，其中，江西省的国家级智能制造类试点项目22个，智能制造综合标准化与新模式应用拟立项目11个，智能制造试点示范项目11个，排名居全国第17位，国家级试点示范项目相对较少（表1）。

表1　国家智能制造试点示范项目分布

| 排名 | 地区 | 智能制造类试点项目数量（个） | 智能制造综合标准化与新模式应用拟立项目数量（个） | 智能制造试点示范项目数量（个） | 排名 | 地区 | 智能制造类试点项目数量（个） | 智能制造综合标准化与新模式应用拟立项目数量（个） | 智能制造试点示范项目数量（个） |
|---|---|---|---|---|---|---|---|---|---|
| 1 | 山东 | 75 | 41 | 34 | 17 | 江西 | 22 | 11 | 11 |
| 2 | 北京 | 62 | 48 | 14 | 18 | 河北 | 21 | 9 | 12 |
| 3 | 江苏 | 57 | 38 | 19 | 19 | 天津 | 13 | 10 | 3 |
| 4 | 广东 | 57 | 33 | 24 | 20 | 内蒙古 | 12 | 8 | 4 |
| 5 | 浙江 | 56 | 31 | 25 | 21 | 贵州 | 12 | 5 | 2 |
| 6 | 上海 | 43 | 29 | 14 | 22 | 宁夏 | 10 | 7 | 3 |
| 7 | 福建 | 39 | 24 | 15 | 23 | 甘肃 | 10 | 6 | 4 |
| 8 | 安徽 | 39 | 20 | 19 | 24 | 山西 | 9 | 3 | 6 |
| 9 | 湖南 | 38 | 22 | 16 | 25 | 广西 | 7 | 3 | 4 |
| 10 | 陕西 | 35 | 21 | 14 | 26 | 吉林 | 6 | 3 | 1 |
| 11 | 河南 | 33 | 24 | 9 | 27 | 云南 | 6 | 3 | 3 |
| 12 | 湖北 | 33 | 21 | 12 | 28 | 黑龙江 | 6 | 3 | 3 |
| 13 | 辽宁 | 30 | 21 | 9 | 29 | 西藏 | 5 | 2 | 1 |
| 14 | 重庆 | 28 | 25 | 3 | 30 | 青海 | 3 | 1 | 1 |
| 15 | 四川 | 27 | 31 | 6 | 31 | 海南 | 2 | 1 | 1 |
| 16 | 新疆 | 25 | 13 | 12 | | | | | |

注：根据工业和信息化部公布数据整理。

## （六）扶持政策力度仍待提升

江西省出台的产业政策、研发政策、人才政策与外省相比，仍存在力度不足的问题。例如，在推动"企业上云"方面，大部分政府都对企业上云拿出了真金白银的补贴，山东、天津、云南、贵州、湖南等地都推出了"云服务券"，贵州省针对企业直接用折扣价购买服务，政府再把补贴给服务商，河南郑州最多可补贴100万元，广东佛山最高补贴300万元，江西省尚没有出台"企业上云"补贴扶持政策。

## （七）竞争对手挤压带来威胁

将全国主要省市分为生产制造方面两化融合水平处于全国领导的生产引领型、研发设计方面两化融合水平处于全国领导的研发引领型、服务转型方面两化融合水平处于全国领导的服务引领型，东南部沿海各环均处于领先优势。中西部有部分省市的研发和服务环节领先，江西省在生产、研发、服务方面均未进入引领型省份（图2）。国内经济发达地区，制造业与互联网深入融合，已严重挤压到江西省制造业的发展空间。

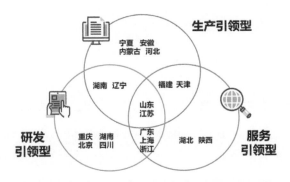

图2 两化融合的生产引领、研发引领和服务引领型省（区、市）
注：来源于《中国数字经济发展白皮书（2021）》。

## 三、制造业数字化转型的原则、重点和部署

### （一）制造业数字化转型的基本原则

江西省推进制造业数字化转型必须紧抓3个原则：一是需求导向原则。即制造

业细分产品在今后一段时期是否具有重大市场需求。二是基础为先原则。即江西省是否已经具备一定的产业发展基础或者产业关联基础。三是企业效益原则。即让江西省企业家切实收获智能化技术改造的效益，降低智改顾虑。

### （二）制造业数字化转型的产业选择

江西省在智能制造发展的重点行业领域选择方面应遵循以下几个重点。一是要选取能决定智能制造发展水平的关键技术和行业领域，如新一代信息技术、高档数控机床和工业机器人等行业。二是要瞄准在当前及今后具有持续影响力、关系国家经济全局建设和国家安全的重大前沿领域，如航空航天装备、稀土产业等行业。三是要关注有一定基础实力和竞争优势，通过智能化改造能明显提升生产效率、带动经济持续发展的支柱性产业，如有色金属等行业。四是要选择制造业智能化发展水平相对靠前或成熟的制造业领域，江西省本身的基础技术水平相对薄弱，技术研发投入能力相对有限，尽量发展已成熟的智能制造，才能实现用有限的资源撬动最大的效益。五是要践行区域抱团发展理念，有效衔接中部地区高质量发展等国家重要发展战略。

### （三）制造业数字化转型的部署

纵观国内外经验，有以下共性部署。一是凝共识。要着力依托自身产业基础、研究实力与市场前景，集思广益凝共识聚智聚力谋发展。二是聚重点。分类型聚焦重点支持领域：如江西省战略性新兴产业聚焦航空、中医药等领域；特色产业聚焦有色、稀土等领域；传统优势产业聚焦铜矿冶炼及加工等领域。三是强技术。引导发布重点产业智能化升级技术路线图，建设一批产业研究院和创新综合体，组建省级、国家级的制造业创新中心等。四是优布局。重塑江西省制造辉煌，必须与省里的"一圈引领、两轴驱动、三区协同"区域发展新格局相协调，形成"核圈引领、轴向拓展、集群集聚"的空间布局，并推动全省智能制造基地的"雁阵模式"发展格局。五是强协作。要形成以智能制造系统集成商为核心企业，各部门和行业联合推进和深度参与、相互支持和维系发展的智能制造生态体系。优先支持引进珠三角、长三角和海峡西岸品牌智能制造生产性产业资本前来投资；实施江西省智能制造国际化路径，加紧在赣江新区规划中外智能制造业国际示范园区等。六是强支撑。做大做强产业、企业支撑基础，促进龙头标杆企业智能制造规模化扩张，同时培育智能制造科技型中小企业，积蓄产业发展后劲。七是深融合。大力促进工业化与信息数字化的深度融合；大力推进军民深度融合；大力推进制造业与现代服务业深度融合等。八是强互补。省内而言，各地市、区域间的制造业要优势互补、产业互补，携手共进。省外而言，要避开竞争白热化制造业、发展具有互补性的特色产业。九是建基地。运用大数据、云计算、区块链、工业互联网等数字技术，积极打造未来工厂、产业大脑、智能园区等新型制造组织，大力培育智能制造示范基地。十是促服务。数字经济背景下的制造业服务化发展是大势所趋，要力促服务化搭载信息化和数字化完美落地。

## 四、江西省制造业数字化转型的对策建议

### （一）宏观层面的对策建议

一是战略层面执行"总体规划—重点突破—分步实施—全面推进"。抓好智能制造发展的顶层设计、总体规划，明确各阶段的战略目标和重点任务。有条件的地区、重点产业和重点企业，要加快重点突破布局。

二是战术层面采用"探索—试点—推广—普及"的有序推进模式。对于工业基础好的地区重点推进智能制造流程再造，包括"智能工厂"等基础布局建设及嵌入工业物联网的智能制造方式。对于基础薄弱的地区则优先落实企业信息化改造工程，推进智能装备引进与工艺改造有机融合。

三是政策层面出台与本地工业制造水平相适应的新一轮智能制造推进政策。走工业2.0补课、工业3.0普及、工业4.0示范的并联式发展道路，针对不同行业、不同环节的特点有重点的支持。针对智能制造领导行业，如汽车整车制造的未来三维仿真数字孪生技术、系统集成与大数据分析等应用可成为重点。以评促建，定期开展工业投资和智能化技术改造考核评价，形成省与地方联动推进的工作格局。

（二）企业层面的对策建议

一是引培关键制造业生产企业，形成制造业巨头引领并主导制造业数字化转型的格局。一方面，领导型的垄断制造厂商是智能制造落地的关键条件，江西省要重点引入领导型的全球"灯塔型"企业入驻。以筹备组建江西省机器人智能制造国际产业园等为契机，引进如发那科、库卡、ABB和安川电机等海外机器人"灯塔型"企业，以及国内"灯塔型"企业入驻；另一方面，通过制订有力的龙头企业裂变计划、合作伙伴成长计划、企业投入支持计划、企业成长激励计划、场景应用塑造计划等政策，培育省内龙头骨干企业成长为"灯塔型"企业，并培育更多的智能制造标杆企业。抓实大型龙头企业示范带动作用，培育"灯塔式"标杆示范项目。复制推广成功经验和模式，如九江巨石在智能制造标准化与新模式的应用、晶科能源在人工智能与实体经济深度融合的示范作用。

二是引培关键智能化改造服务企业，培育智能制造的本土服务力量。编制江西省智能制造系统解决方案供应商推荐目录，打造多家省级优质供应商，实现江西省国家级智能制造系统集成供应商零的突破。提升智能化技术改造诊断、方案设计、项目实施等全方位专业技术指导和服务的本土化水平。尤其是针对江西省中小企业数量较多的现状，本省转型服务商更能聚焦中小微企业特点和需求，开发符合本土产业特点、易部署、好维护的轻量级、低成本解决方案。同时支持智能制造系统解决方案供应商联盟分盟在江西省成立，以更好地凝聚服务商。

三是推动服务企业制造化延伸，制造企业价值链水平提升。推动电子商务、研发设计、物流运输、软件与信息技术等生产性服务企业与制造类企业合作，开展研发设计、加工制造、品牌授权等合作，打造一批C2M"超级工厂"。推动制造企业由加工生产向研发设计和市场营销两端的高附加值环节延伸，推进工业设计基地建设，培育服务设计、智能设计、虚拟设计、集成设计、时尚设计等新业态。

（三）技术层面的对策建议

一是聚焦江西省技术需求特点，布局突破一批基础性、共性、应用性技术。一方面聚焦感知、控制、决策、执行等智能制造核心环节，面向核心基础零部件（元器件）、工业基础软件、先进基础工艺、关键基础材料等重点领域，沿江西省产业链谋划梳理突破清单；另一方面，针对江西省制造业智能化转型技术需求，与国内外有关机构建立经常性的合作研究与交流机制，建立智能制造信息及相关科学数据共享机制，及时跟踪和把握技术发展的最新动向，积极吸收国内外先进的研究成果和经验，开展技术引进、消化、吸收、再创新的应用研究。此外，针对江西省大量中小型企业难以找到合适的智能制造技术，一些大型国际化技术供应商更多提供成套的智能制造技术解决方案，改造成本甚至超过企业的平均年产值，而中小型技术供应商则难以提供匹配度高的智能制造技术和管理模块，改造效果差的问题，江西省要将满足中小企业的务实性技术操作提上"十四五"技术创新的日程。

二是技术标准先行，加快智能制造能力成熟度国家标准的推广和本省标准制定的应用。一方面，加快智能制造能力成熟度国家标准的推广工作，编制江西省智能工厂和数字化车间建设实施指南、智能工厂和数字化车间评估规范等本省标准；另一方面，根据离散型智能工厂和流程型智能工厂等类别，严格制定创建每类智能工厂应遵循的技术示范体系要求。建议省政府出台相关政策鼓励省内相关高校及科研院所、重点企业积极开展关于智能制造的基础共性标准、关键技术标准、行业应用标准等的研究。此外，依托省内相关重点检测中心开展标准实验验证，力争一定数量的国家智能制造标准实验项目落户江西省。最后，依据能力成熟度标准，在实施智能制造成效突出的企业中遴选出一批标杆企业。

三是推动企业开展成熟度自诊断，重点解决集群智能制造生产过程中产业联动不足的问题。推动企业开展成熟度自诊断，全面掌握全省典型地区、典型行业的智能制造发展水平和问题。推动成立专门的智能化技术改造专家服务指导组，引导企业根据标准评估自身的短板，精准开展智能化改造提升。推动智能制造系统集成应用，在全省重点行业围绕产业集群开展数字化转型，推动集群上下游企业实施标准统一的数字化改造，带动产业链供应链企业整体数字化转型，实现规模化应用并最终完成产业联动跨越发展。

（四）软硬基础设施层面的对策建议

一是要加快推进以工业互联网等为代表的新型基础设施建设，助推制造业构建基于工业互联网的全新基建生态。建议"十四五"期间，江西省进一步加快高速互联网等智能制造基础设施布局，并在工业基础较好的地区及工业园区内优先搭建智能工厂数字化接口、企业物联网、公共信息服务平台等基础性物理架设，为企业智能制造方式改造提供较为完备的基础设施建设。推进建立"1+N"工业互联网平台体系，培育系列行业级、区域级和企业级工业互联网平台，引导行业龙头企业引入supET等平台。

二是推动工业企业"上云上平台"数字化转型，带动中小微企业"上线用云"。助推华为云"点线面体"打造江西省特色制造业产业生态链，从业务流深入"研产供销服"制造场景，拓展覆盖有色、电子信息、装备、石化、建材、纺织、食品、汽车、航空、中医药、移动物联网、LED 12 个重点产业。通过抓目标任务分解，量化各行业主管部门和全省 11 个市"企业上云"的目标任务，各市层层抓落实，出台本地"企业上云"具体实施方案。针对中小型工业企业，采取平台带动、事后奖补的方式，以生产制造、初级应用等为重点，在研发管理协同、生产设备状态监控、智能排单调度等领域提供应用服务，推动中小企业"上云上平台"数字化转型。

三是建设高效绿色算力基础设施，分行业开展产业大脑建设，形成"一行业一大脑"的发展格局，综合集成为全省整体产业大脑。建设高性能云计算公共服务平台，构建云边协同的算力服务网络，深化产业大脑应用场景建设，分享共性技术，集成政府服务，精准配置要素，打造产业生态。

### （五）配套服务层面的对策建议

一是实施智能制造生态合作伙伴计划。有意识地与供应商、服务商等各方连接，搭建"智能制造生态系统"。面向智能制造装备、软件、系统解决方案，以及网络基础设施、行业组织、金融服务和行业用户，分类别分批次建立江西省智能制造生态合作伙伴目录，定期开展项目、融资需求对接与示范项目推广，对接金融机构、社会基金助力智能制造发展。

二是将智能制造诊断评估服务纳入政府采购。通过政府采购的形式，支持高校、科研院所、协会和行业龙头企业等设立智能制造公共服务平台，开展智能制造诊断服务活动，免费诊断企业。对每个被诊断工厂和车间给出个性化诊断报告，提供定制的智能化改造方案。重点聚焦中小企业发展需求，以线上平台运营和线下深度服务的方式高质量开展咨询诊断、方案设计、监理评估等工作，推动智能制造装备、核心软件、工业互联网集成应用，研究制定简便易行的智能化解决方案。

三是构建相关高端创新人才的培养和培训服务体系。技术掌握在人的大脑里，要引人引才，推动企业和高校联合建立智能制造应用型人才培养基地，制定政策鼓励相关人才培养。建议通过专项计划引进人才、拓展渠道引进人才、打造平台引进人才、健全体系培养人才、促进对接支持人才、专业孵化支持人才、优化服务支持人才、降低门槛支持人才、财税政策支持人才等系列行动，保障制造业数字化转型的专业性人才输送。

### （六）对接中部层面的对策建议

一是强化省会中心是前提。与对接长三角、珠三角等区域发展相比，长期以来中部六省的合作相对不足，内部一体化发展仍存难点。目前江西省赣西地区对接长株潭，赣东地区对接江浙，而赣南地区对接海峡两岸和珠三角，大都对接别的省份，忽略了本省核心的建设。"十四五"期间，江西省应该先集中精力强省会，把南昌周边的城市带动起来，确定省域副中心城市，依托一个更强的省会中心去承接外省发达地区或者对接中部。

二是在总体战略和思路上做出江西省的贡献。总体战略上，强化通过统筹部署构筑中部制造业的核心能力，为中部制造业发展做出江西省的原创贡献。总体发展思路上，应当培育和完善既符合中部各省实际发展水平和要素优势，又相互协作的制造业体系，突出通用技术创新和产业统筹部署。

三是在聚焦中部短板和自身优势上率先发力。重点依托中部特色，加快制造服务业发展。例如，聚焦中部地区生产性服务业配套不足的共性问题，率先打造一批制造业与生产性服务业融合发展的平台载体，集聚一批面向制造业中小企业的数字化服务商。又如，抓好江西省作为继东部山东、西部甘肃之后，第3个部省共建国家职业教育创新发展高地的契机，打造"中部样板"部省共建职教创新发展高地。

**课题组成员：**

陈春林　江西省科学院科技战略研究所副研究员

卢翔宇　江西省科学院科技战略研究所硕士

刘少金　江西省科学院科技战略研究所博士

陈耀飞　江西省科学院科技战略研究所博士

# 坚持创新引领　重塑"江西制造"辉煌

杨兴峰

**摘要：** 2019 年 5 月，习近平总书记在江西主持召开推动中部地区崛起工作座谈会时将"推动制造业高质量发展"摆在中部六省未来发展 8 项工作要求的首要位置。为贯彻落实习近平总书记对江西提出的"在加快革命老区高质量发展上作示范、在推动中部地区崛起上勇争先"目标定位，本报告重点对标江西省与中部其他五省在制造业方面的共性和特性，找出江西制造业支柱行业的优势和劣势，抓住江西制造业优化升级的着力点，提出重塑"江西制造"辉煌的思考。

2019 年 5 月，习近平总书记在江西主持召开推动中部地区崛起工作座谈会时将"推动制造业高质量发展"摆在中部六省未来发展 8 项工作要求的首要位置，他指出，"推动制造业高质量发展，主动融入新一轮科技和产业革命，加快数字化、网络化、智能化技术在各领域的应用，推动制造业发展质量变革、效率变革、动力变革"。

中部六省是我国重要的制造业基地，制造业是拉动其经济增长、吸纳新增就业的重要行业。2020 年伊始，在我国各地陆续暴发的新型冠状病毒感染的肺炎疫情对中部各省制造业发展造成了巨大影响。为贯彻落实习近平总书记对江西提出的"在加快革命老区高质量发展上作示范、在推动中部地区崛起上勇争先"目标定位，着力提升江西省制造业发展水平及应对新冠肺炎疫情等社会风险的能力，本报告拟对中部地区制造业优势行业的共性和特性、江西制造业支柱行业在中部地区的竞争力等问题进行深入研究，剖析江西制造业支柱行业的优势和劣势，抓住江西制造业优化升级的着力点，提出重塑"江西制造"辉煌的对策建议。

## 一、中部六省制造业竞争力比较分析

制造业发展现状分析包含多个指标，考虑到原始数据的综合性、可比性和可得性，本部分主要从中部六省制造业的发展规模、制造技术水平及环境保护能力等方面分析江西省制造业发展的整体现状。数据主要来源于中部地区 2014—2019 年各省统计年鉴、《中国科技统计年鉴》（2014—2018）、《中国统计年鉴》（2014—2019）等。

### （一）规模竞争力

**1. 制造业固定资产投资额：江西排名第四，增长率排名第三**

在制造业固定资产投资额方面，2013—2018 年，河南一直排名中部第一，并保持一定的趋势逐年增长；安徽、湖北、湖南、江西四省位列第二方阵，制造业固定资产投资额差距不大；山西排名最末，制造业固定资产投资额远低于全国平均线，与中部其他五省差距明显。6 年来，江西制造业固定资产投资额逐年上升，由 2013 年的 6561 亿元上升至 2018 年的 12 755 亿元，增速较快（整体看排在中部第三），并于 2016 年超过湖南，上升至中部六省的第 4 位，与排名第二、第三的安徽、湖北的差距较小。但是与排名第一的河南相比，江西在制造业固定资产投资额方面仍然差距明显，2018 年河南制造业固定资产投资额是江西的 1.4 倍（表 1、图 1）。

表 1　中部六省制造业固定资产投资额增长率情况　　　　　单位：%

| | 2014 年 | 2015 年 | 2016 年 | 2017 年 | 2018 年 |
|---|---|---|---|---|---|
| 山西 | 5.50 | −6.08 | 5.08 | −66.53 | 14.50 |
| 安徽 | 14.55 | 13.12 | 9.40 | 10.35 | 33.00 |
| 江西 | 10.20 | 12.04 | 13.45 | 17.41 | 18.20 |
| 河南 | 19.54 | 8.71 | 5.84 | 3.09 | 3.40 |
| 湖北 | 17.21 | 11.93 | −2.42 | 6.99 | 15.60 |
| 湖南 | 14.59 | 18.82 | −2.80 | 7.31 | 31.20 |
| 全国平均 | 13.08 | 7.99 | 4.21 | 3.06 | 4.10 |

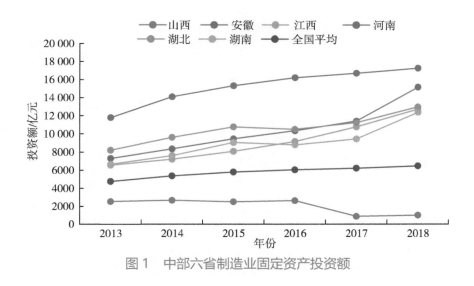

图 1　中部六省制造业固定资产投资额

**2. 规模以上制造业企业数：江西排名第五，增速排名第一**

从 2013—2018 年的数据看，中部六省规模以上制造业企业数排名第一的省份是河南，2018 年的企业数量达到了 2 万家；安徽、湖北、湖南三省排名第 2、第 3、第 4 位，截至 2018 年，企业数量分别为 1.8 万、1.4 万、1.4 万家；近年来，江西规模以上制造业企业数逐年增长，增速在中部地区排名第一，由 2013 年的 6800 多家增长至 2018 年的 10 000 余家，但总量仍仅高于山西的 2000 多家，中部倒数第 2 位的局面一直没有得到改善，且与中部前 4 位的省份差距仍然明显（图 2、表 2）。

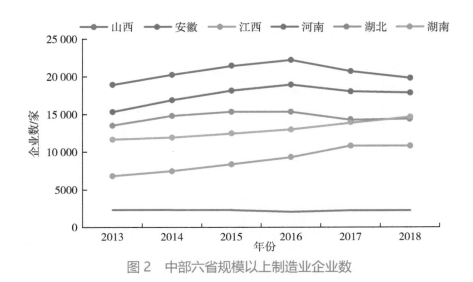

图 2　中部六省规模以上制造业企业数

表2　中部六省规模以上制造业企业数增长情况　　　　　单位：%

|  | 2014 年 | 2015 年 | 2016 年 | 2017 年 | 2018 年 |
|---|---|---|---|---|---|
| 山西 | −0.73 | −1.52 | −9.27 | 8.48 | 0.13 |
| 安徽 | 10.18 | 7.47 | 4.34 | −4.79 | −0.88 |
| 江西 | 9.47 | 12.03 | 11.12 | 16.27 | −0.52 |
| 河南 | 6.97 | 5.72 | 3.79 | −6.69 | −4.34 |
| 湖北 | 9.55 | 3.61 | 0.05 | −6.98 | 0.90 |
| 湖南 | 2.11 | 4.38 | 4.34 | 6.80 | 5.87 |

### 3. 规模以上制造业企业主营业务收入：江西排名第五，增长率排名前三

随着制造业固定资产投资额的不断攀升，中部六省规模以上制造业企业的主营业务收入不断增长。在中部六省的对比中，虽然河南省制造业主营业务收入在2018年有大幅下滑，但仍领先其他五省；湖北、安徽、湖南三省排在中部的第2、第3、第4位；江西制造业主营业务收入逐年增长，由2013年的24 545亿增长至2017年的33 130亿元，增长率排名中部地区前三，但2018年存在小幅下滑，主营业务收入额低于30 000亿元；虽然江西制造业近年来发展势头良好，但江西制造业主营业务收入仍仅优于山西，排在中部地区的第5位，截至2018年，江西制造业主营业务收入为河南的66%（图3、表3）。

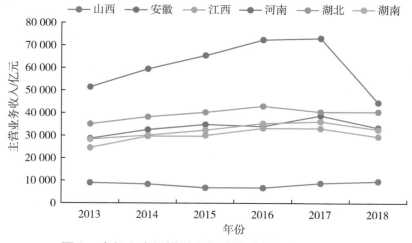

图3　中部六省规模以上制造业企业主营业务收入

表3　中部六省规模以上制造业企业主营业务收入增长率　　单位：%

| | 2014 年 | 2015 年 | 2016 年 | 2017 年 | 2018 年 |
|---|---|---|---|---|---|
| 山西 | −6.51 | −18.84 | −0.78 | 30.11 | 9.17 |
| 安徽 | 13.60 | 7.01 | −2.23 | 13.89 | −13.80 |
| 江西 | 21.10 | 1.16 | 10.58 | −0.36 | −10.97 |
| 河南 | 15.54 | 10.20 | 10.56 | 0.92 | −38.98 |
| 湖北 | 8.99 | 5.31 | 6.82 | −5.97 | 0.14 |
| 湖南 | 6.38 | 7.69 | 8.99 | 2.35 | −9.74 |

**4. 规模以上制造业企业利润总额：江西排名第四，增长率排名浮动较大**

从中部六省规模以上制造业企业利润总额情况来看，河南制造业利润总额自2013 年以来一直排在中部第一；山西一直位于中部地区最末位置，甚至在2015 年山西制造业还出现了亏损；湖北、安徽、湖南、江西四省利润总额差距不大，江西自2013 年以来，规模以上制造业企业利润总额持续小幅增长，截至2017 年，利润总额2349 亿元，较上一年增长10.45%，超过湖北3 亿元，位居中部第二，但2018年江西制造业利润总额出现下滑，较上一年下降14 个百分点，仅为2011 亿元，被安徽与湖北超越，仅排名中部地区第4 位（表4、图4）。

表4　中部六省规模以上制造业企业利润总额增长率　　单位：%

| | 2014 年 | 2015 年 | 2016 年 | 2017 年 | 2018 年 |
|---|---|---|---|---|---|
| 山西 | −64.75 | −208.41 | −323.29 | 358.96 | 39.36 |
| 安徽 | −2.12 | 0.87 | −2.53 | 20.61 | 10.60 |
| 江西 | 24.82 | −2.68 | 8.79 | 10.45 | −14.36 |
| 河南 | 11.37 | 46.78 | −21.97 | 1.48 | −26.72 |
| 湖北 | −4.72 | 1.01 | 15.92 | −3.94 | 45.43 |
| 湖南 | −16.66 | 9.79 | 9.08% | 9.46% | −17.70 |

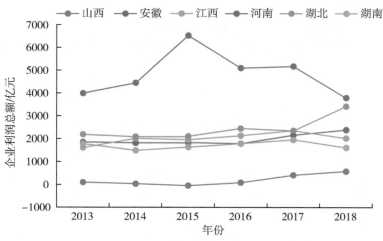

图 4 中部六省规模以上制造业企业利润总额

## （二）科技竞争力

### 1. 企业技术中心数量

（1）国家企业技术中心：江西排名第六

截至 2018 年年底，中部六省中河南拥有的国家企业技术中心最多，多达 88 家；安徽紧随其后，拥有 75 家；湖北和湖南分列三、四位，分别拥有 58 家和 49 家；安徽和江西拥有的国家企业技术中心数量较少，排在中部后两位，其中江西省仅有 18 家国家企业技术中心，为中部六省中最少，总数只到河南的 1/5（图 5）。

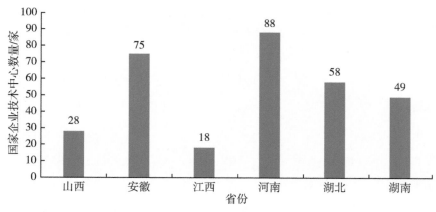

图 5 中部六省国家企业技术中心数量

注：由于部分数据未公布，导致科技竞争力与绿色竞争力部分的相关数据并未均统计到 2018 年，特此说明。

（2）省企业技术中心：江西排名第四

在省企业技术中心方面，中部六省中安徽拥有的省企业技术中心最多，多达1308家，相对中部其他省份具有绝对优势；河南和湖北分别排在第2、第3位，省企业技术中心多达860家和528家，优势也较为显著；江西拥有330家省企业技术中心，排在中部第4位，但较山西和湖南并无优势，三省均在300多家，占据中部末三席（图6）。

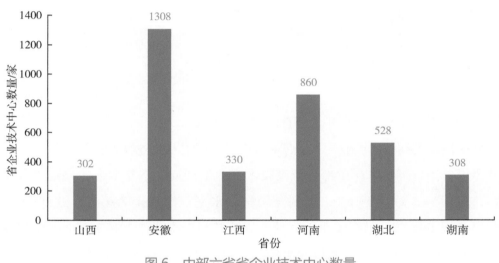

图6　中部六省省企业技术中心数量

综上表明，江西企业技术创新实力较弱，国家级和省级企业技术中心建设亟待加强。

**2. 制造业研发经费投入情况：江西排名后3位**

2017年，湖南制造业研发经费投入为499.79亿元，投入强度（研发经费占主营业务收入的比重）为1.38%，均排在中部地区的第1位，是中部地区中唯一在经费投入总量与强度上，均超过全国平均水平线的省份。河南与湖北两省研发经费投入力度相当，但是在投入强度方面，湖北远超河南。江西在研发经费投入方面，经费投入总额仅高于山西，排名位于中部地区的倒数第二；在投入强度方面，也仅高于河南与安徽两省，排在倒数第3位，两项指标离全国平均水平均有较大差距（图7）。

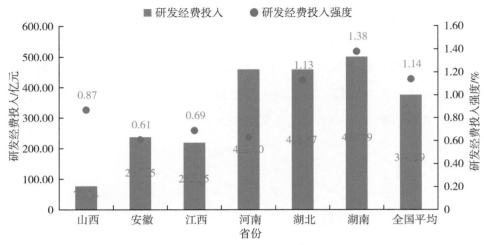

图 7 2017 年中部六省制造业研发经费投入情况

### 3. 规模以上高技术产业生产强度：江西排名第二

从规模以上高技术产业生产强度（高技术产业主营业务收入占地区制造业比重）数据可以看到，近年来，中部六省高技术产业生产强度不断增强，截至 2016 年，山西排名第一，达到 14.6%，达到全国整体水平；江西排名第二，达到 11.8%，但距离全国平均水平仍有差距；其他四省高技术产业生产强度基本一致，排名第3 ~ 6 位。由此可知，江西制造业高技术产业发展仍然不足，而制造技术落后是主要原因（图 8）。

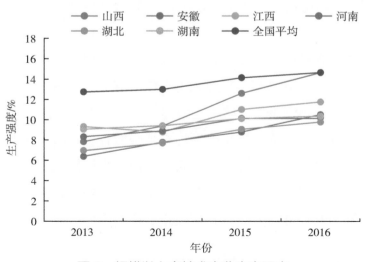

图 8 规模以上高技术产业生产强度

### 4. 规模以上工业企业新产品销售率：江西排名第四

从新产品销售率（新产品销售产值占主营业务收入比重）来看，2013—2017年，中部地区排名前三的省份分别是湖南、安徽、湖北，三省新产品销售率值均超过了全国水平线；近5年来，江西新产品销售率值逐年上升，由2013年排名中部第5位（6.3%）提升至2017排名中部第4位（11.4%），虽然江西省新产品销售率得到了不小的提升，但是仍未达到全国平均水平（2017年全国新产品销售率为16.9%），与中部排名第一的湖南（2017年新产品销售率为22.1%）仍有不小差距。由此可知，江西制造技术水平不高，新产品占企业产品的比重依然偏低，产业转型升级成效还有待提升（图9）。

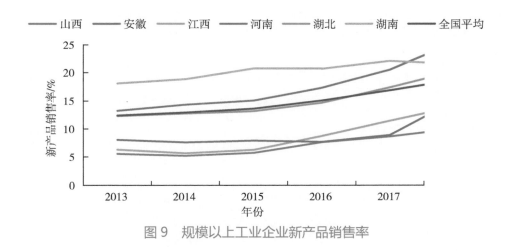

图9　规模以上工业企业新产品销售率

## （三）绿色竞争力

### 1. 制造业企业原煤消费量：江西排名第六（最优）

从制造业原煤消费量数据看，自2013年以来，江西制造业原煤消费总量一直趋于平稳，消费总量在中部六省中最低，其单位企业原煤消费量保持逐年减少的趋势，由2013年的0.27万吨减少至2017年的0.19万吨。截至2017年，江西省制造业原煤消费总量与单位企业原煤消费量均为中部地区最低（图10、图11）。

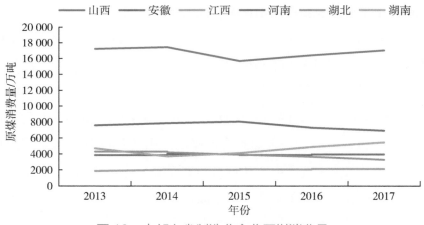

图 10 中部六省制造业企业原煤消费量

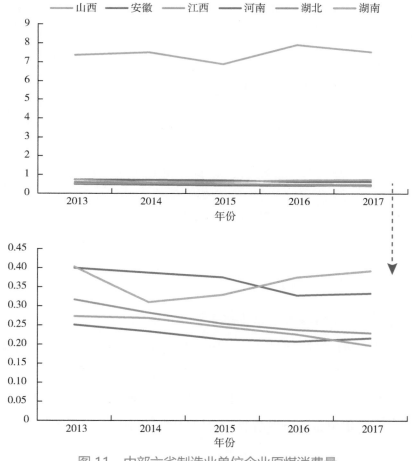

图 11 中部六省制造业单位企业原煤消费量

### 2. 制造业企业废水排放量：江西排名第五

从制造业企业废水排放总量数据看，2013年以来，江西制造业企业废水排放总量体现了先上升后下降的趋势，截至2017年，排放总量位居中部地区倒数第二，仅山西低于江西；从制造业单位企业废水排放量数据看，江西排放量由2013年的7.14万吨降低至2017年的2.67万吨，与中部地区的河南、安徽、湖南、湖北四省排放量基本一致。这就表明，江西高排放企业不多，产业结构正不断完善（图12、图13）。

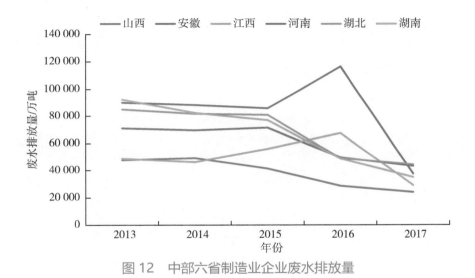

图12 中部六省制造业企业废水排放量

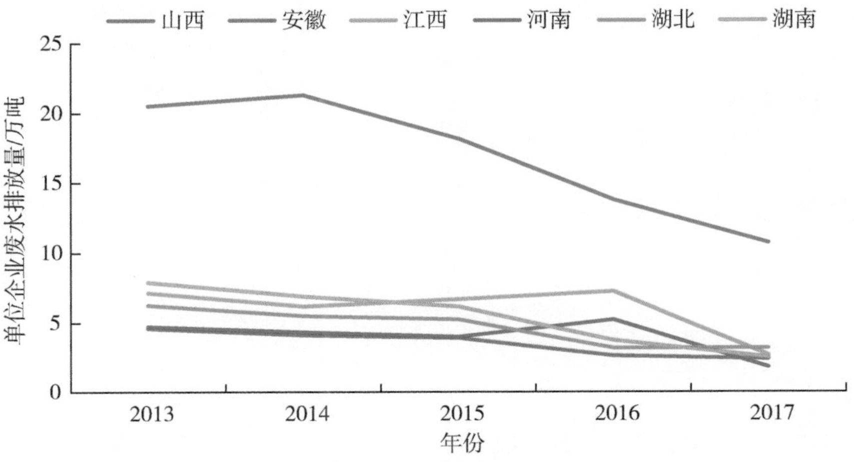

图13 中部六省制造业单位企业废水排放量

## 二、江西省制造业细分领域综合竞争力情况分析

### （一）竞争力指标体系构建

目前，学术界计量分析产业或行业竞争力的方法很多，其评价指标体系大致分为两大类：一类是产业基础支撑；另一类是产业产出效益。本部分以产业产出效益为核心，利用通行的产业综合竞争力指数的计量方法，进行中部六省制造业行业竞争力的比较研究。指标体系的构建考虑了数据的综合性、可比性和可得性，包括市场占有率、总资产贡献率、主营业务收入发展率、专业化率等 4 个指标，将 4 个指标相乘得到一个总指标，即综合竞争力指数（表 5）。本部分数据主要来源于2014—2019 年中部地区各省统计年鉴。

表 5　制造业行业综合竞争力指标体系

| 指标及计算公式 | 指标的作用 |
| --- | --- |
| （1）市场占有率（%）= 某省某行业主营业务收入 / 中部同行业主营业务收入 ×100% | 反映行业产出规模优势、市场优势 |
| （2）总资产贡献率（%）=（利润总额 + 税金总额 + 利息总额）/ 平均资金总额 ×100% | 反映行业全部资产的获利能力，是行业经营业绩和管理水平的集中体现，是评价行业盈利能力的核心指标 |
| （3）主营业务收入发展率（%）= 当年的主营业务收入 / 上一年的主营业务收入 ×100% | 反映行业发展增幅、发展后劲，评价行业可持续发展能力 |
| （4）专业化率 = 某省某行业主营业务收入占该省制造业主营业务收入的比重 / 中部某行业主营业务收入占中部制造业主营业务收入的比重 | 判断一个行业是否构成地区专业化部门，评价行业在地区的专业化比较优势、区位优势 |
| （5）综合竞争力指数 =（1）×（2）×（3）×（4） | 评价行业的综合竞争力，其值越大，综合竞争力越强 |

### （二）江西省制造业十大支柱行业

行业规模是行业竞争力的重要基础。为此，本报告选择江西省制造业 2018 年规模以上企业主营业务收入排名居前 10 位的大类行业作为比较分析的代表。重点观察分析江西省制造业在主营业务收入方面具有规模优势的十大行业在中部的综合竞争力。2018 年，这十大行业大部分都是江西省的千亿元产业，其主营业务收入总和占江西省制造业主营业务收入的 70% 以上，是江西省制造业的支柱行业。对其进行重点研究，可以从总体上把握江西省制造业综合竞争力在中部地区的基本格局（图 14 ）。

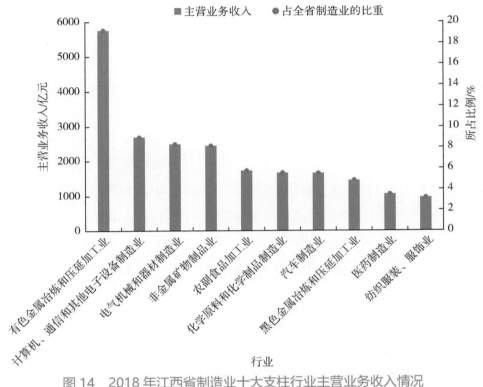

图 14　2018 年江西省制造业十大支柱行业主营业务收入情况

### （三）江西省制造业十大支柱行业综合竞争力比较分析

#### 1. 有色金属冶炼和压延加工业

（1）市场占有率：江西排名第一

从市场占有率看，自 2013 年以来，江西有色金属冶炼和压延加工业一直位居中部之首，且具有突出优势，平均高出中部第二的河南 5 个百分点，是湖南、安徽、湖北、山西四省的两倍有余（图 15 ）。

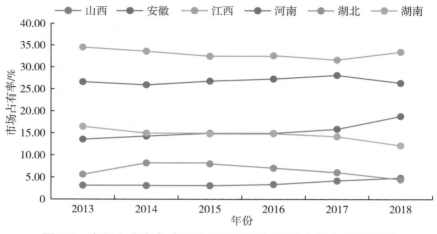

图 15　中部六省有色金属冶炼和压延加工业市场占有率情况

（2）总资产贡献率：江西排名前列

从有色金属冶炼和压延加工业总资产贡献率看，随着湖南省逐年下滑，一直保持稳定盈利能力的江西省有色金属冶炼和压延加工行业总资产贡献率跃居中部第一位；而湖南省则由 2013 年的排名中部第 1 位，下滑至 2015 年的中部第 2 位，并与排名第 1 位的江西省差距逐渐拉大；安徽、河南、湖北、山西四省该行业的盈利能力明显不足，与江西、湖南差距明显（图 16）。

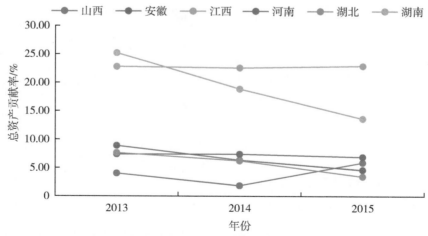

图 16　中部六省有色金属冶炼和压延加工业总资产贡献率情况

注：《江西省统计年鉴》（2017—2019 年）未统计制造业各行业总资产贡献率数据，无法分析 2016—2018 年总资产贡献率情况，本报告制造业所有行业总资产贡献率只统计到 2015 年。

（3）主营业务收入发展率：江西排名前三

从主营业务收入发展率情况看，江西省该行业的主营业务收入发展率值整体上呈现降低的趋势，在2015年、2017年、2018年，发展率值低于100%，说明主营业务收入出现了负增长，江西省该行业的持续发展能力在逐渐减弱；在中部六省中，安徽省发展率最为稳定，2013—2018年，发展率均超过了100%（图17）。

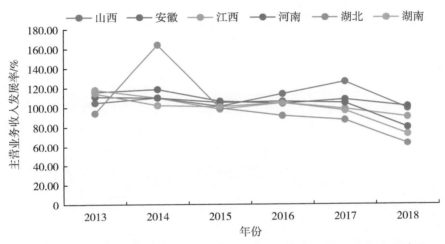

图17　中部六省有色金属冶炼和压延加工业主营业务收入发展率情况

（4）专业化率：江西排名第一

从专业化率情况看，自2013年以来，江西省有色金属冶炼和压延加工业专业化率一直维持在220%左右，其他五省专业化率均只能达到江西省的一半左右。综上表明，江西省有色金属冶炼和压延加工业在中部地区制造业行业中具备明显优势（图18）。

（5）综合竞争力指数：江西排名第一

从综合竞争力指数来看，江西省有色金属冶炼和压延加工业综合竞争力指数虽然在逐年降低，但是其他五省在2015年以前综合竞争力指数均未超过5，2016—2018年均未超过30，与江西省的差距仍然较大，表明江西省有色金属冶炼和压延加工业在中部地区具备明显的比较优势（表6）。

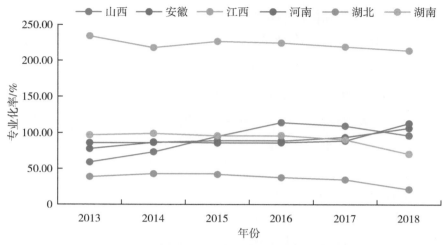

图 18　中部六省有色金属冶炼和压延加工业专业化率情况

表 6　中部六省有色金属冶炼和压延加工业综合竞争力指数　　　　单位：%

| | 2013 年 | 2014 年 | 2015 年 | 2016 年 | 2017 年 | 2018 年 |
|---|---|---|---|---|---|---|
| 山西 | 0.08 | 0.05 | 0.18 | 4.38 | 5.80 | 4.65 |
| 安徽 | 1.09 | 0.93 | 0.66 | 13.80 | 16.19 | 20.30 |
| 江西 | 21.76 | 18.18 | 16.60 | 76.76 | 68.49 | 64.87 |
| 河南 | 1.89 | 1.85 | 1.68 | 25.11 | 26.27 | 23.91 |
| 湖北 | 0.16 | 0.36 | 0.12 | 2.44 | 1.85 | 0.60 |
| 湖南 | 4.62 | 2.86 | 1.95 | 15.00 | 12.47 | 6.34 |

　　注：2016 年、2017 年、2018 年的综合竞争力指数，由于缺少总资产贡献率数据，只用市场占有率、主营业务收入发展率、专业化率三者相乘获得。本报告后续综合竞争力指数分析遵循这一原则。特此注明。

### 2. 计算机、通信和其他电子设备制造业

（1）市场占有率：江西排名第二

　　从市场占有率情况看，2013 年以来，河南省稳居中部地区第一位，市场占有率达到了 30% 左右；安徽省呈现上升趋势，由 2013 年的 14.29%（排名第三）上升至 2018 年的 18.27%（排名第三）；湖北省呈现先升后降的趋势，截至 2018 年，市场占有率达到 16.11%，位居中部第四；江西省市场占有率呈现较大幅的增长，由

2013 年的 12.61%（中部排名第五）上升至 2018 年的 18.85%（中部排名第二）。综上所述，虽然近年来，江西省在计算机、通信和其他电子设备制造业领域不断提速发展，但是行业产出规模与河南差距仍然较大，行业整体规模有待提高（图 19）。

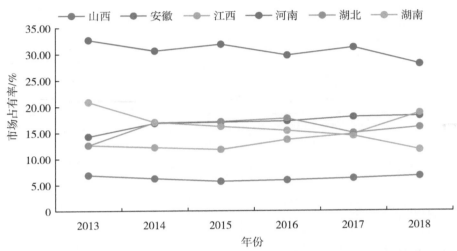

图 19　中部六省计算机、通信和其他电子设备制造业市场占有率情况

（2）总资产贡献率：江西排名第一

从总资产贡献率情况看，2013—2015 年，江西省总资产贡献率值较为稳定，基本维持在 25% 左右，说明行业盈利能力较强；湖南省该行业的盈利能力呈现下滑趋势，由 2013 年的 27.17%（排名第一）下滑至 2015 年的 17.67%（排名第二）；山西省盈利能力逐渐增强，截至 2015 年总资产贡献率值已达到 8.66%，超越安徽、河南、湖北三省，排名中部第 3 位（图 20）。

（3）主营业务收入发展率：江西排名第一

从主营业务收入发展率情况看，江西省整体趋于平稳，发展率值由 2013 年的 123.41% 小幅上升至 2018 年的 127.96%，而排名却从中部第四跃居中部第一，主要原因在于 2013 年后排名前三的湖南、河南、安徽三省均出现了较大幅的下滑，持续发展动力明显减弱。综上所述，虽然江西省计算机、通信和其他电子设备制造业主营业务收入增幅趋于平稳，但是从中部地区整体看，江西省发展势头最为强劲，可持续发展动力最足（图 21）。

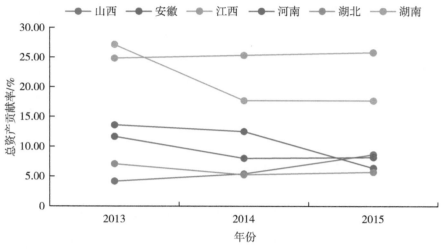

图 20　中部六省计算机、通信和其他电子设备制造业总资产贡献率情况

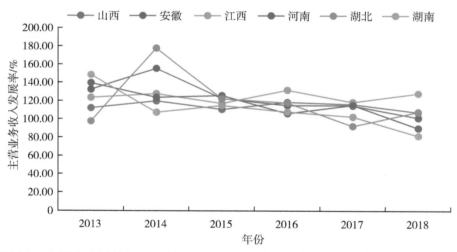

图 21　中部六省计算机、通信和其他电子设备制造业主营业务收入发展率情况

（4）专业化率：江西排名前列

从专业化率情况看，自 2013 年以来，江西省计算机、通信和其他电子设备制造业专业化水平不断提高，由 2013 年的 85.64% 上升至 2018 年的 120.46%；相比之下，湖北、湖南两省的专业化水平不断降低，2016 年已跌至 100% 以下，2018 年已跌至 80% 以下（图 22）。

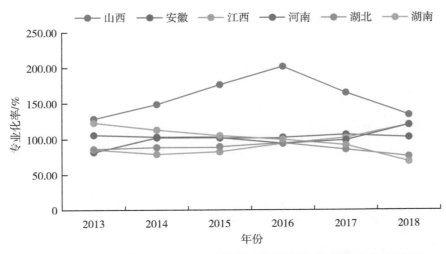

图 22　中部六省计算机、通信和其他电子设备制造业专业化率情况

（5）综合竞争力指数：江西排名前三

从综合竞争力指数看，2013 年以来，江西省计算机、通信和其他电子设备制造业的综合竞争力指数排名没有大的变动，基本排在中部地区的第 2 ～ 3 位，同时可以发现，中部地区各省的综合竞争力指数差距并不大，说明行业综合发展水平差别不大。综上所述，江西省计算机、通信和其他电子设备制造业随着近年来的发展，已达到一定的发展水平，在中部地区所处的位置也基本趋于稳定，提升行业产出规模，将成为提升行业综合发展水平的关键（表 7）。

表 7　中部六省计算机、通信和其他电子设备制造业综合竞争力指数　　　单位：%

|  | 2013 年 | 2014 年 | 2015 年 | 2016 年 | 2017 年 | 2018 年 |
|---|---|---|---|---|---|---|
| 山西 | 0.41 | 0.60 | 0.97 | 14.32 | 12.17 | 9.77 |
| 安徽 | 1.81 | 2.15 | 1.75 | 20.44 | 22.15 | 19.17 |
| 江西 | 3.31 | 3.12 | 2.95 | 17.00 | 17.96 | 29.05 |
| 河南 | 6.56 | 4.89 | 2.63 | 29.96 | 35.83 | 30.79 |
| 湖北 | 0.75 | 1.41 | 1.08 | 19.95 | 11.90 | 13.24 |
| 湖南 | 10.37 | 3.67 | 3.47 | 16.63 | 13.65 | 6.64 |

### 3. 电气机械和器材制造业

**（1）市场占有率：江西排名前三**

从中部六省电气机械和器材制造业市场占有率情况看，安徽稳居中部第一，市场占有率达到了中部地区的 30% 以上；其次是河南，2013—2017 年市场占有率均超过了 20%，但 2018 年出现了大幅下滑，跌至中部第三；江西电气机械和器材制造业在中部地区的市场占有率一直维持在 20% 左右，截至 2018 年达到 20.50%，居中部第 2 位（图 23）。

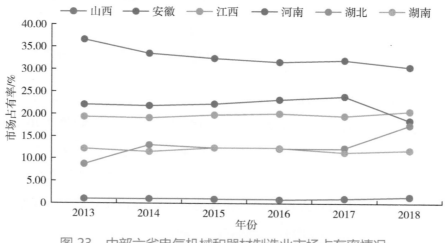

图 23　中部六省电气机械和器材制造业市场占有率情况

**（2）总资产贡献率：江西排名第一**

从电气机械和器材制造业总资产贡献率情况看，自 2013 年以来，江西省一直保持稳定的盈利能力，总资产贡献率接近 30%，排在中部地区第 1 位；其他五省总资产贡献率均未超过 20%，其中，安徽省排名第二，盈利能力出现小幅减弱；河南、湖北、湖南三省的盈利能力差距不大，分别排在第 3、第 4、第 5 位；山西省排名最末位，盈利能力在中部地区中最差（图 24）。

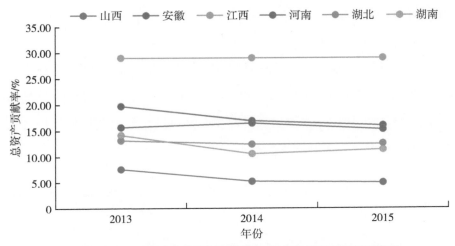

图 24　中部六省电气机械和器材制造业总资产贡献率情况

（3）主营业务收入发展率：江西排名靠后

从主营业务收入发展率情况看，自 2013 年以来，江西省该行业的主营业务收入发展率逐年降低，由 2013 年的 139.07%（排名中部第二）下降至 2018 年的 80.21%（中部排名第四），呈现出发展后劲不足的问题；安徽、河南、湖南、湖北四省的发展势头也存在一定程度的减弱；在中部六省中，发展势头较好的是山西、湖北两省，截至 2018 年，发展率均达到 100% 以上（图 25）。

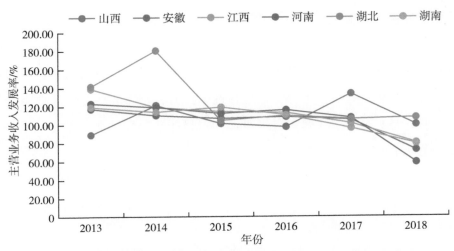

图 25　中部六省电气机械和器材制造业主营业务收入发展率情况

（4）专业化率：江西排名第二

从专业化率情况看，近6年来，安徽省稳居中部第一，专业化率达到200%左右；江西省排名第二，专业化率值保持在130%左右；河南、湖北、湖南三省专业化率，一直保持在50%～80%；山西省排名垫底，专业化率值均未超过30%。综上表明，在中部六省中，安徽和江西两省在电气机械和器材制造业领域拥有专业化比较优势（图26）。

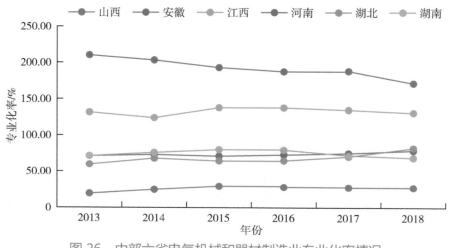

图26　中部六省电气机械和器材制造业专业化率情况

（5）综合竞争力指数：江西排名第二

从综合竞争力指数情况看，安徽省电气机械和器材制造业综合竞争力最强，排名中部第一位；虽然江西省排名中部第2位，但与安徽省仍存在着一定的差距；近年来，湖北省该行业的综合竞争力指数在逐渐提升，与排名第二的江西省之间的差距逐渐缩小。综上表明，江西省电气机械和器材制造业发展势头缓慢，呈现出"差距拉大，优势缩小"的现象（表8）。

表 8　中部六省电气机械和器材制造业综合竞争力指数　　　　单位：%

|  | 2013 年 | 2014 年 | 2015 年 | 2016 年 | 2017 年 | 2018 年 |
|---|---|---|---|---|---|---|
| 山西 | 0.01 | 0.02 | 0.01 | 0.23 | 0.40 | 0.39 |
| 安徽 | 17.82 | 12.72 | 10.71 | 64.19 | 63.32 | 37.79 |
| 江西 | 10.27 | 8.20 | 9.04 | 31.21 | 26.65 | 21.55 |
| 河南 | 3.06 | 3.15 | 2.72 | 19.65 | 19.28 | 8.63 |
| 湖北 | 0.98 | 2.00 | 1.06 | 8.71 | 9.28 | 15.48 |
| 湖南 | 1.47 | 1.06 | 1.34 | 10.83 | 7.88 | 6.48 |

### 4. 非金属矿物制品业

（1）市场占有率：江西排名第五

从中部六省非金属矿物制品业市场占有率情况看，自 2013 年以来，河南省稳居中部第 1 位，市场占有率达到 40% 以上，但 2018 年出现大幅下滑，仅占中部地区的 27% 左右；截至 2018 年，湖北、湖南、安徽三省市场占有率达到 15% 以上，排在中部地区的第 2、第 3、第 4 位；江西省排名中部第 5 位，市场占有率接近 15%。说明，江西省非金属矿物制品业的行业产出规模仍然较小，与中部地区的河南省差距明显（图 27）。

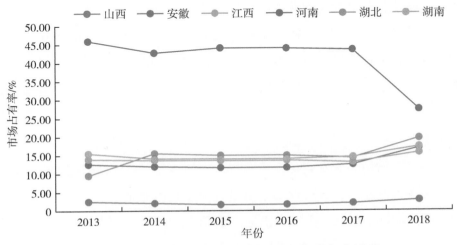

图 27　中部六省非金属矿物制品业市场占有率情况

（2）总资产贡献率：江西排名第一

从非金属矿物制品业总资产贡献率情况看，自 2013 年以来，江西省总资产贡献率在 30% 左右，排名中部第 1 位，盈利能力最强；湖南、湖北、河南三省均从 2013 年的 25% 左右降至 2015 年的 18% 左右；安徽省也呈现下降趋势，截至 2015 年，总资产贡献率为 11.75%；山西省盈利能力最差，排在中部最后（图 28）。

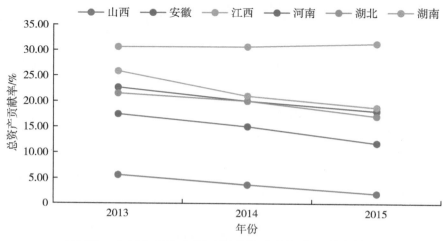

图 28　中部六省非金属矿物制品业总资产贡献率情况

（3）主营业务收入发展率：江西排名第四

从非金属矿物制品业主营业务收入发展率情况看，安徽、江西、河南、湖北、湖南五省均存在下降趋势，湖北省下降趋势最大，由 2013 年的 200.39% 下降至 2018 年的 100.04%；江西省由 2013 年的 122.14% 下降至 2018 年的 87.87%，截至 2018 年，江西省该行业在发展后劲评价中仅排在中部第 4 位，发展后劲明显不足（图 29）。

（4）专业化率：江西排名第三

从非金属矿物制品业专业化率情况看，中部六省仅有河南省的专业化率超过了 100%，达到 120% 左右，该行业属于河南省的专业化行业；江西省与湖南省专业化率相当，达到 100% 左右，排在中部地区的第 2、第 3 位；排名末位的山西省，仅有 50% 左右（图 30）。

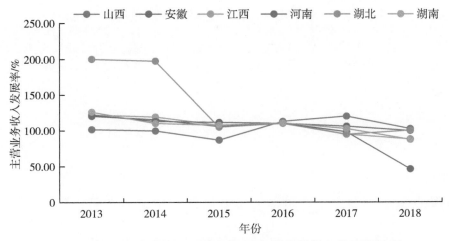

图 29　中部六省非金属矿物制品业主营业务收入发展率情况

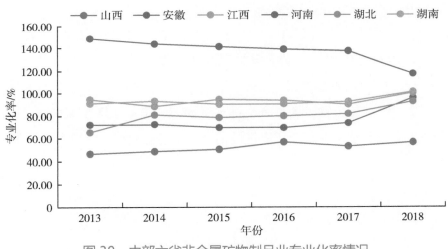

图 30　中部六省非金属矿物制品业专业化率情况

（5）综合竞争力指数：江西排名靠后

从综合竞争力指数看，中部六省非金属矿物制品业综合竞争力较强的省份是河南、湖北两省；江西省该行业综合竞争力指数排名呈现逐渐下降的趋势，截至 2018 年排在中部地区的第 5 位，行业发展水平亟待提高（表 9）。

表9 中部六省非金属矿物制品业综合竞争力指数　　　　　　单位：%

| | 2013 年 | 2014 年 | 2015 年 | 2016 年 | 2017 年 | 2018 年 |
|---|---|---|---|---|---|---|
| 山西 | 0.07 | 0.04 | 0.01 | 1.08 | 1.30 | 1.66 |
| 安徽 | 1.92 | 1.50 | 1.01 | 8.94 | 9.71 | 16.28 |
| 江西 | 4.93 | 4.42 | 4.31 | 14.19 | 11.17 | 13.86 |
| 河南 | 18.93 | 13.91 | 12.52 | 67.30 | 58.88 | 14.81 |
| 湖北 | 2.70 | 5.00 | 2.11 | 13.24 | 11.11 | 18.26 |
| 湖南 | 4.61 | 3.03 | 2.55 | 14.13 | 13.79 | 15.30 |

### 5. 农副食品加工业

（1）市场占有率：江西排名第五

从市场占有率情况看，自 2013 年以来，河南省农副食品加工业市场占有率稳居中部第 1 位，达到 25% 以上；湖北省呈现波动趋势，截至 2018 年，市场占有率达到 24.55%，居中部第 2 位；湖南、安徽两省市场占有率在 15%～22% 浮动，位列中部第 3、第 4 位；江西省市场占有率排名中部第 5 位，维持在 10% 左右。综上表明，江西省农副食品加工业行业产出规模偏小，市场份额存在明显劣势（图 31）。

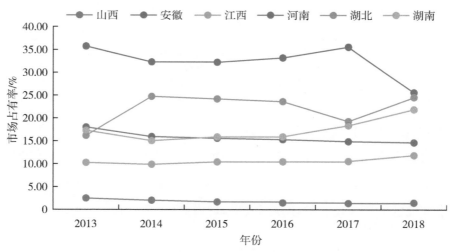

图 31　中部六省农副食品加工业市场占有率情况

（2）总资产贡献率：江西排名第一

从总资产贡献率情况看，2013年以来，江西省总资产贡献率相对稳定，保持在29%左右，盈利能力较强；其余五省总资产贡献率均存在一定幅度的降低，特别是湖南省，由2013年的31.61%下降至2015年的22.71%，盈利能力下降明显（图32）。

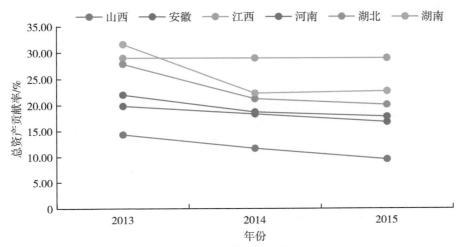

图32　中部六省农副食品加工业总资产贡献率情况

（3）主营业务收入发展率：江西排名靠后

从主营业务收入发展率情况看，自2013年以来，中部六省均存在一定程度的下滑，其中下滑最为明显的是湖北省，截至2018年，中部六省的主营业务收入均出现了负增长。由此表明，中部六省农副食品加工业发展后劲存在明显不足，行业持续发展能力有待提高（图33）。

（4）专业化率：江西排名第五

从专业化率情况看，自2013年以来，农副食品加工业专业化水平较高的几个省份，分别是专业化率值均超过100%的湖北、河南、湖南三省；安徽省排在中部第4位，专业化率值达到90%左右；江西省排名中部第五，专业化率值仅能达到70%左右（图34）。

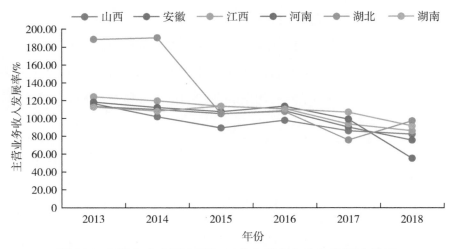

图 33　中部六省农副食品加工业主营业务收入发展率情况

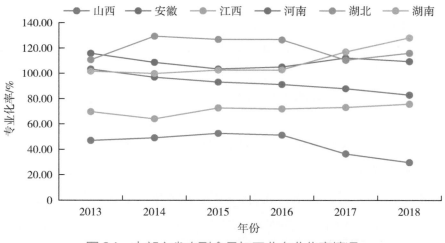

图 34　中部六省农副食品加工业专业化率情况

（5）综合竞争力指数：江西排名第五

从综合竞争力指数看，自 2013 年以来，河南省综合竞争力指数基本维持在第一的位置，属于河南省的优势特色产业；湖北、湖南、安徽三省分列中部的第 2～4 位；江西省综合竞争力指数持续排在中部地区第 5 位，综合竞争力较弱，行业整体发展水平亟待提升（表 10）。

表 10　中部六省农副食品加工业综合竞争力指数　　　单位：%

| | 2013 年 | 2014 年 | 2015 年 | 2016 年 | 2017 年 | 2018 年 |
|---|---|---|---|---|---|---|
| 山西 | 0.20 | 0.12 | 0.08 | 0.76 | 0.44 | 0.37 |
| 安徽 | 4.19 | 3.11 | 2.55 | 15.08 | 11.74 | 9.11 |
| 江西 | 2.58 | 2.20 | 2.49 | 8.35 | 7.23 | 7.71 |
| 河南 | 10.79 | 7.39 | 6.39 | 39.68 | 39.54 | 15.46 |
| 湖北 | 9.42 | 12.95 | 6.51 | 32.24 | 16.17 | 27.71 |
| 湖南 | 6.26 | 3.62 | 4.20 | 18.09 | 22.95 | 25.63 |

### 6. 化学原料和化学制品制造业

（1）市场占有率：江西排名第五

从市场占有率情况看，自 2013 年以来，河南省市场占有率居中部第 1、第 2 位，达到 23%～28%；湖北省变化趋势较大，整体市场占有率在 20% 左右；湖南省排名中部第 3 位，市场占有率维持在 18% 左右；江西省排名中部第 5 位，市场占有率仅有 15% 左右。综上表明，江西省化学原料和化学制品制造业行业产出规模仍然偏小，市场占有份额有限（图 35）。

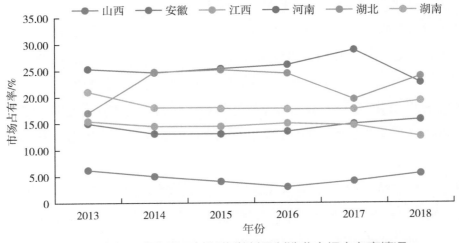

图 35　中部六省化学原料和化学制品制造业市场占有率情况

（2）总资产贡献率：江西排名第二

从总资产贡献率情况看，自 2013 年以来，湖南省该行业盈利能力最强，总资产贡献率达到 27% 左右；江西省稳居中部地区第 2 位，总资产贡献率在 20% 左右，盈利能力较强；湖北、安徽、河南三省总资产贡献率保持在 13% 左右，排名中部地区的第 3～5 位；山西排名垫底，盈利能力最差（图 36）。

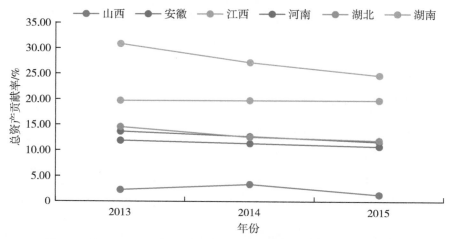

图 36　中部六省化学原料和化学制品制造业总资产贡献率情况

（3）主营业务收入发展率：江西排名靠后

从主营业务收入发展率情况看，中部六省中发展势头最强的是山西省，由 2013 年的 103.02% 上升至 2018 年的 113.95%；其余五省均出现了一定幅度的下滑，其中江西省由 2013 年的 102.8% 下滑至 2018 年的 72.34%，主营业务收入从 2017 年开始出现了负增长。综上表明，江西省化学原料和化学制品制造业呈现出一定的发展后劲不足趋势，可持续发展的动力不强（图 37）。

（4）专业化率：江西排名靠后

从专业化率情况看，自 2013 年以来，湖南、湖北、山西三省专业化率基本均超过了 100%，表明化学原料和化学制品制造业在这三省均为专业化部门；2013—2017 年，江西专业化率水平基本维持在 100% 左右，但 2018 年，出现大幅下滑，仅达到 80% 左右，排在中部垫底（图 38）。

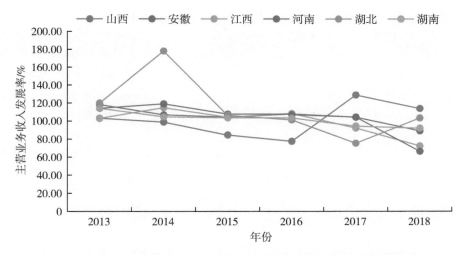

图 37　中部六省化学原料和化学制品制造业主营业务收入发展率情况

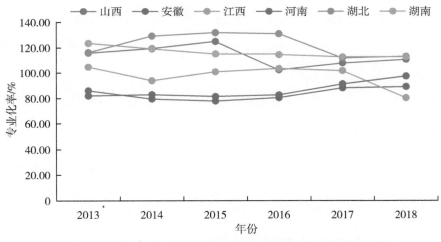

图 38　中部六省化学原料和化学制品制造业专业化率情况

（5）综合竞争力指数：江西排名第五

从综合竞争力指数看，自 2013 年以来，江西省化学原料和化学制品制造业综合竞争力指数排名从中部地区的第 3 ～第 4 位下滑至第 5 位，指数差距正逐渐拉大。综上所述，江西省化学原料和化学制品制造业发展水平与中部其他发达省份的差距正在逐渐拉大，着力提升发展后劲刻不容缓（表 11）。

表 11　中部六省化学原料和化学制品制造业综合竞争力指数　　　单位：%

| | 2013 年 | 2014 年 | 2015 年 | 2016 年 | 2017 年 | 2018 年 |
|---|---|---|---|---|---|---|
| 山西 | 0.17 | 0.20 | 0.06 | 2.41 | 5.76 | 7.05 |
| 安徽 | 2.09 | 1.41 | 1.23 | 11.77 | 13.75 | 12.54 |
| 江西 | 3.27 | 3.08 | 2.99 | 16.86 | 13.76 | 7.32 |
| 河南 | 2.82 | 2.76 | 2.39 | 23.18 | 27.61 | 14.74 |
| 湖北 | 3.45 | 7.15 | 4.19 | 32.56 | 16.53 | 28.09 |
| 湖南 | 9.15 | 6.09 | 5.23 | 21.02 | 18.85 | 20.06 |

### 7. 汽车制造业

（1）市场占有率：江西排名第五

从市场占有率情况看，自 2013 年以来，湖北省稳居中部地区第 1 位，市场占有率达到 40% 左右；河南排在中部第 2 位，市场占有率达到 20% 左右；安徽排名第 3 位，市场占有率 18% 左右；湖南、江西两省市场占有率仅到 10% 左右，湖南省略高排第 4 位，江西省仅能强于山西，排名第 5 位。综上可知，江西省在汽车制造业领域的产出规模仍然偏小，与发达省份的差距明显（图 39）。

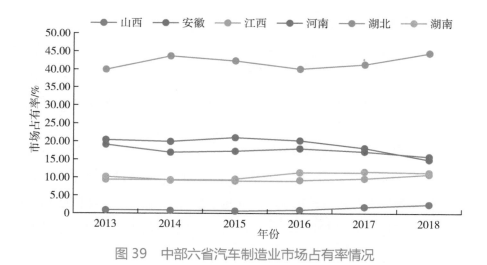

图 39　中部六省汽车制造业市场占有率情况

（2）总资产贡献率：江西排名前列

从汽车制造业总资产贡献率情况看，自 2013 年以来，江西省总资产贡献率稳定保持在 18% 左右，盈利能力较强；河南、湖北两省能达到 17% 左右，盈利能力略低于江西；湖南、安徽两省总资产贡献率在 8% ～ 11% 浮动，排名中部地区的第 4、第 5 位；山西盈利能力最弱，排名中部垫底（图 40）。

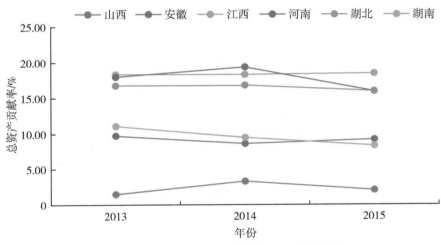

图 40　中部六省汽车制造业总资产贡献率情况

（3）主营业务收入发展率：江西排名前列

从主营业务收入发展率情况看，自 2013 年以来，中部地区除山西变化较大以外，其余五省基本趋于稳定；江西省主营业务收入发展率基本维持在 100% 以上，虽然 2018 年增速出现小幅下滑，但仍然排在中部地区的第 2 位，表明江西省汽车制造业发展势头良好，但增速在逐渐减弱（图 41）。

（4）专业化率：江西排名第三

从专业化率情况看，2013 年以来，湖北省专业化率稳居中部第 1 位，专业化率达到 200% 以上，专业化程度最高；安徽省专业化率基本维持在 100% 左右；河南、湖南、江西、山西四省专业化率均低于 70%，专业化程度较低（图 42）。

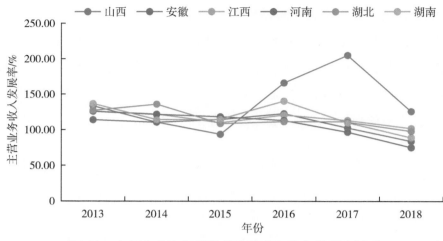

图41 中部六省汽车制造业主营业务收入发展率情况

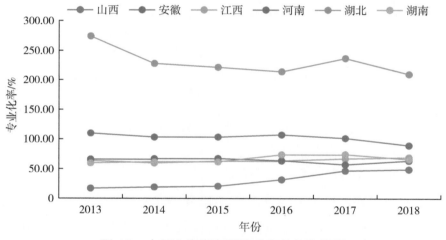

图42 中部六省汽车制造业专业化率情况

（5）综合竞争力指数：江西排名第三

从汽车制造业综合竞争力指数看，自2013年以来，综合竞争力最强的省份是湖北省；江西与河南、安徽三省综合竞争力排名中部地区前列；江西省汽车制造业综合竞争力指数与河南、安徽差距不大，但与排名第一的湖北省差距巨大，行业发展水平亟待提高（表12）。

表 12　中部六省汽车制造业综合竞争力指数　　　　单位：%

| | 2013 年 | 2014 年 | 2015 年 | 2016 年 | 2017 年 | 2018 年 |
|---|---|---|---|---|---|---|
| 山西 | 0.00 | 0.01 | 0.00 | 0.50 | 1.75 | 1.55 |
| 安徽 | 2.33 | 1.67 | 1.89 | 23.71 | 17.94 | 11.85 |
| 江西 | 1.39 | 1.23 | 1.16 | 7.10 | 7.42 | 7.71 |
| 河南 | 3.05 | 3.16 | 2.69 | 14.65 | 10.10 | 7.19 |
| 湖北 | 23.41 | 22.86 | 16.38 | 96.11 | 108.89 | 91.84 |
| 湖南 | 0.92 | 0.63 | 0.57 | 11.81 | 9.53 | 6.71 |

**8. 黑色金属冶炼和压延加工业**

（1）市场占有率：江西排名第六

从市场占有率情况看，自 2013 年以来，河南省市场占有率上升趋势迅猛，但 2016 年开始出现大幅下滑；山西、湖北、安徽、湖南四省市场占有率分别排在中部地区的第 2～第 5 位；江西省黑色金属冶炼和压延加工业市场占有率在中部地区排名最末，仅占 10% 左右，市场占有率极低（图 43）。

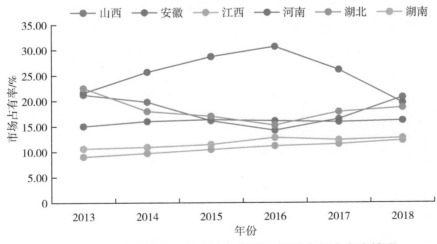

图 43　中部六省黑色金属冶炼和压延加工业市场占有率情况

（2）总资产贡献率：江西排名前列

从总资产贡献率情况看，自 2013 年以来，江西省总资产贡献率稳定维持在

13% 左右，盈利能力较强；2013 年盈利能力排名中部前两位河南、安徽两省，盈利能力存在明显下滑趋势；山西省在中部六省中盈利能力最弱，并呈现逐年下滑的趋势，2015 年山西省黑色金属冶炼和压延加工业甚至出现了亏损（图 44）。

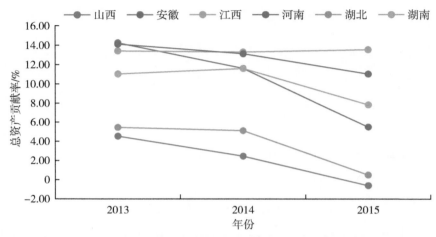

图 44　中部六省黑色金属冶炼和压延加工业总资产贡献率情况

（3）主营业务收入发展率：江西排名第二

从主营业务收入发展率情况看，自 2013 年以来，中部六省均呈现了先降后升的趋势。截至 2018 年，山西省主营业务收入增幅最高，达到 20% 左右，居中部地区的第 1 位；江西省的主营业务收入增幅仅 0.68%，增速出现减缓（图 45）。

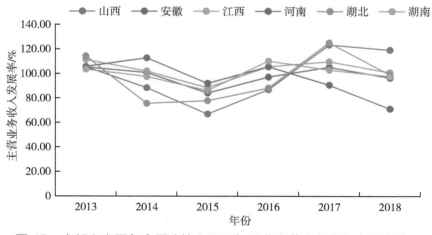

图 45　中部六省黑色金属冶炼和压延加工业主营业务收入发展率情况

（4）专业化率：江西排名靠后

从专业化率情况看，自 2013 年以来，山西省稳居中部地区的第 1 位，专业化率达到 400% 以上；中部其他五省的专业化率值基本一致，均低于 100%。综上可知，在黑色金属冶炼和压延加工业领域，中部六省中仅有山西省的专业化程度高，其余五省的专业化发展程度均较低（图 46）。

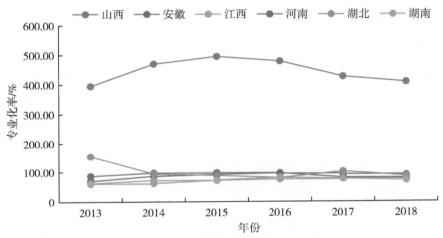

图 46　中部六省黑色金属冶炼和压延加工业专业化率情况

（5）综合竞争力指数：江西排名第五

从综合竞争力指数看，山西省行业综合竞争力强，除了个别年份（2014—2015年）外，综合竞争力指数均排名中部第一；河南、湖北、安徽三省行业综合竞争力较强，在中部地区分别居第 2～4 位；湖南、江西两省综合竞争力较弱，排在中部地区的后两位（表 13）。

表 13　中部六省黑色金属冶炼和压延加工业综合竞争力指数　　　单位：%

|  | 2013 年 | 2014 年 | 2015 年 | 2016 年 | 2017 年 | 2018 年 |
|---|---|---|---|---|---|---|
| 山西 | 4.02 | 2.03 | 0.32 | 59.25 | 87.04 | 101.34 |
| 安徽 | 1.95 | 1.81 | 0.74 | 14.92 | 15.57 | 14.17 |
| 江西 | 0.83 | 0.83 | 0.91 | 9.02 | 10.00 | 9.57 |
| 河南 | 2.25 | 3.27 | 2.68 | 31.35 | 19.50 | 11.75 |

| | 2013 年 | 2014 年 | 2015 年 | 2016 年 | 2017 年 | 2018 年 |
|---|---|---|---|---|---|---|
| 湖北 | 2.17 | 0.65 | 0.06 | 10.91 | 22.87 | 16.35 |
| 湖南 | 0.76 | 0.89 | 0.57 | 11.60 | 9.92 | 9.14 |

### 9. 医药制造业

#### （1）市场占有率：江西排名第三

从市场占有率情况看，自 2013 年以来，河南省医药制造业市场占有率呈现下滑趋势，由 33% 下滑至 20% 左右；湖北省上升趋势明显，截至 2018 年，市场占有率达到 23%，位居中部第一；江西省市场占有率维持在 20% 左右，截至 2018 年，排在中部第 3 位，与排在第 4、第 5 位的湖南、安徽相差不大，但较排在最后的山西有较大优势（图 47）。

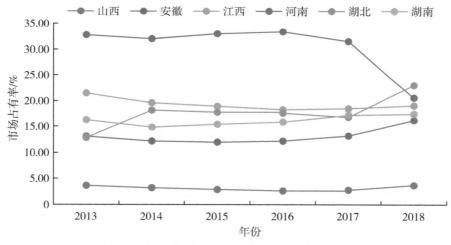

图 47 中部六省医药制造业市场占有率情况

#### （2）总资产贡献率：江西排名第一

从总资产贡献率情况看，自 2013 年以来，江西省医药制造业总资产贡献率值最高，稳定维持在 29% 左右，表明行业盈利能力强且稳定；湖南省行业盈利能力逐年下降，总资产贡献率从 2013 年的 27.7% 下降至 2015 年的 23.09%；河南、安徽、湖北三省医药制造业总资产贡献率值在 15% ~ 20%；山西盈利能力最差，仅有 10% 左右（图 48）。

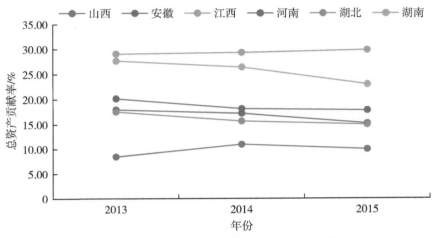

图 48　中部六省医药制造业总资产贡献率情况

（3）主营业务收入发展率：江西排名靠后

从主营业务收入发展率情况看，2013—2015 年，中部各省的主营业务收入增幅大部分超过 10%，行业发展势头良好；从 2015 年开始，中部六省医药制造业主营业务收入增幅整体开始下降，发展速度开始减缓，截至 2018 年，主营业务收入呈现增长的仅有山西、湖北两省。综上表明，江西省医药制造业行业发展的后劲不足，可持续发展动力亟待增强（图 49）。

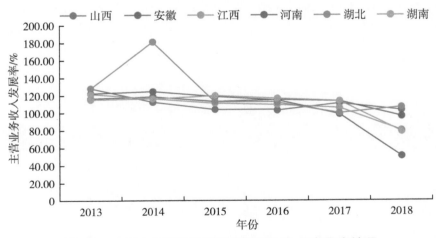

图 49　中部六省医药制造业主营业务收入发展率情况

（4）专业化率：江西排名第一

从医药制造业专业化率情况看，自2013年以来，江西省该行业专业化率稳定保持在120%以上，表明江西省医药制造业专业化程度高；河南、湖南、湖北三省医药制造业专业化率维持在100%左右，属于专业化行业；安徽、山西两省则低于100%，行业专业化程度较低（图50）。

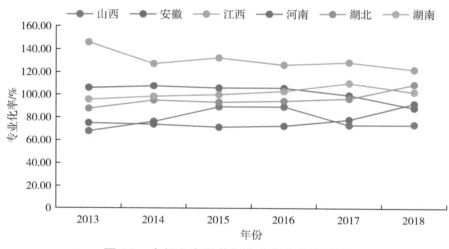

图 50 中部六省医药制造业专业化率情况

（5）综合竞争力指数：江西排名第二

从医药制造业综合竞争力指数看，自2013年以来，江西省该行业综合竞争力指数排名维持在前列（2013—2015年排在中部第1位、2016—2018年排在中部第2位），表明江西省医药制造业是中部地区的优势行业；中部地区的安徽、湖北、湖南等省份正不断加快医药制造业的发展步伐，江西省医药制造业的优势正不断削减（表14）。

表 14 中部六省医药制造业综合竞争力指数　　　　　　单位：%

| | 2013 年 | 2014 年 | 2015 年 | 2016 年 | 2017 年 | 2018 年 |
|---|---|---|---|---|---|---|
| 山西 | 0.27 | 0.30 | 0.27 | 2.43 | 2.27 | 2.80 |
| 安徽 | 2.05 | 1.84 | 1.47 | 10.11 | 11.59 | 14.32 |
| 江西 | 10.52 | 8.55 | 8.34 | 25.27 | 25.02 | 18.60 |

|  | 2013 年 | 2014 年 | 2015 年 | 2016 年 | 2017 年 | 2018 年 |
|---|---|---|---|---|---|---|
| 河南 | 8.59 | 7.82 | 7.42 | 40.47 | 30.82 | 9.21 |
| 湖北 | 2.53 | 4.93 | 2.81 | 18.65 | 16.22 | 26.68 |
| 湖南 | 5.24 | 4.49 | 4.27 | 19.04 | 21.51 | 14.05 |

### 10. 纺织服装、服饰业

（1）市场占有率：江西排名前列

从纺织服装、服饰业市场占有率情况看，自 2013 年以来，江西省该行业市场占有率呈现逐渐下滑的势头，由 2013 年的 30.04% 下滑至 2018 年的 23.71%；河南省呈现上升趋势，由 2013 年的 23.51% 上升至 2018 年的 25.61%，从 2017 年开始超越江西，排名中部第一；安徽、湖北、湖南、山西四省该行业市场占有率基本稳定，没有大幅增减（图 51）。

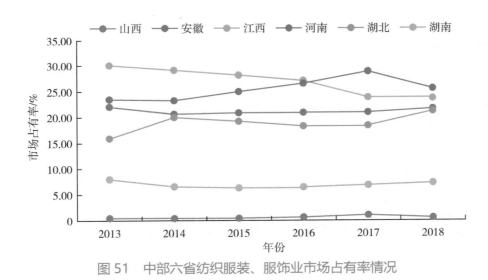

图 51　中部六省纺织服装、服饰业市场占有率情况

（2）总资产贡献率：江西排名第一

从总资产贡献率情况看，自 2013 年以来，江西省该行业总资产贡献率稳定维持在 46% 左右；中部其他各省该行业的盈利能力与江西相比差距较大，其总资产贡献率值均低于 35%。由此表明，江西省纺织服装、服饰业盈利能力强且稳定，与中

部其他各省相比，具有突出优势（图52）。

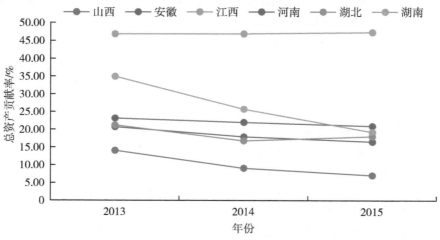

图 52　中部六省纺织服装、服饰业总资产贡献率情况

（3）主营业务收入发展率：江西排名靠后

从主营业务收入发展率情况看，自 2013 年以来，江西省该行业的主营业务收入增幅逐年降低，由 2013 年的 30.67% 下滑至 2018 年的 –19%，可持续发展能力由中部第一下降至中部靠后，发展动力明显不足；截至 2018 年，中部地区该行业的主营业务收入均出现负增长（图53）。

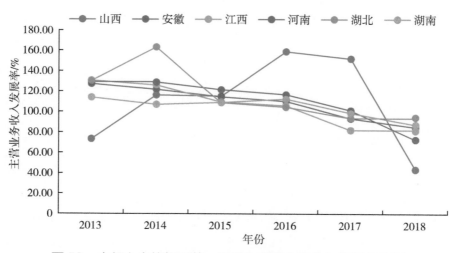

图 53　中部六省纺织服装、服饰业主营业务收入发展率情况

（4）专业化率：江西排名第一

从专业化率情况看，自 2013 年以来，江西省纺织服装、服饰业专业化率维持在 150% 以上，专业化程度高；安徽、湖北两省纺织服装、服饰业专业化率也一直保持在 100% 以上，说明该行业在安徽、湖北两省属于专业化行业；河南、湖南、山西三省专业化率大多低于 100%，行业专业化程度较低（图 54）。

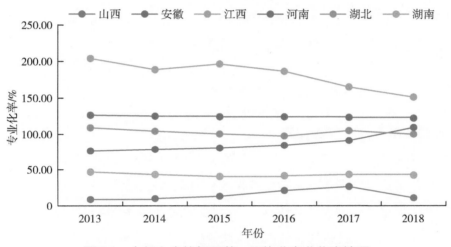

图 54　中部六省纺织服装、服饰业专业化率情况

（5）综合竞争力指数：江西排名第一

从综合竞争力指数看，自 2013 年以来，江西省纺织服装、服饰业综合竞争力指数始终排在中部第 1 位，且较中部其他五省的优势较大，如 2013 年江西省综合竞争力指数为 37.48%，安徽仅有 8.23%。综上表明，江西省纺织服装、服饰业属于中部地区制造业的优势行业，与中部其他五省相比，具备显著优势（表 15）。

表 15　中部六省纺织服装、服饰业综合竞争力指数　　单位：%

|  | 2013 年 | 2014 年 | 2015 年 | 2016 年 | 2017 年 | 2018 年 |
| --- | --- | --- | --- | --- | --- | --- |
| 山西 | 0 | 0 | 0 | 0.22 | 0.44 | 0.03 |
| 安徽 | 8.23 | 6.93 | 6.22 | 28.71 | 24.23 | 22.51 |
| 江西 | 37.48 | 32.44 | 28.58 | 53.57 | 32.42 | 29.27 |

续表

|  | 2013 年 | 2014 年 | 2015 年 | 2016 年 | 2017 年 | 2018 年 |
| --- | --- | --- | --- | --- | --- | --- |
| 河南 | 4.79 | 4.21 | 4.03 | 26.14 | 26.67 | 20.44 |
| 湖北 | 4.81 | 5.73 | 3.79 | 18.70 | 18.18 | 20.08 |
| 湖南 | 1.49 | 0.78 | 0.54 | 3.03 | 2.94 | 2.70 |

## 三、江西省制造业发展存在的问题及原因

### （一）江西省制造业发展存在的问题

#### 1. 产业体量小，产出效率低

从江西省制造业整体看，自 2013 年以来，虽然体现制造业发展规模与产出效益的固定资产投资额、企业数、主营业务收入、利润总额等指标数值不断提升，发展规模不断扩大，但是与中部地区其他省份的差距仍然明显，特别是与中部排名第一的河南省差距更为巨大。由此表明，江西省发展规模不大、效率不高的问题仍然明显。

从江西省制造业优势行业看，江西省制造业十大优势行业中，非金属矿物制品业，电气机械和器材制造业，化学原料和化学制品制造业，农副食品加工业，汽车制造业，黑色金属冶炼和压延加工业，计算机、通信和其他电子设备制造业等七大行业在中部地区的市场占有率较低，优势行业产出规模仍然偏小，优势不明显，甚至没形成优势。

#### 2. 行业增长势头减缓，发展后劲不足

从江西省制造业优势行业的主营业务收入发展率指标看，十大优势行业中的电气机械和器材制造业，有色金属冶炼和压延加工业，化学原料和化学制品制造业，非金属矿物制品业，医药制造业，农副食品加工业，纺织服装、服饰业等七大行业的发展率在逐年降低，行业发展后劲与可持续发展动力明显不足。

#### 3. 生产方式落后，智能化转型缓慢

受此次新冠肺炎疫情影响，江西省制造业面临着原材料与劳动力短缺等问题。一是供应链面临冲击。由于新冠肺炎疫情影响，各地实施的交通管控措施，导致江

西制造业原材料的供应链面临巨大冲击，尤其是湖北作为重要的工业大省之一，是很多产业上游零部件产品的重要供应地，如光通信、电子信息、汽车零部件等，而湖北作为疫情的原发地，也是疫情的重灾区，经济活动已基本陷入停顿，对江西省制造业的影响不言而喻。二是劳动力缺口巨大。调研结果显示，截至 2020 年 2 月 10 日，71% 的样本企业根据江西省新冠肺炎疫情防控指挥部第 3 号公告要求已复工，但复产情况普遍较差，生产水平仅占正常情况的 30% ～ 40%，特别是劳动密集型企业，复工复产面临巨大劳动力缺口。

江西省制造业发展受疫情的巨大影响，映射出制造业发展存在的生产方式落后、智能化转型缓慢等问题。一方面，江西省制造业有色金属冶炼和压延加工业，纺织服装、服饰业等特色优势行业，生产方式落后，需大量劳动力要素支撑；另一方面，江西制造业传统优势行业的信息化、数字化、智能化转型缓慢，无法通过自动化生产模式减少对人工的依赖，同时物流供应链智能化滞后，导致供应链抗风险能力明显不足。

### （二）江西省制造业发展问题的成因

#### 1. 缺乏龙头企业，品牌影响力不够

江西省制造业企业规模较小，产业布局分散，产业集聚效应较低，缺乏具有国际竞争力和产业链整合能力的大企业。2018 年，江西省规模以上工业企业中，大型企业仅有 197 家，仅占全部规模以上工业企业数的 1.69%，而中小型企业所占比为 95.36%。制造业企业以中小企业为主的局面使得行业内缺乏龙头企业，生产集中度低，严重影响企业技术进步、企业资源有效利用、企业经营效率、行业利润率和国际竞争力。2018 年，中国制造业 500 强中仅有 11 家是江西企业。产品关联度低，产业配套能力不足，大型企业与中小企业的协作关系不强，未能充分发挥龙头企业的带动作用。此外，制造业缺乏知名品牌，制造业品牌知名度不高。2018 年中国品牌 500 强中仅有 7 个属于江西，仅占全国的 1.4%，主要集中在医药或化工产品，装备制造业作为重要的制造业部门，还没有出现品牌产品。

#### 2. 科研投入少，技术水平低

从制造业研发经费投入看，2017 年，江西省制造业研发经费投入仅为 218 亿

元，投入强度仅为 0.69%，均位列中部六省后两位，制造业研发经费投入不到中部排名第一的湖南省的一半，经费投入强度也只到湖南省的一半（湖南省制造业研发经费为 499 亿元，投入强度为 1.38%），差距明显。

从制造业技术水平看，2017 年，体现制造业技术水平的高技术产业生产强度、新产品销量率、企业技术中心数量等指标显示，江西省高技术产业生产强度不高、新产品销售率较低、企业技术中心数量偏少。

总体来说，制造企业在研发投入与生产线智能化改造等方面投入少，减缓了企业智能化、信息化、数字化的转型进程。

**3. 劳动力成本上升，要素优势弱化**

从行业性质来看，江西省制造业仍以劳动密集型、加工型和价值链低端产品居多，许多高新技术产品也只是停留在劳动密集型的加工装配环节。十大支柱行业中的有色金属冶炼和压延加工业，电气机械和器材制造业，非金属矿物制品业，农副食品加工业，汽车制造业，黑色金属冶炼和压延加工业，纺织服装、服饰业等均是劳动或资源密集型的传统产业，其竞争优势主要是依靠自然资源与廉价劳动力资源等要素资源的支撑，而数据显示，2013—2017 年，江西省制造业城镇私营单位就业人员平均工资由 26 924 元上升至 41 837 元，要素优势正在不断弱化，行业发展的可持续性正在减弱。

## 四、提升制造业竞争力，重塑"江西制造"辉煌的对策建议

### （一）创新产业发展模式，推动制造业提质增效

一是加大资源优化整合力度。采取资产重组和战略整合等措施，对在中部地区市场占有率明显弱势的江西省电气机械和器材制造业，非金属矿物制品业，化学原料和化学制品制造业，计算机、通信和其他电子设备制造业，农副食品加工业，汽车制造业，黑色金属冶炼和压延加工业等七大制造业行业进行整合优化，形成一批创新能力强、品牌贡献大、经济效益好、有国际竞争力的行业龙头企业集团；聚集成长型企业，加大政策扶持力度，大力发展新技术、新产业、新模式、新业态等新型小微企业，支持其进行生产线改造与扩建，引导其通过兼并、收购、合资等方式

做大产业规模。

二是加快打造信息化、数字化、低碳化的发展模式。加大对有色金属冶炼和压延加工业，电气机械和器材制造业，非金属矿物制品业，医药制造业，纺织服装、服饰业，计算机、通信和其他电子设备制造业等6个具有综合竞争力优势行业的改造力度，通过技术改造贷款贴息、产业引导基金投资等方式支持和鼓励企业信息化、数字化改造；以政府购买服务等方式鼓励中小企业与服务平台合作，引导中小企业通过"上云"提升数字化水平；通过试点示范，培育工业互联网平台，鼓励支持优势企业提高工业互联网应用水平，推广网络化协同制造、服务型制造、大规模个性化定制等新模式、新业态；大力推进发展模式向创新驱动、绿色发展转变，重点培育先进装备制造、新一代信息技术、锂电及电动汽车、新能源、新材料、生物和新医药、绿色食品等新兴产业，借助中药大科学装置与中科院稀土研究院等科研平台的技术带动作用，打造绿色供应链，大力化解过剩产能、淘汰落后产能，提升江西省生物医药、新材料等制造业的核心竞争力。

三是促进制造业与服务业相融合。创新制造业服务化模式，拓展企业价值链，借助信息化技术的发展，大力发展产品研发、个性化定制、电子商务、售后全方位服务等高附加值环节，变单纯的加工制造为以服务为导向的服务性制造，创造优质服务，提高有形产品的竞争力和盈利水平；大力发展生产性服务业，江西应充分发挥土地成本低、交通网络发达、劳动力资源丰富等综合优势，大力发展物流运输业，从而降低本地制造业成本，推进专业化水平不断深化、资源配置效率不断提高。

## （二）创新产业技术体系，构建协同创新生态网络

一是突出企业创新主体地位。对标苹果、大众、特斯拉等世界创新型领军企业，提高龙头骨干企业创新能力，鼓励大中型工业企业和规模以上高新技术企业建立研发机构，打造一批拥有核心知识产权和自主品牌、具有国际竞争力的知识产权密集型企业；坚持以企业为主体，建立健全多层次、多渠道的研发投入机制，有效激励企业加大创新投入；实施重大项目，突破核心技术，加强前沿领域布局，形成先进制造核心技术先发优势。

二是创新科技投入机制。改变以往政府主导的单一科技投入方式，加大研发

费用加计扣除、高新技术企业所得税优惠等普惠制经费落实力度，设置企业研发投入后补助专项基金，激励引导企业普遍建立研发准备金制度，引导企业加大研发投入；以政府引导为辅、市场化运作为主，设立科技风险、科技担保等专项基金，发挥政府基金风险缓释的兜底作用，带动创投、信贷、保险等社会资本共同投入，拓展企业投融资渠道。

三是完善产学研协同创新机制。充分发挥中科院江西产业技术创新与育成中心的平台效应，搭建企业与科研院校之间的桥梁，促进科研院校创新资源与企业资本有效结合，形成企业与科研机构间的协作网络；吸纳企业及社会资金建立高校科技企业，实现科研成果与产业发展的无缝对接；深入推进军民融合，开展军民两用技术联合攻关，强化研用对接，加快成果转化；实施重大科技成果转化专项，开展省地联合招标，吸引海内外重大科技成果落户转化，开发一批智能制造重大战略产品；加快创新成果转化应用，支持重点院校、科研机构、制造业创新中心等建立创新成果产业化基金，加快推动省重点产业知识产权运营基金市场化运作。

四是加大创新平台的稳定支持力度。对国家级、省级重点实验室与企业技术创新中心等创新类研发平台，国家级、省级众创空间、科技企业孵化器等双创服务平台，在基础条件建设、科研设备配置、人才住房配套服务及运行经费等方面持续给予支持；完善创新平台的绩效考核机制，以研发能力、资源开放共享、人才培养和行业服务能力等指标为评价重点，采取建设补助、绩效后补助相结合的方式支持创新平台的建设与发展。

### （三）创新人才培育机制，夯实制造业创新发展基础

一是优化人才引育机制。创新人才引进模式，采取专职与兼职、长期聘用与短期服务相结合等方式，以"不求为我所有，但求为我所用"的务实态度，实现对高端制造业技术人才的引进与使用；建立基础研究人才培养长效稳定支持制度，通过政府财政性资金补贴等方式，支持人才开展技术攻关、创新创业、国际交流等活动；优化人才保障机制，提升中高端制造技术人才基本工资待遇水平，建立完善知识、技术、管理、技能等要素参与分配的机制，构建有利于创新人才发挥作用的多种分配方式，支持企业创新人才以股权、期权等多种形式参与收益分配。

二是健全人才评价体系。科学设置评价标准，以岗位实际需要为基础，注重实践能力和实际贡献，尽可能弱化关联度不大的刚性要素，如年龄、资历、学历等；注重考核标准的导向性作用，把人才考核评价与企业发展战略及人才开发的各环节有效结合起来，正确引导人才努力方向；创新考核评价方式，坚持经营管理、专业技术、操作技能三大类别的分类考核原则，拓宽评价渠道，增加考核评价的方式方法，提高考核评价的准确性；提高考核评价效率，实行各类考核评价结果共享，减少重复评价；增强考核评价的开放性和透明度，避免考核评价中的晕轮效应、感情干扰和权威影响，做到客观公正；强化考核评价结果应用，有效调动人才的积极性与主动性。

### （四）创新产业开放合作，助力制造业做强做优

一是加快区域一体化进程。加大对区域一体化实施过程中的财政、税费、金融支持力度，破除一体化发展过程中的体制机制障碍，推动昌九一体化，赣南苏区、赣西、赣东北一体化进程加速；建立政策协调和对话协商机制，破除行政壁垒，培育一体化的要素和产品市场，保障要素和产品在地区间自由流动成本最小化，统筹招商政策，抱团承接沿海地区的产业梯度转移，促进完整产业链在区域内的形成，推动区域产业的发展与壮大。

二是加速区域间交流合作进程。充分发挥江西毗邻"长三角"、"珠三角"、海西经济区的区位优势，通过优化政务服务、降低企业生产经营成本、提升产业园区基础设施配套能力等举措，大力优化营商环境，有效承接沿海产业链的梯度转移，同时保持自身产业发展方向和特色定力，注重拟引进项目的产业关联度，促进产业链条闭环，如南昌高新区与赣江新区应结合自身产业特色，分别致力于承接粤港澳大湾区的电子信息产业与生物医药产业转移；加强中部各省间的交流合作，通过加强地区之间的横向和纵向合作，探寻更为有效的资源配置方式，拓宽合作领域，完善合作机制，创新合作方式，尽可能避免过度竞争，实现共同发展。

三是拓展国内外市场。深入开展"品质赣货、行销天下"活动，组织企业参加境内外展会，构建完善全球营销网络，支持企业创新商业模式，线上线下融合发展，不断扩大市场份额；实施全球精准合作计划，支持优势企业开展跨境并购和国

内产业并购，整合产业链上下游优质资源；鼓励有条件的企业加快"走出去"步伐，在全球范围建立国际化生产基地、研发设计基地、海外孵化器，构建全球化产业链。

**作者：**

杨兴峰　江西省科学院科技战略研究所博士

# 关于推进江西制造业智能化的对策建议

冯雪娇　李贞明　王怿超

**摘要：**《中国制造 2025》的实施，对江西省加快制造业发展升级，促进绿色崛起带来了新的发展机遇。为进一步推进江西省制造业智能化，深入企业调研分析，提出"分类施策，实现差异化发展；示范引领，带动全面发展；搭建平台，促进快速发展；引才聚才，强化智力支撑"等推进江西省制造业智能化的对策建议，呈报领导及有关部门决策时参考。

智能制造是制造技术与信息技术的融合，具有信息深度自感知、智慧优化自决策、精准控制自执行等功能。《中国制造 2025》提出，要实现工业化、信息化的"两化深度融合"。江西省将智能制造作为深入实施工业强省战略的主攻方向，推动制造业转型升级。

## 一、江西制造业智能化现状

### （一）出台惠企政策，推动制造业转型升级

2016—2018 年，江西省相继出台了《关于贯彻落实〈中国制造 2025〉的实施意见》《关于加快推进人工智能和智能制造发展的若干措施》《江西省推进智能制造万千百十工程实施方案》《江西省人民政府关于深化"互联网＋先进制造业"发展工业互联网的实施意见》等文件，提出在"十三五"期间，每年由省财政统筹安排 10 亿元资金，用于扶持制造业发展升级，对打造智能制造公共服务平台、培育智能制造基地、创建智能制造示范企业给予相应的资金支持。据不完全统计，截至 2017

年 10 月底，江西省企业累计应用了智能装备 5926 台（套），共建设了 452 个"智能工厂"、"数字化车间"，已经有一大批企业开始加快实施智能制造，并且通过有效经验模式的示范引领，带动同行业实施智能化改造。

### （二）促进两化融合，推进信息化建设

2017 年，江西省确定上饶市高新技术产业园区、鹰潭高新技术产业开发区为省级两化深度融合示范区，确定方大特钢科技股份有限公司等 50 家企业为省级两化深度融合示范企业。但根据两化融合管理体系工作平台数据，江西省两化融合发展水平得分仅为 44.5，低于全国两化融合发展水平（51.8）。

### （三）加强示范引领，推进智能工厂建设

2015—2018 年，江西省昌河直升机旋翼系统制造智能车间试点示范、江西铜业股份有限公司铜冶炼智能工厂试点示范、汉腾汽车有限公司新能源汽车智能制造试点示范等 11 个项目入围工业和信息化部智能制造试点示范项目。从 2016 年开始，江西省启动了省级智能制造试点示范工作，2016 年和 2017 年两年共确定了 80 个试点示范企业，带动实施了 227 个智能制造项目，投资共 126 亿元。尤其是智能工厂试点建设企业九江石化通过引进实时优化（RTO）系统，促进了生产过程精细化管理、动态优化、集约高效。

## 二、推进江西省制造业智能化存在的主要问题

### （一）信息化程度偏低

江西省龙头企业在部分产品上虽然已经实现了设备上的互联互通，但是并没有真正实现智能化应用。大部分企业存在智能装备不足、组织结构僵化、流程管理缺少企业信息技术应用、企业 MES（制造执行）系统和 PLM（产品生命周期管理）系统的普及率普遍较低等问题，且大部分企业未做信息化规划。根据国家信息中心发布的《中国信息社会发展报告 2016》，2016 年江西省信息社会指数为 0.3707，低于全国的 0.4523，全国排名居第 27 位，处于信息社会发展准备阶段，信息技术扩散

加速，实效显现，但发展不平衡。

### （二）企业意识不强

企业推进智能化，不是一朝一夕就能成功见效的。江西省整体制造业受总量小、层次低、资金不足、技术欠缺等多方面因素影响，江西省工业企业对推行智能化理念认识不够，自主提出设备改造动力不足，满足于短期效益，导致制造装备偏落后，车间自动化水平较低，效率不高。

### （三）高端复合型人才偏少

"中国制造2025"、"工业4.0"、"美国工业互联网"核心都是人才。对于江西省而言，制造业人才发展渠道窄、待遇偏低问题较为严重，造成省内培养人才流失严重，吸引外来人才动力不足，智能装备制造行业高端人才及复合型人才缺口较大，难以满足企业走向智能化的需求。虽然省内龙头企业对员工也有一定的培训计划，但是短期速成的人数多，系统培养的人数少，覆盖的面也不广。高校课程设置上偏理论、较宏观，与企业实际产业技术的需求脱节，导致高校毕业生就业难、企业招合适人才难的"双难"局面。

## 三、推进江西省制造业智能化的对策建议

### （一）分类施策，实现差异化发展

一是结合实际，并联式推进。当前，江西省制造业还处在机械化、电气化、自动化、信息化并存的阶段，需要整体规划，结合实际，分层级来推进智能制造，实施2.0补课、3.0普及、4.0示范这样一个并联式的发展道路。建议省工业和信息化部门针对不同的地域、行业特点，各地各行业，制定分层级提升智能制造水平的"路线图"，分类指导企业逐步推进。

二是结合行业特点，分层级施行。建议省工业和信息化部门通过采取不同的措施，对不同行业分类施策。对机械加工、食品加工、纺织服装、有色、铸造、建材等制造水平整体不高的行业，重点引导企业实施关键环节的机器代人，运用自动化

生产装备来改造生产线。对光伏、电子、汽车、生物医药等制造过程自动化程度比较高的行业，重点引导企业提升信息化管理水平，采用物联网技术，通过设备的信息集成，实现设计、生产、仓储数字化，提升智能化水平。

三是找准比较优势，差异化发展。各地人民政府、工业和信息化委、发展改革委、科技等部门应因地制宜，做好顶层设计，结合本区域制造业基础和比较优势，出台有区域针对性的推进政策，差异化发展。形成重点突出、优势明显、各具特色的区域产业发展格局。

## （二）示范引领，带动全面发展

一是实施智能制造新模式示范。建议省工业和信息化委、省发展改革委、各设区市人民政府等部门在有色金属、航空制造、石油化工、中医药等基础条件好、创新能力强、智能制造水平高的大型制造企业，开展智能制造新模式试点示范。优先支持用户、系统集成商、软件开发商、核心智能制造装备供应商等组成联合体，重点培育离散型智能制造、流程型智能制造、网络协同制造、大规模个性化定制、远程运维服务等新模式，成熟后再全面推广。利用工业互联网和工业互联网联盟集聚各类资源，促进企业在研发、设计、生产、销售等各层级数据资源的端到端集成创新。

二是实施众包众创平台示范。推动制造企业、产业园区等各类主体，以互联网平台为载体，有效聚集社会化创新和生产资源，在关键产品研发设计、制造、运维等方面形成一批公共众包众创平台，提供线上交流和资源链接服务。优化产品设计，提升研发效率，促进生产方式变革，构建开放式创新生态体系。推进众创空间发展，推广面向公众、中小企业的分包商业模式，推动跨界技术融合创新，促进成本降低和提质增效。

三是实施智能化改造示范。选取国家和省级智能制造试点示范企业为样板，发挥行业示范引领作用，带动行业内其他企业实施智能化技术改造。发挥江西省机器人与智能制造装备产业联盟的作用，分行业组织企业到试点示范企业去观摩学习，提高企业对智能制造的理解和认识，共享智能化技术改造的解决途径，推动全省制造业实施智能化技术改造。

## （三）搭建平台，促进快速发展

以创新平台、服务平台、创新战略联盟为载体，加快构建智能制造产学研用深度融合的技术创新体系，促进制造业智能化发展。

一是抓好智能制造创新平台建设。建议省科技厅、省工业和信息化委、省发展改革委、各设区市人民政府等部门大力引进国内外知名高校、大型科研机构、大型企业、具有知识产权创新人才团队，形成省—市—县（区）联动机制，与江西省制造业企业、省内高校共建从事智能制造新型研发机构。大力推进产学研用深度融合，解决产业共性、关键性技术难题，提高企业的技术创新能力，推进更多的先进技术成果在江西省转化。

二是加快搭建服务平台。以技术和资本为纽带，强化用户、系统集成商、软件开发商、装备制造企业等联合体的协同创新，加快培育和壮大智能制造系统解决方案供应商。以应用需求为导向，发展一批装备开发、安装维护、检测认证的专业服务机构。

三是建立智能制造产业技术创新战略联盟。充分利用现有科技资源，联合产业链上下游，建立产学研用紧密合作的智能制造产业技术创新联盟，开展关键共性技术研发应用、智能制造标准制定和产业化应用示范，为联盟企业提供开放共享的技术信息服务。

## （四）引才聚才，强化智力支撑

抓住高端复合型人才偏少关键问题，以人才为支撑，培养和锻炼一批从事智能技术和装备研发的创新团队。

一是加强智能制造人才队伍建设。建议省人力资源社会保障厅、省科技厅、省财政厅等部门结合智能制造发展需求，在数控机床、机器人、3D打印、智能控制系统和智能仪表等智能装备领域和物联网、人工智能、电子信息等信息领域，加快引进相关专业高层次人才和领军人才，完善人才引进配套服务体系。建议省教育厅建立多层次的智能制造人才培养体系，引导高等院校设立智能装备、机器人和工业互联网等相关专业学科，支持骨干企业与企业院校联合建立高技能人才培训基地。

二是创新人才激励模式。激励企业推广采用众包方式，通过互联网向内部员工或社会力量"悬赏"解决企业遇到的技术难题。设立政府专项资金，对于上述企业支付的奖金予以一定补贴，即企业"借贷"大众智慧、政府补贴部分"利息"。

**课题组成员：**

冯雪娇　江西省科学院科技战略研究所副所长、副研究员

李贞明　江西省科学院科技战略研究所博士

王怿超　江西省科学院科技战略研究所办公室主任、硕士

# 江西省制造业走向智能化的对策研究

冯雪娇

**摘要：** 江西制造业总体规模、创新能力、信息化程度等方面与发达省份存在较大差距，现有的技术手段和保障机制，不利于江西省深入贯彻落实《中国制造2025》，实现制造业转型升级和绿色崛起。本报告系统梳理了国内外制造业智能化现状，重点分析了江西省制造业走向智能化的基础条件和制约因素，选取了国内外相关的制造业智能化经验，并立足江西省省情，从观念、技术、人才、资金等方面提出可行的对策建议，供领导和相关部门决策参考。

近年来，以数字化、网络化、智能化制造为标志的新一轮科技革命和产业变革正在孕育兴起，电子商务、云计算、大数据、3D打印、智能机器人等信息、网络新技术正在加快与制造业融合，催生出新的生产模式和商业模式，深刻改变着传统制造业的发展格局，美国、德国等工业强国纷纷提出"再工业化""工业4.0"等战略，其核心是以智能制造为主导的制造业生产新模式，旨在依靠科技创新，抢占制造业的制高点。中国作为全球制造业中心，提出《中国制造2025》，其深含工业化、信息化"两化深度融合"的内容，实现"中国制造"向"中国智造"转型，推动制造大国向制造强国转变。

智能制造是制造技术与信息技术的融合，贯穿设计、生产、管理、服务等制造活动的各个环节，具有信息深度自感知、智慧优化自决策、精准控制自执行等功能。江西作为中部欠发达省份，更应以国家实施《中国制造2025》为契机，顺应新一轮技术革命和产业变革大势，推进"江西制造"到"江西智造"转变。本报告着眼于智能制造，基于江西省制造业智能化基础，结合美国、德国、日本及我国发达省市的制造业智能化成功经验，探讨江西制造业走向智能化的制约因素，并提出相应的对策建议。

## 一、影响制造业智能化的几个关键问题

### （一）自动化与信息化的基础建设

互联网的普及，网速的提升和保障；企业信息化系统建设，拥有信息化管理的平台和流程，能运用软件及互联网完善和手机处理相关信息。质量标准的建设和确定，为智能制造的产品流程设计和质量控制提供依据。

### （二）智能化必须具备的 ICT 技术

所谓 ICT 技术，即为信息通信技术，是电信服务、信息服务、IT 服务及应用的有机结合。智能化过程中会存在工业环境中实现设备与设备间的相互通信所产生的不同无线技术或不同品牌、功能硬件不兼容、各种设备仪器产生的海量数据，对信息处理的要求提高、移动设备的接入所造成设备状态的随机变化等问题。这些都需要多个 ICT 技术的耦合来解决。

### （三）企业的应对能力

智能化生产，对企业员工综合素质要求很高，既要懂生产技术，还要懂信息化系统的应用。企业在推进智能化过程中，不是一蹴而就的，这就要求企业上至高层，下至一线员工，都要与时俱进，提高思想认识，掌握最新自动化、信息化、数字化、智能化的技术。

## 二、国内外制造业智能化现状

### （一）美、德、日制造业智能化现状

#### 1. 美国

制造业为美国经济增长做出了巨大贡献。2013 年，美国制造业产值达到 2.08 万亿美元，占 GDP 的 12.5%。智能技术的理论和应用研究方面，美国长期处于全球主导地位，人工智能、控制论、物联网这些智能技术的基础大多起源于美国，计算机领域最高奖项图灵奖的获得者中绝大多数是美国科学家。智能制造产业化应用方面，智能元器件和制造装备在生产环节得到广泛使用。一是生产线自动化控制、仓储管理等方面早已大面积应用到 RFID 技术，有的自动化车间已经开始使用超高频 RFID；而据美国机器人工业协会估计，全美已有大约 23 万台机器人投入工厂生产。二是依托大数据、物联网等新一代信息技术的智能系统平台相继推出。罗克韦尔的开放式智能制造平台、通用的 Predix 软件平台都是依托数据采集实现工况监测管理的典范。三是生产流程管理由数字化进入智能化。特斯拉打造的机器人全自动化超级工厂 5 天内就可以实现一辆电动车从模型到成型的生产过程。

智能制造产业体系日趋完善。美国从基础元器件到智能制造装备再到工业软件系统的智能制造产业体系越来越完善。基础元器件领域，不仅有艾默生、霍尼韦尔这样的工业巨头，更有大量专注于某一细分领域的优秀小企业，仅 PLC 厂商就多达上百家，传感器更是拥有上千家研发生产商。数控机床方面，拥有 MAG、哈挺、哈斯、格里森等一批知名企业满足美国市场需求，工业机器人也拥有 American Robot 这样的知名企业。工业软件方面，从研发设计软件到管理软件，再到生产控制软件，全球绝大多数有实力的企业都来自美国。

#### 2. 德国

德国制造业提供了全国 20% 的就业，几乎是美国的 2 倍[1]，制造业产值占全德国国内生产总值的 22%，产品占出口商品总量的 82%[2]。自动化与信息化的基础建

---

[1] 来源于布鲁金斯学会对经济合作与发展组织（OECD）数据的分析。

[2] 来源于布鲁金斯学会对德国联邦统计局数据（Destatis）的分析。

设方面，德国具有健全的工业体系和产品链条，以及强健的创新能力和市场能力，体现在4个领域：机械装备、电气工程、自动化及信息通信技术（ICT）。典型机构包括：西门子、博世等多元化工业集团，能够提出集成的解决方案；SAP、库卡、FESTO、哈挺、DMG、Belden、凤凰CONTACT、LAPP、proALPHA、WITTENSTEIN等专业化软硬件系统供应商；加之弗劳恩霍夫研究所、德国人工智能研究中心、亚琛工业大学等世界领先的研究机构和大学；戴姆勒、蒂森克虏伯、MTU发动机等终端产品制造商。德国具备全面研发与应用工业4.0的实力与环境。

智能化所必需的ICT技术发展迅速。德国ICT产业本身的毛附加值已经超过了机械工程产业和汽车制造业，其优势项目是软件和嵌入式系统。德国具有较多的高质量、领先的ICT产品与服务，如德累斯顿拥有欧洲最大的微电子集束产业，生产半导体芯片。从2000—2008年，全球ICT产品的贸易额几乎增加了一倍，从22亿美元增加到40亿美元，德国的ICT出口额为1110亿美元，占世界第8位。德国的服务业出口额为151亿美元，在OECD国家中占第2位。

### 3. 日本

2015年1月29日，日本政府在"增长战略计划今后的研究方针"中明确了"大数据、人工智能、物联网等导致产业构造的变革"。日本是机器人大国，工业用机器人每年的出货额和国内产量都是世界排名第一的。2013年国内机器人生产商的出货额大约是5400亿日元，其中大部分都是面向制造业的工业机器人，特别是工业用机器人的出口比例正在急增，出口占出货额的67%。日本企业的工业机器人长期占据世界市场占有率第一位，2013年的市场占有率达到四成左右。典型企业有发那科、安川电机、纳博特斯克、哈默纳科等。

2012年7月，日本总务省ICT基本战略委员会发布了《面向2020年的ICT综合战略》，提出"活跃在ICT领域的日本"的目标。新ICT战略将重点关注大数据应用所需的社会化媒体等智能技术开发、传统产业IT创新、新医疗技术开发、缓解交通拥堵等公共领域应用。2013年7月27日，日本三菱综合研究所牵头成立了"开放数据流通推进联盟"，旨在由产官学联合，促进日本公共数据的开放应用。自2014年10月起，由于日本富士通等联合设计开发的云计算安全规则，日本连续2年被云网络服务的全球安全标准全球最大的信息产业组织Business Software Alliance

（BSA- 美国商业软件联盟）评为云计算技术与云应用环境的世界第一国。

## （二）国内重点省市制造业智能化现状

### 1. 上海

2012 年机器人产业规模已达 60 亿～ 70 亿元，2015 年产业规模高达 160 亿元，已成为国内最大机器人产业集聚区，国际产业界的四大机器人巨头：瑞士 ABB、日本发那科、德国库卡、安川电机都将其中国总部或机器人总部设在上海，这 4 家企业在中国市场占有率总共约 80%[①]。国内机器人领军企业沈阳新松在上海设有子公司，本地企业上海沃迪自动化装备公司在搬运码垛机器人领域国内领先。上海交大、上海大学、上海电气中央研究院等长期从事相关研究。根据上海机器人产业规划，到 2020 年上海机器人产业产值达到 600 亿～ 800 亿元，占全国 50% 以上份额，成为我国最大产业机器人基地、机器人核心技术研发中心、高端制造中心、分服务中心和应用中心。发展工业电子商务，宝山区被认定为全国首家"中国产业互联网创新实践区"及全国 6 家"工业电子商务区域试点"之一。中国商飞基于总装制造管理运营中心的现有数据，建立适合我国航空制造业发展的研制数据分析平台，通过对海量数据有针对性的分析，提升飞机研制能力[②]。2015 年 10 月，上海市政府发布了《上海建设具有全球影响力科技创新中心临港行动方案》和《关于建设国际智能制造中心的若干配套政策》。上海临港地区将打造国际智能制造中心。预计到 2020 年，上海智能制造体系在全国率先成形，并建设形成一批标志性智能制造示范工厂。同时，把上海打造成为对接"中国制造 2025"国家智能制造的示范基地，对接全球科技创新中心的全球智能制造的前沿阵地。

### 2. 湖南

湖南拥有长沙北斗开放实验室、华曙高科、中车株机、山河科技、泰富重装、长泰机器人等各类"湖南智造"企业。湖南省机器人产业集聚区，计划至 2016 年年底，拟引进企业 100 家，累计引进长泰、新松、三兴精密、长沙智能机器人研究院、湖南省自兴人工智能研究院等 71 个项目。上海挚优、深圳繁兴科技、广州意

---

① 中国产业信息网。

② 上海经济和信息化委员会，http：//www.sheitc.gov.cn/gydt/669187.htm。

戈力自动化等 8 家机器人企业入驻湖南省机器人产业集聚区。[①] 长沙工业云平台投入运营，该平台立足深度整合政府资源、企业资源、金融资本、人才智库、大众创新，构建一个开放聚合的信息化技术服务平台，为工业企业提供应用服务、平台服务、基础设施服务。湖南集成电路产业复合年增长率达到 50% 以上，初步形成以芯片设计和绝缘栅双极型晶体管（IGBT）为特色的长沙、株洲两大产业集聚区。目前已拥有集成电路企业 30 多家，涵盖集成电路设计、制造、封测、装备及材料等各环节，2015 年全产业链收入近 80 亿元[②]。

### 3. 安徽

安徽省以生产装备的智能化为切入点，以发展壮大智能装备产业为目标，重点打造工业机器人、高档数控机床、增材制造、智能传感控制和检测装备、智能仓储与物流装备、智能成套化装备等六大智能装备产业集群，智能制造装备产业呈现集聚发展、加快发展的良好态势。2015 年，安徽省智能装备产业实现工业总产值 735 亿元，增长 10% 以上。目前，安徽省工业机器人技术水平全国领先，产量居全国第 2 位，已成为国内具有较大影响力的工业机器人产业基地之一。2015 年生产工业机器人 2200 余台，1—9 月全省已生产机器人 2400 余台。以芜湖为龙头的芜马合机器人战略性新兴产业区域集聚发展试点，2013 年获得国家发展改革委和财政部的正式批复，是全国首个也是目前唯一一个国家级机器人产业园区。目前规划了占地 5000 亩的机器人产业园项目，到 2015 年计划培育 3～5 家产值超 50 亿元的领军企业，形成具有国际竞争力的机器人产业集聚区[③]。

## 三、江西省制造业走向智能化基础条件的具体分析

### （一）惠企政策助推智能制造

2015 年 7 月，江西省人民政府办公厅印发《关于大力推进两化深度融合加快制造业转型升级的意见》，从区域、行业、企业 3 个层面，促进信息技术向制造业

---

① 湖南经济和信息化委员会。

② http://cyyw.cena.com.cn/2016-03/29/content_322889.htm。

③ 安徽经济和信息化委员会，http://www.aheic.gov.cn/info_view.jsp?strId=14781533709978105。

各领域全面渗透，加快传统制造业升级改造。

2016 年 1 月，江西省人民政府印发《江西省人民政府关于贯彻落实〈中国制造 2025〉的实施意见》，确定了电子信息产业、生物医药产业、有色金属产业、航空制造产业、光伏产业、汽车及零部件产业、节能环保产业、特种船舶产业、新能源汽车产业、智能装备（机器人）产业，集成电路产业等十一大重点发展领域。从 2016 年起，连续 5 年，每年由省财政统筹和新增预算安排 10 亿元，用于扶持制造业发展升级。

2016 年 3 月，江西省工业和信息化委印发《江西省智能制造试点示范项目实施方案》，通过示范引领，"十三五"期间，培育 200 家智能制造示范企业，并进行后补助。

2016 年 3 月，江西省工业和信息化委印发《江西省电子信息制造业三年行动计划（2016—2018 年）的通知》，确定了通信设备产业、半导体照明产业、数字视听产业三大重点发展领域。

2016 年 3 月，江西省工业和信息化委印发《江西省两化深度融合示范专项项目管理暂行办法的通知》，提出采用后补助的方式，奖励额度一般为项目总投资的 30%，推动两化融合示范专项的实施。

2016 年 5 月，南昌高新经济技术开发区出台《南昌高新区鼓励和扶持机器人及智能制造装备产业集聚发展若干政策》，自 2016 年起每年统筹安排 1 亿元用于机器人及智能制造装备产业的资金支持。

2016 年 6 月，江西省工业和信息化委印发《江西省"互联网+"智能制造实施方案（2016—2018）》，省级财政对其智能化技术改造项目按设备投资的 5% 予以补助，单个企业最高不得超过 300 万元。对智能制造试点示范企业，新购国际先进装备给予购置总价 10% 的补助，单个企业最高不超过 500 万元。对智能制造产业基地，一次性安排基金股权投入 1000 万元，用于支持基地内公共服务平台建设。

2016 年 6 月，江西省人民政府办公厅印发《江西省强攻工业制造升级三年行动计划（2016—2018 年）》，对新兴产业培育、传统产业优化升级做了重点部署。

2016 年 8 月，江西省工业和信息化委印发《关于开展江西省制造业创新中心建设试点工作的通知》，对制造业创新中心新增研发仪器、设备设施等，按实际投资额的 20% 予以后补助，每个创新中心每年最高不超过 1000 万元。

## （二）人才环境进一步改善

人才是江西省制造业走向智能化的核心。在人才政策环境上，江西省人民政府办公厅通过印发《江西省人民政府关于贯彻落实〈中国制造 2025〉的实施意见》《关于培育发展机器人及智能制造装备产业的意见》《关于创新驱动"5511"工程的实施意见》《关于鼓励科技人员创新创业的若干规定》等一系列政策打造人才高地。例如，实施制造业人才培养计划，制定扶持措施，支持高校和职业院校开展先进制造业学科体系和人才培养体系建设，培养一批紧缺的跨学科、复合型、高学历人才和具有实际操作能力的技能人才；将互联网复合型人才纳入高层次人才引进计划和引智项目，吸引省外及海外高层次人才来赣创新创业。在大中型企业推广首席信息官（CIO）制度，壮大互联网应用人才队伍。结合国家和省专业技术人才知识更新工程、企业经营管理人才素质提升工程、高技能人才振兴计划等，开展专业技术人才培训等。

机器人及智能制造装备领域，在江西省高等院校中形成一批从事专业研发机构和成立一支得力的研发人才队伍。例如，南昌大学江西省机器人与焊接自动化重点实验室，张华教授团队承担国家 863 计划爬行式全位置焊机器人系统研究与产品开发、973 计划前期研究专项光纤智能金属结构熔焊快速制造技术的基础研究等项目，发表学术论文 80 余篇；南昌大学机器人队，刘国平教授团队获各类国家级大奖，其研制的机器人还结合市场需求，研制出迎宾、点餐、抓菜、送餐等 4 种机器人。

除高等院校外，企业内部也形成一批专业机构和高端人才，由江西省工业和信息化委牵头组织，洪都集团等发起成立了"江西省机器人及智能制造装备产业联盟"。产业联盟内共计 30 家成员单位，其中，理事长单位 1 家，副理事长单位 9 家，成员单位之间积极交流智能制造行业动态。而且，洪都集团的机器人研发团队是中航工业唯一的服务机器人项目团队，洪都集团的首席专家任福继是国家重大人才工程引智专家。九江石化成立了江西省首家石化院士工作站，钱锋院士、陈丙珍院士共同入驻该工作站。另外，中国直升机设计研究所共有国家级专家 2 人、部级专家

8 人，入选"国家新世纪百千万人才工程"和"国防科工委 511 人才"18 人，省级优势知识创新团队 1 个，省级技术带头人 1 人。江西华伍制动器股份有限公司建有院士工作站，依托清华大学摩擦学国家重点实验室，引进中科院温诗铸院士。南昌华梦达航空科技发展有限公司荣获"第六届吴文俊人工智能科学技术进步奖"三等奖。江西佳时特数控技术有限公司也在筹建院士工作站。

## （三）智能化项目成果凸显

据不完全统计，江西省有关机器人专利和授权有 90 余项。一些成果在国内外领先。主要研究方向涉及工业机器人、智能服务机器人、智能电网、中高档数控机床、自动化生产线等。以洪都航空公司、中机公司、江西泰豪科技股份有限公司、江西佳时特数控技术有限公司等企业为龙头，依托南昌大学、南昌航空大学、江西理工大学等高校科研院所为主的专业研发机构，初步建立了产学研用相结合的技术创新研发体系。2015 年江西省入围智能制造试点示范项目两个，分别是江西省昌河直升机旋翼系统制造智能车间试点示范 [ 昌河飞机工业（集团）有限责任公司 ]、九江石化智能工厂试点示范。2016 年江西铜业股份有限公司铜冶炼智能工厂试点示范和江中药业股份有限公司中药保健品智能制造试点示范入围智能制造试点示范项目，如表 1 所示。具体各单位研究现状如下。

表 1    2015—2016 年智能制造试点示范项目

| 年份 | 项目 |
| --- | --- |
| 2015 | 江西省昌河直升机旋翼系统制造智能车间试点示范 [ 昌河飞机工业（集团）有限责任公司 ] |
| | 九江石化智能工厂试点示范 |
| 2016 | 江西铜业股份有限公司铜冶炼智能工厂试点示范 |
| | 江中药业股份有限公司中药保健品智能制造试点示范 |

南昌大学。南昌大学早在 20 世纪 90 年代末至 21 世纪初已开始了机器人研制，南昌大学江西省机器人研究所多次承担国家 863 计划、国家重大基础研究计划（973

计划前期）、国家自然科学基金等项目。例如，国家 863 计划"爬行式全位置焊机器人系统研究与产品开发"；973 计划前期研究专项光纤智能金属结构熔焊快速制造技术的基础研究，研制的无轨导全位置爬行式焊接机器人、弯曲焊缝跟踪自主移动机器人、平面自主移动焊接机器人、水下焊接机器人都具有国内先进水平。在 2016 年校企合作促进中小企业信息化建设专项中，南昌大学 11 个项目入围，涵盖领域包括物流业、装备制造、机械制造、电子信息、食品、生物化工、化工、原材料等。

江西理工大学。江西理工大学拥有一支技术力量较强的机器人研发和教学团队，组织学生参加全国机器人大赛多次获得一等奖。和赣州群星机械有限公司共同组建赣州群星机器人有限公司，通过产学研用合作，进行工业机器人的研发、制造及销售，已生产 4 台。在 2016 年校企合作促进中小企业信息化建设专项中，江西理工大学共有 7 个项目入围，涵盖领域包括装备制造、机械制造、电子信息等。

洪都航空公司。洪都航空公司（简称"洪都航空"）机器人研发团队是中航工业唯一的服务机器人项目团队，是中航工业航空装备公司服务机器人产业化基地，连续 3 年得到了上千万元的资金支持。洪都航空 2008 年开始进行智能机器人的研发制造和产业布局，初步掌握了智能移动、多方式控制、人机交互、系统集成与支撑技术四大板块共计 10 多项关键技术。在基于物联网的智能家居系统研究方面也取得了一定进展。目前正在研究自动爬行机器人自动钻铆技术在 C919 项目上的应用，和上海上航发合作开展汽车焊接生产线研究。自主研制的智能导览机器人、智能轮椅机器人、割草机器人及数字化车间等在国内领先；军用机器人具有国际先进水平。

昌飞集团。昌飞集团（简称"昌飞"）开发了数字化制造系统（CPS）信息平台。该系统以产品准时交付为目标，建立了拉式生产模式，解决节拍生产中的短板，构建起数字化精益生产线，直升机产能在短期内得到大幅提升。依托信息平台，昌飞建立了生产网络指挥中心，对直升机研制和批量生产进行三维虚拟制造仿真，可实时全面掌控生产进度和质量情况，通过统计分析中心产生的数据，及时发现问题、解决问题，保证直升机生产稳定、高效进行。

江西泰豪科技股份有限公司。江西泰豪科技股份有限公司（简称"泰豪科技"）是江西省和清华大学"省校合作"在南昌国家高新开发区设立并发展起来的高科技企业。主要从事电力设备、智能装置等电力一次设备，智能配电、智能用电和能效管理等电力二次设备，电力软件与电力集成等电力三次产品的研发销售。2013年智能电力业务实现收入11.1亿元。泰豪科技OMS产品已成功应用于福建、江西、青海、宁夏、陕西、广东等网省电力公司，参与了多项电力信息化产品的系统设计和标准制定工作，是国家电网公司智能电网建设的主要参与者。

### （四）两化融合深度取得新突破

#### 1. 工业化发展态势良好

江西省制造业发展态势良好，其利润总额从2012年的1393.17亿元增长到2014年的1964.03亿元（图1）。从行业来看，有色金属冶炼和压延加工业、非金属矿物制品业、化学原料和化学制品制造业工业总产值位列前三，而且金属冶炼加工业营业收入超过一半，如图2所示。说明金属冶炼加工业为江西省的优势产业。

2015年，全省规模以上工业增加值为7268.9亿元，按可比价格计算，比上年增长9.2%，高于全国3.1个百分点，居全国第5位、中部地区第1位。非公有制工业增加值为6096.2亿元，增长10.3%，占全省比重达83.9%，比上年提高1.4个百分点，对工业增长的贡献率达91.7%。小型企业增加值为3088.1亿元，增长12.9%，高于全省3.7个百分点，对工业增长的贡献率达57.3%。38个行业大类中33个实现增长，占比达86.8%，计算机、通信和其他电子设备制造业、电气机械和器材制造业、农副食品加工业、纺织业、汽车制造业、有色金属冶炼和压延加工业等六大重点行业合计实现增加值2683.8亿元，占全省比重达36.9%，对工业增长的贡献率达46.5%[①]。

---

① 江西省统计局网站。

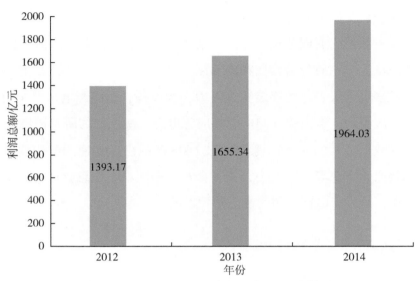

图1　2012—2014年江西省制造业利润总额

数据来源：《中国工业经济统计年鉴》（2013—2015年）。

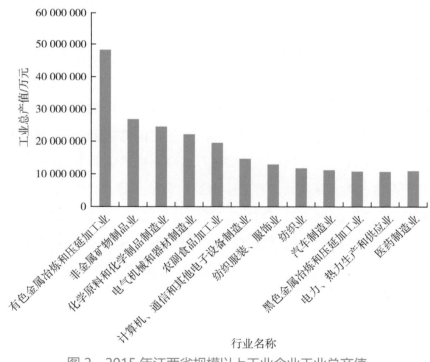

图2　2015年江西省规模以上工业企业工业总产值

数据来源：《江西省统计年鉴（2016年）》。

江西省机器人及智能制造装备产业仍处于起步阶段，规模较小，产业主要集中在南昌、赣州等地，主导产品有工业机器人、智能服务机器人、智能电网、中高档数控机床、自动化生产线等。2014 年江西省智能制造装备产业现有企业 80 家，实现主营业务收入 100 亿元左右，实现增加值 21.3 亿元，实现利税 9.5 亿元。据初步摸底和测算，2015 年，江西省基本满足工业 4.0 生产条件的机器人及智能制造装备的企业 19 家（不含洪都航空等保密军工企业），实现主营业务收入 59.7 亿元，同比增长 14.2%；实现利税总额 6.4 亿元，增长 44.8%；实现利润 4.2 亿元，增长 67.0%，远高于全省工业平均增速[①]。

### 2. 两化融合指数增速快

从信息化基础环境上看，江西省信息化的基础环境处于全国中低水平。截至 2014 年，江西省的域网出口带宽、固定宽带普及率、固定宽带端口平均速率、移动电话普及率及互联网普及率均低于全国平均水平；中小企业信息化服务平台数在全国 31 个省份中排名第 9 位；江西重点行业典型企业制定信息化专项规划的比例为 57.27%，全国排名第 19 位，略高于全国平均水平。

从信息化与工业化的融合程度上看，2014 年，江西省"两化"融合发展总指数居全国第 13 位，增速超过全国水平。2014 年江西省两化融合发展总指数为 70.13，比 2013 年增长了 25.63；基础环境指数为 70.47，比 2013 年增长了 23.53；工业应用指数为 72.91，比 2013 年增长了 30.26；应用效益指数为 64.22，比 2013 年增长了 18.46（图 3）。到 2015 年，总指数由 2014 年的 70.13 提高至 70.59，虽然涨幅不大，而且从细分指数来看，基础环境指数和工业应用指数有所下降，但应用效益上提高幅度较大，说明信息化与工业化融合后，对江西省经济促进作用较大。信息技术在工业设计及研发、现代物流、生产流程再造、节能环保、市场营销等领域实现应用。我国第一个工业互联网平台——航天云网在江西省落地，建立了国内首个"互联网 + 家具制造"行业云平台——康居网，实现了省内资源和省外家具资源的云端互通。

---

① 江西省统计局网站。

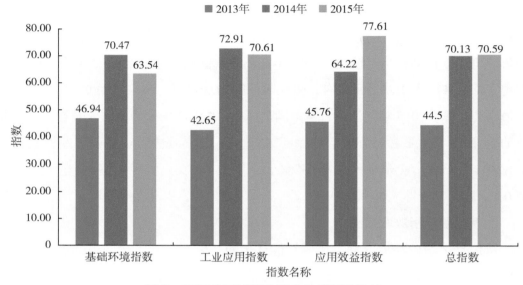

图3　江西省区域两化融合各类指数比较

数据来源：《江西省 2014 年区域两化融合发展水平评估报告》《中国 2015 年区域两化融合发展水平评估报告》。

从信息效率上看，江西省信息技术对工业发展的推动力略显不足，技术创新水平仍需提高。截至 2014 年，江西省的工业增加值占 GDP 比重、工业成本费用利润率、单位地区生产总值能耗及电子信息制造业主营业务收入高于全国平均值，但第二产业全员劳动生产率、单位工业增加值工业专利量及软件业务收入均低于全国平均水平。

江西省提出，促进企业跨界融合。支持制造企业与电子商务企业开展投融资、品牌培育、网上销售、物流配送等领域合作。推进中国电信中部云计算基地等重点项目建设，在南昌、九江、上饶、赣州等地合理布局大型数据中心，加快发展大数据产业，构建畅通安全的互联网基础设施。目前，江西省已经形成一批信息化融合较好的企业，如九江石化中央信息处理系统，江中集团实行产、供、销、库存及财务的全面 ERP 管理，建立了实时的成本核算体系、智能商务和决策分析系统。系统使用当年销售额提高了 20%，每天三班 1000 多人的工人生产线，通过智能制造和智能物流系统用工锐减到几十人，大大降低了人工成本。高架智能仓库的使用提高了土地的使用效率。

## （五）智能装备应用规模和领域纵深拓展

智能机器人领域，洪都集团已经围绕人工智能、人工情感等课题进行相关技术转化。在智能化成套装备领域，已经涉及智能化发电机组成套设备、智能化环保成套设备等领域，泰豪科技、怡杉环保等企业具备较强的核心技术和优势产品。江西省机器人专利和授权有 90 余项，洪都集团自主研制的智能导览机器人、智能轮椅机器人、割草机器人及数字化车间等在国内领先；军用机器人具有国际先进水平。在智能装备与部件领域，已经涉及 3D 打印、高档数控机床、智能化温控设备等领域，聚焦了奈尔斯西蒙斯赫根赛特中机、日月明铁道设备等一批实力较强的企业（表 2）。

智能化产品方面，具有一定特色。江西奈尔斯西蒙斯赫根赛特中机有限公司的车轮对数控动平衡去重机床、江西三川水表股份有限公司的智能水表、江西泰豪科技股份有限公司的智能电网装备等在各自的细分领域市场占有率较高。江西金虎保险设备集团公司，利用数据库技术、UHF RFID 技术、指纹生物识别技术及数据监控与数据采集（SCADA）技术，生产了智能枪柜、智能密集架、智能存包柜、智能金库等，使传统产品实现智能化、数字化、信息化、人性化。

表 2　江西省主要智能装备生产企业

| 企业名称 | 主要产品 | 产能 | 2013 年收入/万元 |
| --- | --- | --- | --- |
| 江西瑞林装备有限公司 | 有色金属冶炼专用大型智能装备 | 100 台（套） | 26 000 |
| 江西奈尔斯西蒙斯赫根赛特中机有限公司 | NSH 不落轮机床 | 45 台（套） | 18 326 |
| 江西工埠机械有限责任公司 | 多功能一体化智能起重机 | 200 台 | 436 |
| 江西飞尚科技有限公司 | 预应力智能同步张拉系统、磁通量传感器、频率采集仪 | 10 万台 | 10 000 |
| 江西杰克机床有限公司 | 磨床、数控机床、内圆磨床、工具磨床、外圆磨床、曲轴磨床等 | 数控机床 45 台（套），专用型机床 54 台（套），普通机床 12 台（套） | 11 688 |

续表

| 企业名称 | 主要产品 | 产能 | 2013 年收入 / 万元 |
|---|---|---|---|
| 江西江重机床有限公司 | 数控龙门铣床 | | 2300 |
| 江西江重机床有限公司 | 数控落地铣床 | | 850 |
| 江西福斯特液压有限公司 | 高性能液压流体连接件 | 1200 万件 | 15 000 |
| 安福唯冠液压机械有限公司 | 液压系统及元件 | 15000 台 | 17 999 |
| 江西华伍制动器股份有限公司 | 电力智能执行机构 | 2 万套 | 6000 |
| 九江中船仪表有限责任公司（四四一厂） | 伺服阀 | | 3000 |
| 江西天河传感器科技有限公司 | 精密导电塑料位移传感器 | 20 万件 | 1315 |
| 江西众加利称重设备系统有限公司 | 工业称重与自动化系统等智能设备（含传感器和仪表） | 1000 套 | 3131 |
| 江西振大机械制造科技有限公司 | 全自动智能码坯机 | 100 套 | 2250 |
| 赣州群星机器人有限公司 | 工业机器人系统集成、自动化生产线 | | 尚未外售 |
| 江西钧工智能技术有限公司 | 工业机器人成套设备 | 50 台（套） | 2014 年开始销售 |
| 江西维斯立智能停车设备有限公司 | 智能停车设备 | 1 万台 | 在建 |
| 江西佳时特精密机械有限责任公司 | 中高端数控机床 | 200 台 | 在建 |
| 江西佳时特数控技术有限公司 | 自动化无人生产线、机器人 | 自动化生产线 10 条，机器人 100 台 | 在建 |
| 江西洪都航空工业集团公司 | 智能代步车 | | 研发阶段 |
| 江西奇星机器人科技有限公司 | 广告行业用仿真机器人 | | |

数据来源：江西省工业和信息化委提供。

目前，江西省机器人及智能制造装备应用主要集中在汽车及零部件，如江铃汽车股份有限公司就已拥有各类机器人 500 余台；昌河汽车公司有 70～80 台；格特拉克 DCT 自动变速箱项目使用了 215 台；蓝途汽车冲压、焊装、涂装、总装等生产和辅助设施使用了近百台。机器人及智能制造装备在军工、光伏、光学、采矿、医药、轻工业等制造重点企业中也有应用，如江西吉安国泰特种化工有限责任公司年产 12 000 吨乳化炸药生产线及其智能控制信息化技术改造项目、江西金泰新能源有限公司 1000 兆瓦太阳能电池片及组件生产线项目、江西倍得力生物工程有限公司年产 100 吨天门冬氨酸钙添加剂及安全检测项目等均有利用不同台（套）机器人及智能制造装备。

### （六）案例分析——中国石油化工股份有限公司九江分公司智能化经验

#### 1. 概况

中国石油化工股份有限公司九江分公司（简称"九江石化"）是中国石化首批 4 家智能工厂试点建设企业之一，同时也是试点项目中石化产业的代表。九江石化以智能集成、三维数字化和应急指挥等平台为核心，初步打造出一个集绿色、高效、安全和可持续发展于一体的智能化工厂。2015 年建成投产 800 万吨 / 年油品质量升级改造工程，基本建成"智能工厂"框架。九江石化通过运行新智能化系统，员工总数减少 12%、班组数量减少 13%、外操室数量削减 35%，2014 年综合增效达 2.2 亿元。

#### 2. 成功经验

（1）积极建设数据处理中心，实现信息集成

数据集成是关键。企业需要建立数据中心，以及服务于数据中心的信息化基础设施，包括数据存储系统、企业数据库、信息采集设备、数据传输网络等。生产一线的实时数据，通过 PLC 等设备采集之后，再由传输网络传输到数据存储系统，形成企业数据库，这一整套系统正是企业实现智能化改造所要建设的数据中心。其中，数据采集是重点，要建立统一的数据规范，包括设备型号、材料的尺寸、特性、大小、时间等，只有统一数据口径，才能采集到真实可用的数据，进而指导生产。

（2）采用智能化技术和设备，夯实改造基础

智能装备是支撑。流程型企业建设智能工厂需应用大量的智能化设备和系统，包括物联网、智能终端、大数据等。这就要求流程型制造企业不论是新建工厂还是在原有基础上改造，都要主动应用和完善智能化设备，满足生产智能化的需要。同

时，还应主动升级现有设备、通信网络和数据中心，满足智能化要求。对于不具备条件的，可通过技术改造，升级现有设备，配置相应的智能化监控、操作模块，最终实现智能化。

（3）实现生产流程的智能化，变革生产理念

流程优化是手段。智能工厂的建设就是利用大数据技术，分析内外部数据，形成决策，在减少人员干预的条件下，实现自动优化生产，最终完成工厂智能化运作。为此，必须建立基于流程生产设备、信息技术的规范管理体系，保障各项设备的正常运行，以及数据信息的安全可控。同时，还要积极建立与智能工厂相匹配的企业理念与文化，智能工厂的管理模式要与企业文化、管理战略保持一致，它会涉及企业转变生产经营方式、组织变革、人员素质提高等各个方面。

（4）注重产业学研用，整合资源

产业学研用是重点。智能工厂的建设需要全产业链的配合，才能最终形成较好的生态链。九江石化主要是以应用为主，通过产学研用，整合优势资源，服务智能化工程建设。九江石化与5所高校联合申报了国家自然科学基金委"炼油生产过程全局优化运行的基础理论与关键技术"项目。与清华大学、上海交通大学、华东理工大学、浙江大学、东北大学、中南大学6所大学成立了产学研用联盟，钱锋院士、陈丙珍院士入驻九江石化院士工作站，一起协同创新智能炼厂的关键技术。

## 四、江西省制造业走向智能化的制约因素

与德国工业4.0、中国制造2025目标相比，江西省制造业智能化程度尚处于较低层次，大部分企业处于工业2.0阶段，少部分企业部分工厂达到了工业3.0，但是纺织、电子信息等劳动密集型产业仍面临着用工成本快速上涨的压力，铜、稀土、钨、锂电、钢铁、石化等资源型产业仍面临着向产业链下游精深加工方向发展的压力，而且江西汽车、电子信息、航空等行业发展迅猛，增速超过20%，江西智能装备（机器人）、信息技术应用市场需求较大，大有可为。

## （一）科技创新能力不足

我国在技术创新上投入相对不足，对中部欠发达省份江西制造业而言，技术创新投入更是严重不足。从图4可知，江西工业企业R&D经费支出总额虽然由2012年的92.5亿元增加到2014年的128.4亿元，但是与安徽、湖南、湖北相比，不管是R&D经费支出总额还是增长的幅度，江西都远落后于上述3个省份。根据2014年全国科技进步统计监测指标，江西企业技术获取和技术改造经费支出占企业主营业务收入比重居全国第22位，万人吸纳技术成交额居全国第22位[①]。从图5可知，江西企业经费支出主要侧重在技术改造上，技术获取比重较轻。与湖南相比，江西技术改造经费支出差距较大。江中集团、九江石化作为省内龙头企业，智能工厂设备技术改进等核心技术主要还是以引进技术为主。另外，全省规模以上工业企业中，有研发机构的企业只有838家，仅占企业总数的8.42%。以上数据说明江西工业企业科技创新能力较弱。

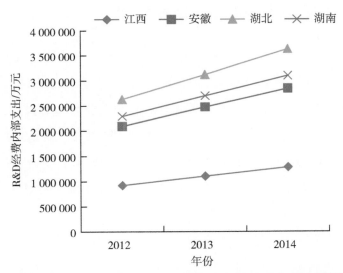

图4　2012—2014年江西、湖南、湖北、安徽工业企业研发投入比较
数据来源：《工业企业科技活动统计年鉴》（2013—2015年）。

---

① 　2014年全国科技进步统计监测指标。

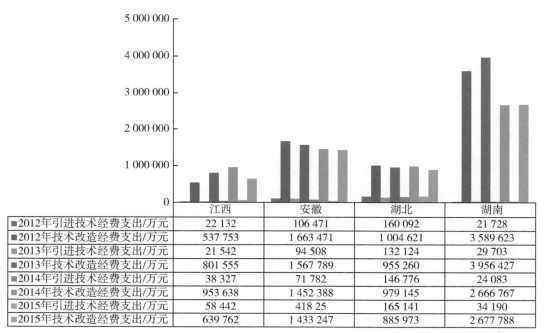

| | 江西 | 安徽 | 湖北 | 湖南 |
|---|---|---|---|---|
| ■2012年引进技术经费支出/万元 | 22 132 | 106 471 | 160 092 | 21 728 |
| ■2012年技术改造经费支出/万元 | 537 753 | 1 663 471 | 1 004 621 | 3 589 623 |
| ■2013年引进技术经费支出/万元 | 21 542 | 94 508 | 132 124 | 29 703 |
| ■2013年技术改造经费支出/万元 | 801 555 | 1 567 789 | 955 260 | 3 956 427 |
| ■2014年引进技术经费支出/万元 | 38 327 | 71 782 | 146 776 | 24 083 |
| ■2014年技术改造经费支出/万元 | 953 638 | 1 452 388 | 979 145 | 2 666 767 |
| ■2015年引进技术经费支出/万元 | 58 442 | 418 25 | 165 141 | 34 190 |
| ■2015年技术改造经费支出/万元 | 639 762 | 1 433 247 | 885 973 | 2 677 788 |

图 5　2012—2014 年江西、湖南、湖北、安徽工业企业技术获取和技术改造情况
数据来源：《工业企业科技活动统计年鉴》（2013—2015 年）。

科技创新是制约制造业走向智能化的关键因素，发达国家在科技创新方面的投入都非常大。例如，美国制造业占 GDP 的比重为 12.5%，但制造业对于研发和创新的支撑和推动作用却超乎寻常。美国政府对制造业研发的投入在 3 年内增长了 35%，从 2011 年的 14 亿美元增长到 2014 年的 19 亿美元。制造业研发人员占全美研发人员总数的 60%；私营部门研发投入总额的 75% 用于制造业；而且美国大多数专利为制造业企业所有。德国制造企业的研发支出极高。根据德国联邦统计局的数据来看，2010 年，制造业研发的支出达到 469 亿欧元，相当于私有经济研发支出的 86%。从德国经济研究所的数据来看，从 2000 年开始，研发支出就以年均 3.8% 的速度增长，而且联邦政府通过联邦经济和能源部落实"中小企业创新核心计划"，为中小企业提供直接拨款。州政府还有各种各样的手段来促进创新，如创新代金券。

福建、湖南、安徽、芜湖、重庆、广州等省市出台的支持机器人及智能制造装备产业发展的政策中包含设立专项扶持引导资金的内容。广州市设立了总额为 1000 万元的工业机器人和智能装备专项资金。湖南、安徽分别设立了总额为 3000 万、

1400万的首台（套）智能装备补助专项资金。芜湖市作为国家机器人发展试点城市，整合中央省市三级财政资金4亿元专项用于扶持机器人产业。浙江省实施"机器换人"技术改造专项，2014年安排了2.8亿元资金支持，还建立了省、市、县三级联动的机器换人重点项目库，实施省、市、县三级联动。

### （二）企业信息技术应用率偏低

我国"两化"融合总体上处于起步阶段，大部分企业仍以信息化手段单项应用为主，面临集成应用跨越困难、智能装备不足、组织结构僵化、流程管理缺失等挑战。江西虽然2014年"两化"融合发展总指数居全国第13位，增速超过全国水平。但是，江西除存在我国普遍性问题外，企业信息技术应用率更是偏低，仅有33.33%的企业进行了信息化规划；企业MES（制造执行）系统和PLM（产品生命周期管理）系统的普及率较低，分别仅为24.00%和36.00%，这可能是由于MES和PLM系统的实现难度相对较大，而单项应用不能立刻给企业带来效益，因此，这些系统在企业的普及率较低；电子商务在企业采购和销售过程中的应用比例也不高，均为34.00%；企业数控化设备的比例也只有38.00%。[①]据调研，江中集团在信息化应用方面遇到设备之间互联互通问题。目前购买的进口、国产设备信息不共享，特别是进口设备，厂家不愿提供设备的详细信息，而且又缺乏统一的标准，这阻碍了各个环节的有效对接。

上海信息化技术应用性较高。上汽集团通过数据云平台既实现企业内部不同系统不同格式数据的打通与集成，又实现与其他汽车生产商、电信运营商、互联网公司数据交换。浦东软件园的"浦软汇智云"，依托园区云平台和资源服务，帮助小微型初创企业无须IT投入，就可以实施创业。

### （三）产学研用脱节

调查显示，虽然江西南昌大学、江西理工大学等高校有一批智能装备（机器人）研发成果，但大多还停留在样品阶段，离产业化较远。而且，受到江西整体制造业

---

① 江西省2014年区域两化融合发展水平评估报告。

总量小、层次低，以及资金与技术制约的影响，江西工业企业自主提出设备改造的意愿不大，不少企业装备落后，车间自动化水平不高，出现了不愿意使用或使用不起自动化装备的现象，效率不高，主动与高校、科研院所合作共攻技术难题的企业偏少。此外，高校课程设置上偏理论，较宏观，与企业实际产业技术的需求脱节，导致高校毕业生就业难、企业招合适人才难的"双难"局面。

发达国家制造业智能化程度高离不开产学研用的有效结合。在"先进制造伙伴计划"发布后，美国开始建立区域性的制造创新中心，并以此打造国家制造业创新网络。该网络强调官产学研合作，强调资源和设施共享，由美国政府和私营部门等共同提供资金支持。德国公司、高校等研究机构合作体系十分完备，德国的工业大学侧重实用主义，大学周围有教授经营的工程公司和衍生企业，大学也会以企业的需求为导向，基础研究室企业和大学共同进行。

上海市推动上海机器人产业园和上海市老教授协会进行产学研合作签约并成立了科技创新研发平台。广东省组建东莞华中科技大学制造工程研究院、清华东莞创新中心、北京大学东莞光电研究院、东莞电子科技大学电子信息工程研究院等20余个公共科技平台，形成了协同创新研发网络。湖南株洲自主创新园已成为清华大学等15所高校、科研院所的科研成果转化基地。

（四）高端复合型人才偏少

"中国制造2025""工业4.0""美国工业互联网"核心都是人才。工业升级是一场"人才革命"。我国制造业人才培养素质与社会经济发展对制造业人才需求之间的矛盾突出，制造业人才培养投入总体不足，培养培训机构能力建设滞后，人才发展的体制机制障碍依然存在，而且对制造业人才的认识仍有偏差，重学历文凭、轻职业技能的观念还未从根本上得到扭转。对于江西而言，制造业人才发展渠道窄、待遇偏低问题更为严重，造成该省培养人才流失严重，吸引外来人才动力不足，从而智能装备制造行业高端人才及复合型人才缺口较大，难以满足企业走向智能化的需求。虽然九江石化、江中集团等省内龙头企业有对员工的培训计划，如核心主管培训、未来之星、IT文明、管理干部培训等，但是短期速成的人数多，系统培养的人数少，覆盖的面也不广。江西装备制造业的初级技工人数多，高级技工人数偏少，大部分还是传统型、单一型技工，现代型、复合型技工人数缺乏。

与之鲜明相比，为培育高端复合型人才，美国劳工部提出投入 1 亿美元用于开展美国学徒制资助计划，激励新的学徒模式，并扩大先进制造等高增长领域的有效学徒模式。先进制造伙伴关系的成员——陶氏化学公司、美铝公司及西门子公司等已经先行开展了学徒制，并且可以为其他希望采取学徒制作为有效培训方式的企业提供可供借鉴的经验。德国"双元制"职业教育模式（也称学徒制），为德国制造业的成功奠定了坚实的基础。双元制中的"一元"指企业，"另一元"指职业学校，即企业与学校合作办学，把职业技能和工艺知识教育同专业理论和普通文化知识教育相结合，根据企业的需求量身打造未来工人应该有的技能。

上海推出人才新政"30 条"。依托上海自贸试验区、张江国家自主创新示范区的改革平台，推进人才政策先行先试；对企业推进首席技师培养计划及建立首席技师工作室给予经费资助；依托上海先进制造业和现代服务业重点领域，推进高技能人才培养（实训）基地建设，设立一批新型学徒制试点单位。引导企业建立健全职工技能培训制度，深入推进高师带徒、校企合作等项目。安徽重点聚焦高层次人才、大学生精英群体，制定实施"江淮英才工程""技工大省建设""国际化人才引育行动计划"等 86 项人才新政。对于目前机器人研发领域面临中间人才断层大的问题，自 2015 年开始，东莞在 4 所高校中设置了企业的定向培养人才专业，目前有 50 多人。企业在招聘人才中，开始有意去培养行业性人才。

## 五、江西省制造业走向智能化的对策建议

### （一）顶层设计和系统规划

落实既定规划和政策。对于制造业智能化而言，《江西省国民经济和社会发展第十三个五年规划纲要》中提到"推动'两化'融合和制造业智能化"具体任务。为推动我省制造业发展升级，省政府、省工业和信息化委等部门专门制定了《关于贯彻落实〈中国制造 2025〉的实施意见》《江西省智能制造试点示范项目实施方案》等。这些文件中已经明确了优势型、成长型、培育型产业的重点发展方向、重点任务、智能制造装备推广、智能制造车间、智能制造装备企业培育、智能制造产业联

盟、试点示范、集聚区及各项配套保障措施等。认真贯彻和落实我们已经制定的这些规划和政策，必然能使江西制造业在技术突破上，在信息化建设上、智能设备使用上得到巨大的发展。

提高企业开展智能制造的积极性。针对不同产业，开展国内外示范典型案例培训，通过培训开阔视野，提高企业开展智能制造的积极性。

重点突破示范引领。选择半导体照明、中药、钨、铜、稀土、航空制造、汽车等条件成熟、需求迫切的行业和领域，集中资源开展智能制造示范应用，以智能制造示范基地为载体，培育一批智能制造大型骨干企业，带动一批配套的中小微企业专精特新发展。

实施"机器人应用"计划。组织开展"一业一策"，围绕全省汽车、电子电气、机械加工、航空制造、食品加工、纺织服装、医药制造等重点行业需求，确定若干细分行业，积极探索机器人商业推广和营运模式。发挥第三方机构集成服务作用，建立省市联动的"机器人应用"共同推进机制，支持和鼓励第三方服务机构、行业协会大力开展企业"机器人应用"推广应用工作，为企业提供改造方案、设备采购、设备租赁、金融服务、技术支持、人才培训等服务。

### （二）加强智能制造技术创新

劳动密集型产业升级。江西应设立劳动密集型产业生产培训和科研机构，提升整体研发设计水平，增加劳动密集型产业的技术含量。通过政策和资金扶持，引导劳动密集型产业龙头企业与知名大专院校、科研院所联合，推动研发中心、检测中心的建立。借鉴美国经验，成立了小企业管理局等专门机构为小企业提供全方位服务，鼓励非营利机构对小企业发展提供技术帮助，提升小企业竞争力。

创建信息化服务平台。发挥行业协会、政府作用，引进和培育基于智能制造的咨询体验、软件产品应用、云计算、大数据等服务的信息化服务平台，为企业数字工厂（车间）、智能制造等提供技术资源、方案设计、流程改造等专业服务。以江铃汽车集团、江铜集团、江中集团、九江石化等大型企业为主形成面向构建平台的战略联盟，基于"互联网+"的竞争态势，瞄准竞争的制高点，通过联盟的方式构建制造服务化平台。

强化产学研用合作。为加快推进前沿制造技术的基础研究和成果转化，美国政府建立区域性的制造创新中心，并取得了很好的效果。借鉴其经验，政府部门牵头，建立智能制造研究机构，吸纳政府、省内外高校院所及企业界等各方资源，降低中小企业的研发门槛和成本，以弥合基础研究与实际生产之间的鸿沟。另外，建议政府相关部门整合科研院所、高校及九江石化、江中集团等自动化、信息化程度高的企业组成智能化服务团，为企业特别是中小企业提供智能自动化咨询。

### （三）提高人才队伍素质

开展人才定制培训。支持九江石化、江铃汽车集团等智能制造龙头企业与行业协会、高等院校、科研院所合作建立智能制造实训基地，开展人才定制培训，培训一批能操作、懂调试、会研究改进智能制造的实干型和应用型人才，弥补企业需求与高校专业不匹配问题。

创新政府资金资助方式。引导和鼓励企业采用众包等创新形式，激发人才价值。例如，激励企业推广采用众包方式，通过互联网向内部员工或社会力量"悬赏"解决企业遇到的技术难题。政府设立专项资金，对于企业支付给解决问题的个人或团队的奖金予以一定补贴，即企业"借贷"大众智慧、政府补贴部分"利息"。

完善中高层次职业教育体系。在传统大学的基础上，吸收某些职业教育的特质，通过与社会和工商界合作办学，开设智能制造急需的制造技术、信息技术专业课程，为制造业培养符合需求的应用型专业技术人才。对企业中高层管理人员及业务骨干应持续开展包括智能制造专题在内的各种专业知识培训，并将培训考核结果与受训人员的业绩、奖惩和发展实行联动管理，努力建设一支素质优良、结构合理的制造业人才队伍。

### （四）创新融资模式

加强金融政策支持。加大信贷支持力度，引导银行业金融机构对技术先进、优势明显、带动和支撑作用强的智能制造项目优先给予信贷支持。支持金融和投资类企业、信用和融资担保企业、小额贷款机构等创新融资方式，为智能装备企业和制造业智能化改造拓宽融资渠道。按照"政府引持社会资金进入智能制造创业投资领域。鼓励发展天使投资、创导，市场运作"的原则，探索设立省智能制造产业基金，引导和支持投资，支持产业投资基金、创业投资基金发展壮大。支持符合条件的企业在中小企业板、创业板上市融资或发行企业债券、公司债券、短期融资融券和中期票据，支持中小企业发行集合债券、集合票据。探索装备租赁和融资租赁模式，鼓励探索开展智能装备租赁和融资租赁业务，建立装备租赁和融资租赁担保机制，发挥金融杠杆作用。探索建立由项目业主、智能装备制造企业和保险公司风险共担、利益共享的产品保险机制。

探索产融结合模式。结合全面开展营改增试点，进一步扩大制造企业增值税抵扣范围，落实增值税优惠政策，支持制造企业基于互联网独立开展或与互联网企业合资合作开展新业务。完善和落实促进制造业创新产品研发和规模化应用的政府采购政策。整合相关产业扶持资金，创新支持方式。发挥多层次资本市场的融资功能，积极探索产业投融资 PPP 模式，推动天使投资基金、小微企业互助担保、专利权质押贷款等工作在全省开展。选择一批重点城市和重点企业开展产融合作试点，支持开展信用贷款、融资租赁、质押担保等金融产品和服务创新。

**作者:**

冯雪娇　江西省科学院科技战略研究所副所长、副研究员

# 江苏经验对江西加快构建现代产业技术创新体系的启示

叶楠

**摘要：**创新是产业发展的灵魂。为了打通产学研用一体化渠道，整体提升全省产业技术创新能力，需要以市场为导向，构建集产业共性技术研发、成果转化、公共服务、企业孵化和人才培养为一体、区域协同的现代产业技术创新体系。江苏省产研院通过体制机制创新与技术创新深度融合，引爆了技术创新集群式突破，其成果经验具有深刻的借鉴意义。本报告在总结江苏省产研院成功经验的基础上，深入分析江西省产业技术创新基础条件，提出构建江西省现代产业技术创新体系的对策建议，供领导和相关部门决策参考。

工业和信息化部印发的《产业技术创新能力发展规划（2016—2020年）》指出："当今世界新一轮科技创新正在加速推进，信息、生物医药、新能源、新材料等领域处于革命性突破的前夜，颠覆性技术将改变产业形态、组织方式和生产生活方式，对国际经济、政治、军事、安全、外交等产生深刻影响，国际竞争的焦点逐渐由单一技术创新转向创新生态系统的建设。"党的十九大报告也强调："深化科技体制改革，建立以企业为主体、市场为导向、产学研深度融合的技术创新体系。"得益于经济领先发展的优势，江苏、广东等省份涌现出一大批新型研发机构、产业创新中心、成果转移转化平台等创新载体，产业技术创新体系不断健全完善，产业竞争力进一步强化。面对差距被拉大的严峻挑战，江西省必须加快构建现代产业技术创新体系，提升区域创新综合实力，抢占未来产业竞争高地。

## 一、构建全省产业技术创新体系的战略意义

### （一）构建全省产业技术创新体系是建设中科院"江西中心"的应有之义

作为中科院江西分院撤并 50 年来，中科院在江西的第一个院级直属机构，中科院"江西中心"承担着引领全省产业创新能力建设的重担，并为江西省构建集产业共性技术研发、成果转化、公共服务、企业孵化和人才培养为一体的产业技术创新体系带来了重大历史机遇。中科院"江西中心"将发挥牵引龙头作用，集聚中科院及江西省创新资源，促进科技、产业、金融等要素紧密融合，推动更多团队、成果、项目、资源在江西扎根，带动江西产业转型升级。

### （二）构建全省产业技术创新体系是打通产学研用一体化渠道的有效举措

省委书记刘奇同志指出，提升产业创新力，产学研用一体化是发展方向。构建全省产业技术创新体系就是要搭建起高校、科研院所与产业界的桥梁，打通产学研用一体化渠道，建立以市场为导向的产业技术研发与转化创新生态体系，解决科学到技术转化环节中，高校院所不愿做、单个企业做不了的问题，实现科技同产业的无缝对接。需要面向江西传统产业转型升级与结构调整、新兴产业培育与发展核心需求，整合科研力量和资源，打造一批高端产业创新平台和载体，把更多人才、更多资源引入产业创新平台，推动管理机制创新与技术创新深度融合，快速提升产业共性技术自我供给和扩散能力，为产业发展插上创新翅膀。

### （三）构建全省产业技术创新体系是支撑江西省高质量跨越式发展的战略要求

承载地方新兴产业发展的各类创新型园区和产业基地经过多年引导和培育，已表现出创新要素集中、创新资源集聚的特征，具备了参与区域科技创新体系再布局的能力。立足高新园区、服务企业创新的产业技术研究院等新型研发组织正如雨后春笋般在全国各地涌现。打破省级事业科研单位的固化模式，依托市、县地方政府和高新园区，布局建设区域产业技术创新中心，以点带线，从线到面，构建区域协

同的创新网络体系，可以整体提升全省产业技术创新能力，引领和带动产业转型升级，助推江西高质量跨越式发展。

## 二、江苏省产业技术研究院发展经验

江苏省产业技术研究院（简称"江苏省产研院"）成立于 2013 年 12 月，是江苏省深化科技体制改革的重大突破和试验田，也是江苏省打造具有全球影响力的产业科技创新中心和具有国际竞争力的先进制造业基地的标志性工程。2014 年 12 月 13 日，习近平总书记在江苏调研时专程前往才成立一年的江苏省产研院考察科技体制改革情况，为江苏省产研院的发展注入了强大动力。江苏省产研院着力破除制约科技创新的思想障碍和制度藩篱，紧紧围绕产业链部署创新链、完善人才链、资金链和价值链，推动管理机制创新与技术创新深度融合，成为吸引全球创新资源的强磁场，引爆了技术创新集群式突破。

（一）目标定位：集聚资源打造产业技术创新策源地

作为科技体制改革的"试验田"，江苏省产研院着眼于科学到技术的转化环节，不与高校争学术之名、不与企业争产品之利，旨在通过体制机制的创新，着力打通科技成果向现实生产力转化的通道，为江苏省产业转型升级和未来产业发展持续提供技术支撑。江苏省产研院主要发挥两个桥梁的作用——大学（科学院）与工业界的桥梁和全球创新资源与江苏工业的桥梁，将"研发作为产业、技术作为商品"，构建促进产业技术研发与转化的创新生态体系，打造研发产业梦想。

①产业技术发展的战略智库。发挥战略规划和产业组织功能，瞄准国际产业前沿，研究提出产业技术发展战略分析报告和前瞻性政策建议，成为引领产业高端跨越的智库平台。

②产业关键共性技术的策源地。建立与国际接轨的研发组织方式，在若干产业前沿性、关键性、共性技术领域实现重大突破，促进科技成果资本化、产业化，持续培育新兴业态和新的增长点。

③高水平研发机构的共同体。围绕市场需求，进一步统筹产业创新资源，构建

跨学科、前瞻性产业技术创新战略联盟，完善产业研发创新网络，组织协同攻关，从整体上提升产业技术水平。

④高科技企业的孵化中心。发挥智力和资本密集优势，完善创业孵化功能，实施载体、项目、金融、服务联动配套，成为高科技企业成长壮大的重要源泉。

⑤产业技术人才的聚集高地。加快人才、项目、服务、资金"四位一体"联动，拓宽高层次人才引进培养渠道，为海内外人才创新创业营造优质服务环境，构筑国际知名的产业人才战略高地。

### （二）创新体系：加盟与共建模式构筑产业创新共同体

江苏省产研院在江苏省政府组建的理事会领导下工作，不隶属于任何部门，无行政级别。江苏省产研院由院本部、专业研究所和产业技术创新中心组成，实行理事会领导下的院长负责制。

江苏省人民政府成立了产研院建设工作领导小组，由常务副省长任组长，省有关部门主要负责人为成员，负责研究组织架构顶层设计和资源统筹协调，出台了《江苏省产业技术研究院管理暂行办法》。理事会由分管副省长任理事长，省政府分管副秘书长、科技职能部门主要负责人任副理事长，省有关部门、研究院、省相关龙头企业和金融机构负责人任理事会成员，负责科技创新指导考核，包括推动机制创新、审定年度工作目标和预算、绩效考核等（图1）。

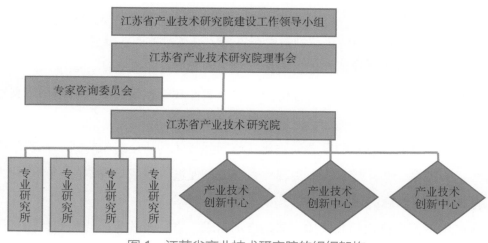

图1 江苏省产业技术研究院的组织架构

### 1. 院本部

院本部为具有独立法人资格的省属事业单位，法人登记名称为"江苏省产业技术研究院"。院本部不承担具体的研究任务，主要负责创新要素开发整合、全球创新资源引进、专业研究所建设与绩效评估、重大研发项目组织等工作。

### 2. 专业研究所

专业研究所主要开展产业核心技术、关键共性技术和重大战略性前瞻性技术等研究与开发，储备产业未来发展的战略前瞻性技术和目标产品，并进行成果转化、公共服务及人才引进与培养等工作。专业研究所实行院领导参加的理事会（董事会）领导下的所长负责制。专业研究所主要采取加盟制和共建制等方式组建，实行预备制和动态管理。加盟专业研究所主要从支撑江苏产业创新发展和转型升级，并在应用技术的研究开发、成果产业化和公共服务方面业绩突出的独立法人研发机构中遴选产生。江苏境内的产业技术研发机构申请经审定确认后，与总院签署加盟协议，其原有机构性质、隶属关系、投资建设主体和对外法律地位等保持不变。共建制研究所由江苏省产研院、领军人才及团队、地方政府（园区）合作共建。

专业研究所体制灵活，既可以是事业法人，也可以是企业法人（研发公司），既可以是公办企业，也可以是民营或合资企业。目前，专业研究所有 24 家是加盟制研究所，有 17 家是共建制研究所。

加盟的企业法人性质专业研究所如膜科学技术研究所，工商注册名称为"南京膜材料产业技术研究院有限公司"。2011 年 2 月，由南京九思高科技有限公司出资 1000 万元，依托南京工业大学国家特种分离膜工程技术研究中心及南京膜材料产业技术研究院共同建设。

加盟的事业法人性质专业研究所如先进激光技术研究所，法人登记名称为"南京先进激光技术研究院"。2013 年 11 月，由中科院上海光机所与南京经济技术开发区管委会双方共建，是中国科学院上海光学精密机械研究所的唯一分所。于 2014 年加盟江苏省产业技术研究院，采取"两块牌子、一套班子"的模式运营。

共建制事业法人性质的专业研究所如脑空间信息技术研究所，法人登记名称为"华中科技大学苏州脑空间信息研究院"。2016 年 10 月，由江苏省产研院、苏州工业园区管理委员会、苏州市政府与华中科技大学共同建设。

共建制企业法人性质的专业研究所如道路工程技术与装备研究所，工商注册名称为"江苏集萃道路工程技术与装备研究所有限公司"。2017 年 2 月，由江苏省产业技术研究院、徐州经济技术开发区、徐工集团与任化杰核心团队四方共建，是一家由国资单位持股、核心团队控股的混合所有制新型研发机构。

### 3. 产业技术创新中心

产业技术创新中心是江苏省产研院的重要组成部分，依托省内国家高新园区，按照"一区一战略产业"的布局原则，重点面向省内已有产业优势和创新基础的战略性新兴产业，主要开展产业技术创新、创新资源和要素整合、海内外高层次人才创新创业、产业技术扩散和企业孵化、产业创新投融资服务等工作，着力推动创新资源集聚、服务功能完善和企业创新能力的提升，努力打造成为产业创新资源聚集中心、产业技术研究开发中心、产业高层次人才创新创业中心、产业技术扩散和企业孵化中心、产业技术创新投融资服务中心。

目前已经在苏州工业园区、苏州高新园区、常州科教城、南京新港高新园、江宁高新园、宜兴环科园等高新园区内布局建设了纳米技术、医疗器械、智能装备、激光与光电、通信与网络、环保装备、物联网等 7 个产业技术创新中心。

创新中心采取江苏省科技厅、市地方政府、高新园区三方共建的方式，受江苏省科技厅会同江苏省产研院指导、考核和评价。创新中心采取理事会领导下的执行委员会主任负责制。理事会为创新中心的议事、决策和领导机构，成员由江苏省科技厅、江苏省产研院、市地方政府和高新园区管委会共同提名，经协商产生。执行委员会为创新中心的决策执行和日常管理机构，成员也由三方共同提名、协商产生。此外，创新中心还设立了战略咨询委员会、技术委员会，分别承担创新中心战略发展决策咨询、技术咨询功能。

创新中心在组织模式上并无统一形式，采取"联盟＋会员制"的工作框架，形态上可以是联合体或者共同体，性质可以是事业或者企业法人。创新中心初期由其所在高新园区负责具体的运行管理，执行机构大部分是园区政府所属的事业单位或企业法人，初期运行团队也由政府机关或事业单位人员兼职组成。随着创新中心业务边界的逐渐清晰，开始设立法人实体作为执行单位。纳米技术产业创新中心于2017 年 4 月成立了公益类事业法人实体科技服务机构——苏州工业园区纳米技术产业创新中心作为执行单位，并市场化招聘专职工作人员进行企业化运作。环保装备产业技术创新中心则成立了两个实体单位——宜兴环保装备创新研究院（事业法人）和江苏中宜环保装备创新中心有限公司（企业法人）（图2）。

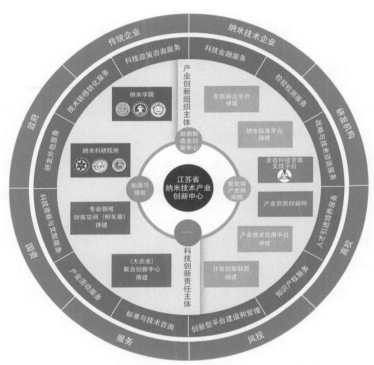

图2　江苏省纳米技术产业创新中心服务体系

### 4. 企业联合创新中心

江苏省产研院于2017年年底推出了"企业联合创新中心"建设模式。由龙头企业提出行业关键技术需求并出资，省产研院通过链接全球创新资源培育组建研发团队，实现双方精准对接。目前，已有大全、鱼跃、法尔胜、钱璟康复、康得新等5家行业龙头企业分别成立了企业联合创新中心，征集了20多项技术需求，企业总投资超过2.2亿元。

企业联合创新中心是创新链和产业链的重要交汇点。中心通过"交汇点"的定位重点发力，调配双链优势资源协同互补，促进双链融合发展。

创新资源"落下去"：中心依托省产研院聚集全球创新资源的能力，与龙头企业共同引导全球顶尖人才和项目落地江苏，并提供技术论证、产品检测、投融资等各类服务，帮助较早期项目顺利过渡，健康发展。

产业需求"引上来"：中心依托龙头企业的产业资源，立足细分行业领域，积极发掘行业上下游企业的技术需求，组织协调省产研院研发力量，共同推进重点核心技术、产业共性技术和行业前瞻性技术的研发和集成创新。

### （三）机制创新：以市场为导向激发创新资源活力

2015 年 5 月，江苏省政府出台《关于支持江苏省产业技术研究院改革发展若干政策措施》，从科技成果权属、税费优惠政策、专项资金使用、人才专门渠道、绿色服务通道等方面出台了 10 条政策措施，为江苏省产研院深化体制机制改革提供了政策保障。江苏省产研院最为突出的五大创新机制为："一所两制""合同科研""项目经理""股权激励""有限公司"。

#### 1. 一所两制

专业研究所实行"一所两制"，同时拥有在高校院所运行机制下开展高水平创新研究的研究人员和独立法人实体聘用的专职从事二次开发的人员，两类人员实行两种管理体制。以膜科学技术研究所（南京膜材料产业技术研究院有限公司）为例，仲兆祥教授领导的核心团队负责核心技术开发，其余日常管理、市场推广、企业运作等都交给南京膜材料产业技术研究院有限公司负责（图 3）。

"一所两制"举措的实施，特别是独立法人实体的建设，充分调动了地方和企业的积极性，大大促进了高校院所研究人员创新成果向市场转化，同时也对高校院所体制机制改革，特别是教师评价考核机制的改革起到了积极的促进作用。江苏省教育、人力资源社会保障等主管部门鼓励符合条件的高等院校教师、科研人员到省产研院兼职，学校认可其在省产研院的工作业绩，并作为教师、科研人员学校考核和职称评聘等的主要依据。

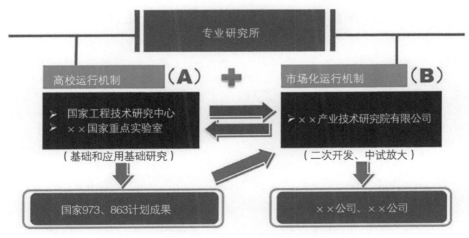

（基础和应用基础研究）　　　　　　　　（二次开发、中试放大）

学术研究"顶天"、服务企业"立地"
高校支持、企业欢迎、科技人员乐意

图 3　专业研究所"一所两制"示意

### 2. 合同科研

江苏省产研院通过实行合同科研管理机制，突破以往财政对研究所的支持方式，不再按项目分配固定的科研经费，根据研究所服务企业的科研绩效决定支持经费，从而发挥市场在创新资源配置中的决定性作用，引导研究所加快技术与市场对接的步伐。科研绩效由合同科研绩效、纵向科研绩效、衍生孵化企业绩效等方面进行综合计算。

实行"合同科研"管理方式，让财政科研资金与技术市场价值挂钩，力求"好用、用准、用出成效"，发挥财政资金"四两拨千斤"的作用。对于初创期重大原创性技术创新项目，财政资金以"拨投结合"方式匹配，先期给予支持，当研发成果获得市场化融资时，财政资金按市场价格转变为股权投资。这样既发挥财政资金对原始重大创新项目和团队的支持作用、保障了研发团队早期研发的主导权，又能有效利用市场机制确定支持强度和获得研发成果收益（图 4）。

发挥市场在创新资源配置中的决定性作用

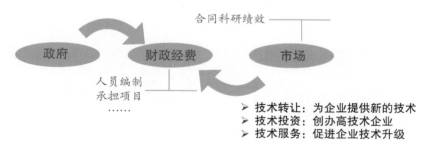

图 4   "合同科研"管理示意

### 3. 项目经理

为解决科技创新资源的增量问题,江苏省产研院创新性地提出了以"项目经理制"建设专业研究所。遴选国际一流领军人才担任项目经理,并赋予其组建研发团队、开展战略研究、提出研发课题、决定经费分配等方面的自主权。由项目经理牵头完成市场调研,整合创新资源,组建研发及管理团队,与地方园区对接共建专业研究所。省产研院为其组建服务团队,提供政策、法律、财务等专业服务,协助其与地方园区洽谈落地。通过"项目经理制"推动重点项目产业化,以财政资金支持原创技术为定位,通过先以科技项目立项,后将社会化融资转为投资的基本路径,吸引引领性、前瞻性、颠覆性的技术创新项目落户江苏。目前,项目经理组建研究所有:智能液晶技术研究所、有机光电技术研究所、智能制造技术研究所、工业过程模拟与优化研究所、脑空间信息技术研究院(图 5)。

以智能制造技术研究所(工商注册名称:江苏集萃智能制造技术研究所有限公司)为例。智能制造技术研究所是由南京国家高新区、骆敏舟核心团队、江苏省产业技术研究院共同发起建设的公司制独立法人研发机构,落户于南京高新技术产业开发区产业技术研创园。目前研究所集聚了包括国家重大人才工程、中科院"百人计划"及海内外知名院校在内的 30 多位智能制造技术领域的高层次人才,投资 2 亿元搭建了一流的智能制造公共技术服务平台,致力于突破"中国制造 2025"关键与共性技术,以技术产业化为己任,创新运营机制,研发一流产品、孵化优秀企业,为江苏省乃至全国智能制造产业技术的发展提供原动力。

## 推进科技项目组织模式的创新

### 创新科研项目组织方式

#### 由"跟跑"向"并行""领跑"转变

图 5    "项目经理制"示意

### 4.股权激励

专业研究所拥有科技成果的所有权和处置权，并且鼓励研究所让科技人员更多地享有技术升值的收益，通过股权收益、期权确定等方式，充分调动科技人员创新创业的积极性，让科技人员"名利双收"。

"团队控股"释放研发团队巨大创新活力。江苏省产研院牵头与地方园区、人才团队共同组建研究所，各方共同现金出资组建研发团队控股的运营公司，地方园区为研发团队提供场所、设备和流动资金。研发收益归运营公司所有，增值收益按股权分配。地方政府出"大钱"，持中股；省产研院出"小钱"，持小股；研发团队出"零钱"和技术，绝对控股，团队持股最高可达70%。16家共建制专业研究所累计投入研发资金40亿元，地方园区投资超过90%，产研院和研发团队投资10%，有效地解决了研发资金不足的难题（图6）。

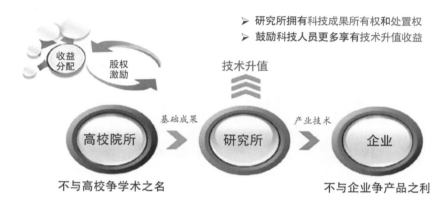

图6 "股权激励"示意

### 5. 有限公司

按照"市场化导向、公益性职能、企业化运作"的思路，由江苏省产研院全资设立"江苏省产业技术研究院有限公司"，为独立企业法人，形成事业法人与企业法人互补运行、公益性职能和市场化手段相互促进的发展模式。主要有以下几种运作模式。

专业研究所投资：通过对现有专业研究所进行投资，或出资与地方共建新研究所等方式，利用资本纽带加强与优秀专业研究所的联系。通过专业研究所合同科研、技术转让、技术入股等形式，实现技术升值收益。

海外平台投资：根据江苏省产业发展需求，在海外设立研发平台，利用当地人才、技术资源，开展早期技术成果的二次开发，通过技术转移，实现海外技术的升值收益，使海外创新资源成为江苏省产业创新的重要源泉。

专业园区投资及运营：围绕产业需求，投资运营依托专业研究所建设的专业科技园区，加速技术关联和产业链上下游企业在专业园区的集聚，形成产业集聚效应，实现衍生和孵化企业的技术升值收益。

技术交易平台投资及运营：充分利用市场机制开展技术成果、知识产权的运营和交易，通过技术贸易、技术投资、技术转让实现技术资源的流动与增值。

管理研发投资引导基金：由省产研院围绕自身职能定位发起研发投资引导基

金，以市场化方式运作，重点关注产业技术研发阶段，主要投资方向：一是省产研院引进到各研究所的二次开发项目；二是各研究所孵化成熟的即将产业化的项目；三是作为母基金参股下属各研究所专业基金；四是与国内外风险投资机构进行联合投资，吸引优质创新成果到江苏落地。

### （四）改革成就：产业技术集群式突破成效显著

短短 5 年时间，江苏省产研院已在南京、常州、苏州、盐城、南通等地布局先进材料、生物与医药、能源与环保、信息技术、先进制造等产业领域专业研究所 41 家。专业研究所各类研发人员总规模达 6000 人，其中院士、863、973 项目首席专家等领军人物 80 多人，场所面积合计近 80 万平方米，设备总值约 26 亿元，年研发经费总额约 20 亿元。布局建设了 7 个产业技术创新中心，共引进新型研发机构近 120 家，高层次人才近 1500 人，创投资金总额约 300 亿元，启动 20 余项重大产业技术创新项目。

集聚了大量全球创新资源。累计引进项目经理 58 人，其中，国外院士 21 人、国内院士 8 人，由项目经理吸引来智能液晶、有机光电、芯片设计、高分子材料等高科技领域近 580 位全球顶尖专家。与哈佛、伯克利、牛津、卡尔斯鲁工大、德国弗劳恩霍夫、加拿大 MaRS 创新中心、英国 TWI、丹麦 TOPSOE 等 30 所国际知名高校、研发机构和研发公司进行了战略合作，建立了硅谷、洛杉矶、哥本哈根、多伦多、斯图加特、波士顿、休斯敦、伦敦等 8 个海外代表处。

填补了一批前沿空白领域。围绕新材料、电子信息、生物医药、先进制造等优势产业发展的战略性需求，引进了 20 个高端人才创新团队，带动一批颠覆性、前瞻性技术成果转化。例如，针对中国人群冠心病高发病率、高死亡率的问题，引进心脏节律管理领域巅峰科技"植入式心律转复除颤器（ICD）技术"，填补了国内空白，将避免 80% 的冠心病患者过早死亡。

突破了一批关键共性技术。累计转移转化技术成果 2600 多项，申请专利 2200 项，形成一批有自主知识产权的关键核心技术。其中，装备制造 100 多项、新一代信息技术 90 多项、节能环保 20 多项、生物医药 70 多项。面向新兴产业技术转移率超过 90%。"多普勒测风激光雷达技术"被广泛应用于风电、航空航天、气候气象、军事雷达等领域。

培育了一批前沿高技术企业。"技术研发＋专业孵化＋投资基金"的科技创新运营方式，不断衍生孵化有自主知识产权的科技型企业和有核心技术的专业化产业园。累计培育高成长性科技型企业 490 多家，年均增长超过 100%，实现研发产业产值 200 多亿元。

打造了一批科技创新创业平台。建成专业化创新平台 170 个。其中，液晶非显示、微纳制造技术、药物制剂与新医药、新型半导体材料等前沿领域 20 个创新平台国际领先。围绕 5G 通信技术，建成新一代半导体材料氮化镓材料及芯片研发平台。创新平台集聚大量国内外高端研发人才，智力支撑能力显著增强。

## 三、江西省产业技术创新的基础条件与存在的问题

### （一）全省研究机构总体情况

根据《江西省统计年鉴（2018）》，2017 年江西省共有研究机构 2502 家，其中，企业 1934 家、科研院所 114 家、高等院校 407 家、其他 47 家。全省有 R&D 活动的单位共 2850 家，其中企业 2558 家。大约 22% 的规模以上工业企业、70% 的科研院所和 33% 的高等院校开展了研发活动（图 7）。

R&D 经费支出总计 127.43 亿元，其中，企业约占 83%、科研院所约占 12%、高等院校占 5%。科研用仪器设备原价 391.06 亿元，其中，企业约占 92%、科研院所约占 3%、高等院校约占 5%。

全省 R&D 人员总计 43 670 名，其中，企业约占 76%、科研院所约占 14%、高等院校约占 8%。博士学历 R&D 人员有 2371 名，其中企业约占 21%、科研院所约占 14%、高等院校约占 64%。硕士学历 R&D 人员有 5992 名，其中企业约占 53%、科研院所约占 27%、高等院校约占 17%。

从单位数量、R&D 经费支出、科研设备资产、R&D 人员总数情况看，企业在技术创新中发挥了非常重要的作用，但是企业对人才的吸引力远不如高等院校，高端研发人员占比很小。

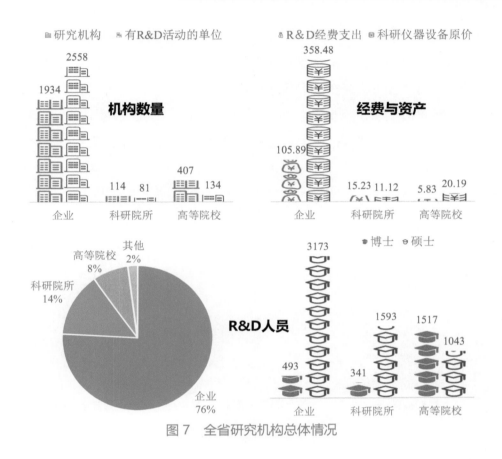

图 7　全省研究机构总体情况

## （二）政府部门属科技机构

2017 年，江西省各级政府部门属科技机构共 111 家，其中自然科学类 96 家。科技经费支出总计 12.88 亿元，其中中央部门属约占 4%、省级部门属约占 79%、地市级部门属约占 17%。

从业人员总计 8615 名，在职科技人员约占 70%。中央部门属机构只有 1 家，在职科技人员 95 名；省级部门属机构 55 家，在职科技人员 4326 名；地市级部门属机构 55 家，在职科技人员 1597 名。按行业划分，农林牧渔行业在职科技人员约占 38%，科学研究与技术服务业约占 32%，制造业约占 12%，水利、环境和公共设施管理业约占 7%，信息传输、软件和信息技术服务业等其他行业在职科技人员很少（图 8）。

对于政府部门属科技机构来说，创新资源主要集中在省级层面。虽然市属机构与省属机构数量相当，但是科技人员数量和经费支出则远小于省属机构。总体来看，政府部门属科技机构存在以下几点问题：一是整体规模偏小，缺乏竞争力；二是学科专业覆盖面太窄，产业技术创新领域较为欠缺；三是人才结构不合理，高素质人才缺乏；四是创新资源过于集中在省级层面，对地方产业，尤其是制造业发展支撑力度不足。

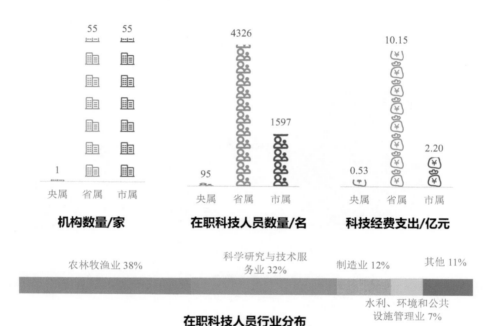

图 8　全省政府部门属科技机构情况

### （三）国家级研发平台

江西省国家级研发平台较少。2018 年，江西省共有国家重点实验室 5 家，国家工程技术研究中心 8 家，国家工程研究中心（实验室）2 家，国家地方联合工程研究中心（实验室）20 家，国家级企业技术中心 18 家。其中，以高校为依托或建设单位的有 14 家，科研院所 3 家，企业 35 家，联合共建 1 家。此外，江西省共有国家高新技术产业化基地 29 家。可见，企业在国家级研发平台建设中发挥了重要作用（表 1）。

区域分布：南昌市集聚了大部分国家级实验室和工程中心，其他地市则比较稀缺。以企业为主体的企业技术中心和联合工程中心在其他地市的分布情况相对稍好，而国家高新技术产业化基地分布则较为均匀。

表 1　全省国家级研发平台区域分布

单位：家

| 地区 | 国家重点实验室 | 国家工程技术研究中心 | 国家工程研究中心（实验室） | 国家地方联合工程研究中心（实验室） | 国家级企业技术中心 | 国家高新技术产业化基地 | 合计 |
|---|---|---|---|---|---|---|---|
| 南昌 | 4 | 3 | 2 | 12 | 8 | 4 | 33 |
| 九江 | | | | | 1 | 4 | 5 |
| 上饶 | | | | | 1 | 2 | 3 |
| 景德镇 | | 1 | | 1 | 1 | 3 | 6 |
| 鹰潭 | | | | | 1 | 1 | 2 |
| 抚州 | | | | 1 | 1 | 1 | 3 |
| 宜春 | | | | 3 | | 1 | 4 |
| 新余 | | 1 | | | 2 | 3 | 6 |
| 萍乡 | | | | | | 5 | 5 |
| 吉安 | | | | 1 | 1 | 2 | 4 |
| 赣州 | 1 | 3 | | 2 | 2 | 3 | 11 |
| 合计 | 5 | 8 | 2 | 20 | 18 | 29 | 82 |

行业分布：材料行业国家级平台最多，有 39 家，其中，又以有色、稀土等金属材料，以及光电材料、陶瓷材料、复合材料为主；生物医药行业其次，有 9 家；农林牧渔、化工、电子信息、机械与装备制造、资源环境、新能源等行业分别有 4~6 家；食品、矿冶、航空、汽车、现代服务等行业有 2~3 家（图 9）。

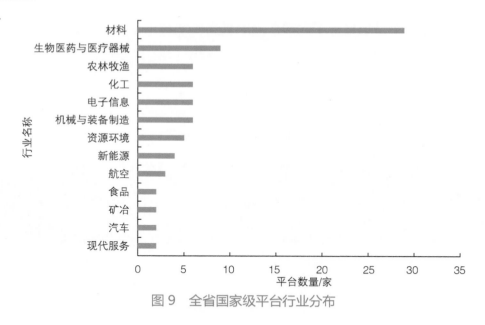

图 9　全省国家级平台行业分布

### （四）省级研发平台

2018 年，江西省共有省级重点实验室 169 家，省工程技术研究中心 358 家，省级工程研究中心（实验室）133 家，省级企业技术中心 331 家。省级平台中，依托或建设单位为高校的约占 19%，企业约占 72%，科研院所约占 8%，联合共建的约占 1%。

区域分布：南昌拥有 4 类省级研发平台共计 408 家，远超过其他地市，尤其是省重点实验室占全省的 77%，省级工程研究中心（实验室）也占将近一半。省工程技术研究中心和省级企业技术中心在南昌的集中程度相对低一些，分别占 34% 和 29%。宜春总共拥有 96 家省级研发平台，位列第二。其次为赣州和抚州，分别拥有 89 家和 70 家。吉安、上饶、九江各拥有 60 家左右。萍乡、鹰潭、景德镇、新余四市最少，各拥有 35～40 家（图 10）。

行业分布：材料行业省级研发平台最多，达到 209 家，约占 21%。生物医药与医疗器械、机械与装备制造、电子信息 3 个行业接近，在 100～110 家。农林牧渔行业有 82 家，化工行业有 67 家。土木与建筑行业也有近 60 家。医疗卫生、资源环境、汽车 3 个行业很接近，都有 50 家左右。食品行业有 36 家，新能源行业有 21 家，矿冶、检验检测、航空及其他行业都在 20 家以下（图 11）。

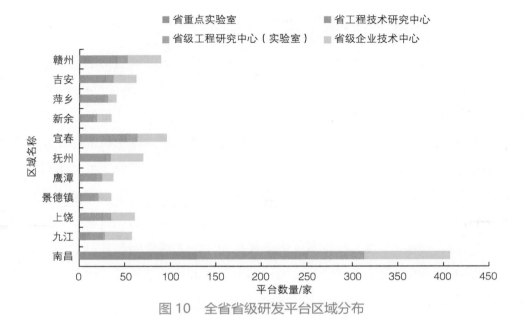

图 10　全省省级研发平台区域分布

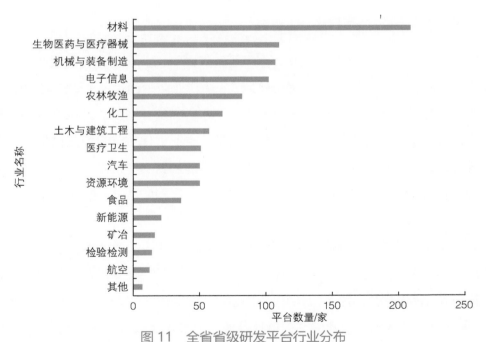

图 11　全省省级研发平台行业分布

## （五）共建新型研发机构

江西省与大院名校广泛开展了科技合作，但共建新型研发机构数量不多、规模较小。据不完全统计，中科院等大院名校在江西共建的新型研发机构不到 10 家，主要集中在南昌、上饶、赣州等地。较为知名的有，省政府与北京航空航天大学共建北航江西研究院，南昌小蓝经开区与中科院苏州纳米所共建中科院苏州纳米所南昌研究院，省科技厅、南昌市、南昌高新区与中科院自动化研究所共建中科院（南昌）移动医疗影像研究院，上饶市与中国科学院云计算产业技术创新与育成中心共建上饶市中科院云计算中心大数据研究院，共青城市与中国纺织科学研究院共建中纺院共青分院。此外，北大科技园、清华科技园、浙大科技园和复旦大学（南昌）技术转移中心、浙江大学（南昌）技术转移中心、天津科技大学（南昌）技术转移中心已在南昌落户。

## （六）产业技术研究院

2018 年 7 月，省工业和信息化厅印发了《江西省工业和信息化领域产业技术研究院建设指南》（简称《指南》），提出按照"一个产业至少创建一个研究院"的原则，在全省推进建设一批工业和信息化领域产业技术研究院；围绕本区域主导产业和首位产业，由省级以上开发区牵头，联合行业骨干企业、优势学科所在高校、知名科研院所等，共同注册成立具有独立企业法人资格的创新实体；着力聚焦产业技术创新资源，提升产业公共技术服务能力，促进产学研深度融合，提升产业自主创新能力。

自《指南》发布后，有 17 家单位参与申报，经过筛选考察确定了 4 家单位入选江西省第一批产业技术研究院培育名单，分别是南昌市高新区牵头组建的"智慧城市产业技术研究院"、萍乡市湘东区产业园牵头组建的"工业陶瓷产业技术研究院"、宜春市经开区牵头组建的"锂电新能源产业技术研究院"，以及吉安市井冈山经开区牵头组建的"通信终端产业技术研究院"。

为支持中科院"江西中心"建设，2018 年 12 月，省委编办批复设立江西省产研院为江西省科学院所属公益二类事业单位，不定级别，核定全额拨款事业编制 30

名，主要承担中科院在江西省的科技合作，组织建设各类产业技术创新与转化平台，促成重大产业化项目落地等职责。

## 四、构建江西省产业技术创新体系的对策建议

江西省产业技术创新体系具备了一定的基础，企业在产业技术创新中也较为活跃，主体地位较为明显。但各类创新平台竞争力总体较弱，国家级高端平台和新型研发机构较为缺乏，创新人才不足，在企业的高端人才尤为欠缺，省外创新资源与江西省的联系也不够紧密。为了加快推进江西省产业技术创新升级，有必要围绕中科院"江西中心"、工业和信息化领域产业技术研究院建设构建全省产业技术创新体系。

### （一）构建"1+N"产业技术创新体系

围绕中科院"江西中心"，搭建中科院创新资源与江西省产业发展的桥梁，开放整合全球创新资源，统筹省内产业技术创新力量，建立全省产业技术创新战略联盟，瞄准产业前沿性、关键性、共性技术领域，布局建设一批区域产业技术创新分中心，形成"1+N"产业技术创新体系，辐射全省市县和高新园区，加快人才、项目、服务、资金"四位一体"联动，打通科技成果向现实生产力转化的通道，促进科技成果资本化、产业化，持续培育新兴业态和新的增长点，支撑江西省高质量跨越式发展。

1个牵引龙头：以江西省产研院为中科院"江西中心"的实体运营机构，发挥江西省产业技术创新体系的龙头牵引作用，牵头引进中科院等国内外科技创新资源，并以会员制形式吸纳省内业绩突出的产业创新机构加盟，筹集设立研发投资引导基金，组织建设高端产业技术创新与转化平台，遴选产业前沿关键和共性技术并组织研发团队进行攻关，推动重大科技成果产业化项目落地，开展创新平台与项目绩效评估与考核。

N个区域分中心：重点面向省内已有产业优势和创新基础的主导产业，依托省级以上高新园区（包括经开区、高新区和工业园区），一个区域布局一个产业技术

创新分中心。区域分中心与工业和信息化厅主导推进的工业和信息化领域产业技术研究院建设相互融合，以产研院注册成立的独立企业法人作为区域分中心的实体运作机构，协同布局共性技术创新平台、新型研发机构、技术转移服务机构等创新实体。区域分中心围绕江西省产业创新发展和转型升级重点领域，开展重大产业技术攻关、产业发展战略研究、创新资源和要素整合、海内外高层次人才创新创业、产业技术扩散和企业孵化、产业创新投融资服务，积极推动相关创新政策先行先试，着力推动创新资源集聚、服务功能完善和企业创新能力的提升，打造一批区域新兴产业培育发展的核心引擎。

### （二）整合资源打造全省产业技术创新联盟

围绕中科院"江西中心"建设，对江西省各类产业技术创新平台载体进行整合，打造一个高水平研发机构共同体。

一是以会员制形式吸纳一批省内在产业应用技术研究开发、成果产业化和公共服务方面业绩突出的产业创新机构加盟中科院"江西中心"，加盟机构原有机构性质保持不变，但是在中科院"江西中心"平台上采取新的运行机制。原始创新成果依托中科院"江西中心"的产业化平台进行二次开发和产业孵化，充分享受创新资源互通共享的优势。

二是省内高校和科研院所、创新型企业、工程中心、重点实验室、院士工作站、创新创业人才团队等创新资源通过入驻区域产业技术创新分中心，实现人才、项目、服务、资金"四位一体"快速联动。

三是通过中科院"江西中心"链接全球创新资源，针对地方重点产业发展需要，组织地方政府、龙头企业与中科院、高层次人才团队对接，共建一批高水平新型研发机构，集聚国内外创新资源，开展产业核心技术、关键共性技术和重大战略性前瞻性技术等研究与开发，以及成果转化、公共服务及人才引进与培养等工作。

### （三）省、市、区共建区域产业技术创新分中心

创新资源集中于省级层面或省会城市是较为普遍的现象，非省会城市参与创新资源布局的机会有限。因此，需要打破省级事业科研单位的固化模式，调动地方政

府尤其是高新园区的力量。工业和信息化厅推进建设的工业和信息化领域产业技术研究院聚焦于高新园区的产业技术研发创新，着力提升产业公共技术服务能力，在创新资源和要素整合、高层次人才创新创业、产业技术扩散和企业孵化、产业创新投融资服务等方面还可以进一步强化。在各地市省级以上高新园区布局建设一批产业技术创新分中心，围绕工业和信息化厅牵头推进的产研院建设，着力创新产业技术研发组织机制，搭建集创新资源高效整合和开发共享、产业技术集成创新和快速转化、新业态组织和商业模式创新、高科技企业创生和产业衍生为一体，涵盖价值链全过程的研发服务平台。

区域分中心采取省、市、高新园区三方共建模式，市场化招聘专职工作人员进行企业化运作。建立研发联合资金，实行专户管理，专款专用。依托所在园区，充分利用研发联合资金和相关创新政策支持，构建开放的创新生态系统，布局促进产业发展的科技载体、基础性平台、产业支撑平台、技术支撑与工程化平台、标准与检测平台和大科学装置，建设、引进、集聚并孵化高水平的新型产业技术研发机构、高端研发公司及创新创业团队。

组织企业提炼重大创新需求，通过中科院"江西中心"链接全球高端创新资源，培育组建研发团队，与龙头企业共建"联合创新中心"。通过"技术研发＋专业孵化＋投资基金"的科技创新运营方式，不断衍生孵化有自主知识产权的科技型企业和有核心技术的专业化产业园。

### （四）以市场为导向积极探索运行机制创新

#### 1. 理事会管理制度

省政府成立产业技术创新体系建设工作领导小组，负责研究组织架构顶层设计和资源统筹协调。组建中科院"江西中心"理事会作为其最高决策机构，由省政府、中科院、省产研院、加盟机构等多方组成。江西省产研院作为中科院"江西中心"的实际执行机构，实行理事会领导下的院长负责制。

区域产业技术创新分中心实行理事会（董事会）领导下的执行委员会主任负责制，理事会（董事会）和执行委员会由共建方提名协商产生，同时设立战略咨询委员会、技术委员会，承担创新中心战略发展决策咨询、技术咨询功能。

### 2. 多元化法人和组织模式

加盟中科院"江西中心"的机构既可以是事业科研单位，也可以是研发公司，既可以是公办企业，也可以是民营或合资企业。区域分中心采取"联盟＋会员制"的工作框架，形态上可以是联合体或者共同体。鼓励多元投资和多种机制共建新型研发机构，可以是和大院大所共建，也可以是和龙头企业共建，成立实体机构也不限于事业法人或企业法人性质。加盟和共建机构拥有充分的自主权，科技成果的资本化和产业化权益分配由合作方商定。

### 3. 灵活的开放合作机制

推行科研项目经理制，针对产业前沿关键和共性技术需求，在全球遴选国际一流领军人才担任研发项目经理，并赋予其组建研发团队、开展战略研究、提出研发课题、决定经费分配等方面的自主权，与地方园区对接共建新型研发机构或研发公司。甄选顶尖人才和重大项目，与行业龙头企业共建"联合创新中心"，调动企业发挥产业技术创新的主体作用。

### 4. 市场化运营和激励机制

推行合同科研制，建立由合同绩效、纵向科研绩效、衍生孵化企业绩效等综合计算的科研绩效评价机制，以市场化为导向提高科研经费配置效率。建立研发投资引导基金，以市场化方式运作，重点关注产业技术研发阶段资本化项目，包括共建研发公司参股投资、引进科技成果二次开发投资、将熟成果的产业化投资及优质创新成果风险投资等类别项目。对于初创期重大原创性技术创新项目，财政资金以"拨投结合"方式匹配，先期给予支持，当研发成果获得市场化融资时，财政资金按市场价格转变为股权投资。推行研发团队股权激励机制，通过股权收益、期权确定等方式，让科研人员名利双收。

**作者：**

叶　楠　江西省科学院科技战略研究所副研究员

# 国家级大院大所产业技术进江西推进经济高质量发展研究

冯雪娇　　王小红　　易均　　李诚诚　　饶德明

**摘要：** 地方政府、企业与国家级大院大所之间的合作，已经进入了"政产学研用"加速融合阶段。江西正处在转型发展的关键时期，引智聚力是实现新一轮创新发展的坚定取向。江西省与大院大所合作共建了一批高端研发机构，促成了一批成果转化，但是也面临着技术供需机制不健全、合作力度不大、对接服务平台支撑不够、产业承载力不足等问题。为做好国家级大院大所产业技术进江西，建议建立产业技术对接常态化平台，健全产业技术对接机制，打造技术转移转化平台，营造更具吸引力的产业技术对接政策环境。

国家级大院大所，即国际著名科研机构和高等院校、国家重点科研院所和高等院校、知名跨国公司实验室和国内行业龙头企业科研院所、知名科学家及其科研团队。目前，大院大所与各省市的合作，已经进入了"政产学研用"加速融合阶段。抓住大院大所，也就抓住了新一轮产业创新发展的关键节点。江西正处在转型发展的关键时期，引智聚力是实现新一轮创新发展的坚定取向。由大院大所主导开发的共性技术，正是江西省能够实现跨越式创新、高质量发展的有效途径。省委书记刘奇在省委十四届六次全体（扩大）会议上强调，要加快构建产学研用深度融合的技术创新体系。"国家级大院大所产业技术进江西活动"更是列入了《2020 年江西省政府工作报告》，力争汇聚全国创新要素，促进江西产业发展，打造协同创新品牌。

## 一、江西产业技术引进与技术需求

2000 年，江西省高技术企业有 176 家、利润 3.7 亿元；2018 年，高新技术企业增至 1325 家，总利润达 337 亿元，位列中部第二[①]。其中，大中型企业有 302 家，为中部地区最多。尤其是电子及通信设备制造业企业有 702 家，总利润达 187 亿元，中部地区排名第一。庞大的高新技术产业体量，催生技术引进需求。

### （一）高技术产业技术引进分析

#### 1. 技术交易发展态势良好，但体量较小

江西省技术市场交易以实施创新驱动发展战略为引领，以促进技术转移和成果转化为主线，充分发挥市场配置科技资源的决定性作用。3 年多来，"江西省网上常设技术市场"举办在线展会 24 场，举办赣州中国稀金谷科技成果对接会、首届赣商大会科技与创新论坛、中国科学院科技创新成果展江西站等科技成果对接会。统计数据显示，江西省吸纳高新技术合同数与成交金额分别从 2015 年的 2356 项、107.7 亿元上升到 2018 年的 4503 项、242.8 亿元，实现倍增。但是，与安徽、湖南、湖北等兄弟省份相比，江西技术交易总量差距明显，排中部地区末位（图 1、图 2）。

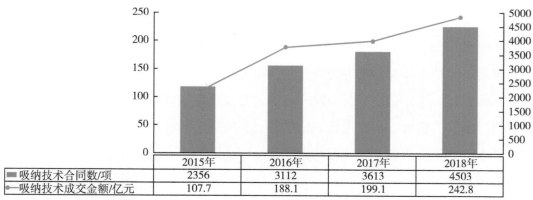

| | 2015年 | 2016年 | 2017年 | 2018年 |
|---|---|---|---|---|
| 吸纳技术合同数/项 | 2356 | 3112 | 3613 | 4503 |
| 吸纳技术成交金额/亿元 | 107.7 | 188.1 | 199.1 | 242.8 |

图 1　江西历年高新技术交易情况（吸纳技术）

数据来源：《中国高技术产业统计年鉴》。

---

① 数据来源：《中国高技术产业统计年鉴 2019》《中国高技术产业统计年鉴 2016》；数据口径为年主营业务收入 2000 万元及以上的工业企业法人单位。

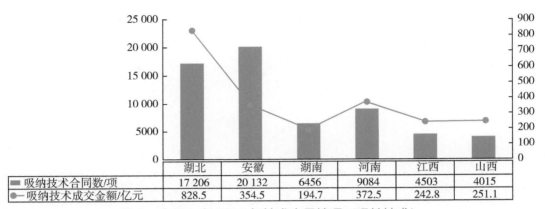

| | 湖北 | 安徽 | 湖南 | 河南 | 江西 | 山西 |
|---|---|---|---|---|---|---|
| ■ 吸纳技术合同数/项 | 17 206 | 20 132 | 6456 | 9084 | 4503 | 4015 |
| ● 吸纳技术成交金额/亿元 | 828.5 | 354.5 | 194.7 | 372.5 | 242.8 | 251.1 |

图2　中部六省 2018 年技术交易情况（吸纳技术）

数据来源：《中国高技术产业统计年鉴》。

### 2. 企业技术改造力度大，但研发与技术引进不足

2018 年江西省高新技术产业技术获取及改造经费支出为 6.26 亿元，在中部地区排名第 4 位。其中，技术改造经费支出 57 758 万元，占比为 92%；购买境内技术经费支出占比为 7%，引进技术经费支出占比仅为 1% 且呈现逐年波动下降趋势，远低于全国 15% 的综合水平，与广东、江苏等发达地区更是差距明显。获取先进技术和占领市场是技术引进的原动力，这表明江西省对先进技术的引进动力不足、消化与吸收能力更是偏弱，导致企业整体技术水平偏低，自主创新能力偏弱（图 3、图 4）。

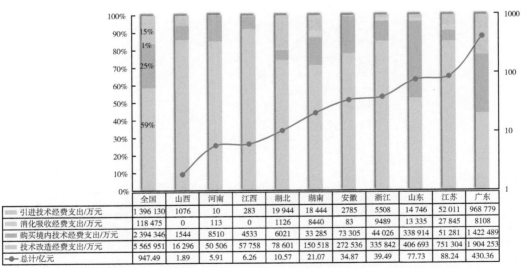

| | 全国 | 山西 | 河南 | 江西 | 湖北 | 湖南 | 安徽 | 浙江 | 山东 | 江苏 | 广东 |
|---|---|---|---|---|---|---|---|---|---|---|---|
| 引进技术经费支出/万元 | 1 396 130 | 1076 | 10 | 283 | 19 944 | 18 444 | 2785 | 5508 | 14 746 | 52 011 | 968 779 |
| 消化吸收经费支出/万元 | 118 475 | 0 | 113 | 0 | 1126 | 8440 | 83 | 9489 | 13 335 | 27 845 | 8108 |
| 购买境内技术经费支出/万元 | 2 394 346 | 1544 | 8510 | 4533 | 6021 | 33 285 | 73 305 | 272 536 | 335 842 | 51 281 | 1 422 489 |
| 技术改造经费支出/万元 | 5 565 951 | 16 296 | 50 506 | 57 758 | 78 601 | 150 518 | 272 536 | 335 842 | 406 693 | 751 304 | 1 904 253 |
| ● 总计/亿元 | 947.49 | 1.89 | 5.91 | 6.26 | 10.57 | 21.07 | 34.87 | 39.49 | 77.73 | 88.24 | 430.36 |

图3　全国及 10 个代表省份高技术产业技术获取和技术改造情况（2018）

数据来源：《中国高技术产业统计年鉴》。

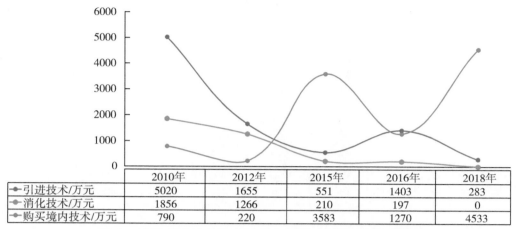

| | 2010年 | 2012年 | 2015年 | 2016年 | 2018年 |
|---|---|---|---|---|---|
| 引进技术/万元 | 5020 | 1655 | 551 | 1403 | 283 |
| 消化技术/万元 | 1856 | 1266 | 210 | 197 | 0 |
| 购买境内技术/万元 | 790 | 220 | 3583 | 1270 | 4533 |

图 4　江西省高技术产业技术获取与改造年度变化情况

数据来源:《中国高技术产业统计年鉴》。

### 3. 新产品销售收入稳步增加，但产业结构有待优化

新产品开发经费支出与新产品销售收入呈较强正相关性；新产品销售收入指标能够正相关地反映技术创新、产业结构升级。产品附加值反映产业结构升级情况。2010年以来，江西省高技术产业新产品销售收入逐年稳步增加，到2018年高技术产业新产品销售收入达 1014.7 万元。然而，与广东、江苏、浙江等发达省份相比，江西省新产品销售收入与新产品开发经费支出均偏低，创新对产品结构调整的作用需加强（图5）。

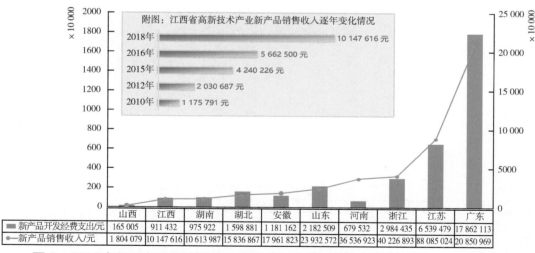

| | 山西 | 江西 | 湖南 | 湖北 | 安徽 | 山东 | 河南 | 浙江 | 江苏 | 广东 |
|---|---|---|---|---|---|---|---|---|---|---|
| 新产品开发经费支出/元 | 165 005 | 911 432 | 975 922 | 1 598 881 | 1 181 162 | 2 182 509 | 679 532 | 2 984 435 | 6 539 479 | 17 862 113 |
| 新产品销售收入/元 | 1 804 079 | 10 147 616 | 10 613 987 | 15 836 867 | 17 961 823 | 23 932 572 | 36 536 923 | 40 226 893 | 88 085 024 | 20 850 969 |

图 5　2018 年江西与典型省份高技术产业新产品开发经费支出与新产品销售收入

数据来源:《中国高技术产业统计年鉴》。

### 4. 企业研发能力不断增强，但研发投入不足

2018 年，江西省委省政府印发《加快新型研发机构发展办法》，吸引大院大所来赣共建新型研发机构。《南昌市推动企业研发机构建设攻坚行动计划（2018—2023 年）》提出，南昌将力争 2020 年全市高新技术企业建立研发机构的比例达到 50.00%。2018 年，江西省具有研发机构的高技术企业的数量在中部地区位居前列（排名第二）；全省应用研究经费 20.80 亿元，增长 51.38%；试验发展经费 278.94 亿元，增长 19.68%；应用研究和试验发展经费所占比重分别为 6.70% 和 89.80%。R&D 经费增速高于全国平均水平 9 个百分点，列全国第三、中部第一。但是，与广东、浙江、江苏等发达省份相比，江西省高技术企业中具有研发机构的比例偏低（38.90%），R&D 经费总量小（图 6）。

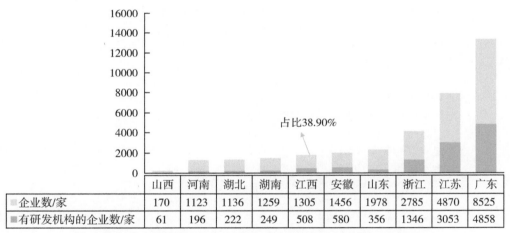

| | 山西 | 河南 | 湖北 | 湖南 | 江西 | 安徽 | 山东 | 浙江 | 江苏 | 广东 |
|---|---|---|---|---|---|---|---|---|---|---|
| 企业数/家 | 170 | 1123 | 1136 | 1259 | 1305 | 1456 | 1978 | 2785 | 4870 | 8525 |
| 有研发机构的企业数/家 | 61 | 196 | 222 | 249 | 508 | 580 | 356 | 1346 | 3053 | 4858 |

图 6　十省高技术产业企业办研发机构占比情况（2018）

数据来源：《中国高技术产业统计年鉴》。

## （二）"2+6+N"产业技术需求分析

围绕"2+6+N"领域，结合产业发展基础、重点企业技术创新需求，共梳理出产业技术需求近 80 项。其中，有色金属 14 项、电子信息 8 项、装备制造 19 项、航空航天 5 项、中医药 17 项（表 1）。

表 1　江西省产业技术需求

| 领域 | 技术需求 |
| --- | --- |
| 有色产业<br>（14项） | 高性能铜（钨、钼、钽、铌、锆、铪、镁、铝、钛、镍）及其合金，高性能钕铁硼磁体，高性能钐钴磁体，新型稀土发光材料，纳米稀土材料，高性能稀土磁性、发光材料技术，高强新型焊接材料技术，"绿色矿山""数字化矿山""智能工厂""智能车间"技术，稀土永磁电机用高综合性能磁体制备技术，铜及铜合金熔体净化技术及适用于 0.05 mm 以下超细拉伸的铜合金杆坯制备技术，稀土微合金化纯铜连铸制备技术，清洁环保钨冶炼技术，冶炼三废绿色化处理与综合回收技术 |
| 电子信息<br>（8项） | 3D 成像高性能 940 nmVCSEL 芯片制备技术、移动智能终端高阶 HDI 电路板制造技术、锂离子动力电池晶体硅增强碳基复合负极材料产业化技术、高光效红光 LED 芯片制造技术、铸造单晶硅制备技术、铸造单晶硅制备技术、VR/AR 沉浸式大空间多人定位技术、超薄型 VR/AR 硬件技术 |
| 装备制造<br>（18项） | 混合动力电动汽车技术，电动汽车电驱动系统集成技术，电动汽车动力电池管理系统技术，电池系统热失控、热扩散安全技术，智能网联汽车技术，高密度、高安全、高可靠性新能源汽车动力电池系统技术，商用车混合动力变速器制备技术，面向新能源汽车企业的大数据中台支撑技术，基于车路协同技术的智能网联汽车技术，轻型载货汽车节能技术，汽车线控制动技术，增程式电动汽车用增程器与整车系统集成技术，基于氢燃料电池双能源驱动的整车安全技术，废旧锂离子电池金属全回收技术，农产品智能分拣技术，高精度薄壁内齿圈加工技术，超高压绝缘子高效率全自动智能制造成型技术，智能水肥一体化技术 |
| 航天航空<br>（5项） | 钛合金航空复杂构件高效超塑精确成型技术、钛铝基金属间化合物的多步等温精密锻造组织调控技术、钛合金航空复杂构件加工质量控制技术、基于人机情景感知共享的应急救援空地闭环无人机智能控制技术、基于北斗和天通双星的机载应急救援语音与视频通信技术 |
| 中医药<br>（17项） | 经典名方开发，中药优势特色大品种二次开发，中药精油关键技术，特色中药饮片炮制技术，中药大品种绿色智能制造与质量控制关键技术，中药规范化种植和新药创制，中药固体废料处理及应用，中药提取技术、分离技术、纯化技术、干燥技术，中药关键技术产业化应用和新型辅料的应用研究，中医"治未病"辨识方法与干预技术研究，天然药物原料产业化制备工艺控制技术，中药提取绿色智能制造产业化技术标准体系，中药注射剂过敏类等物质安全性评价技术，中药注射剂生产全过程标准化建设技术，优势中药品种提质增效升级技术，中药大品种新剂型、经典名方、名老中医药、医疗机构制剂等产业化，中药大健康产品产业化 |

## 二、江西产业与国家级大院大所对接的现状与不足

### （一）院地产业技术合作对接基本情况

#### 1. 合作共建了一批高端研发机构

江西省委、省政府高度重视，引进国家大院大所与知名高校共建 46 家高端研

发机构，新型研发机构 148 家。省院共建的中科院稀土研究院、中科院江西产业技术创新与育成中心、中国中医科学院江西分院等"中字头"科研机构均成功落户江西。在江西省委、省政府的高位推动下，中药大科学装置申建进程有序推进。与中国工程院共建的"中国工程科技发展战略江西研究院"正在启动。北京航空航天大学、天津大学、同济大学、中山大学、厦门大学、哈工大等名校，华为、中国联通、阿里巴巴等名企均在江西省建立研发机构。《江西省引进共建高端研发机构专项行动方案（2020—2025）》中指出，力争到 2025 年，重点瞄准国内外知名科研院所、高校和企业，引进共建 150 家左右高端研发机构。

### 2. 促成了一批成果转化

"十三五"期间，江西省与国内外高校、科研院所和企业建立科技合作关系，开展省级科技合作项目 1000 余项，大力提升了江西省的科技协同创新能力，有效促进了江西省科技的发展。据不完全统计，仅 2016—2019 年，江西省与中科院在本省实施的产业化合作项目共计 345 项，实现销售收入约 239.79 亿元、社会效益达 333.39 亿元（图 7）。

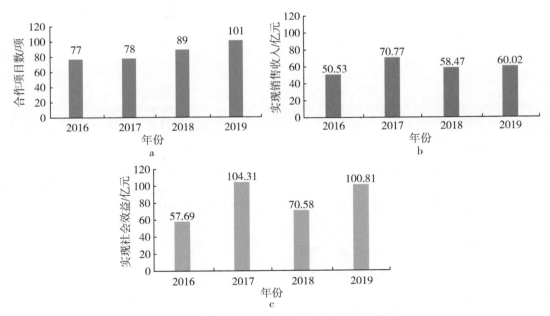

图 7　中科院与江西省科技合作项目情况

数据来源：调研数据。

## （二）技术对接合作存在的问题

### 1. 技术供需对接机制不健全

调研发现，企业对产业共性或特殊的技术需求，往往苦于找不到能够提供相关技术的大院大所。而大院大所科研人员的创新则更多依靠自身的技术优势，与江西省市场需求有差距，难以真正实现产业化。中科院下属应用类科研机构达 100 多家，江西省与中科院不到 20 家单位建立了合作关系，搭建创新载体平台仅 20 余家。与中科院的科技合作也只限于地市层面，如南昌、抚州、赣州、上饶等地市，大部分县（市）还未与中科院建立科技合作关系。此外，院地合作大多属于"点对点"形式，存在分散封闭、交叉重复等"孤岛"现象和碎片化现象。

### 2. 大院大所合作支持力度不大

2016—2019 年，江西省本级财政科技经费投入共计 61 亿元，其中科技合作经费投入 6677 万元，占比仅为 1.09%。省级科技合作资金规模较小，与大院大所合作经费支持力度更是不足，市县配套寥寥无几甚至缺失，政策的引导性不强。同时，省、市、县，以及发展改革委、工业和信息化、教育、财税、科技、人力资源社会保障、国土等部门没能形成合力，出台的一些政策较为分散，对大院大所人才团队、创新要素等吸引力不大（表 2）。

表 2　江西省科技财政支出及科技合作支出情况

|  | 2016 年 | 2017 年 | 2018 年 | 2019 年 | 合计 |
|---|---|---|---|---|---|
| 地方财政科技经费支出 / 亿元 | 83.40 | 120.09 | 147.09 | 183.30 | 533.88 |
| 本级地方财政科技经费支出 / 亿元 | 15.10 | 16.39 | 15.53 | 14.00 | 61.02 |
| 其中：科技合作支出 / 万元 | 1604 | 1888 | 886 | 2299 | 6677 |

### 3. 技术对接服务平台支撑能力有限

一是专业化的技术转移机构和人才支撑有限。当前，江西省仅有 5 家国家级技术转移示范机构，22 家省级技术转移示范机构，技术服务体系仍待完善。缺乏专业化的成果转化管理和服务人才，特别是既懂得成果转化，又具备法律、财务、市场等专业知识的复合型人才。二是网上技术市场发挥作用不够。江西省网上常设技术市场自 2017 年 5 月正式投入运行以来，在成果汇集、专家服务、在线展会、网上交易等方面取得了一系列积极成效，但是技术交易规模还不大，平台影响力还不够，尚未完全发挥促进成果转移转化的作用。三是大多数地市还没有建立科技成果转移转化中心，仅靠行政处兼顾科技成果转移转化工作，极大地制约了科技成果在江西省的中试和产业化。而武汉、长沙、合肥等地均成立了体系完善的科技成果转移转化机构，有一支专业队伍专门从事科技成果转移转化工作。

**4. 产业承载能力不足**

一是工业园区创新能力弱。江西省国家级高新区 7 个，2019 年，南昌高新区在全国 157 个国家级高新区中综合排名第 30 位，刚进入国家高新区"第一梯队"，其他 6 个高新区排名更是靠后。二是企业承载能力弱。2018 年，江西省规模以上工业营业收入为 320 077.4 亿元，全国排名第 13 位、中部排名第 5 位，远少于湖北省（42 358.1 亿元，全国排名第 7 位、中部排名第 2），与浙江（68 653.8 亿元，全国排名第 4 位）相比更是相差甚远。三是国家平台数量和投入不足。国家重点实验室和国家工程技术研究中心数量在中部六省排名靠后，而且 8 家国家级工程技术研究中心硬件投入总计 5.99 亿元（包括实验室、中试基地和仪器设备），平均每家投入为 0.75 亿元，不足全国平均水平（1.7 亿元）的一半。四是企业创新合作意识不强。江西省大多企业自身承载能力不足，协同创新意识又普遍不强，导致科技合作不积极、不主动。

## 三、大院大所与地方产业技术对接的成功经验

### （一）建立技术对接服务平台

一是举办高规格大院大所技术对接会。江苏省每年举办"中国江苏·大院大所合作对接会"，合作对接会由省委、省政府主办，省委、省政府主要领导，各地市党政主要领导，以及各大院名校主要领导对此会议都极其重视，每年都会出席。安徽省举办"大院大所合作科技成果对接会"。二是做强技术市场。浙江建立网上技术市场和网下科技大市场，实现了线上线下的成果交易市场，截至 2020 年 8 月 27 日，完成技术合同 4.78 万份，合同金额达 646.5 亿元。

### （二）实施"大院大所大平台"工程

浙江自 2003 年启动引进大院名校共建创新载体工作以来，共引进创新载体近千家，包括中科院宁波材料所、浙江清华长三角研究院等，开展各类研发项目过万个，建设了 350 家省级重点企业研究院。江苏依托中科院南京分院驻宁优势，在全省各地市建设中科院研究所，实现了市校（院）合作在全省各县区的全覆盖。大院名校的引进在苏州实现了引领和集聚效应，仅苏州市就与中科院合作共建科技创新载体 21 家，国内高校在苏设立研究院达 80 家，实现大市范围全覆盖，有力地推动了苏州市产业转型升级。青岛市注重大院大所特色科研项目与地方经济需求的紧密结合，寻找科技合作最佳契合点。例如，天津大学特意将海工优势专业集中到青岛聚力发展；哈尔滨工程大学专门把青岛选作涉船、涉海专业的"出海口"。

### （三）推动院地人才之间互访与交流

中科院与江苏省共同促进人才交流合作，先后柔性引进中科院 40 余名专家到江苏企业兼职。其中，中科院先后选派 5 批共 12 名科技骨干到扬州各区县及相关部门挂职担任"科技副职"，充分发挥联结院地的桥梁纽带作用。同时，扬州市多年来也陆续选派多名干部到中科院相关厅局挂职锻炼，有效增强了院市之间的沟通联系。这为扬州市深化科技体制改革、优化科技资源配置、促进科技与经济结合等方面发挥了重要作用。

## 四、做好国家级大院大所产业技术进江西推进经济高质量发展的对策建议

### （一）建立产业技术对接常态化服务平台

一是办好"国家级大院大所产业技术进江西"活动。由江西省人民政府、中国科学院共同主办，邀请中国科学院、中国机械研究总院、钢铁研究总院、有色金属研究总院、工信部研究院（信通院）、北京协同创新院、中国技术交易所等 100 余家大院大所参与，开展专题推介、展示洽谈、项目推介等活动，吸引一批创新成

果、创新人才落户江西。将"国家级大院大所产业技术进江西"打造成品牌活动，推动更多大院大所的产业技术在江西实现转移转化。

二是做强"江西省网上常设技术市场"。学习"江苏省技术产权交易市场"平台经验，优化"江西省网上常设技术市场"对接平台，完善平台功能，突出强化国家级大院大所技术成果和地方产业技术需求对接，建立 11 个地市分平台，平台包含供需发布、大院大所专场、在线竞拍、研发众包、合同登记、公示挂牌等功能，省内企业技术需求与大院大所热门技术或热门专利形成智能匹配。组织各地市安排专门技术对接人员，及时收集地方产业技术需求，并通过"技术市场"网发布。

### （二）健全产业技术对接机制

一是建立院—省—市—县（区）长效联动机制。针对江西省不同地区、不同产业和各类企业的实际需求，持续深化和拓展院地科技合作层次和领域。通过开展联合攻关，破解企业技术难题，共建科技创新平台和产业技术创新战略联盟，组织科技成果转移转化对接活动，推广应用先进适用技术等措施，有效提升江西省产业科技创新水平。建立科技成果项目池，及时动态发布符合产业升级方向的科技成果包，推进院地之间科技信息精准传送、科技资源公平交易、科研活动深度协作。构建本地企业与大院大所的联席工作制度，及时发布需求和供给信息，加强技术供给与技术需求的匹配度。

二是加强科技合作人才交流培养。围绕江西省各地科技需求，推进国家级大院大所向地方政府选派科技副职、科技镇长团、博士服务团，向江西省企业选派科技副总，充分发挥各类科技合作人才在推动院地合作交流中的桥梁纽带作用。鼓励和支持江西省各地市积极选派干部到中科院相关厅局挂职锻炼，有效增强院市之间的科技交流与合作，为江西省经济社会发展做出贡献。同时积极开展各项人才激励机制的探索，使科技合作人才留得下、稳得住。

三是建立常态化互访机制。围绕江西省重点产业链，每年邀请大院大所相关专家来考察，并进行深入交流及对接合作。充分利用中国科学院、中国工程院科技智库，围绕江西省产业发展中的关键技术瓶颈，开展战略咨询、学术引领、科技服务、人才培养，推动江西省产业结构调整和传统产业改造升级。

## （三）打造技术转移转化平台

一是合作共建高端研发机构。贯彻落实《江西省引进共建高端研发机构专项行动方案（2020—2025）》，以点带面，围绕电子信息、有色金属、中医药、新材料、装备制造等江西省"2+6+N"产业，引进大院大所，共建一批高端新型研发机构。鼓励大院大所到赣设立研发总部或分支机构，联合建立工程技术研究中心和重点实验室。鼓励现有研发机构引进大院大所的创新团队，优化与拓展研发任务。在重点领域和关键环节加快建设一批国家产业创新中心、国家技术创新中心等创新平台。建设由大中型科技企业牵头，大院大所共同参与的科技联合体，培育一批具有创新能力的制造业单项冠军企业，壮大制造业创新集群。

二是以中科院江西中心为核心构建服务网络。针对各地市首位产业和优势产业，推进国家级大院大所与中科院江西中心在地方联合成立一批具备综合服务能力的区域性分中心，形成覆盖全省的科技服务网络，在江西省科技成果转移转化体系建设中，发挥引领示范作用，促进更多中科院等大院大所技术在赣转移转化。通过直接专项资助、持续资金支持、税收优惠政策、社会资本共筹等多种方式，调动大院大所参与地区经济转型升级的积极性。

三是加大比较薄弱先进技术的引进力度。根据江西省现阶段和中长期的经济发展战略目标，围绕制约提高产业技术水平和竞争力的关键性或战略性产业薄弱技术，有目的地加以引进，并制定行业技术引进及其消化吸收与创新的中长期计划，对此类技术引进工作进行有效的宏观组织管理。面对江西省经济已经由高速增长阶段转向高质量发展阶段，开展重点领域关键核心技术引进，加快解决产业发展缺芯少核的瓶颈问题。同时，以促进产业结构优化升级为导向，加快消化吸收所引进的先进技术，不断积累科技实力，实现技术引进与自主创新有机统一，促进产业结构升级与自主创新协同发展。

## （四）营造更具吸引力的产业技术对接政策环境

一是制定大院大所产业技术对接相关优惠政策。借鉴安徽省《支持与国内外重点科研院所高校合作的若干政策》实施细则，出台江西省支持与国内外大院大所科技合作的相关政策，切实加强与大院大所合作，努力在扶持和引进大院大所或其分支机构、加快科技成果转移转化、培养和引进高层次人才等方面取得突出进展，不断培育发展新动能。尽快出台《江西省引进共建高端研发机构专项行动方案（2020—2025）》实施细则，通过政策红利吸引和鼓励大院大所在江西省设立研发机构，开展科技研发活动及科技成果转移转化。对大院大所与省内企业达成的合作项目，申报各省级项目时给予优先支持。

二是设立"国家级大院大所产业技术进江西对接"专项资金。专项经费主要用于"国家级大院大所产业技术进江西活动""产业链技术供需对接会""区域性和专业性科技成果在线对接会"等活动，以及"江西网上常设技术市场"等线上线下对接平台运营管理、技术对接服务、大院大所与江西省企业签订合作项目奖励或补贴等相关经费，保障大院大所进江西活动顺利进行及相关平台和机制的正常运转。

**课题组成员：**

冯雪娇　江西省科学院科技战略研究所副所长、副研究员

王小红　江西省科学院科技战略研究所副所长、副研究员

易　均　江西省科学院产业处副研究员

李诚诚　江西省科学院科技战略研究所博士

饶德明　江西省科学院科技战略研究所博士

# 新冠肺炎疫情对江西产业的
# 影响及对策建议

冯雪娇　邹慧　李诚诚

**摘要：** 新型冠状病毒感染肺炎（简称"新冠肺炎"）疫情暴发，对江西省产业发展造成一定程度的影响。为防治疫情促进江西省产业的健康发展，研究了疫情对服务业、制造业、生物医药等产业的影响，提出"精准招商，推进生物医药（中医药）和新经济产业发展壮大；多措并举，加快推进服务业的数字化转型；优化配置，推进制造业智能化发展；精准施策，保障企业人才迫切需求；稳步推进，公共卫生与防疫的人才培育和基础研究"等促进江西省产业健康发展的对策建议。呈报领导及有关部门决策时参考。

2020 年年初，新冠肺炎疫情突如其来，全国顿时开启"战疫"模式。为避免人口大规模流动和聚集，江西省采取设卡检查、居家隔离等临时性管制防控措施，有效遏制了疫情恶化。但疫情维稳措施及其"余震"，对产业产生一定程度的影响。近期江西省连续发布《关于有效应对疫情稳定经济增长 20 条政策措施》《关于应对疫情稳定外贸增长 10 条政策措施》等多项政策措施，推进产业健康发展。

## 一、新冠肺炎疫情对江西产业的影响

2003 年，江西第一、第二、第三产业占比分别是 36.18%、33.08% 和 17.74%，而 2019 年江西省第一、第二、第三产业占比分别是 8.3%、44.2% 和 47.5%，第一产业较 2003 年下降 27.88 个百分点，第二、第三产业分别提高 11.12 个和 29.76 个百分点。与非典相比，新冠肺炎疫情对第二产业尤其是第三产业造成的影响更大。

### （一）对服务业影响：餐饮、旅游、交通运输损失较大

疫情正值春节时点，消费需求大幅减少，文化和娱乐业、住宿餐饮业、批发和零售业、旅游业、交通业等服务业首当其冲。2019年，江西第三产业（即视为服务业）占GDP比重达到47.5%。服务业已经成为江西经济增长的主动力和强引擎、吸纳就业的"主力军"。首先，疫情导致餐饮行业损失较大。春节各类聚餐和婚宴等几乎全部取消，大量餐厅饭馆停止营业。其次，旅游行业黄金周不再。江西拥有4A级以上景区162家。2018年，旅游业总收入居全国第9位。面对疫情，南昌凤凰沟景区、南昌八一起义纪念馆、南昌滕王阁等景点均取消春节期间活动。最后，交运行业春运出行人次大幅减少。据初步预测，2020年江西春运旅客发送量也将达到5233万人次。但是受疫情冲击，江西徐家坊客运站及地市县客运站均暂停营业，交运物流不畅。

### （二）对制造业影响：企业复工较难，产业链上下游对接不畅

2019年，江西第二产业（即视为工业）占GDP比重达到44.2%。而且，制造业企业在2019"江西企业100强"榜单中占据半壁江山，其营业收入、净利润额、纳税额占比均超过了50%。在江西工业强省的关键时期，疫情对制造业，尤其是劳动密集型制造业的冲击较大。主要体现在：一是企业复工困难较大。截至2月17日，全省各级财政累计下达资金超过21.9亿元，用于疫情防控和支持企业复工复产。据调研结果显示，大部分企业在积极申请复工，但是很多村、乡、镇设置关卡，而且异地人员返工还需经历14天左右的隔离观察，真正意义上的复工复产依然存在困难。二是生产各个环节不够畅通。物流、原材料、劳动力等生产要素流通受阻，产业链上下游复工节奏不一致，这些将导致复工企业未来2～3周面临一定的压力。此外，企业还面临房租、工资、利息等费用刚性支付，部分抗风险能力较弱的中小微企业将面临破产倒闭的困境，风险还可能沿着供应链和担保链上下及横向传导，从而引发局部性危机。

（三）对生物医药影响：医疗物质短期需求大，医疗科教人才偏少

疫情防护中涉及的医用手套、诊断试剂盒、医用口罩、防护服、脉动真空清洗消毒器、快速式全自动清洗消毒器等供不应求。京东健康、平安好医生、丁香医生、阿里健康等10多家平台为抗击疫情献策献力。在这次疫情防治中，医疗、科技人员发挥了重要作用，但是目前医疗科教方面反映出一些问题。一是对公关卫生与防疫重视程度不够。在江西省高等院校中设立公关卫生学院的大学只有1家（南昌大学），高等院校学科设置上也仅有南昌大学的预防学专业，江西中医药大学有公共事业管理（卫生管理）专业。江西省科技部门在公关卫生与防疫方面基础研究也偏少。二是唯论文现象较为严重。中国疾病预防控制中心发现新冠肺炎疫情后选择先发论文后加强防疫。江西省职称评审目前也是更多以论文为导向。三是医疗科研人员工资与贡献不匹配。科学研究是积累的过程，科研成果较难及时、有效地转化成生产力，科研人员在其中的贡献未能得到及时、合理的奖励，总体收入较低。

## 二、省内外应对新冠肺炎疫情支持产业发展的举措

### （一）全国举措

一是加大金融支持。浙江宁波率先在全国提出地方银行法人机构信贷支持政策，按照总规模100亿元额度为受疫情影响较大的企业贷款减免3个月利息。江苏、山东确保2020年小微企业信贷余额不低于2019年同期余额，融资成本不高于2019年同期融资成本。深圳产业资金优先用于扶持受疫情影响严重的中小微企业，划拨10%的市级产业专项资金重点用于贷款贴息。

二是稳定职工队伍。江苏、上海、山东、青岛对不裁员或少裁员的参保企业，可返还其上年度实际缴纳失业保险费的50%。山东将失业保险金标准上调至当地最低工资标准的90%。上海对受疫情影响的各类企业，对在停工期间组织职工参加各类线上职业培训的，按实际培训费用享受95%的补贴。

三是减轻企业负担。青岛对符合条件的相关药品、试剂、疫苗研发机构，及时、足额、优先为其办理采购国产设备退税。深圳对受疫情影响的各类企业返还

6 个月的城镇污水处理费。免除全市工商企业 2 月当月缴交两部制电费中的基本电费。浙江宁波率先出台临时性下浮社会保险费率，下浮标准相当于企业应缴纳社会保险费单位缴费部分的 2 个月额度。

### （二）江西举措

一是支持全国性银行在赣分支机构加大服务对接力度。实行疫情防控重点企业融资白名单制，支持江西银行、九江银行和进贤农商行利用专项再贷款为企业提供优惠利率信贷支持，最高不得超过最近公布的一年期 LPR 减 100 个基点。对 2020 年新增的全省疫情防控重点保障企业专项再贷款，在人民银行专项再贷款支持金融机构提供优惠利率信贷、中央财政按人民银行再贷款利率的 50% 给予贴息的基础上，省财政统筹资金再给予 25% 的贴息支持，贴息期限不超过 1 年。

二是稳岗保就业。对有创业意愿的农民工纳入一次性创业补贴政策范围，在本省行政区域内创办企业的每人给予 5000 元补贴。对符合条件的疫情防控重点保障企业进行重点扶持，贷款额度最高不超过 600 万元；贷款额度在 300 万元以内的，财政给予全额贴息。

三是稳定外贸增长。对江西进口医用防护口罩 N95、医用防护服等紧缺防疫物资的企业，对其投保进口预付款保险的保费及物流费用给予全额补贴。设立国际贸易"单一窗口"疫情服务专区，为进口防疫物资快速通关开通绿色通道。将全省加工贸易及其供应链企业员工返岗、扩大招工列入加工贸易专项资金支持范围。

## 三、防治新冠肺炎疫情促进江西产业健康发展的对策建议

### （一）精准招商，推进生物医药（中医药）和新经济产业发展壮大

一是壮大生物医药（中医药）产业集群。围绕中成药、化学药、生物技术药和医疗器械，征集生物医药（中医药）产业招商引资项目，制定招商引资政策，总部新落户江西的生物医药世界 500 强或国内工业百强企业给予一次性重金奖励，项目投资额在 1 亿元以上的重大产业化项目给予大力支持，引进、策划组织生物医药产业展会、峰会、论坛、学术交流等活动的机构给予一定的资助。依托中药大科学

装置平台，推进源头创新，优化产业布局，充分发挥比较优势，强化要素支撑，因地制宜发展康养、中药、高端医疗装备、医药中间体及成品药等产业。

二是加大新经济产业引进。在继续开展全省重点产业招商的同时，加大线上娱乐、线上教育、电子商务等产业引进力度，力争尽快洽谈签约和落地一批项目。开辟新经济天使基金直投绿色通道，对在抗疫工作中提供健康分析、检测筛查、消毒防护等相关产品和服务的企业进行直投，合理简化投资流程，解决企业融资难题。研究探索医疗行业未来场景实验室等试点示范场景，抓住 5G 商用机遇，积极探索 5G+ 医疗、人工智能 + 医疗、医疗机器人等新兴行业的商业化、集成化应用方案。

（二）多措并举，加快推进服务业的数字化转型

一是调整、优化、形成灵活高效的服务业新结构。在服务业率先推进"零工经济"和"灵活就业"制度。在经济较发达、技术较先进地区，考虑建立"服务业人工智能提升实验区 / 示范区"。大力降低服务业从业人员的重复劳动和现场工作量。大力发展创意经济，创造就业岗位。建议开展国家级和省市级的服务创新能力培训和教育体系重构；通过专项奖励、稳岗补贴等方式，鼓励服务领域有关企业创新就业岗位。

二是以智能化创新提升服务业多样性。通过引导物联网、5G 和区块链技术改造提升生活性服务业的发展水平，建设服务业的迅捷生产模式和现代物流体系。加快服务职能转变。强化服务业与政府有关部门有效对接，形成支持"互联网 + 生活性服务业"发展的可推广可复制的经验。初步形成"商品 + 服务""线上 + 线下""体验 + 零售""品牌 + 场景"全方位生活性服务应对格局，加快推进生活性服务业向智能化、在线化、清洁化发展。

（三）优化配置，推进制造业智能化发展

一是依托工业互联网打通终端市场和产业链上下游。发挥工业互联网供需对接、资源配置作用，降低疫情带来的销售下滑和供应链紧张压力。鼓励制造企业依托工业互联网打通终端市场和产业链上下游。通过市场数据汇聚分析，开展精准营销、按需生产，在大力拓展订单获取渠道的同时深入挖掘用户需求，寻找新的市场

机会。基于资源调度协同，进行供应链高效管理和协同，实现原材料快速采购和及时配送，保障企业正常有序生产。

二是推进制造业向数字化、智能化转型升级。支持企业建设以数字化、网络化、智能化为基础的产业互联网系统。支持企业从部分环节单台机器人应用向整条生产线自动化改造、自动化生产线＋工业机器人改造发展，实施"机联网""厂联网"等以智能机器人系统为核心的技术改造。重点培育发展一批系统集成和售后服务能力强的工业机器人工程服务公司，支撑江西工业企业顺利实现"机器换人"，提高整个运营的效率和灵活性，有效应对各种市场情况及突发事件。支持龙头企业建立远程智能服务，通过增强现实等技术进行远程指导，基于对设备的运行状态监控进行故障预警。

### （四）精准施策，保障企业人才迫切需求

一是建立协作网络，给予政策支持。做好复工企业的用工监测，全省动态了解企业用工需求，建立重点企业用工的需求清单。摸清排查了重点企业的员工地域分布、返岗意向和用工需求，为企业的有序复工提供有针对性的服务打下基础。建立协作网络。在人力资源丰富的地区和高校设立"劳动协作站""引才联络点"，按照为江西输送人才的资源数量，给予站点最高10万元的工作补贴。支持重点企业采用包车形式接回外地员工返岗。鼓励企业多途径招录新员工，实行新员工就业补助。

二是畅通运行网络求职招聘服务平台。动员各级各类人力资源服务机构提供线上供求对接服务，规范岗位采集和发布渠道，推行视频招聘、远程面试，鼓励网上面试、网上签约、网上报到。扩大在线办理事项范围，建立求职招聘、就业登记、合同备案、参保缴费"一条龙"网上快速服务通道，帮助复工企业招工用工。

### （五）稳步推进，公共卫生与防疫的人才培育和基础研究

一是鼓励高校设立公共卫生学院。鼓励江西中医药大学、赣南医学院等医学院校设立公共卫生学院，设置公共卫生与防疫专业，教学与科研并重，培养高端的公共卫生与防疫人才，开展公共卫生领域的前沿研究。

二是建立职业早期薪酬快速增长机制。缩短青年科技人员的晋级晋升时间，通过大幅提高工资水平使青年科研人员能够过上体面的、有尊严的生活，全心投入基础核心研究探索。

三是加强新冠病毒的基础研究。围绕新型冠状病毒肺炎防控的紧迫需求，建议江西省科技部门在病毒机制研究、疾病诊断与治疗、抗体与药物研发、防护设备研制等方面布局科研攻关项目，解决疫情防控中面临的关键理论与技术问题。围绕疫情防控与应对相关问题研究，委托第三方智库单位建言献策，切实推进江西省治理体系和治理能力现代化研究。

**课题组成员：**

冯雪娇　江西省科学院科技战略研究所副所长、副研究员

邹　慧　江西省科学院科技战略研究所所长、研究员

李诚诚　江西省科学院科技战略研究所博士

# 新冠肺炎疫情影响下壮大江西省生物医药（中医药）产业集群的建议

冯雪娇　王俊妹　邹慧

**摘要：** 自新冠肺炎疫情暴发以来，全国开展了一场史无前例的疫情阻击战。中医药治疗方案因高治愈率和低后遗症等独特临床价值，被纳入国家新冠肺炎诊疗方案中，指导全国的救治工作。江西中医药具有比较优势，省委省政府全力建设中医药强省。为尽快将中医药打造成千亿产业，本报告重点研究江西省发展生物医药（中医药）产业集群比较优势及存在的瓶颈，提出发展壮大江西省生物医药（中医药）产业集群的对策建议，供领导及相关部门决策参考。

自新型冠状病毒感染肺炎（简称"新冠肺炎"）疫情蔓延以来，举国上下开展了一场史无前例的疫情阻击战。此次疫情下，公共医疗服务、生物医药创新进一步受到国家层面的重视。医疗产业中的部分板块如第三方诊断机构、互联网医疗平台等短期内有了突破性发展。尤其是中医治疗方案被纳入国家新冠肺炎诊疗方案中，指导全国中医药救治工作。同时，突发疫情也反映出对流行性病毒的研究和药物研发欠缺等生物医药领域存在的问题及产业集群发展的闭环优势。面对疫情后的形势，抢抓历史机遇，加快发展壮大江西省生物医药（中医药）产业集群，推动江西省中医药高质量发展，尽快将中医药打造成千亿产业。

## 一、疫情下生物医药（中医药）产业发展形势

### （一）高治愈率，中医药在疫情中备受关注

截至 2020 年 3 月 4 日，全国中医药参与救治新冠肺炎患者的比例超过 85%。广西中医药参与率为 97.6%，治愈率超八成。山东省新冠肺炎确诊患者中医药参与治疗率达 98% 以上，绝大部分重型、危重型病例应用中西医结合治疗。河北省中医药参与新冠肺炎确诊病例治疗率超 97%。传统中医药大省浙江，建立从预防到康复全程的中医药防治体系，现有疑似病例 100% 使用中药。江西省先后发布三版《中医药防治方案》，截至 2020 年 2 月 28 日，全省 915 例确诊病例使用中药汤剂或者中成药联合西医治疗，占比为 97.9%；811 例治愈出院患者中，786 例患者通过中西医结合方法治疗痊愈出院，占比达 96.9%。

### （二）独特的临床价值，中药注射剂市场有望突破

为应对疫情，从国家到地方相继出台了一系列治疗方案，多种中药被纳入其中。国家版《新型冠状病毒肺炎诊疗方案（试行第七版）》共收录了 14 个中成药，其中，中药注射剂高达 8 个，占了一半以上。这些中药注射剂均是近年销售额高于 10 亿元的超大品种，而且参附、喜炎平、血必净、热毒宁和痰热清等 5 个中药注射剂为独家生产品种。尤其是由江西青峰药业生产的喜炎平注射液 2018 年在中国公立医疗机构销售额最大，达 29.65 亿元。因辅助用药受限、医保限制、不良反应、修改说明书、纳入重点监控目录等负面影响，近年来，中药注射剂的销售额已经大幅下滑，2018 年销售额（938 亿元）比 2016 年（1049 亿元）下降了 10.6%。然而在本次疫情的应对中，中药注射剂相继被纳入国家及地方治疗方案，以及工业和信息化部印发的《疫情防控重点保障物资（医疗应急）清单》中，凸显了中药注射剂的临床疗效和独特的临床价值。

### （三）高需求，医疗器械产业迫切升级

新冠肺炎的防治对病毒检测试剂、医疗耗材、呼吸机、心电监护仪、ECMO 等医疗设备的巨大需求给医疗器械产业带来了严峻挑战，同时放大了国内庞大市场对

优质医疗资源的紧迫需求。随着医学的进步和医疗水平的提高，医疗器械行业日益成为集医药、机械、电子、塑料、人工智能等多学科交叉、知识密集、资金密集的高技术产业，也是制造业高端化发展的主要方向之一。此次疫情更加表明医疗器械产业迫切需要向高质量发展转型。

## 二、江西加快推进生物医药（中医药）产业集群的比较优势

### （一）平台优势：正在建设中药国家大科学装置

2017 年，江西省政府印发《中国（南昌）中医药科创城建设方案》，项目总投资 300 亿元，总规划面积 15 km²，含医、药、养等若干个片区。其中，起步区 4.5 km²，具有"一中心五区"的功能定位，包括研发孵化中心、会展交易中心、公共研发及服务中心等项目。2019 年 3 月，江西省与中科院共同签署了《省院共同推进建设中药大科学装置的框架协议》，解决中药研究"卡脖子"问题。目前在中医药科创城规划约 300 亩土地建设中药国家大科学装置项目，而且专门成立了地方事业法人机构——江西省中科院大连化物所中药科学中心。此外，生物医药领域拥有国家重点实验室 2 个，省重点实验室 12 个，省工程技术中心 35 个，国家地方联合工程研究中心 2 个，国家企业技术中心 3 个（表 1）。

表 1 生物医药领域国家及省级重点实验室情况

| 级别 | 名称 | 依托单位 |
| --- | --- | --- |
| 国家级 | 创新药物与高效节能降耗制药设备国家重点实验室 | 江西江中制药（集团）有限责任公司、江西本草天工科技有限责任公司 |
| | 创新天然药物与中药注射剂国家重点实验室 | 江西青峰药业有限公司 |
| 省级 | 江西省免疫与生物治疗重点实验室 | 江西省医学科学研究院 |
| | 江西省分子医学重点实验室 | 南昌大学第二附属医院 |
| | 江西省肿瘤转化医学重点实验室 | 江西省肿瘤医院 |
| | 江西省干细胞重点实验室 | 江西省人民医院 |
| | 江西省天然药物活性成分研究重点实验室 | 宜春学院 |

续表

| 级别 | 名称 | 依托单位 |
|------|------|----------|
| 省级 | 江西省中药种质资源重点实验室 | 江西中医药大学 |
| | 江西省消化病重点实验室 | 南昌大学第一附属医院 |
| 省级 | 江西省现代中药制剂及质量控制重点实验室 | 江西本草天工科技有限责任公司 |
| | 江西省有机药物化学重点实验室 | 赣南师范大学 |
| | 江西省神经科学重点实验室 | 南昌大学 |
| | 江西省脑血管药理重点实验室 | 赣南医学院 |
| | 江西省中药配方颗粒重点实验室 | 江西百神药业股份有限公司 |

数据来源：江西省科技厅调研数据。

### （二）规模优势：中医药产业规模在全国名列前茅

自 20 世纪六七十年代"发掘民间中草药运动"开始，在一代代中医药人员的共同努力下，江西省中医药工业规模逐渐形成了一定优势。2017 年，江西中药工业企业居全国第 4 位。2018 年，在不利因素增多、行业下行压力加大的总体背景下，江西中药工业在全国的占比有所下降。2019 年，江西省中药工业取得回升，全省中药工业企业主营业收入 506 亿元，占全省医药行业的 40%，其中，中成药企业实现主营业务收入 399 亿元（表 2）。

表 2　2015—2019 年江西与全国中药工业主营业务收入及占比情况

| 年份 | 全国/亿元 | 江西/亿元 | 占比/% |
|------|-----------|-----------|--------|
| 2015 | 7867.3 | 514.7 | 6.5 |
| 2016 | 8653.5 | 550.4 | 6.4 |
| 2017 | 7901.1 | 553.7 | 7.0 |
| 2018 | 8000.0 | 414.0 | 5.2 |
| 2019 | —— | 506.0 | —— |

数据来源：江西省数据来源于江西省工业和信息化厅，全国数据来源于国家发展改革委、工业和信息化部相关报告。

2018年，全省医药行业企业共392户，主营业务收入过亿元企业共69户，主营业务收入超过10亿元的企业共8户，分别是济民可信集团、仁和集团、天新药业、青峰医药集团、江中药业、洪达医疗器械、益康医疗器械、天齐堂中药饮片公司，其中5家为中药企业。尤其是济民可信集团发展迅速，2018年主营业务收入为186亿元，2019年增加至221亿元。

### （三）集聚优势：已经形成了4个省级医药行业基地

江西省生物医药产业构建了以南昌市、宜春市为重点产业集聚区，以抚州市、吉安市、赣州市、新余市、景德镇市为协同发展区的产业布局，形成了小蓝医药产业集群、宜春袁州医药产业集群、樟树医药产业集群和进贤医疗器械产业集群等4个主要医药制造业产业集群。南昌高新区生物医药产业快速集聚，正在成为江西省重要的生物医药产业集群。2018年，江西省财政从省级工业转型升级专项资金中安排2000万元，支持江西省中医药产业发展，其中，安排资金300万元，支持樟树生物医药产业集聚区建设。2018年，全省现有4个省级医药行业基地，共实现医药工业主营业务收入415.28亿元，比上年增长10.46%，占全省医药行业的比重达到36.89%。

2018年，樟树医药产业基地和进贤医疗器械产业基地实现主营业务收入过百亿元，进贤医疗器械产业基地一次性输液器占全国市场的30%，占江西省销售量的70%以上。樟树医药产业基地实现主营业务收入155.92亿元，比上年增长8.38%；进贤医疗器械产业基地实现主营业务收入155.21亿元，比上年增长19.66%；宜春袁州医药产业基地主营业务收入62.86亿元，比上年增长11.1%；小蓝医药产业基地实现主营业务收入41.29亿元，比上年下降3.46%。

### （四）市场优势：医药制造业市场在中部六省中排第3位

从医药制造业市场占有率情况看，江西省市场占有率维持在20%左右，截至2018年，排在中部第3位，与排在第1、第2位的湖北、河南相差不大（图1）。

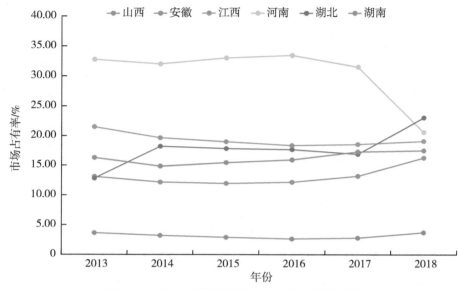

图 1 　中部六省医药制造业市场占有率情况

数据来源：中部六省统计年鉴。

### （五）品牌优势：独家喜炎平注射剂是新冠肺炎治疗良药

《新型冠状病毒肺炎诊疗方案（试行第七版）》包含的 5 个独家中药注射液在2018 年中国公立医疗机构销售额最大的是江西省青峰药业的喜炎平注射液，高达29.65 亿元。除喜炎平注射液外，江西省已经形成了金水宝胶囊、健胃消食片、康莱特注射液、汇仁肾宝、醒脑静注射液等优势主导中药产品。2018 年，全年销售额过亿元的优势医药品种有 49 个，其中，销售额在 10 亿元以上的重磅品种包括济民可信集团的金水宝康莱特注射液、醒脑静注射液，青峰医药集团的喜炎平注射液，江中药业的健胃消食片。49 个优势品种中，有 34 个为中成药。此外，"樟树吴茱萸""樟树黄栀子""清江木枳壳""余干芡实""德兴覆盆子""横峰葛"先后成功获得国家地理标志产品保护。

## 三、江西省生物医药（中医药）产业集群的发展瓶颈

### （一）产业集聚规模偏小

一是生物医药（中医药）工业规模偏小。2015 年、2018 年江西省医药行业主营业务收入分别为 1258.7 亿元、1125.0 亿元，占全国的比重分别为 4.7%、4.6%，总体比重偏小。相比之下，江西省中药行业在全国的比重更大，2011—2018 年基本维持在 6.4% ～ 7.3%，但 2018 年，江西省中药行业占全国的比重有所下降。江西中药行业主营业务收入为 414.0 亿元，企业数为 145 家，与四川中医药产业有一定差距（2018 中医药企业 310 家，主营业务收入超 570 亿元），如表 3 所示。

表 3　2015 年、2018 年江西与全国医药工业主营业务收入比较

| 地区 | 年份 | 医药行业 / 亿元 | 中药行业 / 亿元 | 行业占比 /% | 中药饮片 / 亿元 | 中成药 / 亿元 |
|---|---|---|---|---|---|---|
| 江西 | 2015 | 1258.7 | 514.7 | 40.9 | 72.3 | 442.4 |
| | 2018 | 1125.0 | 414.0 | 36.8 | 91.0 | 322.0 |
| 全国 | 2015 | 26 885.0 | 7867.3 | 29.3 | 1699.9 | 6167.4 |
| | 2018 | 24 265.0 | 8000.0 | 33.0 | 2700.0 | 4703.0 |
| 占比（%） | 2015 | 4.7 | 6.5 | — | 4.3 | 7.2 |
| | 2018 | 4.6 | 5.2 | — | 3.4 | 6.8 |

数据来源：江西省数据来源于省工业和信息化厅，国家数据来源于国家发展改革委、工业和信息化部。

二是企业竞争力不强。江西省虽然有济民可信集团、仁和集团、天新药业、青峰医药集团、江中药业、洪达医疗器械、益康医疗器械、天齐堂中药饮片公司等龙头企业，但是竞争力与国内医药强省、集群强省相比仍有较大差距。在 2019 年公布的国内 500 强企业中，江西省没有生物医药领域的企业入围；在 2019 中国医药工业百强企业中，江西省也只有江西济民可信集团（排名第 5 位）、仁和集团（排名第 18 位）、江中药业（排名第 88 位）等 3 家企业入围。全省第一的济民可信集团销售收入（221 亿元）仅为扬子江集团（500 强排名第 242 位，医药工业百强企

业排名第 1 位）的 30% 左右。

## （二）产业链上下游结构不优

全省医药产品种类中，以中药为主，原料药、化学药制剂未有大发展，生物制药较弱，药包材发展不快，制药机械领域还是空白。中医药三大产业融合度不高，上下游配套产业关联度低。

一是药材种植与加工制造业对接不紧密。企业对本地药材采购比例偏低，中药原材料主要从外省采购，本地种植同种中药材也主要销往省外。以江西的大品牌产品汇仁肾宝片为例，主要原材料覆盆子 60% 以上来自省外；而天海等省内覆盆子种植企业的产品则主要销往省外。

二是中医药服务与中药工业融合度不高，加工制造业主要面向省外市场。调研发现，中药企业大部分产品在省内销售市场比重低于 10%，甚至存在个别产品在省内销售占比低于 1%。中医药健康服务新业态尚处于起步阶段，行业人才匮乏，企业规模小、盈利能力低，对 GDP 贡献较低。

## （三）园区医药产业同质化，外向度偏低

一是园区产业定位不清晰。园区产业定位不明确，产业集聚效应差。从省内主要医药产业基地发展领域来看，大多聚焦在医药产品研发与生产、医疗器械生产、中医药等细分产业，除樟树医药产业集群聚焦中药、进贤医疗器械产业集群以医疗器械为主外，其他生物医药产业集群特色不明显，产品同质化较明显（表 4）。

表 4　省内生物医药产业集群发展的主要领域

| 序号 | 集群名称 | 主要领域 |
|---|---|---|
| 1 | 南昌高新技术产业开发区生物医药产业集群 | 医药产品研发与生产、医疗器械生产、医药贸易销售 |
| 2 | 小蓝医药产业集群 | 中药及保健品研发生产基地和原料药、现代化兽药、医疗器械、医药销售 |
| 3 | 抚州生物医药创新型产业集群 | 生物制药、中成药、化学药、保健药、兽药、香精香料及药品物流、包装 |

| 序号 | 集群名称 | 主要领域 |
|---|---|---|
| 4 | 樟树医药产业集群 | 中药材、中成药、种植、加工、炮制、流通 |
| 5 | 进贤医疗器械产业集群 | 医疗设备、医用耗材产品 |
| 6 | 宜春袁州医药产业集群 | 中成药、医疗器械、医药产品研发与生产、药品物流 |
| 7 | 桑海生物医药产业集群 | 中成药、化学药、生物技术、药医疗器械 |

数据来源：各园区官网。

二是医药产业招商引资效果不佳。2017 年，外商在医药制造领域直接投资项目 2 个，合同外资金额为 101.13 万美元。2018 年，外商直接投资项目仅 1 个，合同外资金额为 197 万美元。

## （四）创新能力不强，平台人才支撑不足

一是企业研发平台较少。据调研发现，全省医药生产企业中 90% 以上的企业没有独立研发部门，全省 14 个国家级和省级重点实验室中，依托单位为企业的仅 4 家，其他依托单位均为高校、科研院所和医院。据 2019 中国医药健康产业发展大会暨第四届中国医药研发·创新峰会发布的《2019 中国中药研发实力排行榜 TOP50》，江西省没有企业入选。江西省内，仅有汇仁药业 1 家公司在 2016 年研发实力上榜。

二是企业研发投入少，吸引高端人才不足。调研发现，济民可信集团主营业务虽然这几年稳居全省第一，但其研发投入仅占销售额的 5%；江中集团拥有蛋白质药物国家工程研究中心、中药固体制剂制造技术国家工程研究中心、创新药物与高校节能降耗制药设备国家重点实验室、航天营养与食品工程重点实验室等创新平台，但其整个集团研发投入仅占销售收入的 3.2%；其他高技术企业更是倾向于购买成熟产品、技术，而不愿自己投入研发，研发投入占销售收入的比重仅仅维持在"高新企业"准入门槛的 3%，与国际大型医药企业差距较大。而且济民可信集团科研人员主要分布在北京、上海的分公司，在江西公司研发人员较少，企业获取先进

技术的方式仍然依靠并购。江中集团研发人员主要以硕士学历为主。

三是支撑平台数量少、能力弱。全省医药类第三方质量检验检测中心较少，中药质量检测能力不足。没有建立涵盖资源集聚、成果转化、信息共享、信用体系、在线服务、赋能决策的医药大数据信息平台，导致中药种植、加工、使用等环节出现供销脱节，影响了生物医药（中医药）产业的发展。

## 四、发展壮大江西省生物医药（中医药）产业集群的建议

### （一）聚焦原始创新，推动中医药高质量发展

一是建立中医药江西省实验室。定位于江西省最高层次的科学研究类创新基地，是国家级科技创新基地的"预备队"。由南昌市政府牵头，按"一核、多点"的架构组建，以中药国家大科学装置为核心，整合创新药物与高效节能降耗制药设备国家重点实验室、创新天然药物与中药注射剂国家重点实验室等国家级和省级重点实验室，以及济民可信集团、江中集团等大型企业资源，联合中国科学院、中国中医科学院、北京中医药大学等省外大院大所、知名高校，实行政府所有、实体化建设、独立法人运作、不定行政级别、不设工资总额限制，实行社会化用人和市场化薪酬制度。

二是出台《促进江西省生物医药产业集聚发展的若干措施》。学习借鉴广东、上海支持生物医药相关创新政策，结合江西省实际情况，制定《促进江西省生物医药产业集聚发展的若干措施》，力争从项目全生命周期、供给全要素、全类型市场主体给予扶持保障，通过政府引导和社会化运作，建立健全政、产、学、研、医、融等紧密合作的工作机制，构建互为支撑的保障体系。在临床研发阶段，科技部门单独布局抗病毒类等创新药物研发项目，Ⅰ、Ⅱ、Ⅲ期都委托江西地区临床试验机构开展，给予一定奖励；在重大项目方面，"卡脖子"技术重大平台、高端产业化项目、中国（南昌）中医药科创城重大产业项目、院士领衔产业项目及国家级试点平台等项目，采取"一事一议"扶持政策。在中医药标准化建设方面，传承和发扬"樟帮""建昌帮"传统中药饮片炮制技术，大力支持开展道地中药材及特色品种的中药饮片规范化炮制，中药配方颗粒、中药标准提取物的生产和质量标准研究。

三是探索研究型医院建设新机制。依托江西省生物医药产业联盟，畅通医院临床研究资源与企业新产品研发信息互动互通，推动院企精准对接。充分调动医院和医务工作者的积极性，推进研究型医院建设，支持三级医疗机构设立研究型病房，对临床研究人员，通过体制机制创新给他们松绑，鼓励科研成果转化、允许兼职取酬、离岗创业，收入不受本单位绩效工资总量限制。

（二）聚焦发展环境，助力产业加快集聚

一是着力实施"强链""补链""延链"行动。根据新冠肺炎疫情，研判产业发展形势，制定《生物医药"强链""补链""延链"行动计划》，培育济民可信集团、江中集团等产业控制力和根植性强的"链主"企业，支持 3～5 家创新型龙头企业；设立生物医药产业发展基金，引进和培育一大批具有国际影响力的先进企业和在业界领先、行业带头的隐形冠军企业，加快生物医药与人工智能、大数据、云计算、区块链等新一代信息技术产业融合，赋能生物医药产业竞争力。

二是赋予中国（南昌）中医药科创城"人才特区"权。学习借鉴泰州中国医药城"113 医药人才特别计划"，赋予中医药科创城"人才特区"权，研究制定中医药科创实施"医药人才特别计划"，统筹实施引进领军型人才（团队）、高层次人才（团队）、紧缺型人才，并每年设立专项资金，借力政策"火车头"，开出人才集聚"动车组"。设立"科技悬赏奖"，围绕生物医药产业链、创新链的关键领域，由企业、产业联盟、新型研发机构等提出需要解决的重大应用研发项目，面向全球招标寻找项目研发人员和团队，单个项目最高可获得 2000 万元支持。

三是建设中医药产业服务平台，为中小微企业全面赋能。建立服务资源数字化、供需双方互相衔接的中医药产业创新信息平台，聚焦资源集聚、成果转化、信息共享、信用体系、在线服务、赋能决策等功能，在中医药全生命周期发掘优势企业，优化技术支撑，推动新技术、新产品尽快从实验室走向市场，对省内中医药上下游成功合作的单位给予一定的奖励。

（三）聚焦智能高端，加大培育中医药龙头企业

一是推动龙头企业智能化建设。总结推广"江中药谷"的"中药保健品智能

制造试点示范项目""江中猴姑米稀生产车间智能制造试点示范项目"经验，鼓励济民可信集团、仁和集团、青峰医药集团、天齐堂中药饮片等龙头企业开展智能生产线、智能车间和智能工厂建设，推进医药生产过程智能化。建立"建设高层次智能化改造咨询诊断平台"，大力引进华工科技、联想智能、上海宝信、武汉明匠、格创东智等全国顶级工业智能化改造服务提供商，为企业"开药方"，实现诊断、方案、改造、提升全流程服务。引入金融机构，为企业进行智能化改造提供资金支持，形成企业智能化改造的闭环。

二是促进中医医疗器械产业升级。围绕预防、诊断、治疗、手术、急救、康复、养生等医疗、家庭和个人保健市场的需求，推动高性能医疗器械和装备产业化。重点支持新型智能化脉诊设备、舌诊设备、红外热像检测设备、灸疗设备、激光治疗设备、经络检测治疗设备、中医治疗特色疾病的治疗前精准评估设备、中医疗效可视化设备、中医康复器具和睡眠促进设备等中医医疗器械研发。结合老年人康复与护理需要，研发老年病康复的中医智能康复器具、中医医疗服务机器人及相关辅助器械。

### （四）聚焦前沿领域，培育新兴业态模式

一是加快发展"5G+智慧医疗"。优先建立和健全 AI 辅助诊疗等新兴产业政策，完善产品上市准则，推动智慧医疗行业快速发展。建立智慧医疗产业检测和测评平台。成立智慧医疗测评中心，形成智慧医疗领域新兴产业产品的测评规范体系，为产品标准化和行业标准的制定奠定基础。建设完善全民健康信息平台数据库体系，构建全省统一的卫生计生机构、人员、设备和药品等基础资源数据库。深化拓展卫生健康智能应用。

二是积极发展精准医疗。加快人工智能和大数据技术在新靶点验证、临床试验、生产监管等方面的精准应用。围绕重大慢性非传染性疾病和出生缺陷疾病等，发展疾病精准干预和治疗的关键技术。鼓励与市级医疗机构合作建设重大疾病样本库、基因数据库，探索产、学、研、医协同创新新模式，推动精准医疗规模化发展。支持江西省重点骨干企业建设基因检测公共技术服务平台，开展出生缺陷基因筛查、肿瘤早期筛查及用药指导、传染病与病原微生物检测等技术和产品的应用示

范，支持企业建立相关省级行业标准。

三是壮大中医药健康旅游。深入实施樟树"中国药都"振兴工程，打造中医药健康旅游聚集区。推进 VR 产业与中医药旅游产业的融合发展，创新中医药健康旅游路线（包括中国古海、三皇宫历史文化游、江西中医药大学文化体验游、"中国药都"阁山中医药健康小镇一日游、舌尖上的中医药文化游、特色医馆体验游、"中国药都"本草小镇、"中国药都"樟树岐黄健康小镇、樟树现代农业科技示范园），弘扬"樟帮"精神传承，彰显樟树中医药地域文化特色。

**课题组成员：**

冯雪娇　江西省科学院科技战略研究所副所长、副研究员

王俊姝　江西省科学院科技战略研究所副研究员

邹　慧　江西省科学院科技战略研究所所长、研究员

# 发展中药材替抗　壮大江西省中医药产业

饶德明　冯雪娇　叶楠

**摘要：** 抗生素滥用严重挑战着国人健康底线，为此国际国内纷纷颁布"限抗令"，回归无抗时代。中药材防治疾病的突出效果在此次新冠肺炎疫情中得到充分体现，也引发了以中药材替代抗生素的思考。围绕江西省发展中药材替抗开展研究，提出发挥药材道地优势，扩大抗菌品种规模；加强中药研发创新，降低无抗技术门槛；抢抓无抗时代先机，培育专业技术人才等壮大江西省中医药产业的对策建议。呈报领导及有关部门决策时参考。

新冠肺炎疫情全球大暴发，给人类上了一节"来自微观世界威胁"的生动课。纵观人类文明史，人类与微生物之间的斗争从未停息，并在斗争中发现了抗生素。而抗生素的滥用将导致"超级细菌"横行，对于全球公共卫生又是一场巨大考验。因此，世界各国纷纷颁布禁令，严格限制抗生素在临床和养殖中使用，人类正迈向无抗时代。中草药因具有消炎抗菌之功效被视为抗生素的优质替代品。尤其中医药应对此次新冠肺炎疫情的突出贡献，更加振奋了我国乃至全球对中医药的信心，同时为中药替抗指明了方向。

## 一、抗生素滥用的危害及中药材替抗的优势

### （一）抗生素滥用成灾，危害人类健康安全

我国是世界上最大的抗生素生产使用国，也是抗生素滥用和细菌耐药性的重灾区。在治疗炎症方面，抗生素"万能药"的错误观念深入人心，上班族在身体出现

炎症时，普遍选择使用抗生素来"治快病"。2018 年，我国门诊感冒患者约有 75%
应用抗生素，外科手术则高达 95%，而住院患者抗生素药物使用率高达 80%，其中
使用广谱抗生素和联合使用两种以上抗生素的占 58%，远高于 30% 的国际水平。
而在畜禽养殖中，抗生素也被视为"保健品"添加到饲料中促进禽畜生长。2018 年
养殖使用的全部抗菌药总量为 2.98 万吨，其中 53% 用于促进禽畜生长，47% 用于
禽畜疾病治疗。抗生素在临床和养殖中滥用导致的"超级细菌"风险、环境污染加
重、食品安全等问题，严重挑战着国人健康底线。

抗生素滥用的危害主要体现在以下 4 个方面：一是产生细菌耐药性，导致抗生
素疗效降低，甚至产生"超级细菌"。二是危害人体健康，导致机体免疫力下降，
增加二重感染的风险，也会产生不良反应，损害人体器官。三是威胁食品安全，抗
生素在养殖中滥用，导致肉、禽、蛋、奶等食品中的抗生素残留，养殖动物的耐药
性也会经食物链传递给人类。四是破坏生态环境，抗生素药物进入人和动物机体
内，多数不能被完全代谢，经排泄进入生态环境，会对土壤微生物、水生生物及昆
虫等造成危害。

### （二）中药抗菌效果显著，成为替代抗生素的良药

在无抗菌药和化学药品的时代，中草药因具有抗菌消炎疗效而被广泛应用。我
国《伤寒杂病论》《本草纲目》等中医典籍都曾提及黄芩、板蓝根等在抗菌消炎方面
的功效。黄芩对于肺炎、上呼吸道感染等疾病，板蓝根对于咽喉肿痛、痈肿等症状具
有较好的疗效。中药抗菌具有抗菌谱广、毒副反应小、效果良好和不易产生耐药性等
特点，是抗生素的理想替代品。在无抗时代背景下，中药替抗具有广阔的发展前景。

我国应用中药作为饲料添加剂促进动物生长、增重和防治疾病具有悠久的历
史。《神农本草经》中记载"桐叶饲猪，肥大三倍，且易养"，《本草纲目》中记载"乌
药，猪、犬百病，并可磨服"等都说明中药添加剂效果可靠明显。中药材兼有营养
物质和药物的两重性，作为饲料添加剂不仅纯天然、无毒害、无耐药性、无污染、
低残留，还可以增强动物免疫功能，提高动物抗应激能力，促进动物生长，改善畜
禽品质，在禽畜养殖中具有不可替代的作用。目前中药材饲料添加剂在国际市场上
已经被认可，未来也必将成为绿色健康、经济高效无抗养殖的首选。

## 二、江西发展中药材替抗的基础条件

### （一）药材资源丰富，替抗品种道地易得

江西中药文化历史悠久，中药材品种资源丰富。根据前后四次全国中药资源普查结果统计，江西省分布着药用中药材资源达 3000 余种，其中野生植物药资源达 2840 余种。常见的具有抗菌消炎效果的中药材，如车前草、枳壳、吴茱萸、野菊花、蔓荆子、黄精、厚朴、黄檗等，均属于江西省道地药材，江西省亚热带季风湿润气候，春秋短、夏冬长等自然因素为这些中药材的生长提供了得天独厚的条件。此外，江西省以丘陵地带为主，土壤资源丰富，森林覆盖率高达 63.1%，有利于发展道地药材仿野生和林下套种等生态种植方式，为江西省从源头夯实中药材质量奠定了良好基础。

### （二）中医底蕴深厚，临床治疗迅速推广

江西省是全国重要的中医药资源和文化大省，具有丰富的中药资源基础和底蕴深厚的中医药文化沉淀。"樟帮"和"建昌帮"饮片加工炮制、药材集散交易闻名全国；杏林文化、庐陵中医及四大医学流派之一的"盱江医学"流派传承千年。在此次战"疫"中，江西中医院被列为救治新冠肺炎省级中西医结合定点医院。截至 2020 年 4 月 15 日，江西省中医药积极参与新冠肺炎确诊病例救治，参与率达 97.9%，全省治愈出院率达 99.9%，两项指标在全国 31 个省份中均位居前列。此外，支援随州江西医疗队所接管患者 100% 使用中西医结合治疗，症状加重比例明显降低，治疗周期明显缩短。

近年来，江西省中医药人才队伍不断壮大，中医医疗服务体系日趋完善。截至 2019 年，江西省共有国医大师 2 人、全国名中医 3 人，全国中医药教学名师 2 人，省国医名师 10 人、省名中医 345 人。中医执业医师 1.97 万人，占全省执业医师总数的 19.5%。此外，江西省目前有公立中医医院 104 家，中医医疗床位 2.8 万张。全省 92.31% 的社区卫生医疗服务机构、93.32% 的乡镇卫生院、65.35% 的村卫生室具备中医药诊疗服务能力，实现了全省县级中医医院的全覆盖及基层医疗卫生机构中医诊疗的基本覆盖。江西省抓住中医药发展窗口期，把握中医药"软硬件"优

势，坚定实施中医药强省战略，推动中医药更广泛地参与临床治疗，为减少抗生素使用，实现中药材替抗提供了机会。

### （三）农业生态突出，中药材替抗接受度高

江西省是具有悠久农业历史的农业大省，"绿色生态"是江西省的最大财富、最大优势、最大品牌。全省年产粮食 420 亿斤、油料 120 万吨、蔬菜 1400 万吨、水果 440 万吨、茶叶 5 万吨、中药材 35 万吨、肉类 350 万吨、水产品 270 万吨。除了满足本省市场供应外，每年还外调粮食 100 亿斤、水果 100 万吨、生猪 1200 万头、水产品 100 万吨。江西认证的绿色食品、有机农产品、农产品地理标志数量位居全国前列，被农业农村部列为全国唯一的"绿色有机农产品示范基地试点省"。江西省率先推广无抗养殖，绿色、有机、无抗产品更容易为消费者接受，有利于抢占市场先机。以中药材替代抗生素在养殖中使用，既方便就地取材，也能实现中药材种植户与畜牧养殖户之间的紧密协同，改善畜牧业不景气、中药材无销路的困境。既是绿色、有机农产品发展的必然趋势，也是江西省持续扩大"绿色生态"农业品牌影响力的必然要求。

### （四）政策指向明确，限抗力度不断加强

临床方面，国家陆续出台了《抗菌药物临床应用指导原则》《抗菌药物临床应用管理办法》《遏制细菌耐药国家行动计划（2016—2020 年）》《关于进一步加强抗菌药物临床应用管理遏制细菌耐药的通知》等文件，提高抗菌药物科学管理水平，遏制细菌耐药发展与蔓延，维护人民群众身体健康。江西省积极响应落实，先后制定下发《江西省医疗机构临床合理用药管理办法（暂行）》《江西省抗菌药物分线使用及分级管理办法（试行）》等文件，并开展抗生素管理使用整治活动，进一步规范医疗行为，保障医疗安全。

兽用方面，农业农村部先后出台的《全国兽药（抗菌药）综合治理五年行动方案（2015—2019 年）》《全国遏制动物源细菌耐药行动计划（2017—2020 年）》，以及江西省畜牧兽医局出台的《关于加强兽用抗生素类药物监管工作的通知》，都对兽用抗菌药提出了严格要求。《全国遏制动物源细菌耐药行动计划（2017—2020

年）》中更是明确提出，到 2020 年退出除中药外的所有促生长类药物饲料添加剂品种。这标志着我国农业开始实施严格禁抗、限抗和无抗政策，同时也为中药材替抗按下加速键。

## 三、无抗时代下江西发展中药材替抗的对策建议

### （一）发挥药材道地优势，扩大抗菌品种规模

一是立足优势扩规模。根据江西省区域中药材分布图，坚持只种道地原则，开展"一县一品"建设，扩大如车前草（泰和、吉水）、枳壳（樟树）、吴茱萸（樟树、峡江）、蔓荆子（永修）等道地优势抗菌品种种植规模，提高抗菌中药材市场供给能力，为临床和养殖中替抗提供充足原料。

二是因地制宜种精品。立足草珊瑚含片、妇炎洁、喜炎平等知名抗菌中成药产品对草珊瑚、肿节风、黄檗、苦参、穿心莲等原料药材的大量需求，发挥江西省生态文明优势，建设以山地和林地为主的规模化、规范化中药材种植基地，推广仿野生和林下套种等种植方式，提升原料药材品质，增强抗菌中成药产品竞争力，做强江西省抗菌中成药品牌。

三是顺应民意兴药膳。大力发展抗菌性药食同源中药材，扩大马齿苋、甘草、栀子、艾叶、葛根等道地药食同源中药材种植规模，提倡药膳理疗，发挥中医药治未病优势，壮大江西省中药康养产业。加大养殖中药食同源中药材供应，增强养殖动物机体免疫力。

### （二）加强中药研发创新，降低无抗技术门槛

一是加强抗菌中药机制研究。依托江西省中药国家大科学装置、中医药（南昌）科创城、创新天然药物与中药注射剂国家重点实验室及华润江中集团等平台和载体，组织江西省中医学、西医学及生物学领域专家，结合现代医药学、营养学和免疫学方法，从体内营养物质代谢利用途径、免疫调节机制和激素分泌调控等方面揭示抗菌中药材作用机制。

二是加强中兽药研发创新。依托江西省农业科学院、江西中医药大学等院校，

研究开发一些抗应激、抗细菌、抗病毒中兽药来增强动物机体免疫力，协调机体生理机能，防治动物疫病。建设现代化兽用中药饮片生产基地，促进兽用中药饮片标准化、规范化、规模化发展。

三是加强中药材无抗饲料研发。依托省部共建猪遗传改良与养殖技术国家重点实验室、江西省农业科学院、江西中医药大学、江西省科学院等平台，组织兽医、农业、中药、饲料领域专家与正邦集团、双胞胎集团等大型饲料公司开展合作，研究中药材作为饲料添加剂的配伍用量关系、质量检测标准，开发更多中药材无抗饲料品种。

### （三）抢抓无抗时代先机，培育专业技术人才

一是提倡临床无抗治疗。加强中医临床重点专科建设，通过医疗互助、医保支持等方式鼓励患者在临床中选择中医药治疗方式。加大中药饮片和中成药临床施用力度，发挥中医药治未病作用和重大疾病康复理疗作用，减少临床中抗生素使用。

二是推广禽畜无抗养殖。引入市场竞争，树立品牌意识，提高养殖行业无抗意识。制定法律法规严禁添加任何抗生素类兽药，提高中兽药参与力度。开展基层无抗养殖技术培训，通过税收减免、资金补助等方式鼓励推行中药材无抗养殖模式，重点对后期"无抗"产品推广上市加以支持。

三是培养专业技术人才。依托中药国家大科学装置、中药国家级重点实验室等平台，凝聚一批中医药高层次人才和技术攻关人才，实施中医药高端人才培养计划，以及中医药学科带头人及技术骨干培养计划。依托江西中医药大学、江西农业大学、江西省科学院等院校，培养一批中兽医人才、无抗饲料研发人才和无抗养殖技术人才，完善无抗养殖行业专业技术人才结构。

**课题组成员：**

饶德明　江西省科学院科技战略研究所博士

冯雪娇　江西省科学院科技战略研究所副所长、副研究员

叶　楠　江西省科学院科技战略研究所副研究员

# 产茶大省茶叶产业政策对江西省的启示

陈春林　魏国汶　邹慧　冯雪娇

**摘要：** 2020 年 5 月 21 日，联合国确定了首个"国际茶日"，体现了国际社会对茶叶价值的认可与重视。习近平总书记高度重视茶叶产业发展，在陕西省调研时也提出要"因茶致富，因茶兴业"。与茶业大省相比，赣茶的名气、产量和销量等确实还存在一定差距。本文梳理了国内主要茶叶大省的茶产业政策出台情况，对比分析了当前茶叶产业发展的主要政策亮点，提出了"十四五"时期江西省茶叶产业政策完善建议。

2020 年 5 月 21 日，是联合国确定的首个"国际茶日"，体现了国际社会对茶叶价值的认可与重视。习近平总书记高度重视茶叶产业发展，在浙江工作期间到安吉调研时曾说："一片叶子，成就了一个产业，富裕了一方百姓。"在陕西平利县调研时也提出要"因茶致富，因茶兴业"。国家先后出台《关于抓住机遇做强茶产业的意见》《中国茶叶产业"十三五"发展规划（2016—2020 年）》等政策文件。2019 中央一号文件发布，其中"茶"与"果""菜"并列作为我国乡村特色产业之一，再一次被列入一号文件。江西省高度重视茶叶产业发展，近年来出台了系列政策。刘奇书记和易炼红省长都曾深入茶叶地头，了解江西省茶叶基地的生产经营情况。刘奇书记多次强调，"要重点打造'四绿一红'茶叶"。易炼红省长也多次强调，"要完善利益联结机制，推动茶产业实现更大规模、更高质量、更好效益发展"。但目前茶叶产业发展还比较缓慢，政策也有待完善。"十四五"期间，江西省必须狠抓机遇，做强茶叶产业，真正实现茶叶一片叶子升级致富的"产业链"。

# 一、江西省茶叶产业发展的省际对比

## （一）茶园面积、茶叶产量和产值

2019 年，江西省茶园种植面积为 164.9 万亩，国内排名第九。茶园种植面积超过 300 万亩的种茶大省有 6 个，分别是云南省、贵州省、四川省、湖北省、福建省和浙江省。2019 年，江西省干毛茶总产量为 7.34 万吨，比其产量大的省份有 10 个，分别是福建省、云南省、湖北省、四川省、贵州省、湖南省、浙江省、安徽省、广东省和广西壮族自治区。2019 年，江西省茶叶综合产值为 66.39 亿元，排名第 11 位。茶叶产业总产值超过 200 亿元的种茶大省有 4 个，分别是贵州省、福建省、四川省和浙江省；总产值为 100 亿～ 200 亿元的种茶大省有 5 个，分别是云南省、湖北省、湖南省、安徽省和广东省（图 1）。

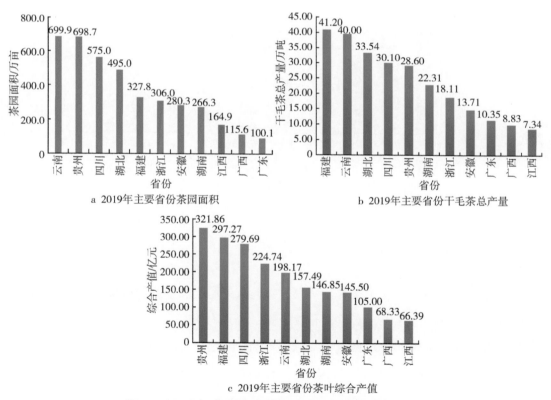

图 1　2019 年主要省市茶园面积、茶叶产量和产值

数据来源：中国茶叶流通协会的统计数据。

2019 年，江西省茶叶单位面积产量为 445.12 吨 / 万亩，排名第 10 位。单位面积产量最多的为福建省，每万亩茶叶产出为 1256.86 吨。江西省茶叶单位面积产值为 0.40 亿元 / 万亩，排名第 9 位。广东省茶叶单位面积产值最高，约为 1.05 亿元 / 万亩（图 2）。

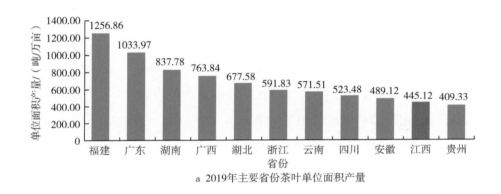

a  2019年主要省份茶叶单位面积产量

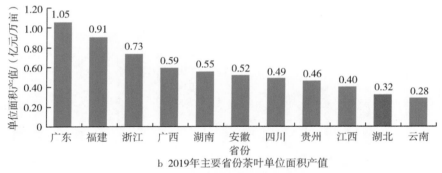

b  2019年主要省份茶叶单位面积产值

图 2　2019 年主要省份茶叶单位面积产量和产值

### （二）茶叶全国百强县和百强企业

2019 年，江西省有 7 个茶叶全国百强县，数量居全国第 6 位；排名前五的依次是云南省、湖北省、浙江省、安徽省和贵州省，分别有 15 个、15 个、12 个、11 个和 9 个全国百强县。2019 年，江西仅有 2 家茶叶百强企业，与贵州省并列第 10 位。排名前三的依次是福建省、安徽省和云南省，分别有 21 个、15 个和 10 个企业（图 3）。

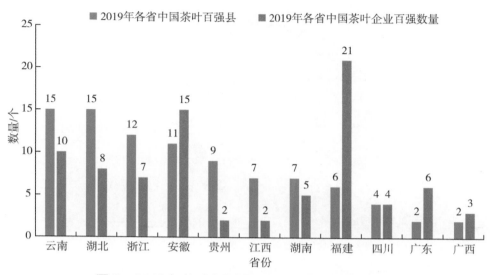

图 3  2019 年茶叶全国百强县和百强企业分布情况

数据来源：中国茶叶流通协会的统计数据。

## （三）茶叶全国百强品牌数和品牌价值

2019 年，江西省有全国百强茶叶品牌 8 个，仅次于浙江省（23 个）、福建省（11 个）和湖北省（9 个）。江西省茶叶品牌总价值为 129.53 亿元，仅次于浙江省（1307.67 亿元）、福建省（261.03 亿元）、安徽省（154.53 亿元）、湖北省（153.59 亿元）和四川省（134.35 亿元），如图 4 所示。

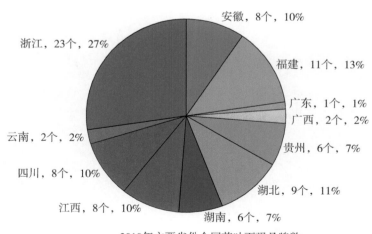

a 2019年主要省份全国茶叶百强品牌数

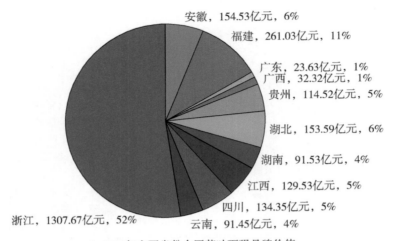

安徽，154.53亿元，6%

福建，261.03亿元，11%

广东，23.63亿元，1%
广西，32.32亿元，1%
贵州，114.52亿元，5%

湖北，153.59亿元，6%

湖南，91.53亿元，4%

江西，129.53亿元，5%

四川，134.35亿元，5%

浙江，1307.67亿元，52%

云南，91.45亿元，4%

b 2019年主要省份全国茶叶百强品牌价值

图4　2019年主要省份全国茶叶百强品牌数和品牌价值分布情况

数据来源：中国茶叶流通协会的统计数据。

## 二、主要产茶大省茶叶产业政策出台概况

近年来，全国各茶叶大省、茶叶强省相继出台了许多茶叶产业政策文件，政策文件类型主要包括综合性和专项性茶叶产业政策文件两大类。综合性茶叶政策文件内容主要涉及茶叶市场、茶叶品牌、生态茶园、茶旅融合和人才、科研等方面；专项性茶叶产业政策文件内容主要涉及茶叶品牌、绿色发展、脱贫攻坚、质量安全、奖补办法、应对疫情等方面（表1）。

表1　近年来产茶大省的主要茶叶产业政策

| 政策类型 | 主要政策文件 |
| --- | --- |
| 综合政策 | 《关于进一步加快江西茶叶产业发展的实施意见》（2019）<br>《关于促进广西茶叶产业高质量发展的若干意见》（2019）<br>《中共贵州省委、贵州省人民政府关于加快建设茶叶产业强省意见》（2018）<br>《云南省人民政府办公厅关于印发云南省茶叶产业发展行动方案的通知》（2017）<br>《浙江省关于促进茶产业传承发展的指导意见》（2016）<br>《福建省人民政府关于提升现代茶叶产业发展水平六条措施的通知》（2014） |

| 政策类型 | | 主要政策文件 |
|---|---|---|
| 专项政策 | 茶叶品牌 | 《江西省人民政府办公厅关于推进全省茶叶品牌整合的实施意见》（2015）<br>《安徽省人民政府关于加强茶叶品牌建设进一步做大做强茶产业的意见》（2012） |
| | 绿色发展 | 《福建省农业农村厅关于进一步推进茶叶产业绿色发展的通知》（2019）<br>《云南省西双版纳州推动茶叶产业绿色发展实施方案》（2019）<br>《云南省人民政府关于推动云茶产业绿色发展的意见》（2018）<br>福建省《关于推进绿色发展质量兴茶八条措施的通知》（2018） |
| | 脱贫攻坚 | 《安徽省人民政府办公厅关于做优做大做强茶叶产业助推脱贫攻坚和农民增收的意见》（2018） |
| | 质量安全 | 《宜宾市茶叶质量安全监督管理办法》（2015）<br>《共同建设宜宾市国家级出口茶叶质量安全示范区合作备忘录》（2015）<br>赤壁市《茶产品质量安全管理办法（试行）》（2014） |
| | 奖补办法 | 赤壁市《关于加快推进茶叶产业转型升级高质量发展的奖补办法》（2019）<br>《汝城县茶叶产业发展奖励扶持办法》（2017） |
| | 应对疫情 | 宜宾市《全力应对新冠肺炎疫情支持茶叶产业共克时艰 5 条政策措施》（2020）<br>《昭平县人民政府办公室关于印发昭平县新冠肺炎疫情防控期间促进茶叶生产流通工作方案的通知》（2020） |

## 三、产茶大省茶叶产业发展主要政策亮点

通过比较主要省份的茶叶产业政策，大体都是按照"政府主导、企业主体、市场运作、社会参与"的原则，茶叶产业政策维度相似，但政策手段各有侧重。

### （一）建设现代化营销体系

各省份均在积极探索，改变茶叶产业总体上仍较为传统和落后的营销模式。

一是探索现代销售模式。各地政策均鼓励探索绿色营销、体验营销、直播营销、旅游促销、"互联网＋"营销等多种现代化营销手段。云南省探索建设普洱茶叶产业"一心两库三平台"大数据服务现代销售（一心：普洱茶大数据中心；两库：普洱古茶和生态茶资源数据库；三平台：普洱茶产品质量安全全程可追溯平台、普洱茶市场信息平台、茶旅融合服务平台）。新冠肺炎疫情后，一些产茶地还出现书

记直播"带货",开拓出"网红＋直播＋流量"的茶叶销售新思路。

二是扩展境外市场。湖南省长沙市依托区域内已有的国家级出口食品农产品质量安全示范区平台和黄花综保区的优惠政策,建设外销茶产品检验检测设备和生产基地,吸引茶叶企业注册综保区,鼓励开拓境外市场。广东省广州市拟建立全国性的茶叶交易中心,引入"茶叶拍卖"和"茶叶期货"等现代化交易方式,实现国际茶叶交易中心功能。云南省积极谋划建设普洱茶期货交易市场,推动普洱茶走向更广阔的市场。

三是做好茶叶市场主体培育工程。包括:培育壮大龙头企业,着力培育茶企"甲级队""排头兵";积极培育以龙头企业为核心、专业合作社为纽带、家庭茶场为基础的现代茶叶产业联合体;组建全程社会化服务组织,低成本、便利化地提供产前、产中和产后服务。云南省出台培育龙头企业政策,最高一次性可获得财政奖补1亿元。

四是健全市场化的利益联结和分配机制。安徽省探索建立农民分享二、三产业融合发展成果的利益保障机制,推广"保底收益＋按股分红"模式,以及开展资源变资产、资金变股金、农民变股东"三变"改革试点。

## (二)打造区域性公用品牌

茶叶作为农产品总显的"土味十足",因缺少知名品牌而很难在市场上获得产品溢价。因此,探索建立茶叶区域公用品牌,成为各省茶叶产业政策的核心版块。

一是谋划和管理好区域品牌体系。浙江省制定出台了品牌培育五年行动计划,大力推进山川地理相近、人文历史相通的茶品牌整合和塑造,加强地理标志商标培育;建立龙井茶产区统一产品标准应用和管控机制,以及龙井茶证明商标使用管理网络服务平台,提升品牌管理能力。云南省西双版纳市致力于打造"普洱茶地理标志＋名山区域公用品牌＋企业品牌＋产品质量追溯二维码"的品牌体系。广西壮族自治区加快构建"公共品牌＋核心区域品牌＋企业产品品牌"的品牌体系。针对省重点公用品牌和主要区域公用品牌,贵州省建立茶叶公用品牌信息平台,制定茶叶公用品牌管理办法。

二是讲好品牌故事。云南省致力于推进中国普洱茶中心暨普洱茶博物馆规划和建设，专门制作茶叶产业专题纪录片和形象片，举办勐海国际茶王节、勐腊贡茶文化节等，大力宣传普洱茶文化。广西壮族自治区创作本土茶历史文化歌曲、电视剧、短视频等，在各类媒体开辟专栏，编印茶文化书籍，开展评茶、斗茶等活动，讲好茶文化故事。

三是提升和维护品牌价值。福建省安溪铁观音的品牌价值高达 1400 多亿元，为维护品牌价值，安溪县推行"山长制"，建立茶叶质量可追溯体系、评选"十大金牌茶庄园"和"名山名茶"，从茶园到茶杯呈现看得见的品质保障；针对出现的冒牌茶现象，还成立了打假专项小组。

四是对区域公共品牌建设给予系列奖补。湖北省赤壁市明确对区域公共品牌的广告宣传、品牌展销和大众体验均给予奖补，对在市内外设立企业广告的，分别按广告位全额租金的 50% 和 60% 给予奖补；对在国内外有影响力的展会上举办专场推介会的，开设砖茶体验窗口店、直销店的，在社区开设砖茶免费品饮窗口的，均有明确奖补金额。

## （三）建设标准化生态茶园

建设标准化生态茶园是茶叶产业可持续发展的根本保障，生态茶园建设也成为目前茶园建设的基本要求。

一是打造茶园生态模式。福建省探索生态调控、农艺改良、物理防控和生物防治相结合的模式，建立不用化学农药茶叶绿色生产示范基地，提出力争到 2022 年实现全省茶园不使用化学农药。贵州省通过支持茶园土地流转，整合扩大茶园规模，划定茶园保护区等，建设品牌茶叶和出口茶叶的专用茶园基地。云南省实施了化肥农药零增长行动。湖南省长沙县着力将散落的茶园联结起来，打造规模效应、集聚效应和景观生态效应一体的"百里茶廊"产业带。

二是保障茶叶生产的标准化。贵州省鼓励支持按照欧盟标准种植和管护茶园，建立茶叶生产记录，包括农业投入品的名称、来源、用法、用量和停用的日期等，且生产记录保存 2 年。福建省将《福建茶叶绿色发展技术规程》《福建省茶叶初制厂清洁化生产规范》纳入培训课程，建立农资监管平台，推行投入品登记备案和实名购买制度，推进"一品一码"全过程追溯体系建设，探索建立"白名单"制度等。

云南省组织有关部门和专家制定符合普洱实际的产前、产中、产后标准体系，包括《云南省有机茶生产技术规范》《立体生态茶园建设技术规程》《绿色普洱茶质量控制技术规范》《有机普洱茶质量控制技术规范》《普洱茶贮存技术规范》等。

三是提升茶园软硬件设施。云南省针对茶园实施了"五改两控一节"综合措施，即改土、改形、改路、改机、改种、控药、控肥、节水。浙江省围绕全程机械化的目标，推进茶叶生产"机器换人"和质量建设。

## （四）延伸茶叶主题价值链

一是茶旅融合发展。主要产茶省份均很重视茶旅一体化发展，致力将茶产品、自然景观、美食、地域文化、节庆等有机整合，开启"大健康产业＋茶园＋文化"的茶文化养生之旅、"茶节庆＋茶市场＋美食"的茶文化主题、"茶产业＋商业小镇＋景区"的茶旅小镇等新业态，促进茶文化、茶经济和旅游产业多元化发展。例如，四川宣州区"五彩茶园"核心示范园，以黄金芽（叶）、白叶1号、中白1号、紫鹃、龙井43等高档名优品种为主，它也是浙江—四川结对帮扶平台之一。

二是茶叶新产品研发。主要产茶省份的做法是推进茶叶深加工和提高茶叶附加值。尤其是促进茶叶产业与医药产业、健康产业相结合的研发推广，深化茶叶产业与机械、包装、物流和电商等融合发展，实现茶外延产业的发展。

## （五）人才、科研和金融等扶持

一是人才方面的支持。主要省份的做法包括：加强与国内高水平科研院所、高校合作，引进和培养职业化、专业化人才，加强"茶叶大师""制茶工匠"等高素质人才的培养和选拔。一些省份的人才强茶工程，对企业自主引进的技术人员特定情况下可提供事业自筹编制保障，并为企业每年定向招培茶叶加工、检测、茶艺、营销和电商等专业技术人员，对获得高级以上职称的技术人员（企业或者事业单位人员）每年给予技术津贴。

二是科研方面的支持。包括：资助茶叶科技项目，选育当地茶树优良品系，发展标准化良种茶园和推广清洁化加工等；鼓励茶叶产业技术升级改造，对直接提升茶叶产能和产品品质的改造升级投资、茶衍生物精深加工开发均进行奖补；支持茶叶产业技术基础研究；支持引进和建设院士、博士后工作站或实验室；鼓励茶叶科研成果申请国家专利认证，参加国家级和省级茶行业茶标准起草；引导与知名院校联合组建茶研究院、工程技术中心和文化研究院等。

三是金融方面的支持。浙江省支持茶企通过商标权质押贷款、林权抵押贷款、股权质押等途径拓展融资渠道，完善推广茶叶低温气象指数保险，减轻茶农、茶企因灾受损等。贵州省也正逐步建立茶叶种植政策性保险制度。湖北省通过招商引资形式设立茶叶产业发展专项基金，同时积极开展茶园承包经营权贷款抵押和成套加工机械设备配套抵押贷款担保业务等。

## 四、启示及建议

近年来，江西省高度重视茶叶产业发展，在提升茶叶品质、打造茶叶产业品牌、注重科技创新、加大财政金融扶持力度等方面出台了一系列政策，但由于起步较晚、受区域资源的限制等因素，茶叶产业发展还比较缓慢，"十四五"期间政策亟待完善。

### （一）在"修订、补充和扩展茶叶产业政策"上下真功

江西省茶叶产业政策数量相比福建省、浙江省、广西壮族自治区等远远不够，核心文件近年来才下发，前期重视不够，后期迎头紧赶，但跟进力度还不大。文件中的内容不够细化，对比其他省份的核心文件，福建省、广西壮族自治区在文件中的每条政策措施后均明确责任单位，浙江省虽没在每条政策措施后明确责任单位，但在文件后部分对各省厅局、各市县的分工均具体到各部门各单位。广西壮族自治区还专门设立广西茶叶产业发展办公室，统筹协调解决工作中遇到的困难和问题。

江西省需继续细化优化茶叶产业政策。对已有的茶叶产业政策要根据当前的形势变化加以修订，适时加以补充和扩展，进一步细化相关政策条目，形成一套涉及面广、相互衔接紧密、成效明显的茶叶产业政策体系。此外，全省各茶叶主产县是茶产业发展的主力，可督促其出台支持茶叶产业发展的针对性、操作性强的政策。

## （二）在"统筹一定资金用于茶叶产业奖补"上抓突破

江西省对茶叶产业奖励性政策种类少，奖补金额少，引导力度不够。茶叶产业保障性政策相对欠缺，与福建、浙江等兄弟省份存在不小差距。未来要加大刚性支持力度，财政每年要明确统筹各方面资金不少于多少亿元用于茶叶产业发展。茶叶产业奖补政策应囊括绿色生产、提升茶叶品质、加快茶企整合、打造茶叶龙头、加强品牌建设、拓展茶叶市场、培育新增长极、延伸茶叶产业链等方面。尤其要着重在鼓励引导新品种选育、推广茶叶机械、构建监管平台、创新经营模式、建设生态茶园等 5 个方面制定政策资金奖补细则。具体包括：一是给予茶树新品种选育单位奖励；二是给予新建的茶叶初制加工不落地机械化自动化生产线补助；三是给予茶叶初制清洁化加工厂改造补助；四是给予茶叶生产县（市、区）建设农药监管信息化平台补助；五是给予新认定的中国驰名商标奖励；六是给予进入上市辅导期的茶叶类龙头企业奖励；七是给予完成改造的标准化生态茶园补助等。此外，参照其他产茶大省的补助金额，确保江西省的补助和奖励金额不低于兄弟省份。同时，鼓励产茶地基层政府积极投入奖补，引导当地茶叶产业积极转型升级发展。奖励政策要形成制度，保持政策的连续性。

## （三）在"完善已制定的茶叶区域公用品牌发展战略"上求发展

江西省已制定明确的茶叶区域公用品牌发展战略，但茶叶区域公用品牌政策体系仍待完善，相应的制度规范、管理和服务平台，以及财政金融扶持等仍然薄弱。

具体做法：一是要制定区域公用品牌的使用制度，防止类似"公地悲剧"现象的发生。政府要做好区域品牌、企业品牌和产品品牌规章制度顶层设计，尤其是品牌使用的具体管理制度和后期管护制度。通过出台相关规定，明确企业如何使用公用品牌，不具备入门条件和以次充好、滥用品牌的行为要明确惩治措施。可以借鉴兄弟省份做法，明确茶叶区域公用品牌的企业产权主体，由其代为制定和维护品牌发展。二是除当好品牌"守夜人"之外，政策要为公用品牌发展提供更多推广服务。包括打造品牌茶文化，利用典型事件、重要节庆和名人效应加大品牌推广。三是健全品牌茶叶质量监督体系。构建政府监管、企业自律、消费者可追溯的监管平台，提升茶叶品牌核心竞争力。四是为品牌梯队培育提供金融支持。加快"四绿一红"商标国际注册步伐，通过商标品牌的无形资产评估，为商标质押提供贷款等金融服务。

### （四）在"搭乘互联网平台建立现代化营销体系"上出实招

由于受到经济、观念和地域等诸多条件的限制，相比浙江、广东和江苏等省份，江西省茶叶产业的整体营销体系差距仍然明显。近年来，江西省电子商务发展较快，在"互联网+"背景下，茶产业必须搭乘互联网这个平台，建立现代化营销体系。

具体做法：一是政府出面与专业的互联网平台推广公司合作，推广江西省茶产品。例如，学习武夷山市政府与京东超市共同打造"京东超市武夷山茶产业数字生态基地"的实践，合作建立茶产业原产地采销集散中心及商家服务中心、全数字化供应链体系、大数据中心、数字检测中心和城市联合创新中心等。二是支持利用微信、抖音、微博等 APP 渠道，宣传推广销售江西茶产品。三是支持企业建立自己的网络销售平台，如学习借鉴福建茶帮通，打造茶叶产业链 S2B+OMO 服务平台。四是组建江西茶出口联盟，借助国际茶文化活动、海外赣商、孔子学院等渠道优势，融入国家"一带一路"倡议，扶持茶叶出口龙头企业抱团走出去，推动江西茶产品和文化走向世界。五是建立线上茶叶质量监督体系，建立诸如线上线下茶叶质量检测与技术推广中心等茶叶质量监督机构。六是要培育一批"互联网+茶产业"人才队伍，引进有"互联网+"技能的人才，特别是互联网核心技术人才。

### （五）在"打造立体化茶叶产业实现综合的价值空间"上谋创新

当今，茶叶产业发展亟须从一片叶子走向多元而综合的价值空间，现代茶产业围绕配套、茶器、空间和源头等方面深入拓展与延伸价值。茶叶种植生产—产品加工—产品研发设计—产品流通—消费创新等环节，均是茶叶产业打造立体化价值空间的重要环节。使茶园利用由"生产资料"转变到"生产、生活和生态资料"；使茶叶利用由"饮用"转变到"使用"；使茶叶加工由"粗放"转变到"智能"；带动茶叶产业由"一产向二、三产"转变来实现生态高价值发展。

具体做法：一是打造以茶企为主体的研发体系，通过政策引导茶叶科研人才、研发资源向茶企流动，改变当前茶叶研发资源主要集中在科研单位和高等院校的现象；二是建立茶叶深加工创新联盟，开展技术深加工联合攻关，深度挖掘茶叶功能成分，研制多样化、多功能型茶叶产品；三是围绕"千年茶瓷文化"主题，推出独一无二的江西特色茶瓷系列产品；四是引进和落地茶叶数字化品控关键技术，实现对茶叶产业链的全程数字化质量控制，对茶叶色、香、味、形品质因子做到全面的质量安全控制；五是在科技创新外，在微观层面、文化传播和市场运作等多层面，将茶叶产业从传统"红海"推向现代"蓝海"。

**课题组成员：**

陈春林　江西省科学院科技战略研究所副研究员

魏国汶　江西省科学院副院长、研究员

邹　慧　江西省科学院科技战略研究所所长、研究员

冯雪娇　江西省科学院科技战略研究所副所长、副研究员

# 江西省重金属污染状况及对策分析

王秋林　邹慧　王小红　黄玲玲　叶楠

**摘要：** 江西省矿产资源丰富，在给我省带来巨大经济效益的同时，也因早期开发工艺技术落后、资源利用率低等历史原因导致土壤污染问题日益突出。2011 年 2 月，国务院印发《重金属污染综合防治"十二五"规划》，列出了 14 个重金属污染综合防治重点省份，江西省位列其中。根据江西省环保厅发布的《2015 年江西环境状况公报》分析，土壤重金属已经成为江西省贯彻中央要求、打造美丽中国 "江西样板"的"拦路虎"和"绊脚石"。为此，我们从落实主体责任、出台防治条例、完善干部考核、引导企业政策、划分污染重点、强化监管水平等方面提出可行性建议，助力江西省生态文明试验区建设。

近年来，我国土壤重金属污染事件频发，对经济发展、生态环境、食品安全、人类健康，甚至对社会稳定、政治安定等构成威胁。2011 年环保部周生贤部长向全国人大报告我国环境污染状况时提到，我国受污染耕地约 1.5 亿亩。2013 年年底，国土资源部王世元副部长在土地调查新闻发布会上引述环保部土壤状况调查的数据时指出，我国内地中重度污染耕地约 5000 万亩。2014 年 4 月 17 日公布的《全国土壤污染状况调查公报》显示，我国土壤总的超标率为 16.1%，其中轻微、轻度、中度和重度污染点位比例分别为 11.2%、2.3%、1.5% 和 1.1%。污染类型以无机型为主，有机型次之，复合型污染比例较小，无机污染物超标点位数占全部超标点位的82.8%。土壤环境状况总体不容乐观，部分地区土壤污染较重，耕地土壤环境质量堪忧，工矿业废弃地土壤环境问题突出。

对此，我国政府极为重视土壤重金属污染治理工作，2014 年 3 月，李克强总理在《政府工作报告》中强调"实施土壤修复工程，整治农业面源污染，建设美丽乡村。我们要像对贫困宣战一样，坚决向污染宣战"。中央 1 号文件也强调"启动重金属污染耕地修复试点"，国务院批复的《重金属污染综合防治"十二五"规划》中明确，治理资金达到 750 亿元（中央财政 300 亿元，地方政府和企业 450 亿元）。2016 年 5 月 28 日，国务院专门印发了《土壤污染防治行动计划》（简称"土十条"），"土十条"的发布对于我国土壤修复事业是一个重要的里程碑，这将是当前和今后一个时期全国土壤污染防治工作的行动纲领。同时，土壤污染防治的立法工作也在进行，《土壤污染防治法》预计不久将出台。

## 一、重金属污染概述

### （一）重金属污染的定义

重金属污染指由重金属或其化合物造成的环境污染。主要由采矿、废气排放、污水灌溉和使用重金属超标制品等人为因素所致。因人类活动导致环境中的重金属含量增加，超出正常范围，直接危害人体健康，并导致环境质量恶化。20 世纪 50 年代，轰动世界的日本水俣病就是由汞污染所引起的，其危害程度取决于重金属在环境、食品和生物体中存在的浓度和化学形态。

### （二）重金属污染的主要类型

重金属是指相对密度在 4.5 mg/cm$^3$ 以上的金属（54 种），除去稀土金属和难熔金属后，约有 45 种。工业上真正划入重金属的有 10 种：铜（Cu）、铅（Pb）、锌（Zn）、锡（Sn）、镍（Ni）、钴（Co）、锑（Sb）、汞（Hg）、镉（Cd）和铋（Bi）。污染土壤的重金属主要包括镉（Cd）、汞（Hg）、铅（Pb）、铬（Cr）和类金属砷（As）等生物毒性显著的元素，以及有一定毒性的锌（Zn）、铜（Cu）、镍（Ni）等元素。

#### 1. 镉污染

镉（Cd）不是人体的必要元素。镉的毒性很大，可在人体内积蓄，主要积蓄在肾脏，引起泌尿系统的功能变化；主要来源有电镀、采矿、冶炼、燃料、电池和化学工业等排放的废水；废旧电池中镉含量较高，也存在于水果和蔬菜中，尤其是蘑菇，在奶制品和谷物中也有少量存在。易受害的人群是矿业工作者、免疫力低下人群。水中含镉在 0.1 mg/L 时，可轻度抑制地面水的自净作用，镉对白鲢鱼的安全浓度为 0.014 mg/L，用含镉 0.04 mg/L 的水进行灌溉时，土壤和稻米受到明显污染，农灌水中含镉 0.007 mg/L 时，即可造成污染。正常人血液中的镉浓度小于 5 μg/L，尿液中小于 1 μg/L。镉能够干扰骨中钙，如果长期摄入微量镉，易使骨骼严重软化，骨头寸断，引起骨痛病，还会引起胃脏功能失调，并干扰人体和生物体内锌的酶系统，导致高血压症上升。

### 2. 汞污染

汞（Hg）及其化合物属于剧毒物质，可在人体内蓄积。主要来源于仪表厂、食盐电解、贵金属冶炼、化妆品、照明用灯、齿科材料、燃煤、水生生物等。进入水体的无机汞离子可转变为毒性更大的有机汞，由食物链进入人体，并引起全身中毒。血液中的汞不仅会转移到肾脏，甚至会逐渐在脑组织中积累，达到一定量时就会对脑组织造成损害。女性是易受害的人群，尤其是准妈妈、嗜好海鲜人士；天然水中含汞极少，一般不超过 0.1 μg/L。正常人血液中的汞小于 5 ～ 10 μg/L，尿液中的汞浓度小于 20 μg/L。如果急性汞中毒，会诱发肝炎和血尿。

### 3. 铅污染

铅（Pb）是一种会积蓄在人体和动物组织中的有毒金属，主要来源于各种油漆、涂料、蓄电池、冶炼、五金、机械、电镀、化妆品、染发剂、釉彩碗碟、餐具、燃煤、膨化食品、自来水管等。通过皮肤、消化道、呼吸道进入体内与多种器官亲和，主要毒性效应是贫血症、神经机能失调和肾损伤，且儿童、老人、免疫低下人群易受害。铅对水生生物影响的安全浓度为 0.16 mg/L，用含铅 0.1 ～ 4.4 mg/L 的水灌溉水稻和小麦时，作物中铅含量明显增加。人体内正常的铅含量应低于 0.1 mg/L，如果含量超标，容易引起贫血，损害神经系统。而幼儿大脑受铅的损害要比成人敏感得多，一旦血铅含量超标，应该采取积极的排铅措施。儿童可服用排铅口服液或借助其他产品进行排铅。

### 4. 砷污染

砷（As）污染是指由砷或其化合物所引起的环境污染。砷和含砷金属的开采、冶炼，用砷或砷化合物做原料的玻璃、颜料、原药、纸张的生产及煤的燃烧等过

程，都可产生含砷废水、废气和废渣，对环境造成污染。大气含砷污染除岩石风化、火山爆发等自然原因外，主要来自工业生产及含砷农药的使用、煤的燃烧。含砷废水、农药及烟尘都会污染土壤。砷在土壤中累积并由此进入农作物组织中。砷和砷化物一般可通过水、大气和食物等途径进入人体，造成危害。元素砷的毒性极低，砷化物均有毒性，三价砷化合物比其他砷化合物毒性更强。

## （三）重金属污染的特点

### 1. 污染范围广、持续时间长

重金属以不同形式广泛分布于大气、土壤和水体沉积物之中，即使随工业废水排出的重金属浓度很低，也可使流经区域的水源、土壤、植物等受到不同程度的污染。重金属极难通过生物降解，因此，治理周期很长，对此，科学研究尚无较好的处理技术。

### 2. 毒性强、污染大

重金属可积累于人体器官之中，引起中毒、致癌、致突变、致畸形。据有关报道，世界上绝大多数国家的居民，平均每日对金属镉的摄取量在 30 ～ 60 μg，镉进入人体后积蓄于某些器官中可导致慢性中毒，甚至更大危险。

### 3. 具有一定的隐蔽性

重金属污染是一类不容易被发现、隐蔽性较强的"杀手"。重金属废水在一般情况下是无色透明的，农民极易将其认作清洁水，直接用于农田灌溉或是喂养牲畜。当农田、庄稼和牲畜出现明显病变时，重金属污染时间太久，已严重致害。

### 4. 污染后难以修复性

重金属污染物属于极难生物降解的物质，潜伏期长且不可逆转。重金属的污染物随着排放进入大气、水、土壤形成污染后，需要几十年的时间用于分解或转化，因此，自然环境受其污染后很难修复。

## （四）重金属污染的存在形式

自然界的重金属主要分布在大气、水体和土壤中，不同体系中的重金属分布不同。

### 1. 大气

在大气、水体和土壤三者中，尤以空气吸入、渗透的方式最需要引起关注，往往又最容易被忽视。一方面，空气是人类赖以生存、与人类活动最密切相关的环境介质，它无所不在、无时不在；另一方面，中国在大气环境保护标准中与重金属有关的标准制定相对薄弱和滞后，缺少重金属对人体健康的风险评估。同时在实际工作中，也未将环境空气和污染源废气中的重金属纳入常规监测和监管项目，造成现状及危害评价说不清、道不明的状况，其产生的真正危害被忽视[2]。

大气重金属质量浓度均以 PM10 计，PM10 是我国多数城市主要的大气污染物，对重金属有较强的富集吸收能力，70%～90% 的重金属分布在大气 PM10 中，相关研究显示，我国城市大气中砷（As）、镉（Cd）、铬（Cr）、锰（Mn）、镍（Ni）和铅（Pb）的浓度分别为 27.7、14.1、60.9、220、37.5 和 290 ng/m³，均超过《环境空气质量标准》（GB 3095—2012）、欧盟《空气质量标准》和世界卫生组织《欧洲空气质量指南》中相应重金属质量浓度的年均标准限值或参考限值。总体来看，大气重金属污染严重。

大气重金属除以 PM10 悬浮于空中外，还可能形成大气降尘，即指依靠自身重力作用沉降到地面上的颗粒物，这也是大气污染的重要污染物之一。降尘中的组分既有源地的属性，又有岩土地表细颗粒物的参与和气溶胶的混合作用，因而其化学性质和组成极其复杂。降尘中的重金属具有不可降解性，降落于地表土壤的降尘成为土壤系统中重金属累积贡献率最大的外源输入因子。降尘中的重金属元素在土壤、水体等环境介质中迁移转化，被生物体吸收富集，不仅对生态环境产生物理侵害，还会产生化学危害，造成二次污染。

### 2. 水体

中国首次严重的水体重金属污染出现在 1983 年的京杭运河杭州段。随着经济的发展，建造了大量工业企业，排放的重金属数量越来越大，对水体造成的污染也是愈加严重。根据最近几年中国黑龙江省的一次水质普查结果，对水体产生污染最为严重的重金属是 Cd 和 Hg。综合来看，中国水体重金属污染情况已经非常严重。根据相关调查，中国超过八成的江河湖海均面临着重金属污染，并且某些污染程度已经非常严重。长江是中国七大水系中水质最好的水系，但是目前大部分的长江近岸水域已经受到了不同程度的重金属污染，以中国长江沿岸的21个主要城市为例，重庆、宜昌、攀枝花、武汉、南京和上海的水体重金属污染率已经超过65%，形势相当严峻。

目前，我国有大量的废水不经处理便排放到水体中，使得水中的悬浮物、有机物和重金属超标。调查数据显示，我国江河湖库底质的污染率高达80.1%。黄河、淮河、松花江、辽河等十大流域重金属超标断面的污染程度均为超 V 类。太湖底泥中总铜、总铅、总镉含量均处于轻度污染水平。我国的七大水系中，长江水系镉污染情况仅次于 COD（化学需氧量）、BOD（生物需氧量）及汞污染；黄河水系总镉含量超标的断面达到 16.7%。

社会经济、城市化的发展及人们环保意识的提高，促进了污水处理行业的迅速发展，建设城市污水处理厂可有效减少废水向环境中的排放。含有重金属的污水（生活污水、工业废水、畜禽废水等），在污水处理过程中有 70% ～ 90% 的重金属通过吸附或沉淀转移到污泥中。

### 3. 土壤

2014 年 4 月 17 日，环境保护部和国土资源部发布了全国土壤污染状况调查公报。根据国务院决定，2005 年 4 月至 2013 年 12 月，环境保护部会同国土资源部开展了首次全国土壤污染状况调查。调查的范围是除香港、澳门特别行政区和台湾省以外的陆地国土，调查点位覆盖全部耕地，部分林地、草地、未利用地和建设用地，实际调查面积约 630 万 km$^2$。调查采用统一的方法、标准，基本掌握了全国土壤环境的总体状况。

调查结果显示，全国土壤环境状况总体不容乐观，部分地区土壤污染较重，耕地土壤环境质量堪忧，工矿业废弃地土壤环境问题突出。全国土壤总的点位超标率为 16.1%，其中轻微、轻度、中度和重度污染点位比例分别为 11.2%、2.3%、1.5% 和 1.1%。从土地利用类型看，耕地、林地、草地土壤点位超标率分别为 19.4%、10.0%、10.4%。从污染类型看，以无机型为主，有机型次之，复合型污染比例较小，无机污染物超标点位数占全部超标点位的 82.8%。从污染物超标情况看，镉、汞、砷、铜、铅、铬、锌、镍 8 种无机污染物点位超标率分别为 7.0%、1.6%、2.7%、2.1%、1.5%、1.1%、0.9%、4.8%；六六六、滴滴涕、多环芳烃 3 类有机污染物点位超标率分别为 0.5%、1.9%、1.4%。从污染分布情况看，南方土壤污染重于北方；长江三角洲、珠江三角洲、东北老工业基地等部分区域土壤污染问题较为突出，西南、中南地区土壤重金属超标范围较大；镉、汞、砷、铅 4 种无机污染物含量分布呈现从西北到东南、从东北到西南方向逐渐升高的态势。

土壤重金属的来源主要有两个方面：一是自然来源，一些矿石在长期的物理风化、化学风化和生物的作用下，重金属将缓慢地从母岩中释放出来，成为土壤重金属污染的来源之一。火山爆发、森林火灾、植物排放、海浪飞溅等过程也会释放的重金属。二是人为来源，包括工矿区与工厂场地的固体废弃物、工业（三废）排放及大气和酸雨沉降、长期污灌、畜禽废水排放等。其中，有色金属矿业采选和冶炼所排放的含重金属废气沉降、废水灌溉，以及废渣等固体废料溶蚀扩散进入土壤等是重金属污染的主要途径。从整体而言，以镉—铜、砷—镉—铅等为主的多种重金属元素复合污染，代表了我国主要的土壤重金属污染类型。同时，土壤所含的重金属可以通过多种途径进入水体，还可以以扬尘为载体在全球范围内传播。

## （五）重金属污染危害及评价方法——以土壤为例

### 1. 危害

土壤重金属污染会对生态系统稳定及人类健康产生严重影响。首先，土壤重金属污染会阻碍作物的生长和发育，进而降低作物产量和质量。例如，在高浓度 Pb 和 Cd 的胁迫下，小麦株高下降，次生根减少，最终引起小麦产量降低，同时 Hg、Cd、Pb 也是中国城市郊区蔬菜中超标最严重的重金属元素。不仅如此，土壤中重金属的大量积累可能还会导致土壤性质的改变，从而导致养分元素供应和肥力特性的改变。例如，在土壤重金属过量累积时，土壤磷的吸附、有机氮矿化、钾形态的改变，这些都将妨碍土壤中 N、P、K 的保持与供应，从而影响作物的产量与质量。重金属超过一定浓度对土壤微生物的活性和数量均有明显的影响。长期定位试验表明，当土壤中某些重金属浓度分别为 Zn 114 mg/kg、Cd 2.9 mg/kg、Cu 33 mg/kg、Ni 17 mg/kg、Pb 40 mg/kg、Cr 80 mg/kg 时，可使蓝绿藻固氮活性降低 50%，其数量也有明显的降低。重金属胁迫会影响土壤酶活性，研究发现，土壤脲酶活性随汞污染浓度增加而降低。不同污染水平间土壤脲酶活性差异均达极显著水平，当土壤中汞含量达 12 mg/kg 时，土壤脲酶活性仅为对照的 34%，说明土壤脲酶对汞污染非常敏感。此外，重金属污染土壤中的作物会吸收和利用重金属，并部分富集在可食用部位，通过食物链经消化道进入人体，引发一系列如癌症、高血压等疾病。

**2. 评价方法**

国内外评价重金属污染的方法有较多。

（1）单项污染指数法

环境保护部发布的《全国土壤污染状况评价技术规定》中，土壤环境质量采用单项污染指数法，能反映区域单一污染因子的污染程度，方法简单明了。

（2）综合污染指数法（内梅罗指数）

由于区域污染可能是多个因子的复合污染，综合污染指数法能反映多种重金属对区域的污染程度。具体计算可参阅表 1。

表 1　重金属污染等级划分

| 等级划分 | 综合污染指数 | 污染等级 | 污染水平 |
|---|---|---|---|
| 1 | $P \leqslant 0.7$ | 安全 | 清洁 |
| 2 | $0.7 < P \leqslant 1.0$ | 警戒 | 尚清洁 |
| 3 | $1.0 < P \leqslant 2.0$ | 轻污染 | 开始受污染 |
| 4 | $2.0 < P \leqslant 3.0$ | 中污染 | 受中度污染 |
| 5 | $P > 3.0$ | 重污染 | 污染已相当严重 |

（3）地积累指数法

评价重金属的污染，除必须考虑到人为污染因素、环境地球化学背景值外，还应考虑到由于自然成岩作用可能会引起背景值变动的因素。地积累指数法考虑了此因素，弥补了其他评价方法的不足。

（4）潜在生态危害指数法

以定量的方法划分出重金属潜在危害的程度。首先要测得土壤中重金属的含量，通过与土壤中重金属元素背景值的比值得到单项污染系数，然后引入重金属毒性响应系数，得到潜在生态危害单项系数，最后加权得到此区域土壤中重金属的潜在生态危害指数。

## （六）重金属污染修复与治理技术进展

根据当前的研究，重金属污染土壤的修复方法主要有：物理修复、化学修复、生物修复、联合修复。单一的物理化学修复成本高，而且有可能会造成二次污染，在大范围的土壤修复工程中难以实现，而植物修复作为一种新兴的修复技术，具有成本低、效果好、对环境的扰动小、不破坏景观生态等优点，受到了较多的关注和应用。联合修复技术即将物理、化学、生物修复中的 2 个或者 3 个结合应用，以达到修复土壤、恢复生态的效果，在今后的应用和研究中具有广阔的前景。

### 1. 物理修复

重金属污染土壤的物理修复是指应用单一的物理方法进行改良，以达到消减和固化土壤中重金属的目标，常用的方法有客土法、淋洗、固化填埋、热处理和电动修复等。

（1）翻土与客土法

翻土就是通过机械深翻土壤，使聚集在表层的重金属分散和转移到更深的层次，从而达到稀释的目的，而客土就是将大量干净的土壤加入污染土中，与原来的土壤混合，使污染物浓度降低到临界危害浓度以下。翻土和客土法治理轻污染土壤的效果显著，可以在短期内达到既定的修复目标，但需要大量的人力、物力，投资大，而且土壤肥力和初级生产力会有所降低，因此，该方法仅适合小面积污染严重的土壤修复。

（2）热处理

高温热处理技术是指通过加热的方式，将 Hg、As 等一些具有挥发性的重金属从土壤中解析出来的方法。此种方法可以除去土壤中 99% 的多环芳烃和挥发性污染物，同时对一些非挥发性重金属和放射性元素也有一定的固定作用，可以降低它们的环境风险。但是，高温热解法会破坏土壤有机质和结构水，同时需要消耗大量的能量，操作费用高，回收不良时容易造成大气 Hg 污染，在实际操作中应用较少。

（3）固化法

固化法是指在重金属污染土壤中加入固化剂以改变土壤的理化性质，通过重金属的吸附、共沉淀等作用降低其迁移性和生物有效性。固化剂有单一固化剂如石灰、水泥、粉煤灰等，也有复合固化剂，即将多种材料配比混合，以改善和提高工程技术性能。固化后的土壤不仅可以降低重金属的移动性和生物有效性，还可以应用于建筑材料和路基的铺设，可谓一举两得。但是，固化技术容易破坏土壤，对生态系统的扰动较大，同时使用大量的固化剂，也存在成本较高等先天性的不足。因此，只适用于小面积的污染治理，大面积的应用还有待于进一步研究。

### 2. 化学修复

化学修复属于一种原位修复技术，它是一种通过向土壤中添加改良剂或者抑制剂，使重金属发生一系列的化学反应，以降低土壤重金属的水溶性、移动性和有效性，从而达到治理和修复目的的方法。目前应用较多的是向土壤中加入改良剂，理想的改良剂应具有自身无污染、成本低、效果好、持续性强的特点。常用的改良剂，如石灰、石灰石粉、磷灰石、羟基磷灰石、钙镁磷肥等对土壤都有一定的修复效果。同时，还可以通过加入表面活性剂、重金属螯合剂，达到改良的效果。杜志敏等人的研究结果表明，向土壤中加入石灰、磷灰石、蒙脱石、凹凸棒石提高土壤 pH 值，并使土壤 Cu 由对植物有效性大的可交换态向对植物有效性小的碳酸盐结合态、铁锰氧化物结合态和有机结合态转化，高剂量石灰和高剂量磷灰石处理分别使可交换态 Cu 降低 95.9%、94.6%。利用土壤环境中重金属间的拮抗作用，也可以降低重金属的毒性。例如，提高 Ca 的供应水平，降低植物对重金属 Cd、Ni、Pb、Zn、Cr 的吸收或缓解重金属的毒害。因此，通过向土壤中添加含钙物质也可以降低部分重金属的有效性。

化学修复简单易行，而且修复过程中可以将工业副产品作为改良剂，因此，成本相对较低，适用于大面积污染土壤的修复工作。但是，单一的化学修复不能将土壤中的重金属根除，当环境条件改变时，可能再次释放到土壤中，同时可能对土壤中的微生物造成一定的影响，存在一定的安全隐患。因此，在应用化学修复的过程中应该考虑应用稳定效果好、对土壤生态系统影响较小的材料作为改良剂。

### 3. 生物修复

生物修复有广义和狭义之分，人们通常所说的生物修复是指广义的生物修复，即以应用生物为主体的重金属污染修复技术，通过它们的代谢活动降低土壤重金属的含量或通过改变其形态而降低毒性，以达到修复目的的修复技术。常用的生物修复技术有植物修复、动物修复和微生物修复。

（1）植物修复技术

植物修复技术是指利用植物及其根际微生物对土壤污染物提取、吸收、挥发、转化、降解、固定等作用而去除土壤中污染物的修复技术。作为一种重金属污染修复的技术，植物修复决定于以下几个方面：土壤污染的程度；根际微生物的有效性；应用的植物拦截、吸收、富集、降解重金属的能力等。因此，在进行污染修复时，选择合适的植物至关重要。已有的研究表明，庭芥属、遏菜属的植物均有超富集 Ni 的能力，堇菜属的植物对镉具有超富集能力，印度芥菜和玉米在 EDTA 强化下，对铅表现出超富集能力，印度芥菜的地上部分铅含量可以超过 15 000 mg/kg，凤尾蕨属的蜈蚣草羽叶中砷的最高浓度可达 22 630 mg/kg，富集系数（BF）超过 10。在利用植物修复重金属污染的同时，也增加了土壤有机质的含量和土壤肥力，地表植被覆盖的增加有利于生态环境的改善，而且成本低廉。因此，如何利用生物技术培育新的超富集植物已成为植物修复研究的一个热点。

（2）动物修复技术

动物修复技术是指利用土壤动物及其肠道微生物在人工控制或自然条件下，在污染土壤中生长、繁殖、穿插等活动过程中对污染物进行分解、消化和富集的作用，从而使污染物降低或消除的一种生物修复技术。由于动物修复有一定的局限性，对其进行的相关研究较少，目前主要集中在利用蚯蚓、鼠类等大型土壤动物进行修复，其应用于实际修复工程还需要更深入的研究。

（3）微生物修复技术

微生物修复技术是指利用天然存在的或特别培养的微生物在可控制的环境条件下降解土壤中的有机污染物，或者通过生物吸附和生物氧化还原作用，改变有毒元素的存在形态，降低其在环境中的毒性和生态风险。不同的微生物的修复机制存在较大差异，细菌类微生物主要是改变重金属的赋存形态，真菌类则是通过体内的金属硫蛋白与重金属离子通过螯合作用降低游离重金属离子浓度来降低其毒性。

**4. 联合修复技术**

由于土壤污染越来越呈现出复合性，并且不同地区在污染程度、土壤类型、区域条件、再利用要求方面都存在较大差异。因此，单一的修复方法已经不能达到既定的修复效果。如何因地制宜地开发复合修复技术，成为土壤重金属修复研究的方向。目前，应用较多的联合修复技术类型有植物—微生物联合修复、动物—植物联合修复、物理—化学—生物联合修复。植物—微生物联合修复作为一种强化植物修复技术逐渐成为国内外研究的热点。按照重金属污染土壤的植物—微生物联合修复的不同形式，可将这种联合修复技术分为植物与专性菌株的联合修复、植物与菌根的联合修复两种形式。与其他修复方法相同的是，植物—微生物联合修复技术在应用中也会受到诸多因素的影响，如土壤重金属污染的程度，重金属的有效性，植物自身的特性，根际环境的变化（pH、氧化还原电位、根际分泌物、根际微生物、根际矿物质）等。

## 二、江西省重金属污染状况

2016 年 2 月 24 日，江西省政府发布了《江西省国民经济和社会发展第十三个五年规划纲要》（简称《纲要》），《纲要》提出江西省"十三五"期间，全面开展重点区域土壤环境质量评估和污染源排查，加强土壤污染分类防治，严格控制新增土壤污染。推进土壤重金属污染修复，开展重点区域防控试点示范。建立和完善重金属污染农作物处置长效机制。加大有害废弃物的回收力度，加强危险废弃物污染防治，有效降低环境风险；强化矿山治理恢复，加大对无主尾矿库治理力度。加强重金属污染监测、修复技术和应急能力建设，摸清土壤重金属污染底数，推进赣江源头、乐安河流域、信江流域、袁河流域等修复治理历史遗留重金属污染，大力实施重金属废渣治理和重金属污染土壤修复工程，推进重点防控区域试点示范工程建设。到 2020 年，耕地土壤环境质量达标率不低于全国水平，新增建设用地土壤环境安全保障率为 100%。同时，加强环境预警网络建设与环境应急响应能力建设，提高重金属等有毒有害物质污染事件防范水平。

江西省的土壤治理和修复工作早在 2009 年就率先开展，但与兄弟省份相比，江西省开展这方面的工作整体进展缓慢。2009 年，江西省委第一巡视组发现了贵溪冶炼厂周边存在 3 个重金属污染较为严重的村庄，时任省委书记就此做出批示，"要采取措施进行治理，积极组织，尽快搬迁"。据记者了解，最近几年，新余市、鹰潭市等尝试引进投资主体推进生态复绿，但在专业人士看来，这并不能从源头上治理重金属污染，"重金属污染对土壤和水体的影响已长达百年，种植苗木的修复效果有限"。

## （一）江西省重金属污染现状——土壤重金属

2011 年 2 月，国务院正式批复《重金属污染综合防治"十二五"规划》（简称《规划》）。《规划》列出了 14 个重金属污染综合防治重点省份，江西位列其中。

根据江西省环保厅发布的《2015 年江西环境状况公报》显示，大气方面可吸入颗粒物（PM10，大气重金属质量浓度以 PM10 计，PM10 是我国多数城市主要的大气污染物，对重金属有较强的富集吸收能力，70% ～ 90% 的重金属分布在大气 PM10 中）11 个设区城市除南昌、萍乡、九江和新余 4 个城市超过二级标准（100 mg/m³），其余 7 个城市年均值均达到二级标准，全省年平均值为 68 mg/m³；水质方面，主要水系中修河、长江水质总体为优，赣江、抚河、信江、饶河、东江、袁水和萍水河水质总体为良好，主要湖库中柘林湖和仙女湖水质总体为优，鄱阳湖水质轻度污染，主要污染物为总磷。

但是，根据第二次鄱阳湖科学考察报告，利用土壤环境质量标准进行评价，鄱阳湖沉积物中镉超标率为 52%、砷超标率为 6%、铜超标率为 12%、镍超标率为 29%，镉中，重度污染的比例达到 12%；利用鄱阳湖土壤背景值评价，汞、砷、铜、铅、镉、锌超标率分别为 30%、18%、87%、83%、28%、59%。与 20 世纪 80 年代第一次鄱阳湖科学考察比较，鄱阳湖沉积物中重金属含量，镉含量有所下降，铅、铜、锌分别上升了 293.9%、127.4%、118.1%。另外，鄱阳湖沉积物中的重金属含量空间分布明显，汞、铜、铅主要在湖区东南部较高，镉在湖区西北部和东南部偏高，铬在西北部和东部均偏高，镍主要在湖区西部、西南部和东部偏高。污染物主要来源于鄱阳湖上游五河流域的矿山开采、冶炼、工业"三废"及生活污染物。

所以，从江西的气、水、土来看，重金属污染在江西的主要形式是土壤重金属（鄱阳湖水体重金属来源主要也是上游的矿山土壤）。资料显示，江西省重金属污染的耕地约占全省总耕地面积的 14.2%，尤其以选矿区与冶炼厂周边区域重金属污染最严重。

## （二）江西省重金属元素土壤背景

土壤背景值是土壤质量评价、质量等级划分、确立土壤环境容量、判定土壤污染程度的基础参数和标准，在耕地土壤质量培育、农产品质量安全、环境质量管理方面具有重要意义。从土壤重金属背景值可以看出，江西表层土壤重金属背景值总体上高于全国平均值（Mn、Cr除外），如表2所示。江西农科院土壤肥料与资源环境研究所1992年在全省11个设区市，86个县（市、区），确定3419个采样点，采集土壤剖面749个，控制面积235.5万hm²。通过室内分析、质量控制、数据处理、可利用程度检验、异常数据判断剔除、元素分布类型检验、含量一致性检验，并根据分布类型确定土壤元素背景特征值。土壤类型不同，不同区域的土壤化学元素的背景特征值有所差异；同一金属元素在不同区域的算术均值、分布类型明显不同（表3）。

表2　江西土壤重金属元素背景值　　　　　　单位：mg/kg

| 来源 | Cu | Pb | Zn | Cd | Hg | As | Mn | Cr |
|---|---|---|---|---|---|---|---|---|
| 江西表土 | 20.8 | 32.1 | 69.0 | 0.10 | 0.08 | 10.4 | 258 | 48.0 |
| 全国表土 | 20.0 | 23.6 | 67.7 | 0.07 | 0.04 | 9.20 | 540 | 53.9 |

表3　区域耕地土壤重金属元素背景特征（算术均值）　　　　单位：mg/kg

| 来源 | Cu | Zn | Pb | Cd | Cr | Hg | As |
|---|---|---|---|---|---|---|---|
| 九江 | 20.4 | 61.0 | 15.2 | 0.17 | 75.0 | 0.11 | 7.78 |
| 新建 | 9.5 | 91.8 | 22.2 | 0.13 | 60.0 | 0.13 | 10.7 |
| 泰和 | 17.9 | 53.1 | 19.3 | 0.07 | 54.5 | 0.06 | 8.35 |
| 万载 | 26.8 | 84.7 | 25.9 | 0.11 | 82.8 | 0.09 | 8.73 |
| 弋阳 | 10.8 | 35.3 | 17.3 | 0.05 | 32.7 | 0.03 | 6.99 |

### （三）江西省土壤重金属污染的主要特征

#### 1. 时间久

以赣州稀土为例，赣州离子型重稀土占全国同类保有储量的60%以上，在国内外同类型矿种中位居第一。因为稀土，这个城市在迅速"暴富"的同时，也开始遭遇严重污染的困扰。从早期开发到20世纪初，由于管理、技术、环保意识等原因，土壤污染一直没有得到关注。

#### 2. 土壤重金属含量高

江西省土壤重金属含量总体偏高，往往超过土壤背景值几倍甚至几十倍。贵溪冶炼厂因为废渣处理不当，造成附近的耕地遭受不同程度的重金属污染，有的地方铬含量超标达到30倍。2004年江西省农业环境监测站对全省优势水稻区域土壤环境质量监测结果表明：①全省Cd污染最重，样本超标率为3.7%，最大超标64倍以上；②全省Cu污染超标率为3.7%，最大超标10倍；③全省As污染超标率为3.7%，最大超标4倍；④全省Hg污染超标率为1.5%，最大超标2倍；⑤全省Pb污染超标率为0.1%，最大超标0.2倍；⑥全省Zn污染超标率为0.3%，最大超标0.07倍。此外，部分区域工矿业排污和尾矿堆放造成了土壤重金属含量超标严重，因水土流失影响到江河湖中的泥沙，以及造成地表水重金属超标。

#### 3. 重金属污染面积广

亚洲最大露天德兴铜矿自1958年露天开采以来，已造成5.76 km²的裸地和207 km²尾矿堆积区。根据有关资料，江西省受到工业污染的耕地面积达32.7万 hm²，占总耕地面积的14.2%。江西省农科院土壤肥料与资源环境研究所对全省49个县的部分农田及山地土壤环境监测发现，土壤重金属污染范围非常广泛，几乎每个县都存在土壤重金属污染问题，只是程度不同、污染元素不一而已。污染区的土壤重金属污染物超标率（67%）大大超过一般农区（33%）；污染区土壤重金属的主要污染物为Cd、Cu、As、Pb和Zn；一般农区土壤重金属的主要污染物则是Hg。同时，江西省历来为我国畜禽养殖大省，生猪养殖数量从1980年占全国的3.52%增长到2013年的4.51%。随着江西省畜牧业的集约化和规模化生产不断扩大，畜牧业造成农田重金属污染的潜在风险日趋凸显。

### 4. 重金属污染具有区域性特点

江西矿产资源分布具有明显的区域性特点，这就必然造成江西土壤重金属污染的分布具有很强的区域性。例如，赣南钨矿、稀土矿开发区，即在赣南广泛分布着钨矿、稀土矿，且由于这些矿山的开发，造成赣南土壤重金属中 Mo 和 Cd 的含量特别高，并由此造成人畜 Mo 中毒和形成"镉（Cd）米区"，危害极大。据对赣南 315 个农田样点测定，土壤中 Cd 含量平均达到 2.46 mg/kg，有的达到 5 mg/kg，最大值可达 30 mg/kg。大余县有"世界钨都"之称，据测定，该县稻田土壤中 Cd 含量平均达到 1.49 mg/kg，并由此形成了 1 万亩左右的"镉米区"，该县也因此成为全国 Cd 污染最严重的县之一。同样，在赣东北铜业及多金属开发区，则集中分布着 Cu、Cd、Pb、Zn、As 等多种重金属元素，并由此造成该地区的土壤重金属污染。

### 5. 对人体健康构成威胁

每日经济新闻报道，贵溪市冶炼厂附近周家村的 13 位村民体检结果显示，12 位村民分别存在血镉、尿镉和微球蛋白等不同程度的超标，其中村民桂金生的血镉 10.78 μg/L（正常参考值 < 5）是正常值的两倍；尿镉 8.08 μg/L（正常参考值 < 5），超标 60%；β2 微球蛋白 1.695 mg/L（正常参考值 0 ～ 0.300 mg/L），是正常值的 5 倍。桥村数十位村民体检结果也显示，部分村民不同程度的重金属超标，有的超标 1 倍多。可见，因冶炼厂排放的废渣、废气、废水处理不当，重金属污染严重，严重威胁着人们的身体健康。

### 6. 重金属污染土壤造成的经济损失巨大

据《北京晨报》（2006 年 7 月 19 日）报道，全国每年被重金属污染的粮食达 1200 万吨，造成的直接经济损失超过 200 亿元。而据《江西土壤》记载，赣州地区大余县因 Cd、Pb 等重金属直接污染的农田面积达 5498.73 $hm^2$，占该县耕地总面积的 44.1%。这个县的水稻因矿毒而发生"坐蔸"，平均每亩损失稻谷 71.5 kg，每年损失稻谷总产量 591 万 kg，全县因食用"镉米""镉水"遭受毒害的达 10 多万人。《中国新闻网》2010 年 5 月 14 日报道，江西贵溪冶炼厂曾经因为废渣处理不当，造成附近的耕地遭受不同程度的重金属污染，有的地方土壤 Cr 含量超标 30 倍，造成当地水稻减产，甚至土壤沙化，由污染形成的"铬（Cr）米"严重影响着当地居民的身体健康。据有关资料显示，江西省每年因土壤重金属污染而减产粮食 80 多万吨，另外直接被重金属污染的粮食也多达 10 万吨，二者合计造成年经济损失至少 2 亿元。可见，土壤重金属污染造成的经济损失不可小视。

### （四）江西省土壤重金属主要污染

#### 1. 铜矿区重金属污染

德兴铜矿作为江西铜业的"利润奶牛"，由于开采年限较长，早期缺乏治理，废水、废气排放已对当地的水质、土壤、空气造成了多项指标超标的交叉式污染。江铜集团贵溪冶炼厂炼铜规模居亚洲第一、世界第三，在 30 多年的生产建设中为地区经济发展做出了巨大贡献，同时也造成了严重的环境污染和生态破坏。

铜矿工业废水、粉尘、堆积的尾矿，通过沉降、雨淋、水洗等方式造成附近农田土壤受重金属污染。铜在环境中的浓度一般较低，非污染区土壤中为 10 ～ 30 mg/kg，而德兴铜矿区土壤中铜平均含量为 186.5 mg/kg，是正常值的 10 倍；尾矿中铜平均含量为 450.46 mg/kg，是正常值的 25 倍；周边农田土壤 Cu 含量平均值为 195.52 mg/kg，超过国家 II 级土壤标准（Cu 50 mg/kg），是江西土壤元素背景值（Cu 20.3 mg/kg）的 9.63 倍，属严重污染。

贵溪冶炼厂每年生产水碎渣 18 万～ 20 万吨，尾矿 6 ～ 8 吨，中和渣 0.8 ～ 1.0 吨，废渣主要堆放在苏门村、水泉村和竹山村。废渣中含有 Cu、Pb、As、Cd 等重金属，其中水碎渣、尾渣、中和渣中铜含量分别为 0.55% ～ 0.713%、0.35% ～ 0.54% 和 0.10% ～ 0.50%。污灌区稻田土壤中铜含量最高为 209.92 mg/kg，是背景值的 172 倍，其中苏门村稻田土壤铜含量最高为 548.30 mg/kg，最低为 139.80 mg/kg；水泉村和竹山村土壤重金属铜含量则是当地背景值的 6.17 ～ 11.7 倍，其中水泉村农田土壤铜含量是 GB 15618—1995 中规定的二级标准值的 3 倍；周边蔬菜地土壤重金属铜含量也远超过了 GB 15618—1995 中规定的蔬菜地土壤最高允许含铜量（50 mg/kg），最高为 365.9 mg/kg，最低为 235.3 mg/kg。

铜在非污染自然水体中含量低于 2 μg/L。贵溪冶炼厂随废水排放的重金属污染物总量相当高，自 1986 —1999 年随废水排出的铜总量为 14 107.38 吨，砷为 221.56 吨，镉为 23.06 吨。重金属在水体中检出率、超标率越来越高，仅 2002 年德兴铜矿工业用水量就高达 11 659.30 万吨，造成下游大坞河、乐安河、甚至鄱阳湖水严重偏酸，河水中铜离子浓度最高达 30 mg/L，是正常水域的 15 000 倍，特别是河流底泥受含铜废水长年累月的沉积作用，铜含量高达 500～10 000 mg/kg，超过了矿石中平均含量 1106.38 mg/kg。调查研究表明，随着水环境重金属污染的加剧，水生态遭受严重破坏，排入大坞河的废水流量占河水流量 10% 以上，河水 pH 值酸化到 2.77，水质污染导致大型经济鱼类大量减少甚至灭绝，受污染的鱼类基本不能食用，对渔业经济造成严重损害。

**2. 钨矿区重金属污染**

江西省大余县素有"世界钨都"之称，拥有西华山钨矿、荡坪钨矿、漂塘钨矿和下垄钨矿四大国有钨（W）矿，近几十年的开采曾给国家国防事业和社会经济发展做出巨大贡献，但开采带来的"三废"对当地环境与社会经济发展造成了严重危害。据测定，大余县稻田土壤中 Cd 含量平均达到 1.49 mg/kg，并由此形成了约 70 km$^2$ 的"镉米区"，该县也因此成为全国镉污染最严重的县之一。

钨矿区重金属含量随着恢复年限增加而减少，盘古山钨矿区淤泥及恢复年限较少的尾矿区重金属含量较高、污染严重，而恢复了 20 年左右的尾矿山重金属污染程度较轻。西华山、荡坪、漂塘和下垄钨矿区尾矿土壤 pH 值分别为 6.29、6.95、5.73 和 6.44，呈弱酸性；重金属 Cd、Cu、Zn 含量分别为 5.20～52.95 mg/kg、35.40～2135.50 mg/kg、49.10～1915.80 mg/kg，超出《土壤环境质量标准》（GB 15618—1995）三级标准；而钼（Mo）和钨含量分别是背景值的 75.00～369.08 倍和 8.07～153.53 倍。研究表明，钨矿尾砂废水中钼、镉对人畜有较大的危害，即便是达标排放亦是如此。1981—1986 年大余县 8 个乡 5500 hm$^2$ 土地受到污染，土壤中钼含量为 25 mg/kg，稻草中钼含量达 182 mg/kg，受害耕牛近万头，其中水牛死亡率为 33%，黄牛死亡率为 10%；当时废水中钼含量仅为 0.43～0.44 mg/L；污染区稻谷中镉含量为一般稻谷中 54 倍，蔬菜为 15 倍，动物内脏为 8.7～20.3 倍。

**3. 稀土矿区重金属污染**

赣州地区拥有丰富的离子型稀土资源，经过 40 多年的发展，先后经历了池浸、堆浸和原地浸矿 3 种采矿工艺的变迁，但由于稀土矿山开采一直存在"小、散、乱、差、低"等问题，以致稀土开采污染遍布赣州 18 个县（市、区），涉及废弃稀土矿山 302 个，遗留尾矿 1.91 亿吨。稀土开发累计破坏土地面积 74.87 km$^2$，造成水土流失面积 81.02 km²，在卫星图片中呈斑块状散布。工业和信息化部副部长苏波在 2012 年 4 月稀土协会成立大会上表示，我国稀土污染代价触目惊心。在稀土资源丰富的江西省，2011 年稀土主营收入为 329 亿元，利润为 64 亿元，然而仅赣州一个地区因为稀土开采造成的环境污染，矿山环境恢复性治理费用就高达 380 亿元。

池浸和堆浸采矿要求完全剥离地表土壤，给植被和生态环境造成毁灭性破坏，每生产 1 吨稀土，需破坏地表植被 160～200 m²，剥离地表土 300 m³，形成尾砂 1000～1600 m³，产生浸矿废液 1000～1200 m³。原位浸矿的发展在很大程度上缓解了稀土开采对生态环境的破坏，但也存在以下问题：①约 1/3 的植被因为开挖注液洞浅槽、集液沟和工人来往践踏而被破坏；②硫铵液浓度大、浸泡时间长，浸矿液侧渗和毛细管作用导致植物根系逐渐受损，生长停滞或枯死，丧失了水土保持作用；③每生产 1 吨稀土产品产出尾矿仅比池浸工艺约少 220 吨，因此坡沟谷底仍然会淤积大量泥沙；④在气候条件恶劣的情况下，因注液不当、集液沟渗液不畅、穿井等引起山体滑坡、崩塌，如龙南地区 2006 年原位浸析开采区共有滑坡 401 个，占地 28.83 万 m²。3 种工艺产生的废液未经处理就直接排放，一方面残余硫铵与金属离子交换导致水体中金属离子超标；另一方面废液中铵态氮浓度过高，严重抑制作物的生殖生长，导致水稻大幅减产或绝收。

### 4. 畜禽废水重金属污染

江西省是我国畜禽养殖大省，属于国家畜禽污染防治重点区域。江西省畜禽养殖业污染特征同全国类似，畜禽养殖污染已成为最主要的农业污染源。

因能够促进生长、治疗及预防疾病和提高饲料效率，兽用抗生素和微量金属元素（如 Cu、Zn、As 等）作为饲料添加剂在畜禽养殖中广为应用。但抗生素和微量金属元素不能在动物体内完全代谢降解、吸收，致使相当比例的抗生素和大部分微量金属元素随粪便排泄出来，这些有毒有害污染物不仅严重威胁我国畜禽产品的质量安全，而且随着畜禽粪污农用进入土壤、水体，导致微生物对抗生素的抗性逐年增加，并且抗性基因通过水平转移，对环境和人体健康构成了巨大的潜在危害。我国每年约有 6000 吨兽用抗生素用于畜禽饲料添加剂，然而抗生素很难被动物吸收，30%～90% 以母体的形式随粪便排出体外。

江西省作为畜禽养殖业集中化程度较高的省份，生猪规模养殖和规模养禽的比重分别达到了 85%、74%，均位于全国前列，其中生猪规模养殖比重高出全国平均水平 19%，属于国家畜禽污染防治重点区域，面对日益严格的畜禽养殖污染物排放标准，迫切需要防治畜禽养殖污染，尤其是生猪养殖。例如，江西省相关部门积极推广应用先进的养猪废水治理技术，2013 年有 299 个规模化畜禽养殖场实施减排措施，但由于资金、技术等客观条件限制，规模养猪场排放废水造成的重金属污染依然非常严重。

### 5. 农田重金属污染

江西省位于长江中下游粮食主产区，是我国重要的双季稻种植省份之一，2012 年水稻产量占全国总产量的 9.68%，仅次于湖南省和黑龙江省。同时，江西省也是《重金属污染综合防治十二五规划》重点治理省区之一，部分地方的农田重金属含量超过了背景值的几倍甚至几十倍。

近年来，江西省农田土壤重金属污染严重，采矿畜禽粪便污水是主要的重金属污染源。当前，江西省农田重金属污染状况主要有以下几点：①土壤重金属背景值较高，部分区域铅镉汞的背景值接近农业用地二级标准；②水稻主产区基本安全，但部分地区受矿山开发污水灌溉等影响，土壤镉、铜、砷、汞等出现累积，水稻重金属超标危险逐年加大；③蔬菜产地重金属存在累积，部分基地土壤的镉、铜、铅等重金属含量接近临界值；④部分区域工矿业排污和尾矿堆放造成了土壤重金属含量超标严重，甚至因水土流失影响到江河湖中的泥沙，以及造成地表水重金属超标；⑤随着江西省畜牧业的集约化和规模化生产不断扩大，畜牧业造成农田重金属污染的潜在风险日趋凸显。根据调查，江西省农田重金属污染主要来源为工矿业排放的废弃污水，近年养殖业规模化发展产生的畜禽粪便也成为不可忽视的重金属污染源。

### （五）江西省各地市重金属污染状况

检索中国知网（CNKI）上近几年公开发表的相关研究，整理出江西省各地市的重金属污染状况。

### 1. 南昌

研究人员以南昌市市区和郊区为监测点，采集大气颗粒物为样本，以 TSP（大气总悬浮颗粒物，指空气动力学直径在 100 微米以下的固态和液态颗粒物，其粒径范围在 0.1 ～ 100 μg）和 PM10（可吸入颗粒物）为研究对象，在不同的地方不同的时间，颗粒物中重金属含量相差较大。就南昌市夏季市区和郊区的 PM10 和 TSP 的质量浓度而言，南昌市 PM10 整体日平均浓度为 132.29 μg/m³，浓度范围为 98.10 ～ 165.78 μg/m³；TSP 整体日平均浓度为 132.29 μg/m³，浓度范围为 118.86 ～ 581.39 μg/m³。冬季南昌市的 PM10 整体日平均浓度为 145.17 μg/m³，浓度范围为 101.34 ～ 228.75 μg/m³；TSP 整体日平均浓度为 357.48 μg/m³，浓度范围为 136.74 ～ 615.60 μg/m³。结果表明南昌市市区 Ca、Pb、Zn、Cu 元素大部分来自人为源，Mg、Mn 元素既有自然来源也有人为来源；郊区的结果是 Ca、Pb、Zn、Cu 元素大部分来自人为源。TSP 中的 Mn 既来自人为也有来自自然，PM10 中的 Mg 主要是自然来源，TSP 中的 Mg 元素既有自然来源也有人为来源。

首先分析出夏季 PM10 中 Zn、TSP 中 Cu、冬季 PM10 中的 Mg 和 TSP 中 Zn 为可利用元素，在环境中的活动性要明显高于其他元素，通过呼吸进入人体后很容易释放出来，从而对人体健康造成非常大的危害；其次为潜在生物可利用性元素，它们在环境中比较稳定，但当条件改变时也可能释放出来，从而污染环境并对人体健康造成威胁；最后夏季 PM10 中 Cu、TSP 中 Mn 及冬季 PM10 中 Mn 和 TSP 中 Cu 为生物不可利用性元素，它们在环境中稳定存在不容易发生转化，对环境和人体健康的影响很小。

同时，在南昌市郊区的土壤中也发现了重金属的存在。研究人员采集了南昌市郊区的 62 个土样，分析发现土壤重金属污染指数平均值为 1.73，属于轻度污染。对每个样点污染级别标准进行划分，综合污染指数污染级占 52.38%，污染样点大部分属于轻度污染级，占 38.10%。但是从土壤重金属单项污染指数的平均值来看，南昌市郊区土壤重金属污染只有 Hg 达污染级，其他重金属污染单项指数都很低，均未污染。可以看出土壤污染综合指数污染级的主要原因是 Hg 的含量较高造成的。说明南昌市郊区 Pb、Cd、Cr、Cu、Ni、Zn 和 As 均较安全，Hg 需要加强控制。

### 2. 赣州

赣州市位于赣江上游，江西南部，现辖 18 县（区、市），是赣江、东江的源头地区，是鄱阳湖的天然屏障。同时，赣州是全国重点有色金属基地之一，素有"世界钨都""稀土王国"之称。长期的矿产开发，为当地经济做出巨大贡献的同时，也给当地环境带来严重的污染，特别是重金属污染，已成为我国重金属污染重点防控地区，重金属污染治理迫在眉睫。

据2012年的公开报道，赣州市19个县（市、区，含1个国家级经济技术开发区）均有涉及重金属污染物排放企业，全市有重金属排放企业共计332家，其中列入国家重金属污染综合防治"十二五"规划的重金属排放企业有145家，主要为有色金属冶炼及压延工业、有色金属矿采选业等行业，主要分布在大余县、崇义县、南康市、章贡区、赣县、定南县，因此，这些区域均被列为国家、省重金属污染重点防控地区。

全市工业废水重金属产生量、排放量均居全省前3位，废水排放量约占全省的41%，企业个数约占全省的60%。废水中铅、汞、镉、铬、砷等5种主要重金属排放量为7479.08 kg，废水重金属排放量占全部工业总排放量的98%以上，其中大余县、崇义县、南康市等地工业废水重金属排放量居赣州市前3位，排放量分别占全市的34%、18%、17%，合计占全市排放总量的69%，主要污染物以砷、镉、铅为主。长期的矿产开发，大量含重金属废水外排，特别是早期的矿产开发，忽视环境保护，大量废水直排，废渣肆意堆积，矿区生态破坏严重，区域内部分河流和土壤出现重金属超标现象，重金属污染治理显得尤为迫切。

媒体2012年公开报道，赣州市下辖某县的政府稀土治理文件显示，当地"因稀土开采新增水土流失面积3.7万亩，淹没农田4000余亩，淤塞渠道3.4万亩，直接受危害的含30多个行政村，共计5万多村民"，治理的代价则是"短期（2010—2015年'十二五'规划期）花费约9亿元、远期（即2016—2020年'十三五'规划期）花费约8亿元"。

据《江西日报》2015年7月22日报道，赣州获得中央重金属污染防治专项资金2.8亿元。为解决重金属污染，此前赣州市制定并实施了整治工作方案，编制了防治规划、治理实施方案等，并将大余县、南康市、崇义县、章贡区、赣县确定为国家重金属重点防控区。按照"一区一策、分类指导"的原则，重点防控区污染整治已由过去单一的污染治理向全流域的综合治理转变，由末端治理向源头治理转变。在此之前，赣州市还获得国家、省重金属污染防治资金补助约2亿元，对63

家企业开展污染源综合治理。其中大余县作为重金属污染重灾区域，已获得 8150 万元重金属污染防治专项资金补助。

目前，赣州市列入国家规划的污染源综合治理项目有 24 个、产业淘汰退出项目 46 个、解决历史遗留污染问题试点项目 8 个。其中，46 个产业淘汰退出项目均已完成；20 个污染源综合治理项目已完工，其余 4 个项目正在实施；4 个历史遗留污染问题试点项目已完工，其余 4 个正在实施。

### 3. 上饶

铜矿开采和冶炼对周边农田土壤、水体等污染影响较大。

德兴银山铅锌铜矿周边农田调查的 11 个土壤样品中，稀土元素总含量范围为 112.42 ~ 397.02 mg/kg，平均值为 254.84 mg/kg，高于江西省和全国土壤稀土元素含量背景值和对照采样点的稀土元素含量值。贵溪冶炼厂调查的 12 个土壤样点中，有 11 个土壤稀土元素含量高于对照样点的稀土元素含量值，稀土元素平均含量值为对照样点的 2.03 倍。同时，铜矿冶炼也提高了周边农田农作物中的稀土元素含量，导致番茄、空心菜叶、萝卜叶中的稀土元素含量超过国家规定的限量标准。

洎水河流域德兴地区的农田矿山附近土壤中 As、Cd、Cr、Cu、Ni、Pb 和 Zn 7 种重金属为研究对象，结果表明研究区域受到矿山开发影响较大，土壤均受到不同程度的污染，部分土壤受污染程度较为严重，其中受 Cd 和 Cu 污染最为严重。

铜矿除对附近的土壤产生影响，还会对附近的水体构成威胁。德兴铜矿矿区附近的大坞河、浮溪河和乐安河（德兴—婺源—乐平段）3 个流域土壤重金属平均含量均高于背景值，其中 Cu 累积最为明显，大坞河土壤样品中 Cu 含量超过国家 II 级土壤标准，超标率达 86.8%，而且 Cu、As 和 Hg 在大坞河 T1 上平均含量明显较 T2 上的高。与背景值相比，大坞河和浮溪河底泥重金属中 Cu 超过的倍数是最大的，土壤与底泥中 Cu、As 和 Hg 及 pH 值呈现显著的正相关关系。研究区范围内稻米中超标严重的重金属元素主要有 Cu、As 和 Pb，而稻米对 Cd 的富集系数明显高于其他重金属。小白菜重金属中 Cd 污染最为严重，超过国家蔬菜卫生标准的 9 ~ 14 倍，且富集系数在 2 ~ 4。健康风险评价结果表明，土壤和农作物（稻米和小白菜）中重金属对人体的非致癌风险总和在 5 ~ 13，为不可接受风险，而致癌风险在 $10^{-3}$

水平，大于美国环保署（USEPA）推荐的最大接受水平 $10^{-4}$，因此，研究区居民有较大的致癌风险。不同流域健康风险在一级和二级阶地上的分布特征存在差异，大坞河和浮溪河非致癌和致癌风险 T1 上比在 T2 上大，但乐安河（德兴段）相反，因此，在不同河流阶地上种植农作物也应有差别。

研究人员还以 2004 年和 2011 年江西德兴铜矿开采区影响的大坞河流域共计 140 件水、土、底泥及种植物样品中 Cu 的含量为研究对象，参考国家标准对大坞河流域不同河段 Cu 污染进行评价，研究不同环境介质中 Cu 含量随时间变化的规律，并且探讨种植物中 Cu 元素的来源。结果显示从空间上看大坞河源区和上游的样品超标率最高，分别达到 70.3% 和 90.9%。7 年间研究区环境介质中的 Cu 元素总体是趋于恶化的，除地表水和土壤中 Cu 含量有所降低外，其他环境介质中的 Cu 含量都有所增加，最明显的是 2011 年小白菜中的 Cu 元素含量是 2004 年的 11.68 倍。

### 4. 萍乡

研究人员以江西省萍乡地区农用土壤为研究对象，分析研究了萍乡市农用土壤中重金属的含量、分布特征。结果表明，萍乡地区农用土壤中重金属的平均含量均未超过国家土壤环境质量二级标准，但其中锌、镍、铬、铜、镉、砷、铅、锰、汞的含量均超过了江西省土壤重金属相应元素的背景值。从空间分布来看，在全市 5 个县（区）布置的 29 个测点中，有 14 个测点重金属含量超标；其中上栗县有 8 个测点超标，明显多于其他县区，出现了不同的污染特征。

含量上，萍乡市地区农用土壤中砷、镉、钴、铬、铜、汞、锰、镍、铅、钒和锌含量的平均值均未超过国家土壤环境质量二级标准，这说明土壤对重金属污染仍有一定的环境容量。但锌、镍、铬、铜、镉、砷、铅、锰、汞含量均超过了江西省土壤重金属相应元素的背景值，其中尤以汞最为显著，这表明土壤受到了人为活动的影响。从研究区域的空间位置来看，居住区、农田区、蔬菜种植区的汞、镍、钴含量普遍偏高。

从空间位置来看，在全市 5 个县（区）布置的 29 个采样点中，安源区有 1 个测点的镍超标；湘东区有 1 个测点的铜超标；芦溪县有 1 个测点的镉、1 个测点的锌超标；莲花县有 2 个测点的镍超标；而上栗县有 8 个测点的重金属含量超标。这很可能与上栗县传统产业——烟花爆竹家庭作坊式分散型生产有关。

从整个萍乡市范围来看，各重金属的平均含量都处于《土壤环境质量标准》的二级标准值范围内，没有出现超标的情况，萍乡市农用土壤整体环境质量较好，农业生产处于较低生态风险范围内。但同时也要看到，随着社会经济的快速发展，工农业生产等人为活动对土壤的影响越来越大，萍乡市土壤受污染的情况正在逐渐加重，防治土壤污染、保障土壤环境质量已刻不容缓。

此外，研究人员还以安源煤矿煤矸石山为研究对象，对南方地区煤矸石山自然定居植物及其土壤中 Cu、Zn、Pb、Cd 含量进行调查研究。植被调查结果表明，自然定居于安源尾矿煤矸石山内的植物达 18 个科 18 个属。草本植物 14 种，灌木 3 种，乔木 1 种。定居于该尾矿的植物以草本和灌木为主，大型乔木的生长较为困难，博落回为该尾矿区较为常见的低矮乔木，这可能与土壤养分贫瘠，重金属污染程度较为严重有关。与我国土壤重金属污染评价标准值相比，尾矿区煤矸石山土壤中 Cu、Pb 的污染达到国家土壤污染重金属一级标准。Zn 则高于正常土壤背景值，未达一级标准。其中 Cd 的污染较为严重，超过二级标准 4.2 倍，均值达 2.5 mg/kg。土壤中 Cd 的污染程度可能成为植物自然定居的主要限制性因素。

### 5. 鹰潭

鹰潭市重金属污染主要集中在江铜贵溪冶炼厂周边的土壤区域。江铜贵溪冶炼厂周边农村受污染区域涉及滨江镇、河潭镇、泗沥镇 3 个乡镇 5 个村委会、27 个自然村、40 个村小组，共为 2350 户、8650 人。这一污染是历史遗留问题，主要是铜、镉复合型土地重金属污染。区域污染呈现一个以冶炼厂污染源为中心向周边扩散的点源污染趋势。随着污染灌溉水的使用，耕地又呈现非点源污染的趋势。所以，整个区域呈现点源污染与非点源相叠加的重金属污染状态。

土壤方面，江铜贵溪冶炼厂周边土壤受到极为严重的 Cu、Cd 污染，部分区域土壤 As、Hg 的污染达到警戒线水平，元素污染程度：Cu > Cd > As > Hg。从综合污染指数看，研究区域东北、南方向为轻度污染，西南与西北方向为中度污染，西面为重度污染。

水体方面由于冶炼中的废水、废渣及降尘的排放和长时间的积累，造成信江流域中的水体、土壤和农作物受到不同程度的污染。信江土桥断面表层沉积物中 Cd、Sb、Cu、Cr、Zn、Mn、Ni、Co、Mo、Pb、V、Ba 等 12 种重金属元素的含量均超过了信江流域土壤背景值或江西省土壤背景值，其中 Cd 的富集最为严重，Pb、V、Ba 3 种元素的含量最为接近信江流域土壤背景值或江西省土壤背景值，富集程度相对较轻。通过对信江土桥断面表层沉积物进行的地积累指数法评价可知，该断面表层沉积物重金属污染程度总体上表现为中度污染，各重金属元素的污染程度依次为：Cd > Sb > Cu > Cr > Zn > Mn > Ni > Co > Mo，其中 Cd 表现为严重污染，Sb 为偏重度污染，Cu 为中度污染，Cr、Zn、Mn 为偏中度污染，Ni、Co、Mo 为轻度污染。

大气方面，通过监测发现，冶炼厂周边农田区大气沉降中 Cu、Cd、Pb、Zn、Cr 的年沉降通量分别为 638、6.56、70.0、225、22.7 $mg/m^2 \cdot a$。与国内外一些研究区域相比，该区域属于这 5 种重金属元素的高沉降区。

### 6. 新余

新余市地形以丘陵为主，煤矿、铁矿资源丰富，铁矿矿石开采伴生成分主要有 Ti、V、Cu、Pb、Zn、S 和稀土元素等，铁矿石主要应用于钢铁行业，在冶炼过程中为改善性能而加入适量的一种或多种元素，主要有 V、Ti、Cr、Mn、Mo、Si。研究人员以湖南省非矿区株洲市 298 例血液样本与江西省新余市矿区 166 例血样比较，发现矿区人群血液中 Ti、V、Fe、Cu、Pb 等元素含量明显高于非矿区人群，说明矿区环境可能对当地居民健康存在一定程度的影响。进一步分析发现，越靠近矿区重金属污染的土壤对周围居民人体健康的危害风险越大，表明矿石的开采导致重金属元素渗透到空气、土壤和水源等居住和工作环境中，受污染水体、土壤和大气中的有害物质通过生物链进入动植物体内，进而危害人类健康。

此外，工业污染还影响到农业。以大米为例，研究人员选取了新余市有代表性的 10 个乡镇，即水西镇、罗坊镇、姚圩镇、南安乡、东边乡、马洪乡、珠珊镇、良山镇、河下乡、界水乡，每个乡镇选择有代表性的两个自然村的大米为监测样，共采集 20 个大米样品。20 个样品中有 8 个超过国家标准（0.2 mg/kg），不合格率为 40%，最大值为 0.30 mg/kg。水西镇 2 个自然村样品不合格，是因为其属于工业重镇，使水源受到污染。农民再用受污染的水灌溉农田，导致 2013 年大米镉超标。水西镇从 2009 年起大部分自然村土壤中的镉超标，从而导致今年大米中的镉超标。罗坊镇廖家村、姚圩镇下蒋村、珠珊镇老背村、良山镇村头村、马洪乡火田村与河下乡平川村属于普通的农业种植区，但大米镉依然超标，可能是城市垃圾或使用了含镉的农药、化肥等造成的。

### 7. 九江

以我国土壤环境质量一级标准为评价标准，九江地区混交林、白栎林、油茶林、板栗林、马尾松林和毛竹林等6种类型林分表土的重金属（Cu、Zn和Pb）内梅罗指数均超过警戒值，其中混交林、板栗林和毛竹林表土的重金属内梅罗指数已处于轻度污染水平。因此，关注森林土壤重金属污染已是刻不容缓的问题。针对不同深度的森林土壤，进一步分析其中重金属含量的垂直分布情况。结果表明，九江地区混交林、板栗林和毛竹林土壤重金属在剖面上的垂直分布随土壤深度的增加而递减，这说明九江地区森林表层土壤重金属超标主要是由人为因素造成而非成土母质的影响。

土壤重金属污染指数与土壤理化性质的相关性分析表明，Cu和Zn污染指数之间存在良好的同源性，且与土壤速效磷含量存在显著的相关关系。这说明森林土壤中Cu和Zn含量增加可能是由同一污染源引起的，且森林土壤重金属含量与土壤理化性质密切相关。

### 8. 抚州

据抚州市统计局统计，烟叶生产已成为抚州农村社会经济发展的一大支柱产业。据初步统计，2015年，全市烟叶种植面积为12.2万亩，其中烤烟种植面积为12.0万亩。

研究发现，抚州烟区土壤中重金属含量低于我国《土壤环境质量标准》（GB 15618—1995）二级标准，但其污染程度已处于警戒线水平，资溪、宜黄烟区土壤中Cd和黎川烟区土壤中Hg已呈现轻度污染，As、Cr和Pb处于清洁水平，Cd和Hg是主要风险因子。土壤中重金属含量顺序为Zn＞Pb＞Cr＞Cu＞Ni＞As＞Cd＞Hg，烟叶中重金属含量顺序为Zn＞Cu＞Pb＞Cd＞Cr＞Ni＞As＞Hg，土壤中Hg、Cd、As和烟叶中Ni、Cr变异系数均较大。烟叶中重金属富集系数顺序为Cd＞Zn＞Cu＞Hg＞Ni＞Cr＞Pb＞As，烟叶Cd富集系数高达11.67，表明烟草属于Cd强烈富集作物。烟叶中As、Cu、Pb和Zn含量与土壤相应元素的含量呈显著或极显著正相关关系，表明烟叶中重金属含量主要受到土壤影响。

烟区土壤重金属还与外源输入的有机肥有关。烟田肥料重金属含量总体处于安全水平，但各类肥料中重金属含量差异较大，钙镁磷肥、有机肥和有机—无机复混肥中重金属含量较高，且钙镁磷肥中 Cr 和有机—无机复混肥中 As 存在超标现象。烟用肥料重金属均低于国家限量标准，但复合肥中的 As 和 Cr、磷肥中的 Cr、有机肥中的 Cd 和 Hg 占有土壤外源重金属总量较高的比例，是抚州烟草生产中需主要关注和控制的重金属元素，其中有机肥是控制的重点。

### 9. 宜春

研究人员对宜春市近郊 4 个蔬菜种植区中部分蔬菜中的锌、铅、镍进行测定，了解当地居民食用蔬菜中金属含量，进而了解蔬菜污染情况，为评价蔬菜质量提供依据。结果显示，蔬菜中铅的含量超标，大部分蔬菜中含铅量污染水平达到中度污染，而锌和镍污染水平为尚清洁，宜春市蔬菜重金属综合污染等级为轻污染。

研究人员还以明月山为对象，分析发现土壤中 Zn 元素的含量远低于中国土壤背景值，相对来说在土壤中含量较低，Cu 元素的含量在背景值附近上下波动。Fe 元素的含量在各个取样区的差异不是很大，但都远高于国家标准，因为明月山的土壤为红壤，其富含 Fe 元素。Pb 和 Cr 元素的含量远超过国家土壤背景值，并呈现出一定的规律性，二者均是活动＞缓冲区＞背景区，山脚＞半山腰＞山顶。这一结果表明，旅游活动已经对明月山森林景区的生态环境造成了一定的负面影响。

另外，在中国知网（CNKI）上没有检索到关于吉安、景德镇两地关于重金属污染的相关研究报道。

## 三、重金属污染土壤修复的政策背景及发展前景

### （一）国家土壤污染防治政策

我国在土壤污染防治方面做了大量工作，进行过积极有益的探索实践，污染防治大致可以分为两个阶段。第一个阶段是 20 世纪 80—90 年代，国家科技攻关项目支持开展了农业土壤背景值、全国土壤环境背景值和土壤环境容量等研究，科学家们开始关注矿区、污灌区和六六六、滴滴涕农药大量使用造成的耕地土壤污染等问题，在此基础上，我国于 1995 年制定了我国第一个《土壤环境质量标准》。第二个阶段是从 2000 年至今，随着土壤污染问题的日益凸显，土壤环境安全问题引起社

会广泛关注，党和国家高度重视土壤环境保护工作，将土壤污染防治放在与大气污染、水污染防治同等重要的位置，全面推进土壤污染防治工作。一是组织开展了全国土壤污染状况调查；二是出台了一系列土壤污染防治政策文件；三是加快推进土壤污染防治立法工作；四是开展土壤环境质量标准修订工作；五是制定实施重金属综合防治规划，启动土壤污染治理与修复试点示范；六是编制土壤污染防治行动计划，全面部署土壤污染防治工作。

"十二五"期间，国家出台了一系列加强土壤污染防治工作的政策文件。2011年2月国务院正式批复《重金属污染综合防治"十二五"规划》（简称《规划》），这是我国第一个"十二五"专项规划。《规划》明确了重金属污染防治的目标，即到2015年，重点区域重点重金属污染物排放量比2007年减少15%，非重点区域重点重金属污染物排放量不超过2007年水平，重金属污染得到有效控制。2015年11月，环保部会同发展改革委等部门，对全国28个省（区、市）人民政府2014年实施《重金属污染综合防治"十二五"规划》的情况进行了考核。截至2014年年底，我国重金属污染综合防治"十二五"规划重点项目已完成72.4%，全国5种重点重金属污染物（铅、汞、镉、铬和类金属砷）排放总量比2007年下降20.8%。总体来看，2014年规划实施总体情况良好，重点重金属污染物排放量明显下降，项目实施进度加快，重点企业环境管理进一步加强。

2016年5月28日，国务院印发《土壤污染防治行动计划》（又被称为"土十条"）通知，要求切实加强土壤污染防治，逐步改善土壤环境质量。"土十条"提出，到2020年，全国土壤污染加重趋势得到初步遏制，土壤环境质量总体保持稳定，农用地和建设用地土壤环境安全得到基本保障，土壤环境风险得到基本管控。到2030年，全国土壤环境质量稳中向好，农用地和建设用地土壤环境安全得到有效保障，土壤环境风险得到全面管控。到21世纪中叶，土壤环境质量全面改善，生态系统实现良性循环。

2016年5月，国家林业局发布了《林业发展"十三五"规划》，明确江西省被纳入南方经营修复区和长江（经济带）生态涵养带两大生态战略区域。其中，南方经营修复区范围包括赣州、吉安、抚州、宜春（除靖安县）、上饶（除鄱阳、余干县）、鹰潭、萍乡、新余及景德镇市乐平市等72个县（区、市）；长江（经济带）

生态涵养带的范围包括南昌、九江、景德镇（除乐平市）及上饶市鄱阳、余干县、宜春市靖安县共 28 个县（区、市）。这意味着江西省将承担全面保护天然林、湿地和重要物种，改善沿江自然生态廊道环境，扩大生态空间、提高区域生态承载力和巩固国土生态安全等任务。

2016 年 7 月 21 日，国土资源部联合工业和信息化部、财政部、环境保护部、国家能源局共同发布了《关于加强矿山地质环境恢复和综合治理的指导意见》。提出，今后一段时期，我国矿山地质环境保护要坚持地方政府矿山地质环境监管主体责任，坚持"谁开发、谁保护，谁破坏、谁治理"，坚持深化改革，创新工作机制。要进一步完善开发补偿保护经济机制，构建政府、企业、社会共同参与的保护与治理新机制，尽快形成生产矿山和历史遗留"新老问题"统筹解决的保护与治理新格局。明确了到 2025 年我国矿山地质环境恢复和综合治理的阶段性目标，即全面建立动态监测体系，保护与治理恢复责任全面落实，新建和生产矿山地质环境得到有效保护和及时治理，历史遗留问题治理取得显著成效，形成"不再欠新账，加快还旧账"的矿山地质环境保护与治理新局面。

有专家认为，我国土壤污染的根源在于顶层设计中缺乏能有力保护环境的法规制度及在实践中以不计环境代价的方式追求 GDP 增长。我国制定了防治大气污染、水污染、海洋污染的法律，但防治土壤污染的法律却过于分散、零星。特别是一些土壤保护和管理的地方性法规还没有制定，对土壤污染的控制与治理还缺乏系统的政策框架。

我国土壤污染防治立法方面，环保部正抓紧组织起草《土壤污染防治法》。目前已经会同国家发展改革委、国土、农业等部门成立了土壤环境保护法规起草工作领导小组、工作组和相应的专家组，先后召开了两次领导小组会议、多次专家组会议，形成法律草案征求意见稿，征求了有关部门和地方意见。

### （二）江西省土壤污染防治政策

江西省是有色金属矿产采选及冶炼大省，主要分布有赣南钨矿、稀土开发区、赣西北铜矿区、赣东北铜矿区等。由于过去粗放式的开发，致使含重金属的污水、矿渣、粉尘等大量超标排放，进入土壤环境，公开数据显示我国重金属污染耕地面积占全国总耕地面积的 16.7%，而江西省污染程度高于全国平均水平。因为重金属污染，江西省共有 9 个设区市、18 个县（市、区）的 41 个自然村，大约 2.2 万人受到不同程度的重金属污染。鉴于此情形，江西省出台了一系列相关的重金属污染防治政策。

2012 年 7 月 31 日，江西省地税局出台了《江西省地方税务局关于重金属污染治理有关税收政策问题的通知》（简称《通知》），《通知》要求企业直接用于治理重金属污染和周边环境整治，以及环境保护、生态恢复、污染伤害救助等方面的费用支出，准予在企业所得税前列支；企业通过县级以上人民政府及其有关部门，用于重金属污染地区周边环境保护、设施建设、污染伤害救助等方面的捐赠及各项公益性捐赠支出，在年度利润总额 12% 以内的部分，准予在计算应纳税所得额时扣除；对重金属污染严重地区，导致失去生存条件实行整体搬迁的，凡纳入县级以上人民政府统一规划实施的搬迁安置住房建设用地可免征城镇土地使用税；单位和个人因房屋土地被拆迁征用而取得的补偿费，不征收营业税；被拆迁人取得的拆迁补偿收入免征个人所得税。

2014 年 5 月，江西省地调院承担的"江西省重金属污染现状及防治研究"项目启动。项目将在 1∶25 万多目标区域地球化学调查成果基础上，研究江西省区域性的土壤重金属元素污染问题，提出土壤重金属污染的防治建议，为治理土壤重金属污染、改善和调控地区生态环境提供科学依据。

2014 年 11 月 20 日，《江西省生态文明先行示范区建设实施方案》（简称《实施方案》）正式获得国家批复。作为我国首批全境列入生态文明先行示范区建设的省份之一，《实施方案》的获批，标志着江西省建设生态文明先行示范区上升为国家战略，成为江西省继鄱阳湖生态经济区规划（包含 38 个县、市、区）和赣南等原中央苏区振兴发展（包含 54 个县、市、区）后的第 3 个国家战略，也是江西省第一个全境列入的国家战略。

2015 年 4 月，出台《江西省人民政府贯彻国务院关于依托黄金水道推动长江经济带发展指导意见的实施意见》，加大鄱阳湖流域水环境治理力度，加快推进污水垃圾处理、土壤污染治理等工作，到 2017 年，实现全省工业园区污水处理设施建设全覆盖，城镇生活污水集中处理率达到 85% 以上，重点防控区域重金属污染得到有效治理，切实保护好鄱阳湖"一湖清水"。

2015年7月，为落实粮食安全省长责任制，加快构建粮食安全保障体系，根据《国务院关于建立健全粮食安全省长责任制的若干意见》（国发〔2014〕69号）精神，结合江西省实际，出台《江西省人民政府关于落实粮食安全省长责任制的意见》（简称《意见》）。《意见》指出，加强粮食生产污染治理，建立耕地土壤环境监测网络，加快建成农村垃圾、农药包装废弃物、污水等收集处理系统，有效解决耕地面源污染问题。加快重金属污染土地的农业生态修复，改善农田生态环境。

2016年2月，出台《江西省人民政府办公厅关于加强工业园区污染防治工作的意见》，实施严格的环境准入，对重金属等主要污染物排放总量超出控制范围的园区，不得引进新增污染物排放量的入园建设项目。

2016年4月，出台《江西省人民政府办公厅关于推进绿色生态农业十大行动的意见》，明确耕地重金属污染修复方面的保护，发展绿色生态农业。

2016年7月11日，为落实国务院《土壤污染防治行动计划》（国发〔2016〕31号）的工作要求，推动江西省土壤污染防治工作的顺利实施，成立江西省环境保护厅土壤污染防治工作领导小组及办公室，环保厅厅长任组长。

2016年9月21日，为保护农业生态环境，保障农副产品安全，省政府法制办发布公开征求《江西省农业生态环境保护条例（草案）》意见的公告，《草案》中明确规定：农产品产地实行分类管理，将未污染和轻微污染的农产品产地划定为优先保护类，轻度和中度污染的农产品产地划定为安全利用类，重度污染的农产品产地划定为严格管控类。优先保护类农产品产地的耕地划为永久基本农田，除法律规定的重点建设项目选址确实无法避让外，其他任何建设不得占用。优先保护类农产品产地的耕地集中区域，禁止建设有色金属冶炼、石油加工、化工、焦化、电镀、制革等行业企业。现有相关行业企业应当采用新技术、新工艺进行升级改造。对安全利用类农产品产地，应当对周边地区实行环境准入限制，加强污染源监督管理，减少或者消除污染。对严格管控类农产品产地实行土壤污染管控或者修复，禁止违法生产、销售重金属、持久性有机污染物等有毒有害物质超标的肥料、土壤改良剂或者添加物。

## （三）土壤修复产业发展前景

由于工业污染转嫁及农药的过度使用，全国有约 19% 的耕地受到污染，污染的土壤致使种植的农作物不能达到检验合格标准，严重的污染会导致农作物减产或死亡。农药及化肥的过度使用及工业污染源造成土壤污染，修复过程产生的高额治理费用，农民根本无力承担。

土壤污染如不能及时得到修复，随着时间的推移污染物将不可避免地向其他环境转嫁污染。根据相关资料显示，当前中国土壤污染出现了有毒化工和重金属污染由工业向农业转移、由城区向农村转移、由地表向地下转移、由上游向下游转移、由水土污染向食品链转移的趋势，逐步积累的污染正在演变成污染事故的频繁爆发。

2014 年环保部编制了《土壤环境保护和污染治理行动计划》并实施，其中包括划定重金属严重污染的区域、投入治理资金的数量、治理的具体措施等多项内容。以大中城市周边、重污染工矿企业、集中污染治理设施周边、重金属污染防治重点区域、集中式饮用水水源地周边、废弃物堆存场地等为重点，开展土壤污染治理与修复试点示范，并在长江三角洲、珠江三角洲、西南中南辽中南等地区，选择被污染地块集中分布的典型区域，实施土壤污染综合治理。同年 8 月，环保部自然生态保护司召开了土壤修复企业座谈会，为土壤环境保护法起草工作征求意见。环保部自然生态保护司相关负责人表示，下一步将加强土壤立法实地调研，积极完善法律草案，有序推进土壤立法工作。

近年来，城市化进程逐步加快，农业可持续化发展的要求日益突出，各种土壤污染带来的负面效益与社会及农业可持续发展的冲突愈演愈烈，而中国目前土壤修复产业才刚刚起步，产业链尚未完善，现有的市场规模相对较小，远不能满足逐步壮大的市场份额。

在我国，土壤修复是一个亟待开启的新兴环保细分市场。一年多时间新注册相关公司已达上千家，热度不减，但商业模式始终是目前市场发育的最大障碍。而此次召开的土壤修复企业座谈会的重点，就是在讨论法律草案中有关土壤修复的制度设计问题，一旦土壤修复的制度设计明确下来，之前阻碍土壤修复市场发展的诸多问题将被扫清。将土壤修复制度设计作为土壤立法的工作重点，这将是国内土壤修复市场将进入快速发展的积极信号。

但对中国的环保业来说，土壤修复产业仍处于萌芽状态。根据全国第四次环保产业调查结果显示，截至 2011 年年底，在全国 8820 家环境保护服务从业单位中，涉及土壤治理的生态修复与生态保护服务仅占 3.7%。据了解，目前在发达国家，土壤修复产业所占环保产业的市场份额已高达 30% ～ 50%。其中污染土壤修复治理的资金需求巨大，2000—2009 年，荷兰土壤污染修复成本为 3.35 亿欧元 / 年，其中政府投入为 1.6 亿欧元 / 年。

环境压力和环保意识觉醒，正促使中国土壤修复产业加速发展，政府将在产业政策、财税等方面逐步提高对产业发展的支持力度，按照环境投融资优先集约增长规律，"十二五"将成为土壤修复产业积累技术、市场萌发的基础时期，土壤修复产业"十三五"迎来发展的黄金时期。

尽管土壤修复的市场蛋糕很大、很诱人，但如何抓住这一难得的机遇推动其持续快速健康发展，还面临重重困难。目前土壤修复产业面临的最大难题在于技术。我国污染土壤修复仍处于技术研发和产业化初期，大部分企业的修复技术仍停留在实验室阶段，很少进入工程化阶段。

重金属污染治理及土壤修复在国内起步较晚，技术储备欠缺，工程施工管理方面也没有多少成功案例可供参考，大部分企业都在摸索中前进。国内重金属污染属于多种重金属复合型、重金属 / 有机污染物复合型，"量大面广"，这就决定了任何成本高昂的技术都难以大规模推广，国外主要针对小块土地的修复技术在国内难有用武之地。

中国土壤重金属污染情况复杂，照搬国外技术行不通，必须找到实用、可行的技术。由于气候、位置不同，重金属污染的土壤特征千变万化，这就导致国外的污染土壤修复技术未必适合国内的土壤修复。另外，修复资金、修复时间的特殊性也要求研发适合我国国情的"本土化"技术。

## 四、重金属污染修复治理成功案例及借鉴意义

### （一）美国堪萨斯州锌污染土壤生态修复

国外的土壤重金属污染主要来自矿山开采造成的大规模土地破坏。世界各国，特别是主要的采矿工业国家都十分重视恢复被采矿工业破坏的土地，并取得了十分可观的成绩。复垦工作自 1918 年美国印第安纳州首先进行了试验工作，至今已形成了系统的复垦工程。1930—1971 年的 42 年中，美国已恢复了 $6.0 \times 106$ $hm^2$ 采矿工业用地，复垦率达 40%，但大规模、有计划、有目的的复垦研究工作也不过 20 多年历史，其规模较大，成效较好的国家有澳大利亚、苏联、德国、美国等国家。1980 年，美国颁布了《环境应对、赔偿和责任综合法》（也称《超级基金法》），确立了"超级基金制度"，有力地推动了全美受污染土地的治理工作。美国国家环保局（US EPA）依据《超级基金法》，建立了从环境监测、风险评价到场地修复的标准化管理体系，为污染地块的管理和土地再利用提供了有力支持。

在"超级基金"的支持下，美国环保局在堪萨斯州东南部矿区开展了两项锌污染土壤生态修复的研究项目（表 4）。

1990—1993 年开展的项目，通过植物修复及土壤改良剂的复合应用技术，以解决燧石砾岩的植被恢复和降低土壤中锌浓度的生物有效性问题。

通过植被筛选、对照实验，碳酸钙、牛粪和 N-Viro Soil™ 土壤改良剂组合修复能够有效减少土壤中锌浓度的生物有效性。

1995—2000 年开展的项目，通过对燧石砾岩利用牛粪进行修复，用以提供植物养分，改善土壤的物理性质。实验证明，对于铅、镉和锌污染，燧石砾岩上粪便的存在显著降低了这些金属的交换形式、增加了这些金属的有机结合形式。

目前，重金属污染土壤的生态修复技术仍以植物修复为主，并辅以土壤改良剂的应用，在受污染土壤所在的区域环境条件下，以土壤生态系统自净能力为基础，耦合其他生态修复技术，达到修复高效、安全、恢复土壤生态功能效果的目的。

表 4　美国环保局土壤生态修复研究案例

| 项目位置 | 时间 | 重金属类型 | 修复目的 | 技术内容 | 效果 |
|---|---|---|---|---|---|
| 堪萨斯州东南，密苏里西南和俄克拉荷马州东北部 | 1990—1993 年 | 锌 | 燧石砾岩的植被恢复 | 对蓝格兰马草、柳枝稷、小须芒草、印度草、大须芒草、高羊茅、KY31 高羊茅、野牛草、毛叶苔子、迷彩格兰马草、无芒雀麦、紫羊茅和冠紫云英多年生禾草植物筛选修复相当于 2000 kg/hm² 污泥 / 水泥窑粉尘结合物土地 | 大须芒草具有最佳的增长 |
| | | | 减少土壤中锌浓度的生物有效性 | 评估各种土壤改良剂或土壤改良剂组合降低大豆的重金属生物有效性 | 碳酸钙、牛粪和 N-Viro Soil™ 土壤改良剂修复是最有效地提高大豆单产，降低锌、镉和铅在大豆组织中的含量，减少土壤中锌浓度的生物有效性 |
| 堪萨斯州东南部方铅矿 | 1995—2000 年 | 铅、镉和锌 | 燧石砾岩植被恢复 | 燧石砾岩利用牛粪进行修复，用以提供植物养分，改善土壤的物理性质 | 对于铅、镉和锌污染，燧石砾岩上粪便的存在显著降低了这些金属的交换形式、增加了这些金属的有机结合形式 |

### （二）广西环江砷污染农田土壤修复治理工程

2001 年 6 月，环江遭受百年一遇特大暴雨袭击。山洪暴发造成了大环江河上游选矿企业的尾矿库被洪水冲垮，导致环江沿岸上万亩耕地土壤受到砷、铅、锌、镉等重金属污染，成为当时突出的重大环境问题。

中科院地理资源所环境修复中心从 2005 年开始针对环江土壤污染的特点，研发土壤修复技术，建立了植物萃取、超富集植物与经济植物间作、植物阻隔和重金属钝化等修复技术。

2010 年，作为示范性项目的大环江流域土壤重金属污染治理工程项目获得 2450 万元中央重金属污染防治专项资金支持，这是当时国内面积最大的土壤修复工程。示范项目土地污染治理范围主要包括环江思恩镇、洛阳镇和大安乡 3 个乡镇 7 个行政村 16 个自然屯，治理受污染农田面积 1280 亩。

农田修复实行责任制管理，把农民当成农田土壤修复工作的真正实施主体，政府免费提供技术、修复剂和种苗，农户自行承包种植作物，收入归农户自己所有。项目还在环江构建了完整的土壤修复产业链，建立了农业安全生产模式，摸索出了以植物修复技术为主导、以"地方政府主导、科研单位技术支撑、农民主动参与"的环江农田土壤修复工程模式。

经过两年的治理及根据第三方两年的跟踪监理评估结果显示，示范项目达到了自治区环保厅批复的实施方案确定的修复效果。在洛阳镇大屯等核心区，土壤砷、镉等主要污染元素下降幅度超过 10%，采取钝化修复技术的区域，重金属有效含量显著降低，核心示范区农产品重金属合格率均超过 95%。

2015 年 8 月，国内面积最大的土壤修复工程——"广西环江毛南族自治县大环江流域土壤重金属污染治理工程项目"顺利通过验收。专家组认为，该项目通过工程应用提出了大规模的土壤修复工作推广模式，形成的"政府主导发力 + 科技支撑给力 + 农户实施出力"的农田修复模式，具有重要的示范作用和推广价值。

### （三）江铜贵溪冶炼厂周边区域九牛岗土壤修复示范工程

江西省贵溪市贵溪冶炼厂周边土壤受重金属污染严重，一些地方寸草不长，农田被迫废弃。土壤中铜、镉含量等超过我国土壤环境质量标准数倍以上。尼梅罗综合污染指数评价表明，大部分属于重度污染，生产的糙米和蔬菜中镉含量超标，周边村民多人血镉超标。重金属污染一度成为贵溪冶炼厂周边社会不稳定的因素之一。《人民日报》《人民网》等多次报道反映贵溪冶炼厂周边重金属污染情况。由于污染重，面积广，已严重影响了区域经济社会稳定和人民身体健康，并影响鄱阳湖区及长江流域生态安全，引起中央和江西省委省政府的高度重视。

修复技术总体思路：①调理：用物理调节 + 化学改良，调理被污染土壤中重金属介质环境；②消减：用物理化学—植物 / 生物联合的方法，降低污染土壤重金属总量或有效态含量；③恢复：在调理污染土壤介质环境、降低土壤重金属毒性基础上，联合植物及农艺管理技术，建立植被，逐次恢复污染土壤生态功能；④增效：

增加污染修复区土地的生态效益、经济效益和社会效益。

治理目标：①重度污染土壤修复后，重金属铜/镉的有效态降低50%；植被逐步恢复，覆盖不低于85%；区域景观得到显著改善和美化，生态效益显著；②中度污染土壤修复后，能够生长纤维、能源、观赏或经济林木等植物，具有一定的经济效益（500元/亩·年）；③轻度污染土壤修复后能够选种水稻等粮食作物或纤维、能源等经济植物，且粮食作物可食用部分达到食用标准，经济效益显著（400 kg稻谷/亩·季）。

主要技术方案：物理/化学—植物—农艺调控联合技术。主要包括田间灌溉与排水沟网，翻耕土壤调节土壤结构，施用降低土壤重金属铜镉等有效态含量的无机或有机—无机结合型改良材料，旋耕土壤与改良修复材料深度混匀，清水平衡，种植有一定经济效益的重金属耐性植物等。

从研究到技术再到示范工程：室内培养→温室盆栽→田间验证→示范工程，前后用了8年多时间，为的是考察改良材料在污染土壤修复过程中的适用性、经济性和长效性；修复植物对区域内气候适应性、对土壤重金属的耐性及富集能力、生物量与生态功能、安全利用、经济效益或能否带动产业的发展。最终确定以微米羟基磷灰石、普通磷灰石粉、石灰和生物质灰等按比例组合的改良材料，并联合巨菌草、海州香薷、香根草、伴矿景天、香樟、冬青和红叶石楠等植物，辅以一定的物理和农艺措施形成一个能够规模化修复重度重金属污染土壤的技术——物理/化学—植物—农艺调控联合治理技术。

成效：有效降低了污染土壤重金属活性（0.1 mol/L CaCl$_2$提取）。所有样点修复后土壤0.1 mol/L CaCl$_2$浸提有效态Cu和Cd的下降幅度均达50%以上，实现了修复目标。其中有效态Cu含量降幅为51.8%～95.2%，且主要降幅集中在60%～90%；有效态Cd含量降幅为50.7%～74.5%，且主要集中在50%～60%。结果表明，修复改良材料可将重金属有效固定在土壤本体中，降低重金属污染物向污染主体外的迁移能力，进而减弱重金属通过地表径流和淋溶作用对地表水体和地下水的污染，达到了降低重金属污染物向其他介质迁移的环境风险的目的。

污染土壤中重金属有效态降低，为植物生长创造了条件。特别是一些寸草不生的重度污染区内。植物的生长为裸露的地表提供了植被覆盖，固持水土，减少重金属径流和地下水入渗，同时改善和美化了景观。大面积污染农田施用改良材料后，种植的巨菌草等植物能够生长，农田植被恢复，有利于昆虫和鸟类的栖息和繁殖及污染土壤生态系统的恢复，治理区生态效益显著提升。项目区内种植的巨菌草每亩每年可以吸收转移 Cu 454.3 g、Cd 9.5 g。通过连续多年的吸收转移，最终实现减少土壤中重金属总量的目的。

采用的物理/化学—植物—农艺联合技术修复规模成片的重金属污染土壤，与其他修复技术相比，特别是对于重度污染的土壤，成本较低。例如，固定化方法治理重金属污染土壤，每吨土壤需要 90～200 美元，土壤淋洗法需要 250～500 美元，土壤填埋需要 100～400 美元，本项目治理每吨土壤（按土壤表层计算）费用为 10～20 美元。用改良材料与巨菌草联合治理，巨菌草具有较高的热值和其他多种用途，每亩每年鲜草产量在 10～30 吨。由于生物量大，碳含量高，作为生物质电厂发电的原料，每亩巨菌草生物量相当于 2～3 吨标准煤的发电量。

对于轻度污染的农田区采用单一和复合改良材料钝化土壤重金属活性。修复后使水稻每亩产量比对照分别提高了 32.8% 和 49.4%，且稻米中的 Cu 和 Cd 含量均低于食品中铜、镉国家限量标准（Cu：10 mg/kg；Cd：0.2 mg/kg）。

项目初步建立了大型重金属相关冶炼企业周边土壤污染治理示范工程，取得较好的修复效果，受到国家领导，省、市和县政府的重视和推介，尤其得到当地群众的高度认可，他们认为重度污染的不毛之地在治理过程中能生长有经济价值的植物，在改善环境的同时还给他们带来收益。另外，在工程实施中，引导和培训了农民运用重金属污染防治技术和技能，培养项目区当地的环保技术与管理队伍，培育了污染治理的企业和产业。期间，江西德兴、弋阳、乐平、湖北大冶、江苏苏州等地环保和农业行业官员到现场观摩，江西省委省政府在项目示范区召开了"全省重金属污染治理现场观摩推进会"，时任江西省省长鹿心社在现场就工程实施效果予以充分肯定，并称该工程抓住了区域污染治理的龙头。

## 五、对策建议

2014 年 7 月，江西列入全国首批生态文明先行示范区，中央要求打造生态文明建设"江西样板"。2014 年 11 月 22 日，江西省委省政府召开了全省生态文明先行示范区建设启动大会，要求全省上下牢固树立"既要金山银山更要青山绿水，绿水青山就是金山银山"的理念，把生态资源作为最宝贵的资源，把生态优势作为最具竞争力的优势，努力走出具有江西特色的生态文明建设新路子。

2016 年 8 月 22 日，中共中央办公厅、国务院办公厅印发《关于设立统一规范的国家生态文明试验区的意见》，江西省作为生态基础较好、资源环境承载能力较强的省份首批入选国家生态文明选试验区。

江西拥有全国最大淡水湖及 3700 多条流域面积 10 km² 以上的河流，一直把水生态建设放到突出战略位置，在全国率先实行全境流域生态补偿——守住东江源的安远，一年获补偿就超 1 亿元；出台了规模最大的河湖管理与保护制度——省、市、县、乡、村五级"河长制"。治水必治山，治山必治林，在全国率先启动以促进林地流转为主线的改革，2015 年 11 个县试点，2016 年又新增 20 个县。如今，江西省设区市的城区空气质量优良率达 90.1%，地表水质断面达标率达 81.0%，森林覆盖率稳定在 63.1%，生态环境质量居全国前列，一个美丽中国的领跑者形象跃然眼前。

江西作为全国主要有色金属、稀有金属、稀土矿产基地之一，长期以来围绕矿产资源开发的产业链在江西省工业发展中占有相当重要的地位。早期开发工艺技术落后、资源利用率低，重金属采选、冶炼行业等历史原因导致的环境问题日益突出，这也成为江西省生态文明建设"江西样板"的最大"拦路虎"和"绊脚石"，同时也是江西省按照中央要求打造生态文明建设"江西样板"最具挑战性的工作。为此，提出以下建议仅供参考。

（一）省政府统筹管理，高位推动，建立长效治理联动机制

虽然 2016 年 7 月，江西省已经成立了环保厅厅长任组长的土壤污染防治工作领导小组及办公室，但力度还不够。报告前面内容已经谈到，江西省的土壤污染源主要来自矿山、冶炼、稀土和畜禽养殖，所涉及的部门除环保外，还有国土、农业等，所以建议江西省成立高规格的重金属污染综合防治工作领导小组，由省长任组长，常务副省长、分管副省长任副组长，相关委、厅、局主要负责人为成员，领导

小组全面负责指导、协调、评估和督促全省金属污染综合防治工作。各地市、各重点防控区域比照省政府成立相应的工作机构，负责本辖区重金属污染综合防治工作。对土壤重金属污染长期保持高压态势，尽快出台《江西省关于贯彻国务院"土壤污染防治行动计划"的实施方案》，认真贯彻落实《土壤污染防治行动计划》的工作要求，推动江西省土壤污染防治工作的顺利实施，为生态文明"江西样板"保驾护航。

由于历史原因导致的重金属污染已成为江西省污染治理的重点和难点，而且重金属危害的持久性、治理难度大、时间跨度大，为此应建立长效、联动治理机制。同时，整合国土、环保、水利、农业等部门的专业力量，建立数据共享机制，加强对重金属污染的调查、切实摸清重金属污染的底数和客观现状，为政府各部门科学决策提供准确依据。

### （二）全面落实主体责任，实行责任主体终身问责制

2015年8月，中共中央办公厅、国务院办公厅联合印发的《党政领导干部生态环境损害责任追究办法（试行）》，明确规定实施生态环境损害终身责任追究制，目前有部分省份已经出台了相关细则。例如，海南省人民政府印发的《海南经济特区海岸带保护与开发管理实施细则》明确沿海市、县、自治县人民政府是海岸带保护与开发管理的责任主体，实行海岸带生态环境损害责任终身追究制。对违反细则规定、超越权限或者违反法定程序和条件、造成海岸带生态环境和资源严重破坏的，责任人无论是否已调离、提拔或者退休，均严格追究责任。此外，近日实施的《山东省党政领导干部生态环境损害责任追究实施细则（试行）》中规定，山东省将实行生态环境损害责任终身追究制，出现11种情形将追究党政主要领导责任。为此，建议江西省应加快相关细则的制定，健全生态文明考核和责任追究制度，建立领导干部任期生态文明建设责任制、生态环境损害责任追究制。

### （三）法律层面，尽快制定出台土壤污染防治条例

我国在大气污染、水污染、固体废弃物污染等方面建立了专门的法律，但缺少土壤防治的专门法律。《环境保护法》对土壤污染的规定太过于原则，难以具体操

作。其他的专门法律尽管涉及土壤污染防治，仅仅是附带性的。

2016年10月1日，《湖北省土壤污染防治条例》（简称《案例》）正式实施。《条例》坚持预防为主，保护优先，制定土壤污染高风险行业名录，同时厘清政府及其相关部门的责任，实行行政首长责任制和土壤环境损害责任追究制，改变"多头治土"局面，对农业、住房和城乡建设、国土资源等部门按各职能部门划分职责与权限，明确土壤污染防治责任。

如前所述，江西省在土壤污染防治方面分别从税务、工业、农业等方面已经出台了一系列的政策或意见，但却没有一部专门的土壤污染防治条例，势必会造成江西省的土壤污染防治多部门都有权管、多部门都管不好的局面。所以建议江西省以生态文明选试验区为契机，尽快出台适合该省省情的土壤污染防治条例。

（四）完善领导干部考核机制，扭转GDP唯一导向，加大生态环保考核指标的权重

面对巨额的污染治理成本，有些企业和地方政府选择了拖、避等方式。除资金难题之外，一些地方政府主要是顾虑社会稳定、招商引资及政绩等，非但没有积极推动重金属污染治理，还有意识地安排污染企业在当地落户。

解决这些问题的根本在于建立科学的GDP考核体系。也就是说，中央政府对江西省、江西省对各设区市，在"生态文明"的前提下，都需要重新核定考核指标，防止地方政府在发展与环境形成矛盾时，为追求GDP而忽视环境保护。建立重金属污染治理年度考核制，将各设区市、重点区域的治理目标与指标纳入当地干部政绩考核指标体系，签订相关责任书，考核结果纳入评先创优"一票否决"，并通过主要新闻媒体向社会公布。

江西省2011年已经提出在"五河一湖"的源头县区，今后可以不考核工业增加值、财政总收入等指标，同时增加生态文明等考核指标。也就是说，今后江西省不要求地方上交带污染的GDP。如果没有这样的考核体系，地方政府就没有积极性，重金属污染局势必然会加剧。

### （五）奖惩结合，加强对企业的政策引导与追责

不同于其他的污染排放，重金属污染的产生都跟企业行为有关。部分企业或不按照审批要求建设污染处理设施，或为降低运行成本擅自闲置治理设施而直接排放、偷偷排放污染物；企业先上车后买票、重生产轻环保现象时有发生。

建议出台相关政策，建立健全（重金属）污染排放企业环境保护诚信档案和企业污染责任终身追究制。鼓励企业进行工艺改造和技术革新来减少污染排放；鼓励利用矿山废弃地和受重金属污染土地大力发展花卉苗木产业，进行矿山生态修复；鼓励国家矿山公园建设与花卉苗木产业发展相结合，打造特色矿山公园。对于环境保护诚信记录良好的企业，给予各类支持与奖励，如税收减免、环保奖励、贷款优先等。

对于污染排放不达标的企业，除资金处罚外，还可与金融、银行等部门联系，对于有污染记录的企业，污染（个人）企业在污染物或污染场地修复治理结束前（需经过专家、政府官员、地方代表、当地居民组成的联合评估小组评估通过），实行一票否决，禁止金融机构向相关企业（个人）发放贷款，企业污染行为超过 X 次或一年内超过 X 次的，金融机构永久性不得向相关企业（个人）发放贷款。同时，严厉打击非法稀土采矿。

当前重金属污染土壤修复工作主要是通过政府资金投入来完成，要建立"谁污染谁治理"的环境法规原则，彻底改变"污染企业赚钱走路、政府来买单"的不良现状。同时，因为土壤污染的隐蔽性及危害持续时间长，应当建立企业污染责任终身追究制或者溯源制。不能把潜在的未表现出的环境风险转嫁给接任者或政府，从源头上杜绝企业的侥幸心理。

### （六）划分农田重金属污染重点，有针对性地采取措施

根据江西省农田重金属污染主要区域和特征，可考虑不同区域采取有针对性的措施，治理农田重金属污染。①粮食主产区和蔬菜产地，要切断污染源头，严控严防。江西省部分粮食主产区具有较明显的矿—粮复合特征，需要高度重视农田重金属污染控制工作，严格执行总量控制原则，加强区域企业排污监管。②农

田污灌区，加强科学灌溉研究，保障灌水质量，建立科学灌溉制度。建立污水灌溉制度，加强合理规划和科学管理。根据污灌水质、土壤类型、作物品种和气候条件，建立科学的污水灌溉制度和管理办法。③畜禽养殖业分布密集区，要严格控制规模，加强畜禽粪污管理和科学利用。科学划分畜禽养殖区，使养殖种植等行业合理布局既考虑畜禽粪污的综合利用，也考虑污染物治理和土地消纳能力。④工矿企业周边的农田，建议以植物修复、农业生态修复、土壤改良修复或调整农业产业结构为主，逐步降低土壤重金属含量或转变其形态，控制重金属向食物链转移，避免造成危害。

### （七）加强能力建设，提升环境监管水平

2016年5月28日国务院发布的"土十条"中明确提出"建设土壤环境质量监测网络，2020年底前实现土壤环境质量监测点位所有县、市、区全覆盖；提升土壤环境信息化管理水平"。

目前我省基层环保部门监管能力有限，县级环保部门不但专业人员缺乏，而且还缺少系统培训，重金属检测设备也不能满足当前监管工作的需要，大部分县不具备重金属监测能力，容易造成监管缺位，制约了环境监管工作的有效实施。

建议整合现有人才与技术，加强全省土壤重金属环境监管，统筹规划全省涉重金属环境监测网，增拨人员编制，各有关设区市相应成立管理机构。强化重金属监察执法能力，配备必要的现场执法、应急重金属监测仪器和取证设施，加强快速反应能力。完善重金属环境监测能力建设，建立和完善重点区域大气、土壤环境质量重金属监测点位，加密监测水质断面、空气质量和土壤环境质量，对重点企业及其周边的水、气、土壤、农产品、食品等方面开展重金属长期跟踪监测，建立起比较完善的重金属监测网络，为重金属污染防治提供依据，地方各级人民政府和重金属排放企业应当建立和完善重金污染突发事件应急预案，切实保障人民群众健康安全，为生态文明"江西样板"保驾护航。

### 参考文献

[1] 安桂荣. 我国重金属污染防治立法研究［D］. 哈尔滨：东北林业大学，2013.

[2] 姚琳，廖欣峰，张海洋，等．中国大气重金属污染研究进展与趋势［J］．环境科学与管理，2012，37（9）：41-44.

[3] 王明仕，李晗，王明娅，等．中国降尘重金属分布特征及生态风险评价［J］．干旱区资源与环境，2015，29（12）：164-169.

[4] 孙维锋，肖迪．水体重金属污染现状及治理技术［J］．能源与节能，2012（2）：49-50.

[5] 周启艳，李国葱，唐植成．我国水体重金属污染现状与治理方法研究［J］．轻工科技，2013（4）：98-99.

[6] 郭广慧，陈同斌，杨军，等．中国城市污泥重金属区域分布特征及变化趋势［J］．环境科学学报，2014，34（10）：2455-2461.

[7] 徐磊，周静，崔红标，等．重金属污染土壤的修复与修复效果评价研究进展［J］．中国农学通报，2014，30（20）：161-167.

[8] 刘绍贵，张桃林，王兴祥，等．南昌市城郊表层土壤重金属污染特征研究［J］．土壤通报，2010，41（2）：463-466.

[9] 周静，崔红标．规模化治理土壤重金属污染技术工程应用与展望［J］．中国科学院院刊，2014，29（3）：336-343.

[10] 徐昌旭，苏全平，李建国，等．江西耕地土壤重金属含量与污染状况评价［C］．全国耕地土壤污染监测与评价技术研讨会．2006：144-148.

[11] 黄国勤．江西省土壤重金属污染研究［C］．中国环境科学学会学术年会论文集．2011：1731-1736.

[12] 江燕，张建华．土地生态地质专家谈江西重金属污染现状及防治［N］．中国国土资源报，2016-07-05.

[13] 魏源送，郑嘉熹，陈梅雪，等．江西生猪养殖与污染现状及对策［J］．江西科学，2015，33（6）：938-943.

[14] 王小玲，王歆，刘腾云，等．江西主要类型重金属污染现状及修复实践［J］．江西科学，2014，32（5）：594-599.

[19] 夏文建，徐昌旭，刘增兵，等．江西省农田重金属污染现状及防治对策研究［J］．江西农业科学，2015，27（1）：86-89.

[20] 袁胜林．南昌市大气颗粒物污染特征和重金属形态分析［D］．南昌：南昌大学，2011.

[21] 吴运连 . 赣州市重金属污染防治现状及对策分析［J］. 江西化工，2012（4）：131–132.

[22] 工信部称稀土污染代价触目惊心［J］. 水工业市场，2012（4）：2.

[23] 杜金存 . 2.8 亿专项资金助力重金属污染防治 [N]. 江西日报，2015–07–22.

[24] 金姝兰，黄益宗，王斐，等 . 江西铜矿及冶炼厂周边土壤和农作物稀土元素含量与评价［J］. 环境科学，2015，36（3）：1060–1068.

[25] 张二喜，杨浩，赵磊 . 江西省泪水河流域矿山附近土壤重金属污染评价［J］. 山西大同大学学报（自然科学版），2016，32（1）：75–79.

[26] 常玉虎，赵元艺，曹冲，等 . 德兴铜矿区主要流域内环境介质中重金属含量特征与健康风险评价［J］. 地质学报，2015，89（5）：889–908.

[27] 路璐，赵元艺，柳建平，等 . 江西德兴铜矿区大坞河流域环境介质中 Cu 含量变化趋势［J］. 地质通报，2014，33（8）：1205–1212.

[28] 曾凡俊，阳枝海 . 萍乡市典型农村土壤重金属污染现状分析［J］. 中国环境管理干部学院学报，2016，26（1）：80–83.

[29] 廖冲，曾凡萍，刘澍 . 萍乡市农用土壤重金属含量及其分布特征分析［J］. 中国环境管理干部学院学报，2015，25（1）：62–66.

[30] 王科，朱勇 . 安源煤矿煤矸石山优势植物及土壤中重金属含量研究［J］. 萍乡高等专科学校学报，2014，31（6）：25–28.

[31] 李应春 . 重金属污染防治应出"重拳"［N］. 光华时报，2015–11–13（004）.

[32] 吴送先，邹晓红，潘筱璐，等 . 贵溪冶炼厂周边土壤重金属污染研究［J］. 江西科学，2012，30（6）：779–783.

[33] 吴送先，邹晓红，潘筱璐，等 . 信江（土桥断面）水系沉积物中重金属污染研究［J］. 江西化工，2012（4）：89–92.

[34] 陶美娟，周静，梁家妮，等 . 大型铜冶炼厂周边农田区大气重金属沉降特征研究［J］. 农业环境科学学报，2014，33（7）：1328–1334.

[35] 王瑶 . 湖南省人群血液中 33 种元素正常值范围的调查研究［J］. 苏州：苏州大学，2015.

[36] 刘燕兰，沈艳 . 2013 年新余市大米镉污染调查分析［J］. 江西化工，2013（4）：119–120.

[37] 丁园，刘丽华，刘小伟，等 . 江西九江地区不同林分类型土壤重金属污染评价［J］. 贵州农业科学，2014，42（3）：196–198.

[38]魏益华，陈云霞，周瑶敏，等.江西抚州烟区土壤及烟叶重金属污染状况评价［J］.中国烟草科学，2014，35（1）：19-25.

[39]魏益华，何俊海，冯小虎，等.江西省烟田肥料中重金属含量分析与评价［J］.中国烟草科学，2015，36（5）：26-32.

[40]万应发，冯小虎，刘海伟，等.江西抚州烟区土壤重金属风险评估与外源分析［J］.中国烟草科学，2015，36（6）：43-48.

[41]李丽娜，涂美琴，吴立刚.宜春市区主要蔬菜产地重金属含量调查及污染评价［J］.宜春学院学报，2012，34（12）：100-103.

[42]李丽娜.明月山景区旅游活动对土壤成分和重金属污染的影响［J］.宜春学院学报，2011，33（12）：118-119.

[44]林笑.土壤修复或成下一个热产业［J］.农经，2014（10）：46-47.

[45]李丽，张兴，李军宏，等.土壤污染现状与土壤修复产业进展及发展前景研究［J］.环境科学与管理，2016，41（3）：45-48.

[46]沈慧.土壤修复产业有望迎来黄金期［N］.经济日报，2013-08-04（003）.

[47]KISSAO G，TOBSCHALL H. Heavy metals distribution of soils around mining sites of cadmium-rich marinesedimentary phosphorites of Kpogamé and Hahotoé （southern Togo）［J］. Environmental geology，2002，41（5）：593-600.

[48]SHEETS R W，LAWRENCE A E. Temporal dynamics of airborne lead-210 in Missouri （USA）：implications for geochronological methods ［J］. Environmental geology，1999，38（4）：343-348.

[49]高国雄，高保山，周心澄，等.国外工矿区土地复垦动态研究［J］.水土保持研究，2001，8（1）：98-103.

[50]孔晓梦.广西重金属污染防治初显成效［N］.广西日报，2016-03-15.

[51]陈江，昌苗苗.国内规模最大土壤修复通过验收［N］.广西日报，2015-09-10（003）.

[52]黄益宗，郝晓伟，雷鸣，等.重金属污染土壤修复技术及其修复实践［J］.农业环境科学学报，2013，32（3）：409-417.

[53]周建军，周桔，冯仁国.我国土壤重金属污染现状及治理战略［J］.中国科学院院刊，2014，29（3）：315-320.

[54]费伟伟，吴齐强，施娟，等.江西已成美丽中国的领跑者［N］.人民日报，2016-08-18.

**课题组成员:**

王秋林　江西省科学院科技战略研究所副研究员

邹　慧　江西省科学院科技战略研究所所长、研究员

王小红　江西省科学院科技战略研究所副所长、研究员

黄玲玲　江西省科学院科技战略研究所硕士

叶　楠　江西省科学院科技战略研究所副研究员

# 江西团体标准：发展困局与破解对策

肖正强

**摘要：** 近年来，江西省明确提出要提升标准化发展水平，扩大"江西标准"影响力，以高标准助推高质量发展。与国家标准、行业标准相比，团体标准具有制定速度快、对市场需求响应及时、推广高效等优点。大力发展江西知名度较高的农产品及市场化程度高的优势工业产业集群产品的团体标准，成为推动江西省产业高质量发展的一个重要抓手。江西省团体标准发展涉及产业、企业、社会团体、政府管理部门、中介机构与社会大众。为全面、客观地反映全国及江西团体标准的真实状况，本研究梳理了全国及江西省团体标准发展现状，分析了江西省团体标准发展存在的问题及其原因，提出了加快发展江西省团体标准的对策建议。

习近平总书记指出：标准决定质量，有什么样的标准就有什么样的质量，只有高标准才有高质量。谁制定标准，谁就拥有话语权；谁掌握标准，谁就占据制高点。刘奇书记指出标准化是支撑经济社会发展的基础性、战略性和引领性工作。2018 年 12 月，江西省委省政府在《关于推动高质量发展的实施意见》中明确指出要提升标准化发展水平，扩大"江西标准"影响力，以高标准助推高质量发展。团体标准是专业领域内具有影响力及能力的学会、协会、商会、联合会等社会组织和产业技术联盟制定的标准。与国家标准、行业标准相比，团体标准具有制定速度快、对市场需求响应及时、推广高效等优点。江西省要加快研制一批支撑江西绿色发展、体现江西地方特色的团体标准，增加标准有效供给，有效满足市场对标准的需求，提升江西产品的知名度和美誉度。

## 一、全国团体标准发展的基本现状

### （一）团体标准政策措施频频出台

为增加标准有效供给，满足市场发展急需，2014 年 10 月，习近平总书记主持召开中央全面深化改革领导小组第 5 次会议，专题研究推进团体标准试点工作。2015 年 3 月国务院印发的《深化标准化工作改革方案》中关于"培育发展团体标准"的论述确立了我国团体标准改革与发展实践的顶层设计。2016 年 3 月，质检总局、国家标准委制定了《关于培育和发展团体标准的指导意见》，对团体标准的发展提出了详细的指导意见和具体措施。国家标准委组织中国标准化研究院开发建设的全国团体标准信息平台正式上线运行。2017 年 11 月，全国人民代表大会常务委员会对《中华人民共和国标准化法》进行了修订，赋予团体标准法律地位。2017 年 12 月，团体标准化发展联盟在北京成立。2019 年 1 月，国家标准化管理委员会、民政部联合制定的《团体标准管理规定》正式发布并实施。

### （二）团体标准地区发展不够均衡

截至 2020 年 12 月 31 日，社会团体在全国团体标准信息平台上共计公布 21 648 项团体标准，其中，全国协会 7188 项、浙江 2935 项、广东 2650 项、北京 1283 项、山东 1074 项、辽宁 1028 项、江苏 737 项、上海 539 项、贵州 336 项、山西 326 项、广西 305 项、湖南 266 项、湖北 256 项、安徽 222 项、河南 163 项、江西 57 项（图 1）。

团体标准在浙江、广东的发展较为迅速，特别是浙江占到了全国总量的 13.56%。一方面，这说明浙江、广东政府高度重视团体标准，出台相关政策引导当地团体标准快速发展；另一方面说明市场化程度较高的浙江、广东的市场主体对团体标准的认识程度、参与程度、应用程度远高于其他省份。满足市场需求是团体标准得以产生并获得快速发展的根本原因。此外，除辽宁、北京、江苏、山东、上海以外，其余省份均处于同一个发展区间，团体标准规模不大。

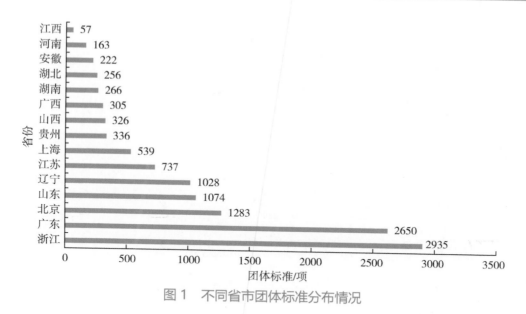

图 1　不同省市团体标准分布情况

## （三）团体标准应用领域十分广泛

根据国民经济所属行业划分标准，社会团体在平台上对外公布的团体标准覆盖了所有国民经济行业，不同行业领域公布数量排名如图 2 所示。其中，制造业的标准数量居首位，达 8684 项，占比为 40.11%；其次是农林牧渔，占比为 13.90%。信息传输、软件和信息技术服务业，科学研究和技术服务业，卫生和社会工作，建筑业，住宿和餐饮业等排名居第 3 ～ 7 位。

## （四）社团参与团体标准日益活跃

截至 2020 年 12 月 31 日，活跃团体排名前 20 位如表 1 所示。其中，有 11 家社会团体为在民政部登记的全国性社会团体，其他 9 家分别来自广东（2 家）、浙江（2 家）、北京（2 家）、辽宁（1 家）、山东（1 家）、贵州（1 家）。这些社会团体或有一定的政府背景或有较深厚社会基础，或有较强专业能力，具备开展团体标准化工作的基本人力、财力和物力条件。

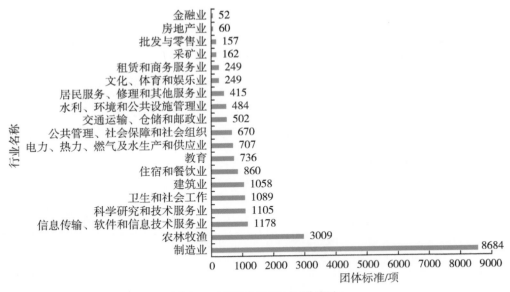

图 2　不同领域团体标准发布

表 1　我国社会团体团体标准化活跃情况

| 团体名称 | 标准 / 项 | 团体动态 / 个 |
|---|---|---|
| 浙江省品牌建设联合会 | 2018 | 41 |
| 中关村材料试验技术联盟 | 229 | 600 |
| 沈阳市民办教育协会 | 558 | 7 |
| 浙江省产品与工程标准化协会 | 164 | 371 |
| 中华中医药学会 | 527 | 1 |
| 中国标准化协会 | 230 | 241 |
| 中国工程建设标准化协会 | 363 | 3 |
| 中国国际贸易促进委员会商业行业委员会 | 47 | 265 |
| 中国电器工业协会 | 264 | 42 |
| 全国城市工业品贸易中心联合会 | 80 | 162 |
| 山东标准化协会 | 204 | 31 |
| 中国电子工业标准化技术协会 | 101 | 82 |
| 中国产学研合作促进会 | 150 | 27 |

续表

| 团体名称 | 标准 / 项 | 团体动态 / 个 |
|---|---|---|
| 中国质量检验协会 | 126 | 51 |
| 北京华夏草业产业技术创新战略联盟 | 57 | 98 |
| 潮州市烹调协会 | 150 | 1 |
| 广州市标准化促进会 | 43 | 105 |
| 中国特钢企业协会 | 90 | 49 |
| 中国技术市场协会 | 34 | 94 |
| 贵州省食品工业协会 | 83 | 45 |

## （五）浙江团体标准建设加快推进

根据全国团体标准信息平台数据统计，截至 2020 年 12 月 31 日，浙江省社会团体在全国团体标准信息平台上共计公布 2935 项团体标准。在全国活跃团体前 20 位的社会团体中，浙江省有浙江省品牌建设联合会和浙江省产品与工程标准化协会。浙江省品牌建设联合会发布了 2018 项，浙江省产品与工程标准化协会发布了 164 项。浙江省其他社会团体发布了 753 项团体标准。图 3 是浙江省品牌建设联合会、浙江省产品与工程标准化协会与浙江省其他社会团体近几年发布团体标准的数量对比。从图中可以看出，浙江省品牌建设联合会发布的团体标准不仅量多，而且

图 3　浙江省不同团体申报团体标准情况

呈现快速增长势头；浙江省产品与工程标准化协会从 2018 年开始发布团体标准，但团体标准增长的势头很快。而浙江其他团体发布的团体标准数量增长比较平稳。

## 二、江西团体标准发展的基本现状

### （一）近两年团体标准增长速度较快

如图 4 所示，截至 2020 年 12 月 31 日，江西省共发布团体标准 57 项，其中 2017 年 3 项，2018 年 1 项，2019 年 8 项，2020 年 45 项。团体标准发布呈现快速发展势头。

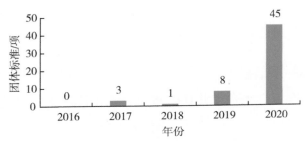

图 4　江西团体标准不同年份申报情况

### （二）市县社团团体标准申报积极

如图 5 所示，截至 2020 年 12 月 31 日，江西省共有 6 个城市发布了团体标准，其中宜春 18 项，赣州 9 项，抚州 9 项，南昌 8 项，萍乡 8 项，鹰潭 5 项。发布团体标准较多的协会有樟树市金属家具行业协会、芦溪县电子商务协会、赣州市有色金属学会、高安市陶瓷行业协会、抚州市生态农业协会，其中樟树市金属家具行业协会发布了 10 项团体标准。

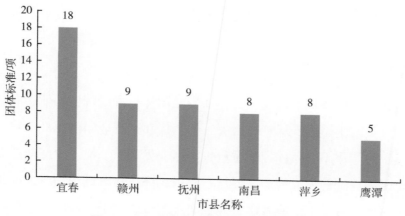

图 5　江西不同城市团体标准申报情况

## （三）制造业团体标准数量较多

如图 6 所示，截至 2020 年 12 月 31 日，江西省发布的团体标准涉及 5 个领域，分别为制造业，农林牧渔，采矿业，居民服务、修理和其他服务业，住宿和餐饮业，其中以制造业数量较多，为 32 项。

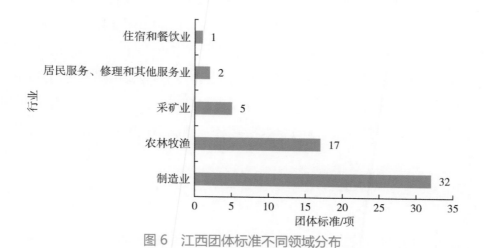

图 6　江西团体标准不同领域分布

## 三、江西团体标准发展存在的问题

### （一）团体标准组织及水平参差不齐

目前，在全国团体标准信息平台注册发布团体标准的江西团体，有省市级的，但更多是县区级的小协会。尽管江西省一些团体在本行业团体标准制定过程中发挥了重要的组织协调作用，团体标准质量也得到业界认同，但不少江西产业集群的协会团体缺乏团体标准的项目管理、编写、实施、评估与改进等相应标准化能力和经验，导致团体标准质量不高或者没有体现实际的技术水平。同时，江西缺乏相应的团体标准制定协调机构和第三方评价机构。

### （二）团体标准宣传与推广工作滞后

首先，政府对团体标准宣传与推广不到位，大众不了解团体标准相关知识及其重要性，不太关注团体标准的制定活动。其次，相关主体对于团体标准的认识不到位，认为团体标准和自身发展关系不大，没有认识到团体标准对于自身长远发展和整个产业转型升级的重要性；一些社会团体虽重视团体标准制定，却缺乏推广团体标准的相应手段，宣传、推广等营销工作不到位，影响了团体标准的广泛应用。最后，政府标准化工作人员服务推广意识不强。他们比较关注团体标准的开发阶段，却忽视了团体标准的筹备阶段和扩散阶段。美国、英国和德国等发达国家均有体系健全、数量庞大的团体标准。美国制定了9万多项标准，其中民间标准化组织主导制定8万多项，政府标准仅有近1万项，团体标准成为美国联邦政府应对国际竞争的重要基础。

### （三）政府资金支持和人员支持不足

江西省市场监管局提出要突出标准引领，开展团体标准试点，鼓励社会团体制定发布市场急需、技术领先的团体标准，但是政府对团体标准专项资金扶持力度不大，全省只有赣州、新余出台了团体标准奖励办法，政府也未制定相关税收优惠政策。江西团体标准处于初步发展阶段，掌握团体标准制定的实际操作与理论知识人才不多，不仅政府部门缺乏精通团体标准的人才，广大社会团体也缺乏能够制定出满足市场需求的优质团体标准人才。2016年修订的《中国标准创新贡献奖管理办法》将"实施2年以上的团体标准"纳入评奖范围。江苏、湖北、云南、广东、山东、福建、浙江、辽宁、石家庄、成都、德阳等纷纷出台政策鼓励团体标准发展。多个省（市、区）明确了团体标准财政补贴范围，补助或奖励金额2万～10万元。制定团体标准不仅需要专业知识，也要熟知团体标准制定相关知识。

### （四）团体标准的政策体系不健全

国家出台的《团体标准管理规定》虽然对团体标准的制定、实施与监督进行了宏观指导，但是文件内容较为宽泛，忽视了团体标准版权等核心问题的解决，缺少有效引导团体标准推广与应用的相关规定，操作性不强。2020年10月1日，《江西省标准化管理条例》正式实施。该文件中有不少内容涉及团体标准，但缺少团体标准具体配套政策，如税收优惠政策、知识产权政策、垄断豁免政策、团体标准协调政策等。

## 四、江西团体标准的发展对策

### （一）激活团体标准需求

一是以江西知名度较高的农产品及市场化程度高的优势工业产业集群产品入手，以企业需求为突破点，加大团体标准实施与应用力度，加快团体标准有效供给，提高团体标准覆盖范围。二是标准化主管部门应积极引导，通过举办专题培训班、带领企业家及产业集群行业协会出外调研等方式消除企业疑虑和误解，提高企业团体标准化意识。三是积极向社会团体和公众宣讲和推广团体标准，提高对团体标准的认知度和认同感。

### （二）提升团体标准质量

一是强制要求团体标准参编单位和使用单位达到一定数量后，才能启动团体标准编制工作，确保团体标准实施与推广。二是在团体标准起草和审查阶段引入行业专家对团体标准进行认证，并从消费者视角出发，将用户需求转化为核心质量特性，将其量化为可考核的技术指标，更加注重标准的实用性、科学性、规范性、时效性。标准发布后进行试点示范，让使用者反馈问题。三是在团体标准制定过程中，规定团体标准制定、修订过程中及产生的标准在实施过程中所涉及的知识产权事宜的处理规则，保护团体标准成员单位合法权益。

## （三）培育社团服务能力

一是政府可以借鉴浙江省成立浙江省品牌建设联合会大力发展团体标准的经验做法，成立江西团体标准促进会，搭建社会团体标准信息平台，对团体标准研究制定提供专业化技术服务。二是引导社会团体加强标准化基础保障能力建设，配置熟悉标准化人员，制定标准化工作管理办法，加强自身标准化管理和制度建设，提升社会团体制定团体标准的水平。

## （四）细化资金投入政策

一是设立团体标准试点推广资助或进行财政补贴，团体标准补助额度原则上按发布、实施期限分档划分。各市县财政应根据工作需要统筹安排标准化工作经费。二是为提高财政专项资金使用效益，政府要出台《江西省团体标准管理办法》《江西省标准领域专项资金管理办法》《江西标准领域专项资金资助奖励办事指南》等实施层面的政策和方案。

## （五）完善标准人才建设

一是政府应定期组织"团体标准化能力提升"综合培训班，提高团体标准化从业者业务水平，尤其是提升县级产业集群标准化专业人员水平，提高团体标准编写的科学性与规范性。二是搭建标准技术交流平台，邀请各类标准组织到江西"传经送宝"，有效激励企业和标准从业人员提升自身标准水平的热情。三是在高等院校设立标准化专业及标准化科研机构与培训基地，培养一批理论与实践并重、既懂产业又熟悉标准化知识的综合型人才。

## （六）建立团标监管体系

一是对团体标准严格开展事中事后监管，对不符合规定的标准应督促相关社会团体限期改正或废止。建立有关投诉和举报的处理机制，畅通社会公众监督反馈渠道。二是以市场化运作和政府引导相结合的方式，探索引入信用管理手段，开展社会团体信用评级制度及"自我声明"评价试点建设，鼓励企业公开声明执行团体标准。三是加大对第三方评价机构的扶持力度，建立第三方评价体系，让有资质的第三方机构对团体标准的制定程序、制定质量、实施效果进行客观专业的第三方评价。

**作者：**

肖正强　江西省科学院科技战略研究所副研究员